资本之道系列丛书

公司控制权安排与争夺

马永斌 著

清华大学出版社
北 京

图书在版编目（CIP）数据

公司控制权安排与争夺 / 马永斌著 . —北京 : 清华大学出版社，2019（2024.9重印）
（资本之道系列丛书）
ISBN 978-7-302-51377-3

Ⅰ . ①公… Ⅱ . ①马… Ⅲ . ①公司—企业管理—控制
权—研究—中国 Ⅳ . ① F276.6

中国版本图书馆 CIP 数据核字（2018）第 233891 号

责任编辑：宋丹青
封面设计：谢元明
责任校对：王凤芝
责任印制：杨　艳

出版发行：清华大学出版社
　　　　网　　址：https://www.tup.com.cn，https://www.wqxuetang.com
　　　　地　　址：北京清华大学学研大厦 A 座　　邮　　编：100084
　　　　社总机：010-83470000　　　　　　邮　　购：010-62786544
　　　　投稿与读者服务：010-62776969，c-service@tup.tsinghua.edu.cn
　　　　质　量　反　馈：010-62772015，zhiliang@tup.tsinghua.edu.cn
印 装 者：三河市东方印刷有限公司
经　　销：全国新华书店
开　　本：185mm×235mm　　　印　张：37.25　　　字　数：490 千字
版　　次：2019 年 4 月第 1 版　　　印　次：2024 年 9 月第 3 次印刷
定　　价：138.00 元

产品编号：080174-01

自　序

这是一本写给企业创始人的书，尤其是那些想要接触资本进行产融结合，准备利用资本促进企业发展的企业家。本书提供从引入风险投资到 IPO（Initial Public Offerings，首次公开募股）再到并购重组全过程的资本市场防黑武器。

生活在今天中国的企业创始人无疑是幸福的，中国资本市场自 2005 年股权分置改革以来，无论用风起云涌还是波澜壮阔，或是惊涛骇浪来形容其发展，都不为过。在进入"资本 +"时代的中国，越来越多的企业已经、正在或计划在不久的将来通过主板、创业板上市，利用资本的力量助力实业，从而实现转型升级的目的。

资本的力量无疑是巨大的。获得资本青睐的企业很容易实现从"累加式增长"到"倍增式增长"的转变，从而实现跨越式、可持续的发展。因此对于企业创始人来讲，资本市场最大的吸引力就是可以通过设计并讲述高成长性的故事，从而获得高溢价倍数的股权融资，找到便宜的钱。

但是，天下没有免费的午餐。对于投资人来讲，对任何一家公司的投资只是一个生意而已。投资人愿意给出高溢价倍数的估值，不是因为对企业创始人惺惺相惜，而是被其所讲述的高成长性故事吸引，极其看好企业未来的赢利能力。但是如果企业的故事纯粹是"编造"的，只是以忽悠的方式将投资人的钱圈到手里，投资人必将血本无归。

成熟的投资人在保障自己的利益、控制风险和分配剩余索取权这三个方面功底是非常深的。为了保护自己投入资金的安全，投资人在给出高溢价倍数的同时，会向创始股东索要与其股份比例并不相称的控制权，如董事会席位、累积投票权、一票否决权、对赌协议、业绩承诺、领售权等。

而资本市场对于大多数企业创始人来讲，是一个陌生的战场。由于对低成本资金的渴望，加之对资本市场规则的不熟悉，以及对企业自身能力的高估，使得中国企业在借力资本市场的时候往往出现三种悲催的情况。第一种情况是公司还没有 IPO，企业创始人就出局了，如俏江南的张兰和 1 号店的于刚等；第二种情况是企业 IPO 成功了，但是企业创始人也出局了，如新浪的王志东等；第三种情况是企业上市了，做得还不错，在行业或细分行业中处于领先的地位，但是由于股权分散，在资本市场上遭遇恶意并购，有人要抢企业的控制权，创始人很郁闷，如万科的王石。

对于资本市场上的控制权争夺，企业创始人也没必要恐惧和害怕。各路资本对公司控制权的争夺，在争取自身利益的同时，提升了公司的价值。更重要的是，在资本市场上，公司已经不仅仅是商品和服务的提供者，同时自身也成为可交易的商品，公司的价值被资本挖掘得淋漓尽致。资本对超额利润的渴望，驱动着企业对创新成长的追逐。

对于企业创始人来讲，要在控制权争夺中立于不败之地，就必须掌握好控制权安排与争夺的各种方法。控制权安排和争夺的主要战场包括股权结构、公司章程、投资条款清单和公司治理结构，企业创始人只有在这几个战场中提前作出统筹安排，做好顶层的制度设计，才有可能更好地驾驭资本，抓牢控制权。

本书将从企业创始人的角度出发，按照企业在资本市场的成长路径来讲述控制权安排与争夺的逻辑和方法。基于这种写作思路，本书的主要内容全部围绕着股权结构、公司章程、投资条款清单、公司治理结构四个方面的制度安排，目的就是找到适合中国企业的控制权安排。本书共分 9 章，具体内容如下。

第 1 章是本书最重要的内容，对投融资和控制权的关系进行了阐述，基于人性假说构建了一套控制权安排的方法和分析框架，并指出企业创始人的政治智慧最终决定着公司控制权安排与争夺的成败。

第 2~9 章选取了在控制权安排和争夺上比较经典的 8 个中国企业的案例，1 个案例 1 章，应用本书构建的方法论以第三方客观的视角进行剖析。第 2~6 章选取了在控制权争夺上非常经典的 5 个案例，第 7~9 章选取的是在投融资、产融结合中控制权安排得很不错的 3 家中国企业的案例。

第 2 章通过分析张兰从俏江南出局的案例，指出投资条款设计和谈判的重要性，分析了反向尽职调查在投融资条款谈判中的重要性和具体做法。

第 3 章选取的案例是上海家化控制权争夺战，这是一起创始人葛文耀和大股东平安信托围绕控制权博弈多输的典型案例。

第 4 章讲述的山水股权争夺战将"集权、维权、野蛮人敲门、清盘、流血、武斗……"等多种剧情精彩地演绎到一起，中国古代宫廷的政治斗争手段和资本市场上的各种控制权争夺方法交织在一起，其剧情比任何资本市场的控制权争夺战都要更精彩和丰富。

第 5 章分析了中国版的门口野蛮人——"宝万之争"，完整地展示了"宝万之争"的全貌，并从控制权的角度出发，揭示了恶意并购与反并购、资金组织和公司治理方面的关键问题。

第 6 章选取的是中国资本市场上通过要约收购实现恶意并购的典型案例——浙民投对 ST 生化的要约收购，介绍了要约收购在恶意并购和反并购中的应用。并预判通过要约收购实现敌意接管的现象，在未来中国资本市场上将越来越普遍。

第 7 章分析了联想"用实业的思路做金融"的产融逻辑，展示了其打造

"专注天使投资的联想之星 + 专注 VC 投资的君联资本 + 专注 PE 投资的弘毅投资"的全产业链投资平台的过程，指出了柳传志在精心布局"联想系"版图的过程中是如何巧妙进行控制权安排的，同时还揭示了控制权安排与争夺的最终结果取决于企业创始人的政治智慧。

第 8 章选取的京东是比较经典地实现了以小博大控制权安排的代表。虽然刘强东所持京东股份比例并不多，但他巧妙地通过组合式控制权安排，始终牢牢掌握着京东的控制权。同时，通过对投资人的反向尽职调查，认真筛选投资方，防止企业出现控制权争夺的情况。

第 9 章选取的阿里巴巴在控制权安排方面堪称中国公司的典范。阿里巴巴合伙人制度的建立将公司章程应用到极致，马云仅凭 7% 的股份比例控制了阿里巴巴集团这个庞然大物；蚂蚁金服的控制权安排体现了阿里巴巴在资本市场的日益成熟和强势，马云通过双层有限合伙的四层金字塔股权架构实现了以小博大的控制权安排；在对外投资的控制权安排上，阿里巴巴俨然已经具备了成熟投资公司的所有特质，收购手法老练而娴熟，但是与一般投资公司不同的是，阿里聚焦的不仅仅是财务回报抑或是单个公司的投资收购，更多时候是在争取整个行业层面的话语权。

马永斌

2017 年 8 月 17 日

目　录

第 3 章　葛文耀和平安角力上海家化

第 4 章　山水的股权争夺战

第 5 章　万科和宝能的控制权争夺战

第 6 章　ST 生化的控制权争夺与要约收购

第 7 章　联想的产融结合与控制权安排

第 8 章　京东的投融资底线是控制权

第 9 章　阿里巴巴的投资逻辑与控制权安排

第 1 章

控制权安排的基本逻辑和方法

1. 融资、投资与控制权

2. 人性与控制权安排

3. 股权结构

4. 投资条款清单

5. 公司章程与治理结构

6. 企业创始人的政治智慧

要想在资本市场上获得控制权安排与争夺的最终胜利，企业创始人必须同时做好三件事。首先，对人性要有正确的认识，利用博弈获得共赢结果，这是资本市场上所有成功交易结构设计的出发点；其次，利用股权结构设计、投资条款清单、公司章程和公司治理结构等武器在顶层设计上做好制度上的预防，这是控制权安排与争夺实践的关键；最后，企业创始人的政治智慧决定着能否获得控制权争夺的最终胜利。

1. 融资、投资与控制权

在资本市场上，交易的不再是产品和服务，交易的标的变成了企业。在交易企业的过程中，企业创始人是融资方，投资人是投资方，双方的利益诉求是有所不同的。

企业创始人的目的是为了在资本市场上找到便宜的钱，用低成本的资金促进企业快速增长；投资人的目的是找到便宜的项目，发现并利用价值错配的机会进行价值投资。在交易过程中，企业创始人和投资人经常在估值上产生分歧，加之投资人为了控制风险、保障自己投入资金的安全，必然在控制权上与企业创始人产生争夺。

（1）企业估值的方法。

在资本市场的交易中，投融资双方最关注的首要问题是对标的企业的估值。对公司（尤其是非上市公司）估值，是一个非常重要而且具有挑战性的工作。常用的估值方法分为三大类。

第一类是成本法，也叫作重置成本法或重置价值法。基本逻辑是，潜在的投资者在购买企业股份时，所愿意支付的价格，绝对不会超过具有同等效用的全新资产的最低成本。重置成本法以历史财务资料为价值评估和判断的基础，按资产的成本构成，以现行市价为标准，并估算业已存在的各种贬损因素，来评估企业的整体价值。该估值方法比较适用于不容易计算未来收益，市场上又很难找到交易参照物的企业，在风险资本投资市场和二级市场用得较少。

第二类是收益法，又叫作收益现值法、收益还原法或收益资本金化法。通过估测企业未来预期的收益，并以适当的折现率折算成现值，从而得出的企业价值。基本逻辑是，潜在的投资者在购买企业股份时，所付的代价不应高于所购买股份未来收益的现值。预期收益可以是净利润、现金流量、股利等各种财务指标，常用的有净现金流折现法（自由现金流模型）和净利润折现法。收益法是绝对估值法，能够真实和准确地反映企业本金化的价格，但是对未来收益额的预测难度较大，在资本市场并不是企业估值的主流方法，仅用于企业整体资产和可预测未来收益的单项资产评估。

第三类是市场法，又叫现行市价法。利用市场上同行业、相同发展阶段企业近期的交易价格，经过直接比较或类比分析以估测企业的价值。基本逻辑是，投资者在投资某一企业时，所愿意支付的价格不会高于市场上同行业企业的现行市价。市场法是企业估值中最简单、最有效的方法，能够比较客观反映企业的市场情况，评估值更能反映市场的现实价格，估值结果易于被买卖双方理解和接受。在资本实践中，市场法这种相对估值方法用的是最普遍的，常用的有市盈率法、市净率法、市销率法以及 EV/EBITDA 倍数法。

- 市盈率法（*P/E* 估值法），企业价值 = 合理的市盈率 × 净利润（也可以表述为：股价 = 每股盈余 × 合理的市盈率）。市盈率法是从公司未来收益预期的角度去估计公司股票价格，*P/E* 越高，说明市场对公司增长的预期越高，是中国资本市场常用的估值方法。

- 市净率法（*P/B* 估值法），企业价值 = 合理的市净率 × 净资产（也可以表述为：合理股价 = 每股净资产 × 合理的市净率）。市净率法是从公司资产价值的角度去估计公司的股票价格，与 *P/E* 类似，越高表示市场对其增长期望值越大。市净率法多用于重资产而且账面价值相对稳定企业的估值，如银行、保险和房地产行业就比较适合用市净率估值。

- 市销率法（*P/S* 估值法），企业价值 = 合理的市销率 × 销售收入。从销售收入的角度去估计公司的股票价格，常用于对没有盈利的公司进行估值。对于贸易公司早期阶段，业务规模、市场份额要比盈利能力重要，这个时候公司往往是亏损的，这个时候对公司估值，*P/S* 就比 *P/E* 有用。早年的亚马逊就是用 *P/S* 估值的，京东上市前融资以及在美国上市都是用 *P/S* 估值的。

- EV/EBITDA 估值法，企业价值 =EV/EBITDA 倍数息税折旧前利润［EV= 股票市值 +（总负债—总现金）= 股票市值 + 净负债，EBITDA= 营业利益 + 折旧 + 摊销］。企业价值等于公司的股权价值与债权价值之和，这种估值方法考虑到了"股东收益 + 股权市值 + 债权人收益 + 债权市值"，是从全体投资人的角度出发去估值，是国外资本市场常用的估值方法。

在市场法估值中，基本的流程是，投融资双方首先商定一个估值乘数（如 *P/E* 倍数、*P/B* 倍数、*P/S* 倍数或 EV/EBITDA 倍数），然后预估一个未来的业绩（如净利润、净资产、销售收入或息税折旧前利润），最后将两者相乘就得到企业的估值。在上述的方法中，市盈率由于比较容易被一般投资者理解，因此是股权投资市场常用的估值工具。

（2）企业估值的影响因素。

影响到估值倍数和未来业绩预测的因素都会影响到企业最后的估值结果。以市盈率法为例，在估值过程中，首先要确认市盈率倍数；其次，要预测未来的净利润。

投融资双方确认市盈率的谈判相对简单。市盈率倍数和企业所处行业与所处发展阶段有关，投融资双方会根据公司所处行业和同类公司所处的发展阶段给出市盈率倍数。

我国风险投资市场的 P/E 倍数大概是 A 轮 3~6 倍、B 轮 5~10 倍、C 轮 15 倍左右（10~18 倍）。这些 P/E 倍数只是一个大概的市场参考数据，P/E 倍数也不是一个固定值，而是一个区间，并且最终的 P/E 倍数有可能会突破市场给予的参考区间，因为每个企业最终的估值都是由投融资双方谈出来的。

作为融资者的企业创始人，肯定都想得到最高的资本溢价倍数。那么如何才能获得较高的 P/E 倍数呢？除了融资阶段这个因素之外，另一个因素就是企业家讲故事的水平。在资本市场上，融资者忙着设计并讲述成长故事，投资者忙着聆听并筛选成长故事。融资者想要得到一个较高的溢价倍数，必须要向投资人成功讲述企业的成长故事。

投资者从两个角度对融资者设计的成长故事进行估值，即定量部分和定性部分。定量部分就是根据公司的盈利情况、资产情况、市场占有率等财务指标对企业进行一个基本的估值，然后根据行业平均水平和所处融资阶段对估值进行调整。这种根据财务数据进行的估值只能代表公司过去的成功，并不能代表未来的成长性。而投资者看中的不是当期，而是预期。因此，定量部分的估值只是确定企业估值的一个基准，最终结果要根据定性部分进行调整。

定性部分包括商业模式、公司的历史、高管团队的构成、项目背景、市场空间等，这些因素是投资者判断公司未来成长性的关键。在资本市场上成功融资的企业创始人往往会将自己成长故事中定性部分的关键要素向投资人展现。

- 商业模式是以用户为中心设计的，能洞察用户需求，对市场极其敏感。
- 公司选择的市场潜力很大，是一个潜在的万亿级市场。
- 企业创始人志存高远并脚踏实地。
- 公司已经规划好与商业模式相配合的资本战略和产品战略，已经拥有与战略实现相匹配的关键性稀缺资源，当然这些资源都是用钱买不到的，如人脉、政策、人才等。
- 管理团队的能力是互补的，而且已经过市场的检验。管理团队已持有公司的股份。
- 创始团队非常专注，将产品或服务做到极致。
- 商业模式和业务已经在小规模市场下被验证，有机会在某个细分市场做到数一数二的位置。
- 具有在低成本情况下快速扩张的能力，非常有可能成长为行业的独角兽。
- 时间点的选择非常恰当。市场基本上已经成熟，公司已经有一定的市场占有率，引入风险投资后，公司将会实现快速增长。

故事讲到这里基本上就成功了，投资者的反应往往是：财务数据已经证明企业的商业模式是可行的，企业创始人又有明确的战略思路，而且战略实现所需要的所有关键性稀缺资源企业家都拥有了，这个时候再不进入，以后可能就没有机会了，而且越早进入，未来的投资回报率就会越大。于是，企业创始人就会以一个非常高的溢价倍数实现成功的股权融资。例如，企业是 A 轮融资，A 轮的 *P/E* 倍数一般是 3~6 倍；企业是轻资产行业，投资人能够给出 6 倍的 *P/E*。但是如果企业成长故事能够如上讲述，最终争取到 8 倍或者更高的 *P/E* 倍数都是有可能的。

投资人愿意以高出市场水平的估值倍数入股企业，一定是被企业创始人讲述的成长故事吸引，对企业的未来产生了美好的期待。但是如果企业创始人的故事纯粹是"编造"的，只是以忽悠的方式将投资人的钱圈到手里，投资人将会血本无归。

按照市盈率进行估值，公司市值 = 市盈率 × 净利润。这里的净利润有两种选择，一种是未来 12 个月的净利润，一种是未来 3 年净利润的平均值。为了保护自己投入资金的安全，投资者在以溢价方式投资入股的同时，会要求企业创始人对未来净利润作出承诺或进行行业业绩对赌，而且投资人还会向企业创始人索要与其股份比例并不相称的控制权，如董事会席位、累积投票权、一票否决权等。

企业创始人是否可以不答应投资人的要求呢？当然可以不答应，结果就是投资人也不会把钱给你！企业创始人还有一个选择，就是把公司估值降低，投资人可能也就不会要求过多的控制权！

投资人把钱投入企业之后，就会要求企业快速发展，以实现投资人"快速增值、快速回报、快速退出"的投资目的。实现这个目的最好方式就是在快速发展的前提下将企业 IPO（首次公开募股）上市，或者将企业卖给上市公司。因此，企业就必须按照证监会的要求建立公司治理结构，如设置股东大会制度、董事会制度、信息披露制度等。在公司治理结构建立的过程中，实际上就是控制权在不同股东之间的一个再分配过程。专业的投资人对于公司治理的游戏规则是非常熟悉的，而不熟悉这些游戏规则的企业家可能就会吃大亏：以较高的溢价倍数融到了资金，从股份比例上看，自己还是绝对控股大股东，但是发觉自己在公司很多事都已经做不了主了。

需要强调的是，一旦投资人决定将钱投入企业，这个企业就不再是企业创始人一个人的，而是变成大家的了。企业创始人对此一定要有充分的心理准备，并且要在此基础上熟悉资本市场上关于控制权安排和争夺的基本规则，这是融资最终能否成功的关键所在。

综上，成功股权融资的标志是：在不过多丧失控制权的前提下，获取尽可能大的溢价倍数。

2. 人性与控制权安排

在投融资实践中，有一个共识是"投项目关键在于投人"。媒体也会争相报道成功案例中投资人和企业创始人是如何惺惺相惜的，这给缺乏股权融资经验的企业创始人带来一种暗示，自己在投资人面前表现得格局高、靠谱一些，就能拿到投资人的钱。

在天使投资阶段，由于公司的商业模式尚未得到验证，加之投资金额少，天使投资人有可能会冲着企业创始人投资。但一旦到了风险投资阶段，创始人及其团队只是估值中的一个重要因素，他们是否具备将其讲述的企业成长故事在未来落地实施的能力成为投资人是否投资的关键。这里和"一见钟情""惺惺相惜"等没有关系，因为投资人关注的是其所投资金的安全和回报。成熟的投资人在保障自己利益、控制风险和分配剩余索取权这三个方面功底是非常深的。

诸多的企业创始人对资本市场是陌生的。在融资开始阶段，由于投资人给予企业的高溢价估值，他们会感慨资本市场的钱比银行的钱好拿多了，觉得投资人仗义、大气，于是一些创始人就会忽略对投资人给出的《投资条款清单》逐条认真谈判，也就"稀里马虎""豪爽"地签了。等发生控制权之争时，才开始抱怨投资人不地道，当初说好的都不算数了，把自己给坑了。

因此，对人性本质的正确认识与把握是投融资活动中的关键出发点，把投资人当成好人或坏人的做法是不妥的。正确的认知是：不要把对方当成好人，也不要把对方当成坏人，这只是一个买卖企业的生意而已！

（1）人性是混杂的 [①]。

对人性假设的理论有三种：第一种认为人性善；第二种认为人性恶；第三种认为人性私。

我国传统文化中对人性的假设只有前两种，而且自古以来就是有争论的。儒家思想认为人性是善的，三字经开篇就讲："人之初，性本善，性相近，习相远。"儒家思想无疑是成功的，历朝历代的帝王依靠儒家思想统治了中国几千年。中国古代传统文化中还有一种思想是和儒家思想相对立的，那就是法家思想。法家的代表人物就是韩非子和商鞅，他们明确提出对人性的看法：人之初，性本恶。他们认为人性的本质是恶的。法家思想无疑也是成功的，作为法家思想的第一个真正实践者——战国时期秦国的商鞅，通过实行商鞅变法使秦国走向富强，不但兵力强大，相对国家整体实力也比较强大，最终使得秦始皇统一了中国。

西方的组织行为学对人性也有著名的 X 理论和 Y 理论。Y 理论就是人性善假设，把对方当成好人。EMBA（高级管理人员工商管理硕士）的许多核心课程，如组织行为学、人力资源、领导力、管理沟通都是建立在这种假设基础之上。Y 理论强调任何管理都必须以人为中心，重视人的多层次需要，讲求人群关系和团队精神，强调对人的友善和真诚。X 理论就是人性恶假设，

---

① 马永斌. 公司治理之道：控制权争夺与股权激励 [M]. 北京：清华大学出版社，2013：28.

把对方当成坏人。西方的科学管理理论也是建立在人性恶假设基础之上的，EMBA 课程中的集团管控、财务管理都是基于这种假设。X 理论认为人性是恶的，人的本性是懒惰的，因而必须采取全过程的控制方法，强化指导和控制，强化监督和条例。

西方还有一种重要的人性假设，即人性私。西方经济学和金融学都是以人性私假设为立论前提的。经济学家和金融学家认为每个人都是理性的、关注自身利益的、会算计的、趋利避害的、能最大限度发挥效用的代理商。只有当个人利益得到满足，并且伴有监督和惩罚时，他们才会作出贡献。人性私的假设在商业实践和资本实践中是非常成功的，以人性私假设为基础的西方经济学和金融学的发展，对全世界经济发展有着巨大的推动。

因此，人性是混杂的。在市场竞争的背景下，人性在大多数情况下是自私的，有些时候表现出善的一面，有些时候表现出恶的一面。

首先，从人性善恶来讲，每个人身上都是一半对一半的。每个企业创始人都有善的一面，都希望企业能够快速发展，能够实现投融资双方的共赢。但每个人身上也有一半是恶的，企业创始人在融资过程中为了获得便宜的资金，就有可能在给投资人"讲故事"的过程中脱离实际对故事内容进行编造，欺骗投资人。

其次，在市场竞争的背景下，每个人在大多数情况下表现的是人性私一面。也就是说只有满足了我的利益诉求，我才有可能满足你的利益诉求。这已经在市场经济中成为一种普遍现象。

（2）控制权安排的基本思路。

投融资双方的交易结构设计和控制权安排，一定要根据人性是混杂的、但大多数情况下表现为自私这个特点来设计。对于企业创始人来讲，对待投资人最基本的策略就是"晓之以理，动之以情，诱之以利"，其中"晓之以理，动之以情"是铺垫，关键在于"诱之以利"。

投资人在保障自己利益、控制风险和设计合理的利益分配机制方面有着丰富的经验和方法，他们不会因为欣赏企业创始人的梦想或为人而投资。他们最终决定投资，一定是相信企业创始人能够落实其讲述的成长故事，能够使得自己投入的资本增值。为了防止企业创始人在讲故事的时候欺骗自己，投资人还会在控制权上作出各种预先的安排以防范风险。

对于资本市场上的控制权争夺，企业创始人没有必要恐惧和害怕。各路资本对公司控制权的争夺，在为自身争取利益的同时，提升了公司的价值。更重要的是，在资本市场上，公司已经不仅仅是提供商品和服务的企业，同时是可交易的商品，公司的价值在控制权争夺中被资本挖掘得淋漓尽致。

因此，在资本市场上，不要把投资人当成好人或坏人，最好把投融资双方都当成自私的人，大家都在追求自己利益的最大化。成功的交易结构和控制权安排一定会在投资人、企业创始人和管理团队之间设计合理的利益分配机制，只有确保投融资双方的共同利益最大化，才有可能实现每一方的利益最大化，这样就将大家的利益捆绑在一起并控制风险，实现相关各方的共赢博弈。需要注意的是，这里的共赢基础不是感情和道德，而是基于利益的博弈。

3. 股权结构

股权结构是公司控制权安排与争夺的重要手段，也是公司顶层设计中的核心内容。能否设计以小博大的股权结构，以较小资金获得较大控制权，合理合法地使用股权杠杆，是判断股权结构设计是否成功的标准。

（1）正确认识股份（股票）的四个权利。

高效股权结构设计的第一步是要认识清楚股份（股票）拥有什么权利，而且这些权利可分离，可应用于股权结构和股权激励中。股份（股票）的四个基础权利如下。

- 所有权。
- 控制权。
- 分红权。
- 资本增值权。

在正常情况下，这四个权利是统一的。一个股东拥有一家公司 51% 的股份（所有权），就会拥有 51% 的投票权（控制权），也会拥有 51% 的分红权和资本增值权。这实际上就是"同股同权"。

在资本市场上，这四个权利是可以分离设计的。如股东可以将分红权拿出来给团队设计利益分享计划，或者将"分红权 + 资本增值权"拿出来给团队设计虚拟股份奖励计划。

所有权和控制权也是可以分离而进行股权结构设计的。"同股同权"是相同的股份实际上蕴含着相同的权利，"同股同权"进一步明确就是"一股一票"法则。"一股一票"，意味着一个股东的股份可以分解为两个权利，即"股"对应着所有权，"票"对应着控制权（投票权）。但是，这只是常规的股权结构设计。如果在股权结构中采用类别股份、金字塔和交叉持股等股权结构设计，就可以分离所有权和控制权。就可以实现，在一个企业中，股东出资 10%，拥有 10% 的股份（所有权），享有 10% 的分红权和资本增值权，但是拥有 51% 的控制权。

常用于所有权和控制权分离的股权结构方法主要有优先股、AB 股、金字塔结构、交叉持股等，其中优先股对于 A 股市场大股东持股比例不高的上市公司的控制权安排有着现实的意义，AB 股是中概股公司在美国上市时控制权安排的"标配",金字塔结构和交叉持股是设计以小博大股权结构的基本方法。同时，股份比例、持股方式等问题也是在股权结构设计中不能出错的关键环节。

（2）优先股[①]。

优先股和普通股、普通 A 股和普通 B 股，这些都是类别股份的概念，突破了一股一票、同股同权的含义。从大的概念看，类别股份指因认购股份时间、价格、认购者身份、交易场所等因素不同而在流通性、价格、权利及义务上有所不同的股份。类别股在国外证券市场上普遍存在，如普通股、优先股、无表决权股份和特殊表决权股份（如多倍表决权）等。常用于股权结构设计中分离所有权和控制权的类别股份是优先股和一股多票。

优先股是相对于普通股而言的，主要指在利润及剩余财产分配的权利方面，优先于普通股。但参与公司决策管理等权利受到限制，没有选举权和被选举权，一般没有公司经营管理的参与权。优先股在分红上有点像债券，一般是按照固定比例分红。发行优先股在美国是一种非常普遍的融资方式。

我国的法律不支持非上市公司发行优先股，但是支持上市公司和新三板挂牌公司发行优先股。2014 年 3 月 21 日证监会颁布实施了《优先股试点管理办法》，明确了"上市公司可以发行优先股，非上市公众公司可以非公开发行优先股"。2017 年 2 月证监会的再融资新规明确对定向增发进行了限制，鼓励上市公司采用可转债和优先股进行再融资。可以预计，优先股和可转债在随后几年的上市公司市值管理中会越来越受重视。

优先股对于股权分散的上市公司的控制权安排有着非常重要的意义。股权分散的上市公司，任何一次发行普通股融资（无论是公开增发、配股、定向增发）都会对原有股东的股份比例稀释，这对于公司控制权的安排是一个很

[①]　马永斌. 市值管理与资本实践 [M]. 北京：清华大学出版社，2017: 163-166.

大的挑战。如果用优先股进行再融资就没有这个问题，因为优先股只是稀释了股东的股份比例，但是对控制权没有改变。

（3）AB 股（一股多票）。

一股多票和优先股的意思有点相反，优先股是拥有股份而失去控制权，一股多票是拥有大于其持有股份比例的投票权。例如，美国和欧洲一些国家的公司可以发行多种表决权的股份，有些股份每股只享有 1 票，即所谓的一股一票，而有些股份可能每股享有 10 票、20 票或 100 票。

现在美国上市公司中常用的"二元股权结构"，向不同的对象发行具有不同投票权的普通 A 股和普通 B 股，就是寻求在股份摊薄时对创始人股东的控制权进行保护。基本思路是，公司设置 A 类股票和 B 类股票。其中 1 股 A 类普通股拥有 1 份投票权，1 股 B 类普通股拥有 10 份投票权，也就是说 1 股 B 类股的投票权相当于 10 股 A 类股。创始人和联合创始人持有的股票是 B 类股，其他投资人手里持有的是 A 类股。

这种股权安排，对创始人控制权保护的好处是显而易见的！这就是近年来流行于美国上市公司的"二元"股份制，纽约时报公司、维亚康姆、新闻集团、Google、Groupon、Zynga、LinkedIn 和 Zillow、Facebook 等上市公司纷纷都采用这种股权结构。近年来在美国上市的中概股公司也基本上采用了 A、B 股的二元股份制，Facebook 和一些中概股公司 IPO 时的二元股份情况如下。

- 扎克伯格拥有 Facebook 533 801 850 股 B 类普通股（1 股 10 票），占比 28.4%，拥有 56.9% 的投票权。

- 陈欧持有聚美优品约 5 090 万股 B 类股（1 股 10 票），占比 40.7%，拥有 75.8% 的投票权。

- 唐岩在陌陌 IPO 前实际控股 132 798 411 股 B 类股（1 股 10 票），占总股份的 39.8%，其中唐岩个人持有 29.2%，剩余 10.6% 是唐岩通过委托代理协议，获得其他几位联合创始人所拥有股份的投票权委托，总投票权比例为 78%。

- 刘强东及其联合创始人通过其旗下的 Max Smart Limited 和 Fortune Holdings Limited 两家公司分别持有京东 18.4% 和 5.3% 的 B 类股份（1 股 20 票），刘强东个人投票权达到了 83.7%。

（4）金字塔结构。[①]

金字塔结构，是一种形象的说法，指一个集团公司的股权结构像一个金字塔一样，呈现为多层级、多链条的集团控制结构。这个结构中的公司分为三种：最上面的公司是实际控制人；中间的公司是持股公司；最下面的公司是赚钱的经营公司。金字塔股权结构是一种典型的以小博大、四两拨千斤的高效融资方式。

实际控制人从金字塔结构的塔尖开始，可以通过控制中间持股公司向下发散出一个非常大的网络，控制处于链条末端的经营公司。持股公司主要用于控制权的放大，经营公司往往是上市公司。金字塔股权结构的层级越多，控制链条就越长，实际控制人的现金流所有权[②]与控制权分离度就越高，可以实现以最少资金控制尽量多的资源。

图 1-1 所示为最简单的两层单链条的金字塔结构。A 是实际控制人，他通过控制 B 公司 51% 股份，然后再让 B 公司持有 C 公司 51% 股份，最终实现对 C 公司 51% 的控制。

---

① 马永斌. 公司治理之道：控制权争夺与股权激励 [M]. 北京：清华大学出版社，2013：57-60.
② 基于所有权的现金流要求权。

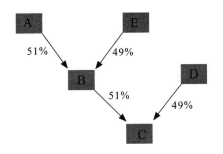

图 1-1　最简单的金字塔股权结构

金字塔股权结构以小博大的秘密就在于将控制权和现金流所有权分离。见图 1-1，由于 A 在整个控制链上的实际支配表决权都是 51%，所以 A 对 C 的最终控制权是 51%，是 C 的实际控制人。那 A 在 C 的现金流所有权是多少呢？按照 A—B—C 公司的联系链计算，只是 26% ＝ 51% × 51%。这样，26% 的现金流所有权和 51% 的控制权就出现了分离，相当于成功施加了股权杠杆。在图 1-1 所示股权结构中，假设 B、C 的注册资金都为 100 万元，实际控制人 A 只出资 51 万，就控制了外部投资者 E 和 D 的资金 98 万元 ＝ 49 万元 ＋ 49 万元，加了 2 倍股权杠杆。

根据控制链条的不同，金字塔股权结构可分为单链条控制结构和多链条金字塔控制结构。根据控制层级的不同，金字塔股权结构可分为双层或多层金字塔控制结构。多链条和多层级的金字塔就组成了更加隐蔽的立体金字塔控制结构，金字塔层级越多，控制链条越多，股权杠杆倍数将越大。图 1-1 所示是最简单的单链条双层金字塔控制结构，图 1-2 所示是单链条三层金字塔控制结构，图 1-3 所示是最简单的多链条金字塔控制结构。

通过多链条、多层级金字塔股权结构控制其他企业时，实际控制人只需以有限的出资就能在每条控制链上使得控制权和现金流所有权分离，在集团每个决策点上都实现了控制，从而控制整个集团。这样就可以实现高效融资，以较少的原始资金来控制更多的资金。

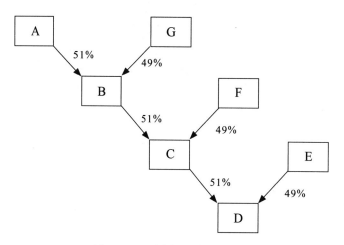

图 1-2　三层的金字塔结构

在图 1-2 中，A 对 D 的控制权是 51%，是 D 的实际控制人。按照 A—B—C—D 公司的联系链计算，A 在 D 的现金流所有权是 13.3% = 51%×51%×51%。假设 B、C、D 的注册资金都为 100 万元，实际控制人 A 只出资 51 万元，就控制了外部投资者 G、F 和 E 的资金 147 万元 = 49 万元 + 49 万元 +49 万元，加了 3 倍股权杠杆。

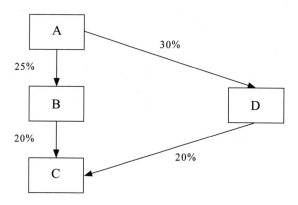

图 1-3　多链条的金字塔结构

图 1-3 所示是最简单的多链条金字塔控制结构，有 A—B—C、A—D—C 两条控制链的综合结构。最终控制人的确定办法就是沿着控制链向上追溯，

层层确定控股股东，直至找出最终控制者，然后加总这些控制份额以得到最终控制权。A 拥有 B 公司 25% 的股份，B 公司又拥有 C 公司 20% 的股份，而同一控制者 A 又拥有 D 公司 30% 的股份，D 公司又拥有 C 公司 20% 的股份，则控制者 A 拥有 C 公司的现金流所有权为 11% ＝ 25%×20%+30%×20%，即两条控制链中所有权份额的乘积之和，而控制权为 40% ＝ min（25%，20%）+min（30%，20%），即两条控制链中的最小值之和。由此可见，多链条的控制结构增强了实际控制人对底层公司的控制。

还可以通过三链条、四链条……n 链条构建一个立体金字塔的股权结构。控制链条越多，现金流所有权和控制权的分离度越大，股权杠杆就越大。

在多层级和多链条的立体金字塔结构中，分离现金流所有权和控制权的能力可以用如下公式计算。

- 在多层级金字塔结构中，控制性股东的最终控制权就是这条控制链中所持有股份的最小值，最终现金流所有权为其持有这条控制链上的所有股份的乘积。
- 在多链条的金字塔结构中，控制性股东的最终控制权为所有控制链中最小的投票权比例之和，最终现金流所有权为所有控制链的现金流所有权之和。
- 控制权和现金流所有权的分离度等于最终控制权除以最终现金流所有权。

（5）交叉持股。[①]

交叉持股，又叫作相互持股，是指作为法人的企业互相进行投资，你持有

---

① 马永斌. 公司治理之道：控制权争夺与股权激励 [M]. 北京：清华大学出版社，2013：60-65.

我的股份，我持有你的股份，最终形成一种你中有我、我中有你的股权结构。和金字塔结构一样，交叉持股也是高效的融资工具，但同时也是典型的分离现金流所有权和控制权的股权结构。金字塔和交叉持股是构成企业集团股权结构的基本方式，其中金字塔以纵向链式的结构放大控制权，交叉持股以横向持股的方式放大控制权。与金字塔结构相比，交叉持股的应用更加灵活、更加隐蔽，股权杠杆放大倍数更加明显。

图 1-4 所示为交叉持股放大控制权的机理。胡先生利用最简单的交叉持股方式注册了 A 和 B 两家公司，两家公司的经营管理由胡先生控制。A 和 B 两家公司的注册资金都是 100 万元，胡先生作为自然人分别向两家公司投资 1 万元，外部投资者 C 和 D 分别向 B 和 A 投资 49 万元，还有 50 万元缺口从哪来？

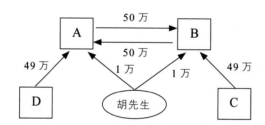

图 1-4　交叉持股放大控制权的机理

胡先生让 A 和 B 相互投 50 万元，当然，注册时胡先生可以提供所谓的过桥资金，也就是借 50 万元给 A，A 对 B 投资 50 万元，然后 B 再对 A 投资 50 万元，A 再将 50 万元还给胡先生。最后的结果是这 50 万元只是账面资金有所体现，而实际上谁也没有出资。

那么，谁控制 A 和 B 两家公司呢？当然是胡先生啦！对于 A 公司来说，胡先生直接投资 1 万元，又通过 B 公司投资 50 万元，掌握了 51% 的股份，胡先生取得了对 A 公司的控制权。同样，胡先生对 B 公司也控股 51%。

最后胡先生只是直接投资 2 万元，但却控制了外部资金 98 万元，加了 49

倍的股权杠杆。也就是说，胡先生的 1 万元控制了 49 万元。如果 A 和 B 是上市公司的话，胡先生还控制了两家市值各 100 万元的上市公司。

　　如上操作，胡先生就实现了资本市场上的"以小博大"和"四两拨千斤"。如果没有法律上的限制，胡先生用 1 万元可以控制多少外部资金呢？如果将 A 公司和 B 公司的注册资金变为 1 000 万元，用同样的手法，只要保障自己的直接持股与间接持股之和大于 51%，胡先生的 1 万元就可以控制外部资金 499 万元……以此类推，胡先生可以用 1 万元控制上亿或者几十亿的资金。

　　如果对上述交叉持股放大控制权的作用理解困难，可以通过图 1-5 所示的不同投资方式选择来直观理解。

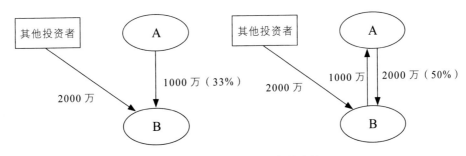

图 1-5　交叉持股提高控制权

　　A 公司计划和其他投资者共同投资成立 B 公司，它有两种方案可以选择。见图 1-5，第一个方案是比较普通的投资方式，A 公司直接对 B 公司投资 1 000 万元，其他投资者投资 2 000 万元，那么 B 公司的注册资金是 3 000 万元，A 在 B 公司的股份是 33%，所有权和控制权都是 33%。

　　第二个方案是在外部投资者对 B 公司投资 2 000 万元不变的情况下，A 对 B 公司的投资变为 2 000 万元，然后 B 公司再对 A 公司投资 1 000 万元。在这种方式下，B 公司的资本金总额放大为 4 000 万元，A 公司占 B 公司的股权比例提高到了 50%，但是 A 公司的实际出资和第一种方案是一样的，只有

1 000万元，但是控制权从3 000万元的33%放大为4 000万元的50%。通过对上述两种投资方式的比较发现，在投入同样资金的情况下，通过交叉持股可以放大控制权，同时削弱了其他投资者的控制权。

在控制权安排的应用中，交叉持股除了用于控制权放大之外，还经常用于稳定公司的股权结构，防止企业遭遇恶意并购。公司间相互持有对方股份之后，实际上就形成了命运共同体的特殊联盟关系。当有一方遭遇到资本市场上的恶意并购，另一方就可以扮演白衣骑士施以援手。

例如，A、B两家上市公司相互持有对方各20%的股份，其中A公司的第一大股东持有15%的股份，通过这种交叉持股的方式就可以锁定恶意并购的大量筹码。当其中有一家公司如A公司沦为恶意并购的标的时，表面上看，潜在的收购者只要收购超过大股东15%的股份就可以获得A公司的相对控制权。但实际上，B公司在这时候会锁定自己持有的20%A公司的股份，拒绝潜在收购者提出的收购价格，而且B公司还会支持A公司的反收购行为，这就可以成功地帮助A公司抵御资本市场上的恶意并购。因为潜在收购者要获得控制权，就必须获得35%以上的控制权，这就会面临超过30%就必须发出全面要约的限制。当然，如果B公司遭遇恶意并购，A公司也会采取同样的行动。

交叉持股在控制权安排中的作用是显而易见的，但是如果缺乏法律监管，也会带来虚增资本和损害其他股东权益的问题。首先，交叉持股将会带来虚增资本的问题。虽然，交叉持股可以使企业的融资更加高效，但同样也会使得资本空洞化。当两个企业交叉持股时，实际上只有同一资金在公司间来回流动，但每一次流动都会导致两个公司同时增加资本额。图1-4所示中，A和B相互持有50万元，账面上使得A和B的资本金都增加了50万元，但实际上A与B相互退还了出资，这50万元谁也没掏，两个公司的净资本一点也没有增加，虽然两家公司的注册实到资金是100万元，实际上两家公司的资本金都只有50万元。

其次，更为可怕的是，交叉持股会成为实际控制人损害其他股东权益的利器。如图 1-6 所示，A 是一家保险公司，想要开展某项保险业务，但是注册资金离保监会规定的门槛差 10 亿元，需要增资。实际控制人吴先生手里没有现金，而 A 公司却有很多可以投资的保费收入。这些资金是不可以用来为 A 公司增资的，但是可以向外投资，于是吴先生就设计了图 1-6 的循环持股[①]模式。首先，A 公司将 10 亿元投给 B 公司，B 公司再投给 C 公司 10 亿元，C 公司再投给 D 公司 10 亿元，最后 D 公司再将 10 亿元投给 A 公司。

B、C、D 三家公司明面上的股东都是吴先生老家的远房亲戚，表面上没有关联，实质上都由吴先生控制。最终结果，A 公司成功增资 10 亿元，满足保监会可以开展新业务的要求。而且增资 10 亿元的股东权益归属于吴先生，用的却是 A 公司全体股东的钱！

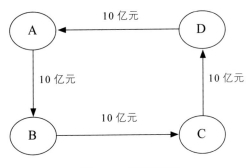

图 1-6　循环持股

从国家监管层面看，交叉持股还会造成诸多负面效应，如形成行业垄断、诱发内幕交易和关联交易。因此，很多国家的法律都对交叉持股，尤其是双向高比例交叉持股作出限制。法国对交叉持股的限制最严格，其公司法规定当一家公司持有另外一家公司 10% 以上的股份，后者就不能再持有前者的股份。德国、英国、日本、中国台湾等国家和地区只限制母子公司的交叉持股。

---

① 循环持股是交叉持股的变形方式。

在我国，对于交叉持股的限制基本上是空白。20世纪90年代的时候，一些地方性法规如《深圳市股份有限公司暂行规定》《海南经济特区股份有限公司暂行规定》和国家体改委发布的《股份有限公司规范意见》曾经对交叉持股作出过限制。但是，1993年颁布实施《公司法》和2006年修订的新《公司法》对交叉持股没有任何限制，而自从1993年《公司法》生效后，前面的几个法规文件相应就失效了。只有证监会在2007年颁布实施的《证券公司设立子公司试行规定》第10条的规定限制了交叉持股："子公司不得直接或者间接持有其控股股东、受同一证券公司控股的其他子公司的股权或股份，或者以其他方式向其控股股东、受同一证券公司控股的其他子公司投资。"

这种现状就意味着，在我国，除了证券类企业之外，其他行业的交叉持股没有明确的法律限制。这就给很多企业使用交叉持股进行控制权安排，为实现"以小博大"的股权结构留下巨大空间。

（6）股份比例。

在融资交易结构和股权激励方案设计中，拿出多少比例的股份是一个关键问题，不但涉及估值问题，而且还涉及控制权问题。对于企业创始人来讲，了解不同比例[①]的股份代表着不一样的控制权[②]，是在股权结构设计中必须掌握的第一个关键问题。

- 67%，完全控制线。严格来说，是持有一家公司2/3及以上的股份，基本上就拥有对公司的绝对控制权。有权决定修改公司章程、增资扩股、分立/合并、变更主营项目和对外投资等重大事项。
- 51%，相对控制权。严格来说，是持有一家公司1/2及以上的股份，

---

① 以下所有的股份比例都是单独或共计持有。

② 以下股份比例所代表的权利根据中国《公司法》规定而整理。

基本上就拥有对公司的相对控制权。除一些需要绝对控制权表决的事项之外，能控制一些简单事项的决策，如分红，聘请独立董事，选举董事、董事长，聘请会计师事务所，聘请 / 解聘总经理等。

- 34%，安全控制线。一个股东持有一家公司 1/3 及以上的股份，就认为其否决性控股，具有重大事项的一票否决权。也就是说，此时大股东想通过修改公司章程、增资扩股、分立 / 合并、变更主营项目和对外投资的决策，但是持有超过 1/3 股份的股东不同意，那么这些关乎公司生死存亡的事宜就无法通过。

- 30%，上市公司要约收购线。收购一家上市公司的股份达到该公司已发行股份的 30% 时，需要向全体股东发出要约收购或向证监会申请豁免要约义务。因此，如果上市公司实际控制人掌握 30% 以上的股份，基本上就不会成为恶意并购的标的，因为敌意接管者要成为第一大股东，就必然触发要约收购。

- 20%，同业竞争警示线。在上市过程中，同业竞争是审核红线。如一家拟上市公司的大股东，同时在另一家同行公司中拥有超过 20% 的股份，那么 IPO 申请基本就会被否决掉。因为此种投资行为构成同业竞争，有利益输送的可能。

- 10%，具有提出质询、调查、起诉、清算或解散公司的权利。这个权利对于有限责任公司和股份有限公司在召集临时会议时有所区别。对于有限责任公司，代表 1/10 表决权以上的股东可以提议召开股东会临时会议，在董事和监事均不履行召集股东会职责之时可以自行召集和主持。对于股份公司，持有 10% 以上股份的股东可以请求召开临时股东大会，提议召开董事会临时会议。

- 5%，重大股权变动警示线。持股比例超过 5% 的股东的信息披露和大股东要求一样严格，需要披露权益变动书。在上市过程中，持股比例超过5%的股东持有股份或者控制公司的情况发生较大变化，就会影响上市进程。持有上市公司5%及以上股份的股东，减持需要披露而且受限。

- 3%，临时提案权。对于股份公司，单独或者合计持有公司3%以上股份的股东，可以在股东大会召开10日前提出临时提案并书面提交召集人。

- 1%，派生诉讼权。当董事、监事或职业经理人违法违章损害公司利益，持有1%[①]以上股份的股东可以代表公司直接向法院提起诉讼。

在股权结构设计中，模仿市场上成功的案例不一定能够成功，因为缺乏相同的情境和条件，但是重复失败的案例一定会碰得头破血流。因此，要尽量避免50：50、65：35、40：40：20、50：40：10或33：33：34等股份比例。

- 50：50的股份比例貌似很公平，但是最后谁说了都不算。真功夫的蔡达标和潘宇海各占50%，引入PE（私募股权投资）以后，是47：47；这种股权比例被认为是一枚定时炸弹，为真功夫内部股权纠纷埋下了隐患。

- 65：35的股份比例对大股东是不利的，这种股份比例实际上是赋予了小股东重大事项的一票否决权。

- 40：40：20、50：40：10或33：33：34这三种比例也是不建议的，因为这三种比例更容易引起股权内斗。其中两者联合起来对抗第三个股东，容易引起"三国杀"的局面。

---

① 股份有限公司还得满足持股180日的条件。有限责任公司没有持股时间和持股比例的限制。

一个靠谱的建议是，企业创始人在上市前尽量争取持有 51% 以上的股份。实在不行，也得是相对第一大股东，再通过投票权委托、一致行动人协议以及有限合伙与股权激励结合等方式使得创始人控制权处于 51% 以上。否则的话，企业创始人就会有出局的危险。

- 2010 年 5 月，于刚在金融危机之后的资金困境中从平安融资 8 000 万元，让出了 1 号店 80% 股权，控制权就此旁落。
- 赛富基金几次投资雷士照明后，2008 年持股比例达到了 30.73%，超过持股 29.33% 的创始人吴长江，成为公司第一大股东，为日后轰动的公司控制权争夺埋下伏笔。

（7）持股方式。

在上市前的股改过程中，对管理团队和核心骨干员工实施股权激励已经成为一种标配的做法。在具体方案设计中，持股方式是方案设计中一个非常重要的环节。是持股平台持有，还是自然人持有？持股平台是有限责任公司还是有限合伙企业？

激励对象希望获得股权激励主要是基于利益的考虑，希望自己获得的激励股份能够在上市后带来巨额的财富。因此，他们只要获得股票中的所有权、分红权和资本增值权就可以了，控制权是愿意交给企业创始人的。而且，从企业创始人的角度来看，如果在股权激励中，让过多的自然人成为股东会存在隐患。一旦某个小股东和企业创始人产生矛盾，在风险融资、IPO 或并购进程中在诸多文件上拒绝签字，那么公司的风险融资、IPO 和并购都会受到影响。因此，现在比较流行的做法是，在给予激励对象股权激励的同时，将控制权留给企业创始人，通常的做法有如下三种。

- 将有限合伙企业作为股权激励的持股平台是近年来流行的一种做法。有限合伙企业持有公司的激励股份，企业创始人或其控制的有限责任公司作为合伙企业的 GP（普通合伙人），激励对象作为合伙企业的 LP（有限合伙人）。GP 具有有限合伙企业的控制权，出资只需达到整个合伙企业资产份额的 1% 即可，如果采用有限责任公司作为持股平台，企业创始人出资就需达到 51% 才拥有相对控制权；而且 LP 的投资收益的税收是固定税率 20%，采用有限责任公司作为持股平台，激励对象就面临企业所得税和个人所得税的双重税收。

- 股权激励 + 表决权委托。在股权激励中，大多数的持股方式采用有限合伙企业的平台持有，但是对一些联合创始人，其教育背景和工作背景对公司的估值有正面影响，是比较适合让其作为自然人股东的。这时就可以在签署股权激励合同的同时签署表决权委托协议，将激励对象获得的激励股份中的控制权（包括表决权、提名权和提案权等）委托给企业创始人。需要注意的是，表决权委托最好约定在某一特定时间之前是不可撤销的 [①]。

- 股权激励 + 一致行动人协议。对一些需要作为自然人股东的激励对象，在签署股权激励合同的同时签署一致行动人协议。"股权激励 + 表决权委托"和"股权激励 + 一致行动人协议"的设计都是在对激励对象实施股权激励的同时将控制权留给企业创始人，但两者的做法稍有不同。如果是采用表决权委托，那么委托人（激励对象）就不用参加股东大会了，因为已经授权企业创始人参加并行使控制权了。而采用一致行动人协议则有所不同，一致行动人在其作为公司股东期间，是要去参加股东大会的，并且需承诺在行使表决权、提案权和提

---

① 一般约定为 IPO 前或上市后小非解禁前。

名权等股东权利时作出相同的意思表示,而且约定以企业创始人作为一致行动的意见。

以上三种方式是近年来在股权激励中常用的持股方式,目的就是为了将激励股份给出去的时候能够将控制权留给企业创始人。这种做法也可以用于上市过程中家族成员持股或社会资源的众筹。例如,一个拟上市公司在股改中通常会成立三个有限合伙企业作为持股平台,一个用于团队的股权激励,一个用于家族的股份分配,一个用于社会资源的众筹,目的也是为了在股份释放出去的时候将控制权留给企业创始人。

4. 投资条款清单

投资条款清单(Term Sheet),是投资人与目标企业或其创始人就未来的投资交易所达成的原则性约定,集中了投资者与目标企业之间未来签订的正式投资协议、公司章程等文件的主要条款。条款清单通常会明确投资者对目标企业的估值、投资计划、各方的主要权利义务、投资交易的前提条件等内容①。条款清单多出现在风险融资阶段和并购阶段,并购时的收购意向书就是一种特殊的条款清单。

投资者在给出条款清单之前已经与企业进行了一些磋商,对企业的估值和投资方式有了基本的共识。一般是签署投资条款清单后才开始进行尽职调查,如果投资者对尽职调查的结果表示满意,符合约定的投资条件,同时目标企业未发生重大不利变化,投资者与目标企业将签署正式的投资协议。投资协

---

① 桂曙光.创业之初你不可不知的融资知识 [M]. 北京:机械工业出版社,2015:213.

议和公司章程通常会依据条款清单的主要内容进一步细化，但基本维持条款清单的主要内容不变。从这个意义上讲，投资条款清单虽然不具有法律约束力，但双方出于信誉角度考虑都要遵守诺言，是确定最终"投资协议"主要条款的重要依据。

所以不要指望有些条款可以在稍后的合同谈判中重新议定，在签署之前一定要每个条款都和投资人谈清楚，否则就有可能给自己埋下隐患。

条款清单大致可以分为四类：涉及利益因素的条款、涉及控制权因素的条款、与员工相关的条款以及其他条款。投资人最关心的是涉及利益因素和控制权因素的条款，涉及利益因素的条款直接关系到投资人未来从企业退出时的投资收益，涉及控制权因素的条款直接关系到投资人能否保护自己所投资金的安全。因此，要特别重视这两类条款的谈判，因为从某种意义上这些条款代表着最终的结果。

（1）涉及利益因素的条款。

涉及利益因素的条款直接关系到投融资双方未来的收益回报，因此是条款清单中的重要组成部分，包括估值、认股权证、业绩对赌（承诺）条款、估值调整条款、清算优先权、股份兑现条款、防稀释条款、继续参与条款和优先购买权。

【条款1】估值。估值条款的描述有两种方式：一种是按每股价格，一种是按融资额。

价格：_____元每股（初始购买价格）。此初始购买价格表示完全稀释后的投资前估值为_____百万元和完全稀释后的投资后估值为_____百万元。

融资额：合计_____百万元，占公司完全稀释后股份（包括为员工期权池预留的股份）的_____%。

在估值中一个谈判重点就是投资前估值和投资后估值的确认，上述对估值的描述是清楚的，投资前和投资后概念非常清楚。在实践中，一些不太地道的投资人会混淆投前投后概念，占企业创始人的小便宜。例如，投资人给出的清单上的估值是，估值 8 000 万元，拟投资 2 000 万元。企业创始人认为投资人对公司投资前估值 8 000 万元，投资后估值 1 个亿，投资 2 000 万元，占 20% 股份。于是就爽快地签了投资条款清单。

尽职调查 3 个月后，在签署正式的投资协议时，投资人说了："按行规我们讲的估值是投资后估值，投资 2 000 万元，应占 25% 的股份。"此时企业创始人将陷入两难境地，不答应吧，就相当于耽误了 3 个月的融资时间，再找一家 VC（风险投资），还得再尽职调查 3 个月；答应吧，总感觉自己一开始就被投资人欺负了。解决这种困境的办法就是一开始的时候就得在投资条款清单上明确投资前或投资后估值。

【条款 2 】认股权证。投资人经常会向企业创始人索要认股权证，也就是给予投资人以一个预先确定的价格在未来一定时期内购买一定数量股票的权利。

如在 A 轮融资时股价是 1 元 / 股，投资人希望企业创始人能给予其一个 5 年期的认股权证："未来 5 年，投资人有权随时以 3 元 / 股的价格增资持有公司 100 万股的股份。"

这种做法貌似投资人比较认可公司，实际上这是有经验的投资人暗中降低公司估值的一种做法。一般建议创始股东不要答应给予投资人认股权证，因为这不但会给未来带来会计上处理的麻烦；而且还将融资主动权拱手让给了投资人。未来公司估值高于 3 元 / 股，投资人肯定会投资，但是如果估值达不到 3 元 / 股，投资人肯定不会投资。

【条款 3 】业绩对赌（承诺）条款，估值调整条款。当估值产生分歧，投资人往往会要求根据未来业绩是否达标而增加估值调整条款、业绩对赌条款或者业绩承诺条款。

比较典型的业绩对赌条款是：如果创始股东在既定年限内完成对投资者承

诺的业绩，投资者将给予融资者一定数量的股份或等值现金做奖励；如完不成业绩，则融资者要给予投资者同等数量的股份或等值现金做补偿。

在业绩对赌中，除了可以用"预测利润"作为对赌条件外，也可采用其他条件，如收入、用户数、资源量等，进行对赌。

对于创始股东来说，业绩达标了得奖励，业绩没完成付出补偿，这种双向的做法叫作业绩对赌。但是如果业绩达标了是天经地义的，业绩没完成付出补偿，这种单向的做法属于业绩承诺估值调整条款。如下条款融合了估值调整和业绩承诺。

创始股东承诺 2018 年、2019 年和 2020 年的净利润分别为 1 亿元、1.25 亿元和 1.5 亿元。当 2018 年承诺利润未实现，按照以下约定调整估值，如果公司 2018 年的净利润达到或超过目标净利润的 90%，估值维持不变（10 倍市盈率），投资人的股份保持不变。如果公司 2018 年的净利润低于目标值的 90%，则公司的估值要调整为 8 倍市盈率 × 实际净利润。此时，创始股东需向投资人无偿转让一定数额的股份，调整前估值 − 调整后的估值 ×10%。

如果 2019 年和 2020 年承诺利润未实现时，创始股东应向投资人按照以下三种方式之一进行补偿。

①创始股东向公司以无偿赠予的方式补足承诺利润。

②创始股东增加对公司投资，并将投资款计入资本公积金项由全体股东共享，使投资人的股东权益与公司实现当年承诺利润的效果等同。

③创始股东直接向投资人进行补偿，补偿金额 = 投资人已投资金额 × （1− 当年实现利润 / 当年承诺利润）。

对赌协议是投资人对创始股东非常严厉的激励约束机制，目的是防止企业家所讲述的成长故事是杜撰和编造的。投资人在决定投资的时候，尤其是在溢价倍数较高的时候，会要求企业家签署对赌协议。

对赌协议将创始股东逼上华山一条路，只能赢不能输，因为输了就真输了。而对赌协议对投资人来讲是稳赚不赔或少赔的，如果输了，虽然要对创始股东兑现约定数目的股份或现金奖励，但是其所投入资本的增值部分将远远大于其付出的奖励；如果赢了，虽然创始股东承诺的业绩目标没有实现，投入资本有可能贬值，但是只要情况不是太糟糕，创始股东付出的补偿部分就足以弥补资本贬值部分。

因此，对于业绩对赌（承诺）条款和估值调整条款谈判，我们给出的建议是：最好不赌，但如果投资人要求必须有业绩对赌（承诺）条款或估值调整条款，不如索性要求对赌，如果要赌，最好对未来承诺的业绩打个折，这样至少可以立于不败之地。

【条款 4】清算优先权。这是一个非常重要的条款，它决定着公司在其清算后资产如何分配，即资金如何优先分配给持有公司某特定系列股份[1]的股东，然后再分配给其他股东。例如，在 A 轮融资的投资协议中规定，A 轮投资人能在创始股东前获得投资金额若干倍的一个回报。同理，后续融资的（B/C/D 等轮次）股东能够优先于 A 轮投资股东和创始股东。

清算优先权的触发条件是公司出现清算事件。公司合并、被并购、出售控股股权，以及出售主要资产，从而导致公司现有股东在占有续存公司已发行股份的比例不高于 50%，以上事件可以被视为清算。

清算优先权由实际清算优先权（Preference）和参与分配权（Participation）两个部分组成。实际清算优先权指的是当公司在清算或结束业务时，投资股东有权优于创始股东获得每股 X 倍于原始购买价格的回报以及已宣布但尚未发放的股利[1]。参与分配权有三种：无参与分配权、附上限参与分配权和完全参与分配权。实际清算优先权和参与分配权组合之后就有以下三种。

---

[1]　也可表述为，A 轮股东优先投资股东，B 轮股东优先 A 轮股东和创始股东，以此类推。

实际清算优先权 + 无参与分配权。在公司清算或结算业务时，A轮股东有权优于普通股股东[1]获得每股X倍于原始购买价格的回报以及已宣布但尚未发放的股利。在支付完A轮股东实际清算优先权的回报之后，剩余资产由普通股股东按股份比例进行分配。

实际清算优先权 + 附上限参与分配权。在公司清算或结算业务时，A轮股东有权优于普通股股东获得每股X倍于原始购买价格的回报以及已宣布但尚未发放的股利。在支付完A轮股东实际清算优先权的回报之后，剩余资产由所有股东按股份比例进行分配。当A轮股东获得的回报达到Y倍于原始购买价格以及宣布但尚未发放的股利之后，将停止参与分配。之后的剩余资产将由普通股股东按比例分配。

实际清算优先权 + 完全参与分配权。在公司清算或结算业务时，A轮股东有权优于普通股股东获得每股X倍于原始购买价格的回报以及已宣布但尚未发放的股利。在支付完A轮股东实际清算优先权的回报之后，剩余资产由所有股东按股份比例进行分配。

以上三种条款中，对创始股东有利的是"实际清算优先权 + 无参与分配权"，而且最好只承诺保证投资股东1倍的回报。这种情况是比较少见的，除非项目很稀缺，成长性非常好，受到众多投资者的追捧，否则是谈不到这么好的条款。

"实际清算优先权 + 完全参与分配权"对投资人有利，投资人不但可以获得实际清算优先权，还可以按照股份比例分配剩余的清算资金。一般来说，企业创始人急需资金，而想要投资的机构不多，可能会被迫答应此条款。

"实际清算优先权 + 附上限参与分配权"相对中立，投融资双方都愿意接

---

[1] 含创始人、联合创始人和天使投资人。

受。关键是要谈一个实际清算优先权倍数或参与分配的回报上限倍数。一般来说，实际清算优先权为 1~2 倍，参与分配的回报上限倍数为 2~3 倍。

需要注意的是，当清算事件发生时，投资股东有可能执行实际清算优先权，也有可能不执行。例如，投资人对一家公司投后估值 1 500 万元，投资 500 万元，占 33% 股份。实际清算优先权是 1 倍，参与分配权是回报上限 2 倍。

假设 1 年后，公司接到一份总价 2 000 万元的收购意向。如果直接按照股份比例，投资人可以分到 660 万元；如果执行实际清算优先权，则可以获得 1 000 万元。那么投资人一定会执行实际清算优先权。

如果公司接到的收购意向是 1 亿元，那么投资人就不会执行实际清算优先权。因为直接按照股份比例投资人可以分到 3 300 万元，如果执行实际清算优先权才能拿到 1 000 万元。

实际清算优先权是投资人为了防止公司未来被贱卖，对自己所投资金进行保护的一种策略。因此，1 倍的实际清算优先权是投资人的底线。专业投资人是不愿意索要过高的实际清算优先权，因为这会降低管理层和员工所持股权的价值。因此，投融资双方会根据估值水平、发展阶段、议价能力和资本结构等因素作一个合理的妥协。对于企业创始人，如果和投资人能谈成 1 倍的实际清算优先权，2 倍的回报上限倍数就是很理想的结局了。

【条款 5】股份兑现条款。这是一个用于稳定创业团队的条款，决定投资人是否投资企业的一个很重要因素是"创始人 + 管理团队"，因此对于投资人来说能否将创始人和管理团队与公司利益捆绑就很重要。

按照惯例，投资人希望创始人和管理团队的股份和期权要 4 年后才能兑现。如果提前离开公司，可以根据约定的兑现公式，拿到部分股份。以下是典型的股份兑现条款。

除非董事会大多数成员（至少包括 1 名投资人指定董事）同意批准（"必

须批准"）不同的兑现条款，在交割之后发行给员工、董事、顾问及所有其他服务提供者的所有股份及股份等价物将遵从以下兑现条款：发行后的第一年末兑现 25%，剩余的 75% 在其后 3 年按月等比例兑现。公司有权在股东离职（无论个人原因还是公司原因）时回购其尚未兑现的股份，回购价格是成本价和当时公允市价的低者。

由创始人_____和_____持有的已发行流通的普通股也要遵从类似的兑现条款：创始人在交割时可以兑现其股份的 25%，其余股份在其后 3 年内按月兑现。[1]

按照上述股份兑现条款，股份持有人在离开公司后，还没有兑现的股份将由公司收回注销，所有其他留下的股东都将等比例增加股份。对于没有兑现的期权，公司收回至期权池，可以继续分配给后续员工。

以上股份兑现条款对于团队获授期权的处理是比较容易理解的，但一些没有融资经验的企业创始人对于自己拥有的股份为什么要"兑现"是心存疑惑的：为什么本属于我的股份，要几年时间才能拿回来？对于企业创始人来讲，应该正确理解该条款。[2]

- 你的股份一开始就都是你自己的，在行使投票表决的时候，可以按照所有股份都已兑现的数量投票。如投资交割时你的股权比例是 80%（1 000 万股），则在创始人离开公司之前的任何时候，都有 80%（1 000 万股）的投票权。

- 你在投资交割完成后工作满 4 年之前，可以自由处置的股份数量是

---

[1] 布拉德·菲尔德, 杰森·门德尔松. 风险投资交易条款清单全揭秘 [M]. 桂曙光, 译. 北京：机械工业出版社, 2015: 55.

[2] 下文引自：桂曙光. 创业之初你不可不知的融资知识 [M]. 北京：机械工业出版社, 2015: 250.

受限的。如果在第一年之内离开，你将兑现不了任何股份；1 年之后，可以兑现 25% 的股份。在 1 年之后离开，兑现的股份数量是按照上述股份兑现条款约定的数量而不是全部。如上述的 1 000 万股股票，创始人在投资交割后 2 年之后离开，可以自由处置的股份数量是（25%+75%×12/36）×1 000 万 =500 万股。

- 兑现条款在投资人投资之后，可以通过董事会修改。
- 兑现条款对投资人有好处，对创始人其实也有好处。如果公司有多个创始人，投资人投资后某个创始人要求离开，如果没有股份兑现条款，离开的创始人将拿走他自己全部股份，而投资人和留下来的创始人将要为他接盘打工。如果有股份兑现条款，所有创始人都会努力工作以兑现属于自己的股份。同样道理，员工的股权激励也需要通过股份兑现条款的方式逐步获得。
- 如果拒绝股份兑现条款，会让投资人非常担心你和其他创始人会离开公司，他们将有可能拒绝投资。
- 股份兑现条款实际上是一个对投资人、创始人、早期团队成员和后期团队成员的整体利益协调工具。

股份兑现条款基本上是投资条款清单中的标配，企业创始人肯定是要答应的。但是，该条款也会给创始人带来一些风险。例如，投资人在交割后 2 年时发现创始人对公司已经没有多大价值了，就有可能将创始人赶出公司，对创始人尚未兑现的 50% 股份进行回购。所以，创始人要在细节方面作一些谈判，争取一些权力。

- 争取回购的股份不要注销，而是分给其他创始人和团队成员，或是放入期权池留给新的团队成员。如果回购的股份注销，那么留下的其他创始人、团队成员和投资人将按比例获益，这种做法有可能会激励投资人将失去价值的创始人或团队成员赶走。离开公司的创始人所持有的尚未兑现的股份是在投资人投资前创造的，应该分配给创造这些价值的创始人和员工，或者是留给新的团队成员。

- 争取最短的兑现期。如果创始人已经在公司工作了 1 年以上的时间，就可以争取和团队成员不同的兑现条款。例如，团队成员的兑现条款是如上的标准条款，而创始人可以要求在投资交割时就获得 1 年的兑现股份（25%），剩余的股份在未来 3 年按月兑现。

- 争取在特定事件发生时具有加速兑现的权利。例如，当业绩指标达到约定标准时，可以获得额外的股份兑现；或者被董事会解聘时，获得额外的股份兑现。

- 争取在公司被并购时加速兑现的比例。当公司发生被兼并、合并、资产出售或其他改变公司控制权的事件时，股份兑现条款有两种处理方式：一种是自动加速兑现的"单触发加速"，加速额外兑现 25%~50% 的股份；另一种是需要满足被收购同时此创始人被收购方解雇的"双触发加速"，加速额外兑现 50%~100%。单触发加速兑现对创始人有利，但不利于并购后的整合，有可能会使得收购方放弃交易。因此，在具体的风险投资实践中，双触发比单触发更普遍，但创始人应该多争取加速兑现的比例。

【条款 6】防稀释条款。公司在风险投资中，往往需要多次融资。投资人担心后续融资的价格低于本轮融资价格，导致自己所持股份贬值，因此就需要该条款作为自己利益的保护条款。该条款要求将按照新的融资价格计算投资人的持股数量，由此产生的股份差额，由创始股东无偿转让。标准的防稀释条款包括以下两种。

完全棘轮条款[①]。如果公司后续融资的价格低于本轮融资中投资股东的价格，则投资股东的股份价格将直接调整为新股份的发行价格，价格转换所导致的股份差额由创始股东无偿转让。

加权平均条款[②]。如果后续股份的发行价格低于本轮的融资中投资股东的价格，新的转换价格将会降低为本轮融资价格和后续融资股份发行价格的加权平均值，价格转换所导致的股份差额由创始股东无偿转让。这种条款既要考虑低价发行的股份价格，又要将新发行的股份数量作为权重考虑，相对比较公平。计算公式如下：[③]

$$NCP = OCP \times (CSO+CSP) / (CSO+CSNP) = (OCP \times CSO+IC) / (CSO+CSNP)$$

式中　NCP——调整后的新转换价格；

OCP——后续融资前的实际转换价格；

CSO——后续融资前完全稀释时的股份数量或已发行优先股转换后的股份数量；

CSP——后续融资额能够购买的普通股数量（也就是如果没有降价后续融资额能够买到的股份数）；

CSNP——在后续发行时实际购买的股份数；

IC——后续融资的现金额。

加权平均条款又细分为广义加权平均和狭义加权平均两种形式，两者的区别在于对后续融资时已发行股份及其数量（上式中的 CSO）的定义。广义

[①]　缺多少补多少，有利于投资者。

[②]　打折补，相对公平。

[③]　布拉德·菲尔德，杰森·门德尔松. 风险投资交易条款清单全揭秘 [M]. 桂曙光，译. 北京：机械工业出版社，2015: 62.

加权平均是按照完全稀释的定义，CSO 包括已发行的普通股、优先股可转换成的普通股以及可以通过执行期权、认股权、有价证券等获得的普通股数量，计算时将后续融资前所有发行的普通股（完全稀释）认为是按当时的转换价格发行。狭义加权平均比较简单，只计算已发行的普通股和可转换优先股能够转换的普通股数量，不计算其他可转换证券。[①]

防稀释条款是投资条款清单中的基本配置，总体是要答应投资人的，关键是要在一些细节上进行谈判。

- 不到万不得已，不要接受完全棘轮条款。可以接受"半棘轮""2/3 棘轮"或加权平均条款。

- 争取谈一个防稀释条款的触发条件，如后续融资价格低于某个设定价格而且在本轮融资后某一时段的低价融资等。

- 要求当公司完成承诺的业绩目标后，作为对创始股东和团队的奖励，去掉防稀释条款。

- 列举例外事项。在列举的特殊情况下，低价发行的股份不会引起防稀释调整。

    ○ 按照董事会批准的股权激励计划，给公司董事、顾问和员工发行的股份（或期权）。

    ○ 董事会批准的兼并、合并、收购或类似并购重组事件中发行的用于代替现金支付的股份。

    ○ 董事会批准的根据设备贷款、设备租赁协议、不动产租赁协议或从银行或类似财务机构获得的债权融资而发行的股份。

---

① 布拉德·菲尔德，杰森·门德尔松 . 风险投资交易条款清单全揭秘 [M]. 桂曙光，译 . 北京 : 机械工业出版社 ,2015: 63.

○ 在股份分拆、股份红利或任何其他普通股股份分拆时发行的股份。

○ 任何债券、认股权、期权或其他可转换证券在转换和执行时发行的股份。

○ 持有大多数 A 轮优先股的股东放弃其防稀释权利。[①]

● 争取让投资人答应"继续参与条款"。也就是当公司后续低价融资时，投资人需要参与该次融资，等比例购买股份，否则将自动失去防稀释权利。

【条款 7】继续参与条款。该条款是有利于创始股东的，通常与防稀释条款结合在一起。在后续融资中，无论价格高低，投资人需要等比例购买股份，否则本轮融资中得到的权利将被取消，其持有的股份将与创始股东的股份拥有一样的权利。继续参与条款具有不同强度，常见的有比较严厉和比较柔和两种。

比较严厉的条款：在下一轮"合格融资"[②]中，本轮投资人拥有参与权，却没有完全参与此次融资，或没有购买等比例的股份，那么其持有的优先股就会转换为普通股。

比较柔和的条款：在下一轮"合格融资"中，本轮投资人没有等比例（根据融资前其总的股份比例）参与，那么其持有的优先股就会转换为普通股。如果 A 轮投资人参与了下一轮"合格融资"，但没有达到等比例的程度，那么其持有的优先股将只有一部分转换为普通股，转换比例等于没有参与融资的那部分比例。当决定投资人持有的股份数以及是否满足继续参与条款时，其

[①] 在实践中，当公司后续低价融资时，大多数 A 轮的投资人决定给予公司的创始股东和团队一个额外的激励，会投票将此次低价融资从防稀释条款中分拆出来，放弃其防稀释的权利，愿意继续给公司提供融资。那么，此时即使 A 轮投资人中有少数想通过防稀释条款增加自己的股份，根据这个例外条例，他们是不能执行防稀释条款的。

[②] 董事会批准的下一轮融资。

在"合格融资"中通过关联投资基金持有或购买的股份应该被合并计入。

继续参与条款的谈判策略。

争取比较严厉的条款。如果投资人不答应，可以退而求其次，建议比较柔和的条款。如果投资人还不答应，那至少要将继续参与条款和防稀释条款挂起钩了。也就是说，当投资人在下一轮"合格融资"中没有等比例购买股份，将自动失去其防稀释的权利，其他权利还有，不转为普通股。

【条款 8】优先购买权。该条款界定了投资人在后续融资中购买股份的权利，所有投资人都会坚持要求。典型的优先购买权条款如下。

在本轮股份发行时买过至少_____股的投资人（"主要投资人"）有权在公司提议向其他任何人发行权益证券时，购买 X 倍于他们此类股份相应比例的股份，以下股份除外：①作为"期权池"预留的股份；②公开发行的股份；③与股票分拆、红利股、资本重组等按比例作的调整；④为董事会批准的兼并、合并、收购或其他类似的企业合并而发行的用于代替现金支付的股份；⑤为董事会批准的设备贷款、设备租赁、不动产租赁或从银行类似金融机构进行债务融资而发行的股份；⑥任何没有被合格投资人认购的股份会在其他合格投资人之间重新分配。

优先购买权对于创始股东是有利的，因此没有必要花太多精力在此条款的谈判上，无非注意两点：一是"主要投资人"的股份数额门槛，这个门槛要不要设其实并不重要；二是购买权是否赋予乘数，也就是 X 是 1 倍的等比投资权还是大于 1 倍的超等比投资权，在公司早期融资中，投资人经常会要求超等比投资权。

（2）涉及控制权因素的条款。

投资人为了保护自己所投资金的安全，会有针对性地索要公司控制权，因此涉及控制权因素的条款历来是投融资谈判的重点和关键。涉及控制权因素的条款主要包括董事会、保护性条款、领售权和转换权等。

【条款 9】董事会。董事会条款是有关控制权因素条款中最重要的，在 A 轮融资之前，公司的控制权掌握在企业创始人手里，但融资之后，公司的控制权由新组建的董事会掌控。

对于董事会条款谈判的策略建议如下。

● A 轮融资后，如果公司尚未完成股改，仍然是有限责任公司，那么董事会建议由 3 个席位构成，其中创始股东指派 2 名董事，投资人指派 1 名董事。如果已经股改为股份有限公司，则建议董事会由 5 个席位构成，其中创始股东指派 3~4 名董事，投资人指派 1~2 名董事。

● 公司设 CEO（首席执行官），由企业创始人担任。CEO 是董事会成员。

● 董事长由企业创始人担任。

● 一定要争取的条款：在任何时候公司增加 N 个新投资人席位的时候（如 B 轮投资人），也要相应增加 N 个创始股东席位，以防在后续融资完成后，不同融资轮次的投资人合谋接管董事会。[①]

● 在 A 轮融资和 B 轮融资时，建议暂不设独立董事席位。如果投资人非得坚持设立独立董事席位，那就要坚持由创始股东提名独立董事。

【条款 10】保护性条款。实际上是给予投资人某些特定事项的一票否决权，防止创始股东利用大股东的身份在一些事情上作出有损投资人的行为。该条款是指投资人从保护自己利益的角度出发，事先作好约定，投资人不参

---

① 这样能够保证 IPO 之前企业创始人能够掌控董事会席位的简单多数。

与企业日常经营，但是在公司一些重大事项上具有一票否决权。约定的重大事项范围包括但不限于对公司高管人员的聘请和员工的激励机制、对外投资和担保、重大资产购置、增资扩股、股权出售限制、董事席位变化等。以下是典型的保护性条款。

只要有任何投资股股东的股份（优先股）在外流通，以下事件，无论是直接的或通过兼并、资产重组的类似事件，需要超过50%投资股东同意。

①修订或改变投资股股东的权利、优先权和特权（防止将融资时谈好的给予投资人权利在融资后利用大股东决策的优势取消）。

②增加或减少额定普通股或额定优先股的股本数量（防止发行巨额股份给创始股东，将投资人的股份比例大幅度稀释）。

③设立（通过重组或其他方法）任何拥有高于或等同于本轮投资股股东的权利、优先权或特许权的其他系列股份（防止在本轮投资人不同意的情况下，给予后续投资人过多的权利）。

④任何导致普通股股份赎回或回购（不包括用于给服务提供者的股权激励计划、该计划给予公司在服务终止时回购股票的权利）的事件（防止创始人在投资人不同意的情况下，将股份以远远高于市价的价格卖给公司，然后自己过上奢侈的生活）。

⑤任何导致兼并、公司重组、控制权出售或任何全部或部分出售公司资产的交易（防止创始股东将公司贱卖给自己控制的关联公司，将创始人扫地出门）。

⑥修正或放弃任何公司登记执照或公司章程上的条款（防止创始股东通过公司章程的修改对小股东的利益进行掠夺）。

⑦增加或减少公司董事会（监事会）额定董事（监事）数量（防止在投资股东不同意的情况下，创始股东通过增减董事会和监事会的席位改变控制权安排）。

⑧宣布或支付普通股股利或优先股股利（防止创始股东通过不分红或过度分红侵害投资人的利益）。

⑨批准公司清算或解散。

⑩对外担保或其他可能导致公司承担大额负债[①]的情况。

保护性条款是投资人用于保护自己的"防守条款"，目的不是要禁止这些行为，而仅仅是要求获得投资人的同意。因此，这个条款是肯定要答应投资人的，在谈判中，要注意以下细节。

- 上述列举的事项是在长期投融资实践中形成的标准化条文，对于双方来说都是公平的。如果投资人给出的保护性条款列举的事项包含在上述 10 条以内，直接答应即可。如果超出 10 条范围，则要分析其是否只是为了"保护"。

- 无论公司进行了几轮融资，一定要尽量争取所有轮次的股东拥有同一份保护性条款，并一同投票。否则的话，公司做任何保护性条款中的事，都需要面对多个[②]潜在的否决表决。

- 可以要求当公司业绩达到阶段性目标后，去除某些保护性条款。

- 条款生效的最低股份要求是可以谈的。"只要有任何数量的优先股在外流通"这个条件对于创始股东是不公平的，如投资股东优先股绝大部分已经被公司回购或已经转为普通股，其只持有 1 股优先股，那么按照通常约定，他依然具有特定事项的一票否决权，这显然是不公平的。因此，条款生效的最低股份要求可以修正为"超过＿＿% 已发行

---

① 一般会对负债额度有个约定，对于投资人来说，可以争取更高的上限，或者争取对正常生产经营需要的设备融资有豁免权。

② 融资 N 轮，就面临 N 个。

的优先股在外流通", 这个比例建议可以设为 50%。

● 投票比例是可以谈的。保护性条款实施时的投票比例通常设为"超过 50% 优先股股东同意", 有时这个比例也会被设置成 2/3、3/4 或 4/5。比例越低对创始股东越有利, 创始股东应尽量争取 51% 的比例。但是如果公司有多个投资人或者经过多轮融资, 这个比例经常会被设置成 2/3 或更高。

【条款 11】领售权。领售权也叫强制随售权, 是非常重要的控制权条款。投资人有权强制公司原有股东和自己一起向第三方转让股份, 而转让的价格和数量等条件由投资人和第三方达成一致。领售权通常是在有人愿意收购公司, 而某些股东不愿意出售股份时, 投资人运用强制售卖权。

典型的领售权条款是在 IPO 之前, 如果多数投资股东同意出售或者清算公司, 剩余的投资股东及普通股股东应该同意此交易, 并以同样的价格和条件出售他们的股份。

这个条款有积极的一面。当一个公司在创业初始的股权结构设计不合理、有多个创始人和天使投资人作为自然人股东时, 那么就有可能出现股东间纠纷的问题。当几年后公司有一个被并购的机会, 大多数股东都愿意将自己的股份变现, 但是有些小股东在经营过程中和创始股东或投资人产生矛盾, 他们就有可能故意不同意出售公司。这个时候, 领售权就发挥作用了, 会迫使他们全部同意此次并购交易。

当然, 在大多数情况下, 领售权的执行意味着公司创始股东将面临巨大困境。因为投资人和第三方达成的并购交易方案中, 出售的股份往往是公司全部或大多数股份, 而投资人只是小股东, 其持有的股份必然是不够的, 因此出售的大部分股份是创始股东的, 这就意味着创始股东将要失去控制权。而且, 当出售的股份超过 50%, 将会触发"清算优先权"条款, 投资人将按照约定获得优先分配资金。在极端情况下，出售股份的交易金额低于投资人的优先分配金额，创始股东和团队将失去公司股份，净身出户。

因此，要特别重视领售权细节的谈判，谈判要点如下。[①]

- 争取让领售权适用于普通股的大多数情况。那么领售权只有在大多数股东同意并购交易的时候，创始股东的股份才会被执行强制随售。在 A 轮融资和 B 轮融资时，创始股东往往还持有 50% 以上股份，投资人基本不会答应这个条件。如果公司已经经过多轮融资，投资人的股份加起来超过创始股东的，那么投资人有可能会答应。

- 领售权触发的条件。投资人一般要求领售权触发的条件是多数（50%以上）投资股东的要求，这种条件对创始股东是不利的。可以要求触发条件改为"持优先股 2/3 以上股份的投资股东要求，并经董事会同意"。

- 支付手段。可以接受的支付方式是：现金、现金 + 上市公司股票、上市公司股票。如果支付方式是其他非上市公司的股份，应选择拒绝。

- 出售的最低价格。为防止投资人使用"领售权 + 清算优先权"组合，实现自己拿到 3~4 倍于本金的成功退出，但让创始股东和团队陷入净身出户的极端困境。一定要根据清算优先权的约定在本条款中设定一个最低的出售价格。例如，在清算优先权条款中约定"参与清算优先权，2 倍回报，4 倍上限"，那么这就意味着，公司出售的价格至少要高于投资人投资额的 2 倍，创始股东才有收益；当然，最好要求出售价格高于投资人投资额的 4 倍，因为这样大家基本上可以按照股份比例进行分配，股东间的利益相对一致。

---

① 桂曙光 . 创业之初你不可不知的融资知识 [M]. 北京 : 机械工业出版社 , 2015: 259-261.

- 收购方的确认。为防止投资人通过领售权将公司贱卖，进行利益输送，要明确要求一些特定的竞争对手、投资人投资的企业、投资人的关联企业不在领售权的有效范围之内。

- 时间。一般要求领售权的触发在本轮投资交割完成后 5 年，这主要是为企业争取成长时间。如果 5 年后仍然没有 IPO 的机会，允许投资人触发领售权，通过出售公司实现退出。

- 股东购买。如果创始股东不愿意出售公司，而投资人一定要卖，那么一定可以由创始股东以同样的价格和条件将投资人的股份买下。这是一个一定要坚持争取的条件！因为这就直接破坏了投资人的领售权，同时也将避免触发清算优先权条款。

- 如果领售权被触发，创始股东将不承担并购方要求的在业绩、业务和财务等方面的陈述和保证。

【条款 12】转换权。转换权也叫作结构性防稀释条款，基本上是条款清单中少见的没有谈判余地的条款，是指在公司发生送股、股份分拆、合并等股份重组情况时，投资人对投入公司的优先股转为普通股的价格作相应调整，以确保其持股比例不被稀释。

例如，优先股按照 4 元 / 股的价格发行给投资人，初始转换价格为 4 元 / 股。后来公司决定按照每 1 股拆分为 2 股的方式进行股份拆分，则新的转换价格调整成 2 元 / 股，对应每 1 股优先股可以转为 2 股普通股。

这个条款很公平，也很合理。

（3）与员工相关的条款。

在投资条款清单中，有一些条款是和员工相关的，如期权池、竞业禁止条款、专有信息及发明的保密协议和创始人活动限制。

【条款 13】期权池。投资人往往会要求预留 10%~20% 的股份作为期权池，对管理团队和核心骨干员工进行激励。典型的期权池条款如下。

在融资交割前，公司将预留普通股，并满足本轮优先股发行后，仍有____%的完全稀释后股份发行给董事、管理层、员工和顾问。"期权池"既包括如上所述为发行而预留的股份，也包括现在已发行的期权，总数大约为本轮优先股发行后公司完全稀释股本的__%。

期权池条款对于创始人、投资人、团队和公司都是好事情，唯一的谈判焦点就是激励股份由谁出？投资人都会要求激励股份由创始股东出，但这是可以谈的。如果公司之前已经做过股权激励，那么之后期权池的股份应该争取创始股东和投资人一块出；如果公司已经存续了一段时间，从未进行过股权激励，那么第一次股权激励的股份应该由创始股东出。

【条款 14】竞业禁止条款。对于创始股东来讲，签署竞业禁止条款基本上是必须的。典型的竞业禁止条款如下。

每个创始人和重要员工都要按照投资人接受的形式签署__年期的竞业禁止和劝诱禁止协议。

竞业禁止协议的主要内容是，在从公司离职后的一段时间（竞业期）内，公司创始人或重要员工不得创立竞争性公司或为其他竞争性公司工作。

劝诱禁止协议的主要内容是，在从公司离职后的一段时间（竞业期）内，公司创始人或重要员工不得将公司客户带给新的雇主，不得劝诱员工和客户背弃公司。

竞业禁止协议对于企业创始人和投资人都是有利的，因为竞业禁止协议保护了股东和公司的利益。因此，许多公司都应该借投资人的要求和关键员工把竞业禁止协议签了。

竞业禁止协议中有几个细节是可以谈判的。

- 竞业期限。1~3 年的竞业期限是比较正常的，因离职人员的离职原因和工作背景而有所不同。如果企业创始人和重要员工是主动离职，竞业期限会较长；如果其被解雇，竞业期限会短一些。对于技术依赖型的公司，负责技术的员工的竞业期限会长一些；对于销售依赖型的公司，负责市场和销售的员工的竞业期限会长一些。

- 要求严格限定竞业禁止的竞争对手和工作范围，范围约束得越小对创始股东越有利。

- 补偿标准。正常的竞业禁止的补偿标准是不低于正常的工作报酬，当然也可以争取更高的补偿标准。

- 争取针对投资人的劝诱禁止。投资人在看好某个行业的时候，但是没有把握哪家公司会做得更好，就会同时投资几家公司。那么就存在投资人劝诱你的重要员工和客户到竞争对手那里的风险，因此，即使投资人不答应投资的竞业禁止协议，也要争取让其同意劝诱禁止协议。投资人即使不同意，也可作为谈判的一个筹码。

【条款 15】专有信息及发明的保密协议。这个条款对于公司、创始人和投资人都是有利的，基本上所有的投资条款清单中都会有如下要求。

公司的每一个现在或前任主管、员工和咨询顾问都应签订专有信息及发明的保密协议。

该条款主要是针对公司的客户名单、营销计划、技术文件等商业机密，以及专业等知识产权的保护。

我们的建议是接受它，并尽可能地和每个员工签署。

【条款 16】创始人活动限制。在投资人决定是否投资一个企业的时候，创始人是一个重要的考虑因素。尤其是在早期融资时，企业是否成功跟创始人对企业的投入关系很大，因此投资人往往会有如下的要求。

每个创始人都应该将自己的工作时间 100% 地投入到公司当中去，任何其他的专业活动都需要董事会的批准。

这个条款很公平，接受就好了。

（4）其他条款。

上文讨论了在投资条款清单中非常关键的有关利益因素、控制权因素和与员工相关的条款。接下来讨论的条款虽然不是关键的，但谈判不得当，同样会给企业创始人带来巨大的风险。这些条款包括保密条款、投资方式、股份回购、利润分配与留存、股利、投资前提条件、知情权、登记权、合格 IPO 及 IPO 对赌条款、限售权、共售权、股权锁定、排他性条款、赔偿条款、转让条款和土豆条款。

【条款 17】保密条款。每个投资人给出的投资条款清单上都会包含保密条款，这个条款是没有谈判余地的，如下是典型的保密条款。

有关投资的条款、细则和补充约定，包括所有条款的约定、本清单的存在以及相关的投资文件，均属保密信息，双方不得向任何第三方透露，协议双方另有约定或依法予以披露的除外。

需要注意的是，很多企业创始人不是很在意这个条款，经常会用已经和投资人签署的投资条款清单，去对其他投资人"压价"。这种"借刀杀人"式的智慧在产品市场上经常用于对供货商压价，但是千万不要将其应用到资本市场。资本市场特别看重"契约精神"，企业创始人一旦违背保密条款，那么这个消息将会在投资圈内广泛传播，企业将很难再获得投资人的青睐。

【条款 18】投资方式。投资条款清单上会注明投资人的投资方式，一般有

"增资扩股"和"增资扩股 + 股份转让"两种。

"增资扩股"是典型的融资方式，"增资扩股 + 股份转让"是将融资和并购组合在一起。在融资过程中，建议在正常情况下只采用增资扩股，除非是创始股东有套现的需求。但是一旦采用"增资扩股 + 股份转让"的方式，投资人在其他条款上的谈判将更加严厉和苛刻。原因就是投资人会认为：既然你认为企业未来很好，让我们买公司股份，大家应该一块为未来努力，但你为什么要套现呢？

【条款 19】股份回购。该条款是投资人保障自己退出的一种手段，一般是当公司在 IPO 或被并购无望时，投资人要求创始股东购买他们持有的股份。比较典型的回购条款如下。

当出现下列任一情形时，在多数投资人同意和要求下，创始股东应当以货币或投资人认可的其他方式，按约定的回购价格回购投资者持有的公司股份。

①如非投资人的原因，公司未能在本次融资交易交割完成后 5 年内在中华人民共和国境内证券市场完成公开发行股票并上市。

②公司连续两年未达到承诺的业绩指标。出现重大变化，致使已经或即将出现对公司上市构成实质性障碍的情况。

③创始股东对投资人披露的信息存在虚假、重大遗漏，误导的信息对公司上市构成实质性障碍。

股份回购现在基本上是条款清单中的标配，但是在细节方面还是有谈判余地的。

- 投资人执行股份回购权利的时间。其一般都要求在 5 年后方可执行，这个时间长度对双方是相对公平的。但是如果一些基金已经募集了几年，投资人可能会要求更短的时间，这时企业创始人就需要慎重考虑了。

- 回购的支付方式。争取按 3~4 年分期支付（如分 3 年回购，每年回购 1/3），而且对不同投资轮次的投资人，在回购次序上不分先后。

- 回购权的触发点。多数（50% 以上）的股东同意，还是大多数（2/3 以上）的股东同意，这是可以谈的。

- 回购价格。这也是一个谈判重点，国外的投资人要求的回购价格一般是初始购买价格加上已宣布但尚未支付的股利；国内的投资人要求的价格往往较高：投资金额 × （1+ 年化收益率 [①]） × 持股时间 [②]。

- 可以增加主动回购条款。约定当发生投资人被其他企业收购等特定情况时，创始股东或公司有权回购投资人持有的公司股份。这样就可以避免当投资人被收购时，发生控制权的转移。在当年雅虎投资阿里巴巴时，就有类似主动回购条款。

【条款 20】利润分配与留存。该条款的典型表述如下。

自本协议签署之日起至投资人完成正式投资期间，公司不得进行利润分配。公司历史上的留存收益由新老股东共同分享。

这一条款乍一看不公平，创始股东之前创造的利润怎么能和投资人进行分享呢？实际很公平，因为估值已经考虑到了公司账面留存的利润。但现金的估值是不可能溢价的，因此建议在融资前对账面留存的利润进行处理：分掉或转增股本。如果公司股本金不大，建议转增股本把股本做大，这样有利于上市后的市值管理。

【条款 21】股利。该条款就是投资人要求一个优先于创始股东的分红权

---

① 一般为 8%~10%。

② 按年算，精确到月。

利，典型条款如下。

一旦董事会宣布发放股利，A 类优先股股东有权优于普通股股东每年获得投资额＿＿%的非累积红利，A 类优先股股东还有权按可转换成的普通股数量，按比例参与普通股的股利分配。

对于早期的风险投资，不会要求该条款，因为股利往往不能满足风险回报，投资人更看重的是 IPO 或被并购的回报。对于后期的投资人来讲，会坚持索要股利条款，因为其投资额大，期望的退出回报相对较低。所以我们经常在涉及大笔金额的私募股权投资和并购交易中看到股利条款。对于企业创始人，在如下关键点上依然是可以谈判的。

- 要求股利非自动获得，而应该是"当董事会宣布"后才可获得。
- 只答应非累积股利，如果当年没有发放，这部分没有支付的股利不能计入投资额计算新的股利。
- 股利比例一般在 5%~15%，尽量争取最低的比例。
- 要求投资人在获得优先股利后，就不能再按股份比例参与普通股的股利分配。也可以设计成先保证一个低比例如 5% 的优先股利，再将优先股转换成普通股的数量参与分配普通股的股利。

【条款 22】投资前提条件，也叫作融资先决条件，典型条款如下。

投资人对公司的投资，以下列条件获得全部满足为前提条件：①投资人对尽职调查的结果满意；②最终的法律文件（包括但不限于投资协议、结合本轮融资修订的公司章程、股东会决议等）令投资人满意；③公司已取得交易所必需的所有资质、证照及其他政府审批（如适用）；④公司已经与关键管理层和人员（由投资人选定）签订格式和内容令投资人满意的劳动合同；⑤公司创始人承诺自本条款清单签订之日起全职在公司工作；⑥已授权投资人具有常规管理权的文件。

对于该条款的谈判策略和要点。

- 尽可能地减少投资前提条件，否则最后是否可以获得投资人投资的主动权就全部在投资人手里了。
- 以上列出的是投资人惯常要求的条件，但如果投资人的要求超出上述范围，而且注定公司不能满足，则要求投资人删除此条件，否则就不能签署投资条款清单。
- 如果前提条件中有"须经投资者合伙人许可"，那就要小心了：说明本次投融资交易还没有被投资人的投资决策机构所允许，就存在无法成交的风险。
- 如果前提条件中有"公司需要完成融资认购"，这就预示着本轮投资人想要公司以前所有的股东参与本次融资。
- 要重视关键雇佣条款即"公司已经与关键管理层和人员签订格式和内容令投资人满意的劳动合同"的谈判，创始股东要确保投资人接受一些关键条款，如创始股东被迫离开时的报酬补偿条款。

【条款 23】知情权。这是一个对投资人来讲非常重要的条款，是其最基本的权利。典型的知情权条款规定了投资人可以获取的法定信息类型，以及公司应该将这些信息传递给投资人的时间范围，典型条款如下。

创始股东应当促成未经审计的公司季度财务报表、经审计的年度报表和公司预算等财务文件在规定时间内报送给投资人，同时建档留存备查。创始股东应当促成公司就可能对公司造成重大义务或造成重大影响的事项，及时通知投资人。

投资人如对任何信息存有疑问，可在给予公司合理通知的前提下，查看公司全部相关财务资料。投资人有权自行聘请会计师事务所对公司进行审计。这些权利在合格的首次公开募股后则自行终止。

如上要求很公平也很合理，创始股东是不能拒绝投资人的，否则就拿不到融资了。上述条款中唯一要谈的是"查看公司全部相关财务资料"和"投资人有权自行聘请会计师事务所对公司进行审计"的权利行使是否设定一个持股比例作为资格门槛，如果没有限制，那么所有投资人都可以行使这个权利。

【条款 24】登记权。打算在美国证券市场 IPO 的企业，在融资过程中，投资条款清单中都会有 1~2 页纸的登记权，登记权是根据美国证券法和证券交易委员会（SEC）规定设立的。准备在 A 股上市的企业，投资人给出的清单中是不会包含登记权条款的。

在美国，股票发行必须在 SEC 登记后方可出售，否则就是受限股，不能再公开市场交易。因此条款清单中都有类似的内容"投资者在首次公开募股时有向 SEC 登记他们股票的权利，因此公司对投资人负有的他们在首次公开募股后的任意时间提出登记申请的义务。"这就要求投资者持有的股份由公司负责向 SEC 登记，所需费用由公司支付。

美国的登记权包含三种，即要求登记权、共同登记权、S3 或 F3 登记权，同时还伴有锁定期。

- 要求登记权是给予投资人一种可以主动要求公司将其股票向 SEC 登记的权利，这个权利可以在公司 IPO 时、之前或之后行使。
  - 登记次数一般不超过两次。
  - 早期投资如 A 轮的行权时间一般会在投资交割 5 年后，后期投资的期限会短一些如一般约定为投资交割 3 年后，这取决于 IPO 的时间。一般还会约定 IPO 后一段时间如 6 个月内不能执行该权利。

- ○ 要求登记权必须由持有公司一定股份比例的股东行使，这个比例一般会设定为发行在外某一系列股份的 50% 或持有公司股份的 25% 以上。

- ○ 公司具有延迟要求登记的权利。公司还没有 IPO，如果投资人实施要求登记权，公司就必须进行 IPO 的运作。但如果公司认为时机不成熟，具有推迟登记的权利，但要约定延迟登记的最长期限。

- 共同登记权是在公司进行 IPO 的时候，将享有登记权的投资人的股份一同进行登记，而不给予投资人主动要求公司进行 IPO 的权利。

- ○ 要明确不同轮次的投资人的共同登记权是否具有不同的优先权。

- ○ 要明确是否同意承销商减少投资人登记的股份数量。通常情况会同意 IPO 时承销商全部发行新股，取消投资人的登记权；但是在 IPO 之后的股份发行中，投资人通常要求不能将其登记的股份减少到 30% 以下。

- ○ 一般不会给予创始人和团队共同登记权，但有例外。

- S3 或 F3 登记权，是在公司 IPO 之后 12 个月后或更长时间之后的一种登记方式。

- ○ 投资人希望是无限次，创始股东可以按照 1 年不超过 2 次进行谈判。

- ○ 为了限制小股东无休止地提出要求登记，会有一个登记发行股份价值的最低要求，如 100 万美元。

- 锁定期。在公司 IPO 之后，如果主承销商要求，在 180 天内不出售股份，前提是所有管理层、董事及其他持股超过 1% 以上的股东也有相同的锁定。

【条款 25】合格 IPO 及 IPO 对赌条款。在国外投资机构给出的投资条款清单中，经常有"合格 IPO"的说法。这里指的是投资人为了保证自己的投资收益，会约定公司未来 IPO 时的发行额度、IPO 前估值和发行股价等不能低于一定的数值，达到这些条件的就称为"合格 IPO"。

"合格 IPO"经常伴随着一个对赌条款，约定当公司未来 IPO 时，以其 IPO 价格计算，必须确保投资人获得某一标准的年度回报率或资金总回报率。否则，创始股东必须无偿转让足额的股票给投资人，以保证其实现既定的投资回报率。

这个条款在国内风险投资市场并不常见，投资人是否会提出条款和融资项目的稀缺性以及在其他条款上的诉求有关。但是，注册制真正实施之后，在 IPO 价格跌破 Pre-IPO（上市前基金）价格成为常态之时，那么本条款和防稀释条款将成为国内投资人给出的条款清单中的标配。

【条款 26】限售权，也叫作普通股出售的优先股购买权。典型条款如下。

公司章程应包括所有普通股转让时的优先购买权，特殊情况除外。如果公司选择不执行这项权利，应将这项权利指定给投资者。[①]

该条款在美国风险资本市场上是常见的，定义了私有公司出售股份时的相关约定。我国现行公司法已经规定了有限责任公司的股东在出售其股份时，其他股东有等比例的优先购买权，但是股份有限公司没有相关规定。因此，越来越多的国内投资人将限售权作为投资条款清单的标配。

---

① 布拉德·菲尔德，杰森·门德尔松. 风险投资交易条款清单全揭秘 [M]. 桂曙光，译. 北京：机械工业出版社，2015：89.

该条款对所有股东都是有利的，应该被创始股东、投资人和管理层所拥护。

【条款 27】共售权。大部分投资人都会坚持要求共售权，要求当创始股东欲转让或出售股份时，必须通知投资者。投资者有权按出资比例以初始股东的出售价格与初始股东一起向第三方转让股份。共售权在 IPO 之后，将不再适用。

投资人提出共售权的要求，主要是为了防止创始股东卖了股票套现，把自己变成接盘侠。这个要求很合理，没有谈判的空间。

【条款 28】股权锁定。公司如果是奔着 IPO 运作的，一般都会要求一个对创始股东持有公司股份的锁定期，典型条款如下。

公司在合格资本市场首次公开发行股票前，未经投资人书面同意，创始股东不得转让其所持有的公司股权或进行其他处置，因股权激励计划而转让股权的除外。

上述条款中要求锁定至 IPO，这是比较严厉的，一般要求锁定期在 3~5 年，以 3 年的居多。

【条款 29】排他性条款。投资人希望在清单签署之后，创始股东就不要再背着自己去寻找新的投资人。典型的排他性条款如下。

在本清单签订后 90 天内，公司及创始人不得与投资人以外的任何第三方洽谈或进行融资交易。公司及其创始人不得直接或间接地：①采取任何行动来征求、发起、鼓励或协助其他任何企业的任何提议、谈判或要约的提交，包括除投资人以外的，与出售或发行该公司的股票或者对该公司的股票或资产的重要部分进行的收购、出售、租赁、许可或其他处置有关的事项；②进行与前述事项相关的任何讨论、谈判或执行任何相关协议，应立即通知投资人任何第三方关于前述事项的请求。①

排他性条款基本上是条款清单的标配，但一旦签署了，就意味着 90 天内不得接触其他的投资人，那么当投资人尽职调查之后，不同意对公司投资，公司再找一个新的投资人，又要 90 天的排他性，半年时间就过去了。如果公司缺钱，撑得住吗？

建议在签署条款清单之前，对投资人做一个反向尽职调查，判断其是否愿意和有无可投资金进行投资，尤其当投资机构是私募基金时一定要弄清楚其资金募集的时间。如果资金募集时间已经超过 5 年，那么基本上基金已经没有什么可投资金了，基金合伙人到处看项目无非是在"刷存在感"，他们基本上"只看不投"，对于这样的投资机构直接拒绝就好了。

经反向尽职调查，如果投资机构是靠谱的，那么可以就排他性的时限进行谈判。一个收购交易的排他性可能需要 90 天，但是对于风险投资来讲，45~60 天都已经很长了，创始股东运气好的话，有可能争取到 30 天的排他性时间。

【条款 30】赔偿条款。这是一条投资人一旦提出，创始股东就得答应的条款。

公司章程或公司文件的其他章节应在适用法律允许的情况下最大限度地限制董事会成员的责任并控制损失。公司应对董事会成员和每位投资人因任何第三方（包括公司中的任何其他股东）给投资人造成的损失予以赔偿。②

---

① 布拉德·菲尔德，杰森·门德尔松 . 风险投资交易条款清单全揭秘 [M]. 桂曙光，译 . 北京：机械工业出版社，2015：95.
② 布拉德·菲尔德，杰森·门德尔松 . 风险投资交易条款清单全揭秘 [M]. 桂曙光，译 . 北京：机械工业出版社，2015：97.

如果投资人提出赔偿条款，创始股东在同意的同时，要向投资人提出由公司购买董事责任保险。也就是说，确保赔偿条款在适当的保险政策下得到执行。

【条款 31】转让条款。按照通常的惯例，投资人会在条款清单中要求一个如下的转让条款。

投资人有权将其购买的公司股份中的全部或部分转让给一个或多个其管理的合伙企业或基金，或转让给这些企业或基金的董事、主管或合伙人，条件是受让者书面同意像原投资人一样依据并遵守股票购买协议或相关协议，而且不能影响公司的 IPO 进程。

这个条款可以使得投资人方便管理自己所投资金，对于创始股东来讲没有任何损失，注意坚持两个前提条件：一是转让不能影响 IPO 进程；二是投资人在把权利转走的同时把承诺的义务转走。

【条款 32】土豆条款。本书描述的前 31 个条款是和国际接轨，基本上都是向美国投行学来的。而下述的土豆条款是典型的中国特色。

控股股东 A 和 B 需在 IPO 之前保持实质及形式上的合法夫妻关系，且 A 和 B 认可其二人之间的夫妻关系境况是影响投资者投资判断的重要因素，A、B 同意其应及时、全面、真实地披露。A 和 B 承诺在 IPO 之前不会出现任何影响夫妻关系的事实，包括但不限于：任一方出轨、分居等。[①]

以上条款是投资人的律师费尽心思设计的，但是基本上也不受法律保护。即使不受法律保护，投资人也会提出这样的要求。而且在国内投资人尽职调查过程中，一定会尽职调查创始人的婚姻状况是否稳定：结婚的要访谈其妻

---

① 苏龙飞. 股权战争 [M]. 北京：北京大学出版社，2013: 271.

子，离婚的要访谈其前妻，没结婚的要访谈其父母。

投资人之所以有这样的要求，是因为创始人婚姻状况的变化会影响到公司上市的进程，甚至影响整个公司的命运。例如，一家拟上市公司，大股东持股56%，二股东持股30%。在上市过程中，大股东离婚了，一半股份分割给其妻子，结果实际控制人变成了二股东，上市进程必然受影响。

真功夫股权之争的一个很重要原因就是姐夫小舅子关系变成为前姐夫和前小舅子关系，一家人变成了两家人，而且是仇人，股权之争演变成了全武行，一个挺好的餐饮企业最终无缘IPO。

该条款之所以叫"土豆条款"，和土豆网创始人的婚变有关。土豆网在赴美上市过程中，创始人王微的前妻发起财产诉讼，险些将土豆网的IPO葬送掉。虽然半年后婚姻财产纠纷得以解决并再次提交了IPO申请，但是时间已经过去了将近一年。

基本上和土豆网同时赴美上市的优酷于2010年12月IPO，融到2亿美元，2011年又通过定向增发融资4亿美元，而土豆网却由于创始人的婚姻问题引发的财产诉讼错失了最好的上市时机。

2011年60多家中概股在美国遭遇做空和集体诉讼，股价暴跌，华尔街爆发了对中概股的信任危机。此时选择在美国上市已经不是一个理性的决策，估值不会太高，融不到太多的钱，但是缺钱的土豆网只能咬牙于2011年8月在美国IPO，融资1.74亿美元。由于融到的资金不能支撑企业的发展，而且在做空中概股的背景下，IPO当天股价就遭遇破发，市值到2012年1月时就跌掉2/3。在投资人的推动下，2012年3月，优酷网收购土豆网，土豆网成为优酷网的全资子公司。

在土豆网事件的影响下，类似的条款越来越多地出现在投资人的投资条款清单中，最后都会被要求写到投资人协议中。对于创始股东来说这是一条不能不也不敢不同意的条款！

需要注意的是，随着 A 股市场发行新股的速度越来越快，上市公司越来越多，创始人婚姻出问题的也越来越多。有很多企业创始人家庭，如果不上市，可能会一辈子都是一家人，但是面对上市后财富快速大幅增加的诱惑，有可能一家人从此成为陌路人，甚至是仇人，而且还影响公司上市进程，改变公司的命运。因此，创始人的婚姻状况不仅仅是其个人私事，还关系到投资人、团队、员工和公司的利益。企业创始人必须要面对和思考的是：在巨大的利益面前如何作出正确的人性抉择才能避免家庭问题和危及企业的发展问题？

5. 公司章程与治理结构[①]

公司治理结构中的股东大会制度和董事会制度是控制权安排和争夺的重要战场，其具体规则除了满足所在国家的《公司法》《证券法》等法律法规的规定之外，一定要在公司章程中预先作出安排。

（1）投资条款清单、股东协议和公司章程[②]。

在公司融资过程中，投资人会和创始股东签署投资条款清单，其中就包含了股东大会和董事会控制权的一些约定。但是，投资条款清单并不是最终的法律文件，在投资人尽职调查后决定最终投资时，一定会要求将投资条款清单上能写到公司章程上的内容写入公司章程，不方便写到公司章程中的，就要签署股东协议（或包含在投资协议中）。

---

① 本书只以控制权为出发点，讨论在公司章程中对治理结构如何作出安排。更多关于公司章程和治理结构的设计请参考：马永斌. 公司治理之道：控制权争夺与股权激励 [M]. 北京：清华大学出版社，2013.

② 以下内容引自：马永斌. 公司治理之道：控制权争夺与股权激励 [M]. 北京：清华大学出版社，2013：92-95.

公司章程是公司设立的最基本条件和最重要的法律文件，无论你在哪一个国家注册公司，首先都需要订立章程。公司章程规定了公司组织和活动的原则和细则，是公司内外活动的基本准则。公司章程规定了公司、股东、董事等经营者相互之间权利义务关系，是公司对内进行管理的根本准则。公司章程也是公司最重要的法律文件，同时也是公司治理最重要的制度设计。符合公司章程的行为受国家法律保护，违反章程的行为，就要受到干预和制裁。

股东协议是英美普通法系国家公司法的概念，我国公司法中没有股东协议的概念，但在实践中，股东协议被广泛地使用，如有限公司发起人协议、业务管理约定协议、股权转让协议等。

股东协议虽然不能直接约束董事、监事以及经理人，但是股东协议中约定的内容可以影响公司、董事及监事的权力分配。如一个小股东即使只占有公司很少的股份，但仍可通过股东协议从大股东手中获得公司的经营权。因此，近年来股东协议（或出资人协议）在公司资本运作中也成为一种重要的控制权配置手段。

公司章程和股东协议都属于股东自治文件，是公司控制权安排的主要战场，但法律效力不一样。公司章程对于整个公司的股东、董事、监事、经理人都具有约束作用，而股东协议主要是约束签协议的股东的行为。当公司章程和股东协议发生冲突的时候，以作为"宪法"的公司章程的约定为准。

（2）公司章程中的控制权安排①。

在公司章程的设计中，除了根据和投资人的谈判要将投资条款清单中相关内容在章程中约定之外，还要根据未来上市后有可能出现的恶意并购，在章程中对治理结构提前作出安排，设计企业自己的驱鲨剂反并购条款。

---

① 以下内容引自：马永斌. 公司治理之道：控制权争夺与股权激励 [M]. 北京：清华大学出版社，2013：227-228.

我们通常把资本市场上潜在的恶意并购者当作吃人的鲨鱼，将公司章程中反收购条款称为驱鲨剂条款。驱鲨剂条款就是在公司章程中针对恶意并购和敌意接管在控制权方面作出提前的相应安排，使得即使恶意并购者购买了看起来足够多的股票，也难以获得公司的控制权。在反并购的武器库中，驱鲨剂条款作为一种日常管理措施，由于成本低、灵活性大的优点，往往能起到事半功倍的效果，但一定要提前设置。

【1 号驱鲨剂条款】轮换董事制度，也叫作错列（层）董事会或铰链型董事会。轮换董事制度是比较常用的一种反收购措施，操作比较简单，在公司章程中规定董事的任期 3 年，到期后每年只能改选 1/4 或 1/3 的董事等，而且新增董事必须分批改选。

这意味着即使收购者拥有目标公司绝对多数的股权，也难以获得目标公司董事会的控制权。控制一个上市公司最关键的就是控制其董事会，如果在公司章程中设置这样一个条款，就延长了恶意并购者获得大多数董事会席位的时间，而在这"漫长"的时间里，董事会可能会做出种种对收购方不利的行为，从而增加恶意并购者的成本。如果潜在收购者是理性的，他就不会在控制不了上市公司董事会的情况下轻易投入大量成本进行收购。

例如，2015 年之前的万科的董事会席位是 9 个，任期 3 年，于 2017 年 3 月到期。因此 2015 年宝能举牌时的打算是在 2017 年 3 月董事会换届时联合华润一举夺取万科的控制权。如果万科的公司章程规定董事会的换届是分 3 年、每年换 1/3 的错层董事会，要想控制万科董事会就得 2019 年，那么对于用高杠杆调动收购资金的宝能来说成本是极其高昂的，就不会把万科作为恶意并购的标的，也就不会有资本市场的"宝万之争"了。

对于股权分散的上市公司，尤其是实际控制股东持股比例在 30% 以下，最好 IPO 之后就马上修改公司章程，将董事会的换届方法改为轮换董事制度。

【2号驱鲨剂条款】绝大多数条款，也叫作超级多数决条款，即在公司章程中规定，当公司进行合并、重大资产或经营权转让时，必须取得出席股东的绝大多数通过方可进行，如规定须经过全体股东2/3或3/4以上同意，甚至极端情况下可要求95%的股东同意，才可以批准一项并购计划。绝大多数条款中一般会包括免除条款，以免除董事会支持的并购或具有附加条件的并购。

马云在阿里巴巴的控制权安排中就采用了绝大多数条款作为其合伙人制度的最后一道防火墙：根据上市后修订的公司章程，修改阿里合伙人的提名权和公司章程中的相关条款，必须获得出席股东大会的股东所持表决票数95%以上同意方可通过①。

在超级多数决条款中约定对公司章程修改的股份数限制是非常重要的，因为所有驱鲨剂条款都是通过公司章程来设定的，当收购方取得上市公司控股权以后，就会立即召开股东大会，然后通过股东大会决议修改公司章程的方式将这些条款废除。所以在公司章程当中往往要规定一个关于修改公司章程的超级多数决条款，即修改公司章程需要股东大会3/4甚至是4/5表决②方可通过。这样的安排，将直接加大收购方的收购成本，收购方要想获得公司控制权，必将付出更大的代价。

【3号驱鲨剂条款】董事资格限制条款。在公司章程中规定董事的任职条件，通过董事资格的某些特殊要求来限制收购方进入董事会，从而阻止收购方取得对董事会的控制权。

【4号驱鲨剂条款】在公司章程中约定独立董事由提名委员会提名。A股上市公司有至少1/3的成员是独立董事，恶意并购者短时间内很难控制提名委员会。因此将独立董事的提名权交给提名委员会是一种巧妙的反并购措施。

---

① 而马云、蔡崇信在到2018年4月仍然分别持有阿里7%、2.5%的股份，而二人目前正是阿里巴巴合伙人团队中的永久合伙人，由此看来，合伙人的"董事提名权"坚如磐石，难以打破。

② 或像马云那样约定为95%。

【5 号驱鲨剂条款】在公司章程中规定获得董事提名权的股东持股时间。在章程中规定股东在购买股票一定时间以后才能行使董事提名权，这样可以提高恶意并购者的成本，打消收购者收购的积极性。常见的约定有 180 天和 180 个交易日两种，一般建议按照后者约定。

【6 号驱鲨剂条款】股东在提名董事人数方面限制条款。比较适用于股权比较分散的公司，在章程中对股东提名董事人数进行限制，即使恶意并购者购买了公司较大比例的股份，但由于章程对提名董事人数有限制，并购者也难以获得对董事会的控制权。

当实际控制人持股比例小于 30% 时，就需要在章程中增设该条款。

【7 号驱鲨剂条款】增设职工董事席位。我国公司法规定了国有独资企业必须设职工董事；两个以上的国有企业或者两个以上的其他国有投资主体设立的有限责任公司，其董事会成员中也应当有职工代表。对于股份有限公司，没有明确要设职工董事。需要注意的是，职工董事由职代会而非股东大会选举产生。

A 股上市公司设职工董事席位的不足 100 家，大多数是国有上市公司，基本上设置 1 个席位。自从 2014 年长园集团通过增设职工董事席位成功防守住沃尔核材的恶意并购以来，修改公司章程，在董事会中增设职工董事席位成为 A 股公司反并购的一种新方法。

2014 年，长园集团遭受了沃尔核材周和平的恶意并购，周和平及其一致行动人最终持有长园集团 24.21% 的股份，当时管理层及其一致行动人持股只有 12.11%。但管理层通过修改公司章程，将两个董事会席位改设为职工董事席位，成功地进行了反并购。长园集团新一届 9 人董事会将设立两名职工董事及 3 名独立董事，股东董事席位少于 1/2。这样，长园集团管理层在董事会占据主要优势，对公司的控制权进一步增强。短时间内，沃尔核材虽作为长园集团的第一大股东，但是很难取得公司董事会的控制权。

2016年，金科股份为了阻击融创中国的控制权争夺，也在公司章程中新改设了2名职工董事席位："董事会成员中应有不少于1/5的职工代表担任董事，担任董事的职工代表须由在本公司连续工作满5年以上的职工通过职工代表大会民主选举产生后，直接进入董事会。"而金科股份董事会由9名董事（含3名独立董事）组成，1/5即意味着两名职工董事席位。

设职工董事的时间点和席位数也是有讲究的，没有控制权争夺发生的时候，不要轻易设置职工董事。因为职工董事是由职代会选出，职代会一般是由企业创始人或管理层控制，因此职工董事的增加，意味着董事会的独立性在下降，资本市场会质疑董事会被内部人所控制。职工董事的席位一般建议不要超过两个，否则公司的独立性也会遭到质疑。基于这样的考虑，深交所在《深圳证券交易所主板上市公司规范运作指引》中就规定，上市公司董事会中兼任公司高级管理人员以及由职工代表担任的董事人数总计不得超过公司董事总数的1/2。

当公司股权分散，一旦遭遇恶意并购时，可以再提出将董事会的1~2个席位新改设为职工董事席位。因为此时即使恶意并购者已成为第一大股东，但基本上其所收购股份比例也不会超过30%[①]，那么股东大会上增设职工董事席位的议案能否通过的关键就在于小股东是否支持。当然，小股东对之前公司的市值管理和投资者关系感到满意，就会选择支持企业创始人或管理层；如果小股东一直以来对公司的市值管理和投资者关系管理不认可，那么就不会同意这样的提案。

【8号驱鲨剂条款】累积投票制度。当企业创始人的股份稀释到30%以下时，就应当在公司章程中规定董事和监事的选举采用累积投票制度。累积投票制度本身就对小股东有利，对大股东起着制约的作用。在实施累积投票制

---

① 因为超过30%就会触发要约收购。

度下，收购者即使收购了公司较大比例的股份，也难以在董事会或监事会中拥有多个席位，因为会使得持股比例少的股东能够在董事会中获得一定比例的董事会席位。

累积投票制度，是指在股东大会选举的董事、监事为两名以上时，股东所持每一股份拥有的投票权与所选举的董事、监事人数相等，股东既可以把所有投票权集中起来选举一人，也可以分散选举数人。

举例说明，某股份有限公司总股本为 100 股，其中 A 股东持有 51 股，B 股东持有 49 股，现要从 3 名候选人甲、乙、丙三人中选两名董事，其中甲和乙是 A 提名的人，丙是 B 提名的代表。如果采用直接投票制度，A 股东有 51 票，B 股东有 49 票，每张票可以投两个人。最后结果，A 股东会在每张票上都选了甲和乙，甲和乙分别得到 51 票；B 股东每张选票上只选了丙，丙最多得到 49 票。最后，甲和乙进董事会，而丙将无缘董事会。

累积投票制度的应用有助于改善小股东的处境。在上例的董事选举中，根据累积投票制度的方法，A 股东的表决权数为 102 票，B 股东为 98 票。累积投票不是分别就某个候选人进行投票，而是所有候选人放在一起进行选举，每张票只能选一个人。B 股东会将手里的 98 票全部投给丙，那么丙肯定进董事会。因为 A 股东的总票数是 102 票，无论怎么投，都不可能使甲和乙的票数都超过 98 票，因此，甲和乙只能有一个人进董事会。在这种制度下，A 股东想完全操纵董事会的企图在累积投票制度的影响下就破灭了，小股东的代表进入了董事会，局部改善了小股东的不利处境。

我国《上市公司治理准则》第三十一条规定，控股股东持股比例在 30% 以上的上市公司，在董事和监事的选举中采用强制性累积投票制度。当控股股东持股比例小于 30% 时，要使用累积投票制度就得在公司章程中进行约定。当创始人持股比例稀释到 30%（尤其是 20%）以下，为了阻击未来的恶意并购者，方法之一就是在公司章程中约定在股东大会选举董事和监事的时候采用累积投票制度。

【9号驱鲨剂条款】公平价格条款。在公司章程中可以设置这样一个条款，要求恶意并购者在以要约购买少数股东的股票时，至少要以一个公平的价格购买。当目标公司遭遇双重要约收购时，公平价格条款同样有效。所谓公平价格，可以是一个给定的价格，也可以是按照 P/E 比率，约定为公司每股收益的几倍。当购买者提出报价时，公平价格条款就被激活。

（3）董事会的一票否决权。

投资人在投资条款清单中经常除了要求股东保护性条款之外，还会要求董事会级别的保护性条款，也就是在一些特定事项上投资人的董事要有一票否决权，而且要求在正式投资后要在公司章程或出资人协议中明确。常见的条款如下。

公司的以下事项需要获取董事会批准，其中必须获得投资人董事的同意：①引发任何债务或承担任何债务，或者引发、承担、担保任何累积超过 300 万元的债务。②与任何单位签署重大协议或合同导致公司可能承担无限义务、担保或债务，或 12 个月之内累积义务、担保或债务超过 300 万元。③在 12 个月之内，累计开支、有形或无形资产的购买合计超过 300 万元。④与公司董事、管理人员、员工或其他管理公司发生交易，除非是公司的正常业务范围。⑤雇用、解雇公司高管，或变更其薪酬，包括批准任何股权激励计划。⑥变更公司主营业务，进入新的业务领域或退出当前业务。⑦正常业务之外，出售、转让、许可、质押公司技术及知识产权。[①]

对于董事会的一票否决权，创始股东可以答应投资人，但并不是在所有情况下都要答应。

---

① 桂曙光. 创业之初你不可不知的融资知识 [M]. 北京：机械工业出版社，2015: 247.

- 在美国，不同州的法律规定不一样，有些州的法律允许董事会一票否决权，有些州则不允许。
- 中概股公司通过 BVI（英属维尔京群岛）、开曼群岛等红筹模式进行融资，董事会一票否决权基本上是标配条款。
- 国内企业融资，在早期阶段，公司如果尚未股改，还是有限责任公司，可以通过在章程的约定赋予投资人董事会一票否决权。
- 国内企业融资的后期阶段，企业基本上已经股改成为股份有限公司。那么按照我国《公司法》规定，则不能通过公司章程约定董事会一票否决权或董事会的绝大多数条款，而只能是"董事会会议应有过半数的董事出席方可举行。董事会作出决议，必须经全体董事的过半数通过。董事会决议的表决，实行一人一票"。

6. 企业创始人的政治智慧

当企业创始人选择走上产融结合之路时，就注定要把企业做强做大，在这个过程中要做好三件事：首先是"找到便宜的钱"；其次是"找到便宜的项目"；最后是"要控制好风险"。三个关键要素中"找到便宜的钱"和"找到便宜的项目"是相对比较容易学习并掌握的，"要控制好风险"则是较难的。在各种风险控制中，财务风险已经是不容易预防和规避的了，更难的是控制权风险的管控，但最难的是企业内外部复杂政治关系的处理，如并购一个企业后如何将管理团队长期留住，以及如何正确处理政商关系等，在这些问题上企业创始人往往陷于困境。

因此，控制权安排与争夺能否成功取决于企业创始人的政治智慧！

（1）处理好公司政治问题。

公司政治属于组织政治的范畴，主要分为两类：一类是常规性公司政治，又称办公室政治，主要指在公司正常运转过程中各种人物所形成的交互关系；另一类是非常规性公司政治，也就是公司出现比较大的变动如并购时，使得相关利益者组成权利与义务的新格局。我们关心的正是第二类公司政治，即在并购重组等资本运作中公司资本与经理人团队之间的博弈，这往往是整合中最难也是最关键的一步。

在并购后的整合中，用战略和文化的视角推动战略融合、文化融合、制度融合、市场融合是常用的手段，很多公司在这些方面做得都不错，但是最终整合都没成功，关键问题就是没有用政治的视角来促进利益平衡！

公司政治是一种组织行为，甚至是组织文化中的部分组成。组织政治可以笼统地认为是组织内各种经济关系的总和，所谓"天下熙熙，皆为利来；天下攘攘，皆为利往"，组织政治游戏中的各方虽然都有着各自冠冕堂皇的理由，但是利益和权力才是他们的最终目标。

用政治的视角看企业，人与人之间的关系无非是对资源的占有和分配关系，围绕利益安排所形成的心理契约、势力范围、影响力、指挥链、习惯与传统等，其实都可以归到组织政治的范畴中。而所有这些会与战略、文化、流程等关联在一起，使得组织政治的边界非常模糊。在公司并购中，将冠冕堂皇理由背后的原因找出来，是利益整合成功的关键所在。如下是解决公司并购整合问题时的正确政治视角。

- 关键概念：利益。在并购整合中，可能有各种各样困难和障碍，但是其根本障碍在于对标的公司管理团队和核心骨干员工的利益平衡。
- 用利益相关者的视角来看待和分析环境。
- 关键过程：冲突→谈判→妥协→达成一致。所有的整合冲突，都需要通过谈判来解决，能否达成一致关键在于企业创始人能否学会妥协。当并购交易完成之后，我们需要留住标的公司的团队，需要与之长期共事时，合作和妥协往往是明智的选择。"妥协"是双方或多方在某种条件下达成的共识，在解决问题上，它不是最好的办法，但在没有更好的方法出现之前，却是最好的方法。企业创始人应当学会明智的妥协，也就是为了达到主要目标，可以在次要目标上作适当的让步。这种妥协并不是完全放弃原则，而是以退为进，通过适当的交换来确保自身要求的实现。明智的妥协是一种让步的艺术，而掌握这种高超的艺术，是企业创始人成为企业家的必备素质。

- 领导者的角色：分辨和平衡利益，谈判和解决冲突，创造支持并购的联盟。
- 整合的障碍：不容易被改变的、被动摇的利益。
- 消除障碍的有效方法：对被收购方的管理团队和核心员工授予新公司的股票期权计划，将他们的利益和公司的利益以及股东的利益紧密捆绑在一起。

（2）对政商关系的正确认识。

没有一个企业是可以不和政府打交道的，我国的市场经济是由政府主导的，因此政府的政策更是左右着企业的未来。处理风险是企业家的天职，但中国企业家面临的最大的风险，不是市场风险，而是政策风险。很多中国企业的失败，源于政策变化的远远多于源于市场变化的。对企业家来讲，预测政策的变化比预测市场的变化更为重要，更为基本。

因此，对于企业家，公司发展尤其是上市成为公众公司之后，其实力和影响力都得到显著提升，但是面临的风险也增大，最大的风险莫过于能否处理好和政府的关系，构建健康的政商关系。

健康的政商关系的要义不是"搞关系"，而是要在企业和政府之间建立和谐信任的关系，使各种活动都能够顺利快速而又低成本地运行。而所谓的"拉关系"或者"搞关系"，恰恰是对健康政商关系的误用。

通过走后门，和监管层进行权钱交换、权权交换、权色交换，是最糟糕的政商关系，这严重地扭曲了政府资源的配置。当然，按照这样的方式，积累财富是很快的，真可谓是一夜暴富；但是失去财富，乃至失去自由也是很快的！这方面典型代表有大连实德的徐明、明天系的肖建华以及生命人寿的张峻等，他们的经历真可谓是"眼看他起朱楼，眼看他宴宾客，眼看他楼塌了"！

健康政商关系最基本要求是，企业和企业家必须遵纪守法，企业的资本运作或各种管理手段必须是合法合规的。除此基本要求之外，企业家还应当有责任担当：出发点是为股东、企业和社会创造价值，而不是投机套利，否则的话即使合法合规也会给企业家和企业带来危机。如 2015—2016 年在 A 股市场频繁举牌的宝能集团就是这方面的负面典型。

宝能集团在 A 股市场的运作手段没有违反现行法律法规，其利用的就是监管的漏洞：当时资管产品已经很普遍地混业运作，但在监管层面依然处于一行三会严重割裂的局面，存在较大的监管漏洞。在宝万之争中，宝能通过不同渠道设计杠杆进行融资。

宝能在 A 股市场的举牌逻辑的三部曲是，首先通过前海人寿的万能险募集到"炒股"的本金，通过向银行质押锯盛华 [①] 的股份拿到另一份"炒股"本金；其次通过和银行成立产业投资基金、通过券商的资管计划以及收益互换重重上杠杆；最后在二级市场举牌后，将所购买的标的公司股票再次质押，然后再举牌再质押……

---

① 锯盛华是前海人寿的股东。

而且宝能争夺上市公司控制权的目的不是为了挖掘上市公司的价值，基本上就是投机和套利。2016 年 6 月，宝能提出包括罢免王石、郁亮、乔世波等 10 位董事以及 2 位监事在内的 12 项议案。2016 年 11 月宝能血洗南玻 A 高管，使得创始人、董事长曾南在内的 13 名高管在不到 1 个月内离职，同时大批中层和核心骨干员工离职。2016 年 11 月 30 日，宝能系开始对格力动手。

按照姚振华的逻辑，如果监管层不按下暂停键，那么宝能可以买下整个 A 股上市公司，姚振华们和宝能系们可以赚得盆满钵满，但是会毁掉许多优质的上市公司，那么我国的实体经济将迅速坍塌，这显然违背了中央一直提倡资本"脱虚入实"的大方向。于是我们就看到证监会和保监会开始出手，从而也引发了 2017 年开始的一行三会严格的金融监管。先是证监会刘主席将宝能定位为"害人精""妖精"，用来路不当的钱从事杠杆收购，行为上属于"行业强盗"；紧接着保监会暂停了前海人寿的万能险业务，斩断了宝能系的现金流；随后对姚振华作出撤销前海人寿董事长任职资格，并禁入保险业 10 年的处罚。

（3）构建健康的政商关系。[①]

要构建健康的政商关系，首先要对政商关系有如下正确的认识。

- 政府再小也是政府，企业再大也是企业。
- 要依靠政府，但不能依赖政府。
- 要相信法律法规，不要轻信某些官员的承诺。
- 通过权钱交易而获取利益的方法，无疑是踩在"地雷"上生存。

---

① 本书所提倡的健康政商关系和国务院于 2017 年 9 月 25 日发布的《关于营造企业家健康成长环境弘扬优秀企业家精神更好发挥企业家作用的意见》中所提出的构建"亲""清"新型政商关系是一致的。"亲""清"新型政商关系指的是：畅通政企沟通渠道，规范政商交往行为。各级党政机关干部要坦荡真诚同企业家交往，树立服务意识，了解企业经营情况，帮助解决企业实际困难，同企业家建立真诚互信、清白纯洁、良性互动的工作关系。鼓励企业家积极主动同各级党委和政府相关部门沟通交流，通过正常渠道反映情况、解决问题，依法维护自身合法权益，讲真话、谈实情、建诤言。

- 企业只有通过关注政府所关注的东西并找到利益的共同点，才能更好地促进自己的目标。

其次，构建健康政商关系的正确做法如下。

- 跟政治的大环境、大气候、意识形态的基本调子保持一致。
- 在行为方面，充分注意合法性。自己立身要正，不能违法。
- 和政府官员交朋友。但注意是君子之交，而非权钱之交。
- 关注区域经济，造福一方。尽量将企业的发展与区域经济的发展相匹配：增加就业和税收，倡导绿色 GDP（国内生产总值）、科学发展、创新创业。从而尽可能多地获得政府的政策红利和各种补贴。
- 关注宏观经济，建立实业报国的远大理想，成为中国企业参与市场竞争、国际竞争的旗帜。
- 企业家追逐利益要有一种平和的心态。低调务实，有所为而有所不为。不要总想一夜暴富，要知道高利润总伴随着高风险！

第 2 章

张兰和俏江南的资本故事

近年来，随着中国资本市场的逐渐完善与发展，越来越多的企业创始人认识到了产融结合的重要性，想要借力资本促进实业的发展。诸多创始人对如何做大做强企业颇有心得，却不熟悉资本市场的各种规则，与投资人谈判时显得束手无策。他们看到了资本助推企业发展的强劲力量，但没意识到"水能载舟，亦能覆舟"，被资本反噬的企业也不在少数，借力资本首先必须学会的是控制风险！

高端餐饮企业俏江南的创始人张兰就是其中具有代表性的人物。俏江南自 2000 年创立到 2008 年成为奥运会中餐供应商一路可谓是顺风顺水，而从接触资本的那一天开始，张兰却陷入了官司缠身的窘境，与高管马先生的官司爆出她为了赴港上市改变国籍，引起舆论的一片哗然；新闻报道其上市不成，与鼎晖对赌失败导致净身出户，让张兰打起了名誉侵权官司；未曾想赢回了名誉却没能留住俏江南，实体店经营不善导致集团被银行接管，张兰这才恍然大悟，状告新股东 CVC（私募股权投资）擅自抵押其名下股权。

但是无论官司的输赢如何，最后的结果是张兰失去了俏江南。我们以俏江南的案例为基础，详细分析了企业在面对融资或并购时，应该如何进行控制权方案的设计；并在其中穿插了蒙牛乳业、雷士照明等知名企业的融资细节，使晦涩难懂的条款生动起来。同时还选取了 27 家投行投资山东瀚霖被骗的案例，试图让企业创始人换位思考，理解为什么投资人的条款总是很苛刻，最后分析了反向尽职调查在投融资条款谈判中的重要性和具体做法。

1. 餐饮女皇俏张兰 [①]

出生北京的张兰，由于父母被打成右派，年仅 10 岁就跟着母亲从北京下放到了湖北孝感。尽管初次来到农村，张兰丝毫没有城市女孩子的娇弱和胆小，还曾一度被冠予"孩子王"的称号，可见其孩童时代所表现出的大胆与冒险。这样的个性成就了日后的张兰，豪爽的性格使得她在开饭店时结识了很多朋友，生意迅速做大；同时也导致了日后在接触资本时不慎行差踏错，陷入资本的泥沼。

但彼时的张兰并不能预料到自己未来人生的走向。她在湖北农村待了 10 年后，随父母回到北京，并凭借篮球特长被招入北京轻工局。本来在众人眼中已经捧上铁饭碗的她，却不愿安于现状，选择了跟随回国探亲的舅舅去多伦多看看外面的世界。和许多远赴重洋的人一样，张兰也面临着需要打工挣钱的窘境。据她后来回忆，最艰辛的时候曾一天同时打 6 份工，其中就曾在加拿大的中餐馆做过杂工，也正是这段经历，让张兰认识到中餐馆在国外的尴尬处境。她开始萌生一个想法，要把中餐馆开到最高档的地方去，在国际上为中餐正名。怀揣着这个梦想，张兰放弃了已经获得的加拿大移民资格，带着 3 年来积攒的 2 万美元回国开起了饭店。

其实无论是放弃铁饭碗远赴重洋，还是在拿到移民资格后决定回来开饭店，张兰的选择都需要常人所没有的魄力。1992 年回国后，张兰搭上了改革的快车，短短 3 年的时间就经营起了一家日营业额高达 50 万元的鱼翅海鲜大酒楼，但又让旁人大跌眼镜的是，张兰选择在生意最红火的时候将这家酒楼售出，去追寻自己的高端餐饮梦。鱼翅海鲜大酒楼卖出了 6 000 多万元的高价，她也完成了原始财富的积累。

---

① 资料来源：邵丽坤，付雪松 . 餐饮女皇俏张兰 [M]. 长春 : 吉林大学出版社 ,2009.

　　拥有充裕资金的张兰选择在北京最繁华的国贸中心商务区开设第一家俏江南精品川味餐厅，这家餐厅的出现弥补了中高端餐饮市场的空白，很快声名鹊起，成为国内数一数二的川菜品牌，连锁店也迅速开遍了中国的大江南北。张兰成了商界炙手可热的人物，在接受媒体采访时她公开表示，要做餐饮业的 LV（路易威登），未来两三年内俏江南集团计划连锁餐厅在全球的数量发展到百家，同时完成俏江南集团的 IPO 上市。

　　查阅公开资料显示，俏江南在 2000 年创立之初就已经实现盈利，自 2005 年起开设的一系列高端会所如 South Beauty881、蘭 LAN、SUBU 等都得到了市场的积极反馈，截至 2007 年，俏江南集团的年销售额已经达到了 10 亿元左右。

　　2008 年是一个重要的年份，这一年中国成功举办了第 29 届夏季奥运会；也同样是这一年，美国的次贷危机引发了全球性的金融海啸，外贸及相关产业链遭到严重打击。幸而餐饮具有稳定的现金流和刚性消费需求的特征，整体行业在吸引外界投资和扩大再生产方面并未受到明显影响。就在这样风起云涌的一年，张兰迎来了事业的巅峰时期，俏江南成功被选为北京奥运会上唯一一家中餐餐饮服务供应商，每日接待 8 万名以上的客人就餐，其中不乏各国运动员和奥运官员。借着奥运的东风，线下的俏江南各店客流量也得到了大幅度增长，一时间在餐饮业内风头无两。

　　2007 年 3 月味千拉面在港交所主板挂牌，11 月全聚德在深交所上市，2008 年 6 月小肥羊登陆港股，这些成功的案例引发了投资者对餐饮业的狂热追捧。据《投资者报》统计，2006—2008 年，风险投资机构注资餐饮业的资金额在 80 亿元以上。[①]俏江南作为高端餐饮的佼佼者，自然受到各路资本的追捧，2008 年下半年，俏江南先后接触了 20 多家国内外的 PE，最终选择了鼎

---

① 投资界.当 VC/PE 沦陷餐饮业.http://news.pedaily.cn/zt/20120801331828.shtml.

晖投资。市场对此次资本联姻十分看好，2009 年张兰被评为胡润餐饮财富榜第三名，其财富估值达到 25 亿元。

正是这家千挑万选出来的资本方，却在短短 3 年之后被张兰评价为"最大的失误"，这中间究竟发生了什么？

2. 与鼎晖的恩怨情仇 [①]

在接受《理财周报》采访时，张兰被问到湘鄂情 2009 年上市，会不会给她带来心理压力？她表示完全没压力，相反是一针兴奋剂。[②] 张兰的性格中有着女强人的不服输，同样定位为高端餐饮，俏江南在各方面都不输于湘鄂情，还被选为奥运与世博的唯一中餐供应商，名气更胜一筹。正是因为这种性格，使得她与鼎晖投资的负责人王功权一拍即合。

王功权是大名鼎鼎的万通六君子之一，与冯仑、潘石屹等人在海南开创了雄霸一方的地产生意，分手后这六人又各自在不同的领域取得了很高的成就。这位在业内被称为"多情大佬"的风险投资家，还有一重身份是中华诗词研究院的创始人，兼任北京诗词学会副会长。王功权在微博上自诩"一个生意人加半个诗人"，2011 年 5 月他曾在微博上公开"私奔"，掀起网络舆论高潮。

与一般企业家给人留下的印象不同，王功权身上可能带着几分与商业社会格格不入的书生意气。他与张兰都可以称得上"性情中人"，经证实鼎晖在

---

① 资料来源：（1）苏龙飞 . 俏江南资本之殇 [J]. 新财富，2016（1）. 转引自 http://finance.qq.com/a/20160119/020138.htm.（2）腾讯财经 . 谁的俏江南 . http://finance.qq.com/cross/20170421/j519MVP5.html.

② 彭洁云 . 女亿万富翁张兰：我就是俏江南 [N]. 理财周报，2010-03-29. http://www.360doc.com/content/10/1109/12/4289236_67874003.shtml.

2008 年下半年向俏江南增资 2 亿元人民币，持有 10.526% 的股份[1]；按照计算，投资后估值约为 19 亿元人民币。这个估值是否偏高各方说法不一，张兰作为创始人可能觉得自己的企业价值远不止于此；但是考虑到当时金融危机已经爆发，鼎晖能够给出这个价格已经相当不错。

虽然王功权爽快地给了俏江南这么高的估值，但是作为一家专业的投资机构，鼎晖方面一定会有其他周全的条款来保证自己的收益率以及退出渠道。俏江南并非上市公司，对公众没有信息披露的义务，所以投资条款的具体内容无从得知。但是外界推测双方应该是约定了一个上市时间，因为对于投资机构来说，帮助企业上市后套现是取得收益最直接的方式。

俏江南于 2011 年 3 月首次向证监会提交了上市申请。由于 2008 年 12 月—2009 年 6 月 A 股暂停了 IPO，并且 A 股 IPO 审核流程耗时较长，导致当时 A 股的上市排队的企业大概有六七百家。想要在 2012 年底完成上市，时间方面相当紧迫，基本上是不可能做到的。

雪上加霜的是，餐饮业还存在着会计报表中的数据无法可靠计量这一问题。就餐后顾客主动索要发票时才会开具，这导致了收入计量困难；而采购食材时也存在现金交易或在集市购买，出现没有凭证的情况，这导致了成本计量困难。由于这个原因，A 股市场的餐饮企业上市很长时间都处于冻结的状态，除了在 2007 年上市的全聚德与在 2009 年上市的湘鄂情以外，8 年之后的 2017 年才通过了广州酒家的上市申请。

随着上市进程的搁浅，张兰开始对鼎晖抱有微词，在接受《环球企业家》采访时她说："引进他们（鼎晖）是俏江南最大的失误，毫无意义，民营企业家交学费呗。他们什么也没给我们带来，那么少的钱稀释了那么大的股份。"[2]

---

[1]　资料来源：国家企业信用信息公示系统。

[2]　伊西科．俏江南失色．环球企业家．http://edu.sina.com.cn/bschool/2011-08-26/1707311002.shtml.

张兰还表示，她早就想清退这笔投资，但鼎晖要求翻倍回报，双方没有谈拢。

这一番话引起了各界的热议，同为企业创始人的当当网 CEO 李国庆力挺张兰表示，在企业融资过程中，由于信息不对称，创业企业家频遭投资机构的绑架，被迫低价出让股权。[1] 而另外一位投行大佬阎焱则在微博上揶揄："不知道鼎晖是否拿了把刀架在俏江南的脖子上签的约，若那样，这场'婚姻'就一定是鼎晖的不是。商业的基石是对契约的尊重和执行，1 000 年前的商人就知道诚信乃一切商业活动的根本。"[2] 眼看事态逐渐升级，汪小菲赶紧在微博上澄清："从鼎晖来的那天起，我们就是一家人。"[3] 汪小菲并表示这场风波完全是由媒体断章取义造成的。

投资方与企业家本来应该是相辅相成的关系，引来如此骂战实属不该。该事件从侧面反映出，张兰作为一名企业家，在接受投资之前应该结合企业的自身情况与未来发展前景，充分考虑资本方提出的投资条款。对资本方寄予"道义"上的期望并不实际，商业社会中只能依赖"白纸黑字"的契约。

伴随着与鼎晖不尴不尬的关系到了 2012 年 1 月底，俏江南赫然出现在证监会公布的 IPO 申请终止审查名单中。眼见 A 股上市无望，张兰开始谋求赴港上市。就在此时，一起官司又把俏江南推到了风口浪尖上。俏江南的一名高管马先生将张兰诉至朝阳法院，要求张兰按照离职补偿约定，协助他办理房屋过户手续。但立案后法院始终联系不上张兰，邮寄的起诉书和传票也被退回。经向张兰户籍地派出所核实，张兰已于 2012 年 9 月 17 日注销户口。本来变更国籍属于个人自由，旁人不该站在道德的制高点上横加指责；但是这件事的特殊性在于张兰还有一重身份——朝阳区政协委员，并且她还曾在凤凰卫视的节目《一虎一席谈》中讲述自己在加拿大拿签证时的经历："当我

---

① 李国庆 . 新浪微博 . http://weibo.com/1878923963/xlntng5yQ?type=comment#_rnd1509502229551.

② 阎焱 . 新浪微博 . http://weibo.com/1840172567/xlihxhJhv?type=comment.

③ 汪小菲 . 新浪微博 . http://weibo.com/1252699553/xlqjwo3Wj?type=comment.

把手放在胸口上时，当要我宣誓永远忠诚于加拿大的时候，我发现我做不到，我只能效忠于自己的国家，因为我是中国人。"之前在节目中口口声声的爱国，与此时爆出身为政协委员却已是外国国籍形成鲜明对比，张兰不可避免地又陷入了舆论的旋涡。

其实张兰选择在这个节骨眼上改变国籍，可能很大程度上是为了绕开 10号文《关于外国投资者并购境内企业的规定》赴港上市。2006 年商务部发布 10 号文规定："境内公司、企业或自然人，以其在境外合法设立或控制的公司名义，并购与其有关联关系的境内公司，应报商务部审批。当事人不得以外商投资企业境内投资或其他方式，规避前述要求。"故在此之后，重组基本上都是本着绕开 10 号文的原则来做的，其中最直接的方式就是更改控制人国籍，股东直接变成外国人，则可不受此规定限制。虽然还有其他方法可以选择，但是都没有"换国籍"来得快。

这次舆论风波的爆发让张兰哑巴吃黄连有苦说不出，但付出了这么大代价，香港上市之旅也不平坦。早前有传闻俏江南已在 2012 年中期通过了港交所的聆讯上市在即，但是投资者对中餐的标准化还存有疑虑，俏江南的估值一直上不去。张兰决定等等再挂牌，没想到这一等就等来高端餐饮业的寒冬；2012 年底中央出台了八项规定，大力打击三公消费，奢侈品、高档酒店及高端餐饮都遇到了行业拐点。时至今日，俏江南仍然未能挂牌交易，背后的原因不得而知，但两次上市失败着实给俏江南带来了不小的压力。

首当其冲的就是来自资本方施加的压力。资本是把双刃剑，投资人的资金在投入到企业的第一天起，就在考虑该如何在保证收益的情况下退出。私募资金也是有周期性的，到 2012 年底，鼎晖的资金已经进来 4 年了，有可能是双方约定的退出时间，俏江南也需要引入新的投资人来缓解资金上的压力。

与鼎晖的交易细节并未对外公布，不过由于俏江南的公众知名度颇高，外界对于此桩投资案臆测纷纷，加之对"引进鼎晖是俏江南最大的失误"这一说法过度解读，出现了许多报道称张兰"对赌失败"从俏江南中"净身出户"。其中传播较为广泛的是 2016 年 1 月《新财富》杂志发表的《从刷盘子到创建俏江南，最终被净身出户！张兰与资本间的互搏全程解读》《俏江南资本之殇：被自己创办的企业踢出局，张兰还可能回归吗》等文章以及视频《创业及融资中的股权争端》，该系列报道就俏江南与鼎晖的融资案进行了细节性的描述，直指张兰因为对赌失败，日益陷入被动，最终落得净身出户的下场。各大公众号纷纷转发，网络上一石激起千层浪。

张兰一怒之下将《新财富》杂志社告上法庭，称该篇报道严重失实，对她造成了严重的名誉侵权，要求对方消除不良影响公开致歉，并提出索赔 100 万元人民币。

3. 对赌的是是非非 ①

这场名誉侵权官司打了整整一年，最终以双方庭前调解、《新财富》杂志发表书面声明致歉告终。该系列报道中究竟写了什么引得媒体广泛传播？除了张兰作为公众人物本身自带的话题热度外，更吸引人眼球的是文章中多米诺骨牌式的投资条款设计，它们一环扣一环地接连触发，将剧情推向高潮，

---

① 资料来源：（1）苏龙飞. 俏江南资本之殇 [J]. 新财富，2016（1）. 转引自 http://finance.qq.com/a/20160119/020138.htm.（2）王琼. 俏江南张兰代理律师陈若剑：如何花一年时间让《新财富》道歉. 律新社. http://www.lvxinweb.cn/detail.aspx?wid=35&aid=1215&openid=loseopenid.（3）奖励计划提前兑现，蒙牛管理层获奖近 4 亿人民币 [J]. 中国经济周刊，2005. 转引自 http://media.163.com/05/0407/14/1GOAS54H00141EBM.html.（4）甘肃世恒有色资源再利用有限公司、香港迪亚有限公司与苏州工业园区海富投资有限公司、陆波增资纠纷民事判决书. http://www.court.gov.cn/wenshu/xiangqing-3387.html.

充满着戏剧张力——上市夭折触发了股份回购条款，无钱回购导致鼎晖启动领售权条款，公司出售成为清算事件启动了清算优先权条款。

（1）其实没有赌。

张兰的代理律师告诉媒体："报道中所谓的对赌协议、领售权条款、优先清算权条款都是不存在的。事实证明，《新财富》的报道中，张兰因与鼎晖对赌协议失败而导致的'被资本扫地出门'这样的逻辑起点就是错误的，张兰与鼎晖之间根本不存在'对赌协议'。"①

双方争执的一个焦点就是张兰是否"对赌"。"对赌"这个词语近两年成为流行词，时常出现在媒体关于企业投融资的报道中。准确来讲，"对赌协议"（valuation adjustment mechanism）直译成中文应该叫作"估值调整条款"，但由于"对赌"非常符合中国传统文化且接地气，所以一直沿用至今，而该协议其实并不具有赌博性质，只是在投融资双方对估值产生分歧时进行调整。

当投融资双方在估值上谁都说服不了谁的时候，就会考虑签一个对赌协议，也就是估值调整条款。投资人接受创业者提出来的估值，但同时要求创始人对未来业绩作出承诺。如果业绩达标，投资机构会对创始人给予约定数量的股票或现金做奖励；如果业绩未完成，创始人则需要根据对赌条款将约定数量的股票或现金给投资人作为补偿。

《新财富》的文章中说："一些媒体误以为双方之前存在对赌，其实该条款不属于对赌（估值调整条款），而是股份回购条款：如果公司不能在 2012 年末之前实现上市，则俏江南必须要将鼎晖手中的股份回购回去，而且必须保证鼎晖的合理回报。"股份回购条款在投资圈也会叫作"IPO 对赌"，但严格

① 王琼. 俏江南张兰代理律师陈若剑：如何花一年时间让《新财富》道歉. 律新社. http://www.lvxinweb.cn/detail.aspx?wid=35&aid=1215&openid=loseopenid.

意义上来说并不能算对赌，因为其只是约定了上市不成要回购股份，没有约定上市成功后有什么奖励。

（2）也有企业创始人赌赢了。

现在许多企业创始人闻"赌"色变。其实双向对赌并不可怕，至少协议中写清楚了达到业绩等指标能获得什么，达不到指标会失去什么；可怕的对赌是单向的，如业绩承诺与补偿条款等，业绩完成了是天经地义的，业绩完不成必须给予投资人补偿。

如果对未来的业绩承诺是科学合理的，那么双向对赌协议也能激励创始人和团队超额完成业绩，如蒙牛当年与摩根士丹利曾经有过两次的双向对赌，就达到了皆大欢喜的结局。

牛根生团队和摩根士丹利联合鼎晖、英联第二次对赌是广为资本市场所熟知的。2003年，在公开招股期间，摩根士丹利、鼎晖和英联等外资股东与以蒙牛董事长兼总裁牛根生为首的蒙牛管理层达成协议：自2003年起，未来3年，如果蒙牛复合年增长率低于50%，蒙牛管理层要向摩根为首的3家财务股东支付最多不超过7 830万股中国蒙牛乳业股票（占已发行股份的7.8%），或者支付等值现金；反之，则3家外资股东要向蒙牛管理团队支付同等股份。

幸运的是，约定期的第一年2004年，蒙牛就实现了94.3%的利润增幅，3年内实现年盈利复合增长50%基本已成定局。所以摩根士丹利等决定提前完成对赌，在2005年3月的时候，兑现6 260万股给蒙牛的管理层，如果等到协议到期后再兑现，就需要支付7 830万股了。

双赢的结局使此次对赌成为历史上经典的一役。牛根生团队能够赢得对赌应该是源自对未来业绩科学合理的判断，但是如果管理团队高估自己的能力，把未来环境条件都设想成对自己是最理想的，将预期业绩定得过高的话，那就很难赢得对赌了。

（3）对赌的法律效应。

在中国资本市场上能获得蒙牛和摩根士丹利这样"皆大欢喜"的结局的对赌并不是很多，更多的是企业创始人由于环境变化、高估企业能力等原因赌输的。如陈晓把永乐电器赌没了，太子奶的创始人李途纯更是将自己"赌"进了监狱。

近年来因为对赌协议产生法律纠纷的现象频频出现，该类案件往往涉及的标的金额巨大，商业纠纷的民事案件与财务造假的刑事案件交织，案由选择上更是错综复杂，涉及确认合同效力纠纷、股权转让纠纷、公司增资纠纷与民间借贷纠纷等。

由于"对赌条款"容易与现行法律规定的合同无效情形相混淆，且无对应的法律条文予以规范，最高人民法院为此专门出台了相关的司法解释："投资机构与单独的自然人股东签订的对赌协议，尊重当事人的意思自治，受到法律保护。如果投资机构要求目标公司承担连带责任，则有可能会间接侵犯到目标公司其他股东的利益；因此一般情况下与公司签订的对赌协议会被判定无效"。

简单来说就是：在中国，和公司的股东（个人）对赌有效，和公司对赌无效。

4.《新财富》的推断 [①]

张兰和《新财富》除了是否存在"对赌协议"有争执外，张兰认为《新财

① 资料来源：（1）苏龙飞. 俏江南资本之殇 [J]. 新财富，2016（1）. 转引自 http://finance.qq.com/a/20160119/020138.htm.（2）林默. 独家专访吴长江，听枭雄讲述为何十年三次遭驱逐. 中国企业家网. http://www.iceo.com.cn/mag2013/2014/0829/294039.shtml.

富》关于领售权条款、清算优先权条款以及"净身出户"的说法也属于报道
失实。

《新财富》的系列文章推断俏江南 IPO 不成触发了股份回购条款，而现金
流紧张没有资金回购股份又触发了第二个条款领售权条款。其文中写道："上
市上不了，让俏江南回购股份又掏不出钱，鼎晖在俏江南的投资似乎退出无
望了。其实不然，鼎晖依然还有后路可循。既然俏江南没钱回购，那就设法
将手中的股权转让给第三方。此时，当初签署的领售权条款就开始发挥作用
了。"文章中称在俏江南案例中 A 类优先股股东只有鼎晖一家，因此只要其决
定出售公司，张兰这个大股东是必须无条件跟随的。那么，鼎晖只要能找到
愿意收购俏江南的资本方，鼎晖就能顺利套现自己的投资，张兰也得跟着被
迫卖公司。

在这场官司中，俏江南力证自己与鼎晖之间并不存在领售权条款。按照当
时的情况，张兰交给仅占股份 10.526% 的鼎晖如此致命的控制权的可能性并
不大，相反有可能是共售权（在其他股东尤其是初始股东欲转让或出售股票
时，PE 有权按出资比例以初始股东的出售价格，与初始股东一起向第三方转
让股票）。领售权与共售权最大的不同在于，前者将主动权交给了 A 类优先股
股东；而后者的主动权仍掌握在创始人手里，只不过给了资本方一个一起撤
退的机会。①

虽然是张兰主动接洽的新投资方，但是出售给 CVC 82.7% 的股份确是不
争的事实，而公司转让 50% 股份以上即可视为清算事件。《新财富》文章中
提到清算优先权条款中约定的是：如果公司出现清算事件，要保证鼎晖获得
两倍的投资收益。

---

① 所以创始人在与投资者谈判时，要注意不能轻易将领售权交付出去，迫不得已的情况下也应该就触
发条件、支付手段、出售的最低价格等细节开展进一步的谈判（详见本书第一章）。

清算优先权条款其实包含了两部分：实际清算优先权和参与分配权。若按文中说法，鼎晖在此处只要求了前者，即套现约 4 亿元，这已经算是较为柔和的投资条款了；更为苛刻的情况是不仅拿走两倍回报，而且还要求按股份比例分配剩余资金，那么鼎晖拿走的钱将是 2 亿元 ×2 倍投资回报率 +（17.5 亿元 -2 × 2 亿元）×10.526%=5.4 亿元。这种情况对融资方十分不利，一般只有企业急需资金，创始人才会被迫答应此条款。而鼎晖只是要求了一个 2 倍的清算优先权，对于张兰来说已经是很好了。无论是上述哪种情况，张兰都应该套现了 12 亿元人民币左右，与《新财富》文章中的"净身出户"相距甚远。

在投资条款谈判中，要谨防投资人依仗专业优势，在细节上设置一些陷阱。我们再来看一个案例：雷士照明的创始人吴长江在引进软银赛富时，就被投资人阎焱在估值条款上"坑"了一把。[①]阎焱在 2006 年与吴长江商量融资价格时，给出了 8.8 倍市盈率，按照雷士照明 2005 年的 5 000 余万元人民币的利润，最终估值超过 4 亿元人民币（但是没有明确是投前估值还是投后估值）。吴长江欣然接受了这个价格，因为半年前三位创始人股东分家时，雷士照明才作价 2.4 亿元人民币。然而等正式的协议出来的时候，他却发现事情和想象中的有所不同。阎焱投资 2 200 万美元，要占雷士照明 35.71% 的股份，而根据吴长江的计算这笔钱所占股份不应该超过 30%。

两者之间为何会出现如此大的差额呢？原因就在于阎焱说的估值是投后估值，是算上他投入的 2 200 万美元后作价 4 亿元人民币；而吴长江则认为 4 亿元人民币是投前估值，不包含软银赛富 2 200 万美元的投资款。

彼时签订的只是投资意向协议，还未签下正式的合同，吴长江本可以拒绝

---

① 本案例引自：林默 . 独家专访吴长江，听枭雄讲述为何十年三次遭驱逐 . 中国企业家网 . http://www.iceo.com.cn/mag2013/2014/0829/294039.shtml.

软银赛富的这笔投资款，转而寻找其他投资人合作。但他还是咬牙签下了这份合同，据吴长江后来接受采访称："西方契约，讲的是白纸黑字，中国契约，讲的是口头说了就算数，就是'君子协定'。当然今天看来，我当时有些好面子。"[①]除去吴长江口中"好面子"这个因素以外，还有一个很重要的原因就是寻找新的投资机构是需要时间成本的，半年前另外两个合伙人离开时各带走了 8 000 万元人民币，雷士照明当时的资金链着实等不起再接洽新的投资机构了。

其实无论鼎晖拥有的是领售权还是共售权，是以多高的价格离场，最后的结果是：2013 年 12 月俏江南与 CVC 签署了收购协议。CVC 收购俏江南股权的交易价格约 2.8 亿美元，持股 82.7%；张兰以盛兰控股的名义持股 13.8%，俏江南公司管理层持股 3.5%；而鼎晖之前所占的 10.526% 股份在此次收购中全数退出。

一方面是约定的上市时间紧迫，另一方面又遭遇高端餐饮市场的寒流，双重压力让俏江南在这段时间元气大伤，但真正压垮骆驼的最后一根稻草却并不是鼎晖，而是接手鼎晖的 CVC。

5. 貌似财大气粗的新股东 [②]

CVC 是来自欧洲的一家投资机构，号称全球领先的私募股权和投资咨询

---

① 林默．独家专访吴长江，听枭雄讲述为何十年三次遭驱逐．中国企业家网．http://www.iceo.com.cn/mag2013/2014/0829/294039.shtml.

② 资料来源：（1）李伟，耿荷，江晓川，等．谁的俏江南 [J]．腾讯财经．http://finance.qq.com/cross/20170421/j519MVP5.html.（2）耿荷．"红筹之父"梁伯韬：由我操刀，可能不 投俏江南．腾讯财经．http://finance.qq.com/cross/20160318/H0K9Z2O7.html.（3）胡笑红，邓梦颖．张兰谈出局俏江南：CVC 未经同意质押我股权 [N]．京华时报．http://ent.sina.com.cn/s/m/2015-07-20/doc-ifxfaswm0890713.shtml.

公司之一。有着欧洲血统的 CVC 在中国数次出手都是选择现金流充裕的消费类企业，其大中华区负责人梁伯韬在多个场合表示，餐饮是他们比较关注的一个行业。

梁伯韬作为李嘉诚的御用银行家，多次帮助其旗下公司进行分拆和融资，更在 2006 年出面摆平过李氏家族的资本纷争。不仅如此，梁伯韬还创立了香港百富勤投资集团有限公司，成功带领中信泰富、港中旅、上海石化等红筹股在港上市，在业内被誉为"红筹之父"。他转为自由投资人后，投资的京东更是当下炙手可热的互联网公司。

早在俏江南谋求港股上市之际，就有很多国际资本与张兰进行过接触。2012 年 5 月，CVC 就与张兰有接触了，只不过那时国家反"三公消费"的政策尚未出台，CVC 开出了不到 3 亿美元的价格，张兰觉得这个估值偏低，因此她当时对外说"没有与 CVC 接触"也是可以理解的。后来适逢鼎晖要求退出，高端餐饮市场遇冷，俏江南这才又重新考虑 CVC 的请求。

张兰向媒体回忆这次谈判的细节，提到 CVC 吸引她的主要原因是承诺帮助其走向海外市场，这正好戳中了想要把俏江南做成餐饮界中 LV 的张兰的痛点："CVC 高管（梁伯韬）在给我的邮件里亲自写了'东方不亮，西方亮'。因为 2013 年底餐饮市场有一点儿下滑了，他们说服我由国际管理团队提升内部管理的同时，让企业能够走到美国、欧洲。"张兰的代理律师陈若剑接受采访时表示，CVC 当时在法国已经收购了一家餐饮集团，同时他们还要打造亚洲餐饮集团，计划收购俏江南、大娘水饺以及非常泰等餐饮品牌，意欲再造百胜的传奇。并且 CVC 想凭借俏江南高端餐饮的品牌影响力，作为项目亮点吸引更多的有限合伙人加入。

除了基金实力之外，CVC 高管层的诚意也打动了张兰，从这个细节可以窥得一二分张兰的性格，她对媒体说："在香港，一般老外都不请人去家里做客。管文浩（CVC 亚洲高管）和两个儿子、老婆，一家人请我到他们家里去，全家招待，特别真诚。"

企业融资不是交朋友，而是寻找合作伙伴。创始人应该遵从人性私的假设去作决策，对资本抱有期望是不切实际的！

虽然郎有情妾有意，但收购的过程还是一波三折。第一次收购发生在2013年8月，CVC首次与俏江南签订了收购协议，并承诺1个月后付款，但是这笔收购款迟迟没有到账；张兰遂发函中止了协议。据张兰的代理律师后来接受媒体采访时表示，他曾代表张兰以董事身份向CVC设立的收购壳公司La Dolce Vita公司（甜蜜生活美食公司）拿到了外资银行2013年10月底才发给CVC的授信文件，这也解释了为什么CVC未能履约，因为当时还没有融到收购款。

拿到银行授信后的CVC发起了第二次收购，高管层为了重启谈判，热络地邀请张兰去家里做客以示诚意，双方最终于2013年12月底签下了第二份收购协议。但张兰这段时间对外三缄其口，当媒体提到反垄断局已经批准了该桩收购案时，她表示："只是批，没有签。"其避讳的态度也从侧面反映出了收购的坎坷。

2014年4月25日，CVC在其官网上宣布完成控股收购俏江南。值得注意的是，公告里指出张兰将继续留任俏江南主席，与CVC团队共同负责公司的战略规划，但并没有公布双方的持股比例。

根据媒体公开报道的资料整理的收购交易结构是：CVC在本交易中支付的现金对价为2.8亿美元，收购82.7%的股份，鼎晖的10.526%的股份全部退出。除此之外以换股的方式支付给张兰13.8%的新俏江南股份，并预留出来3.5%的管理层控股作为员工期权池，图2-1所示为交易后的股份结构。

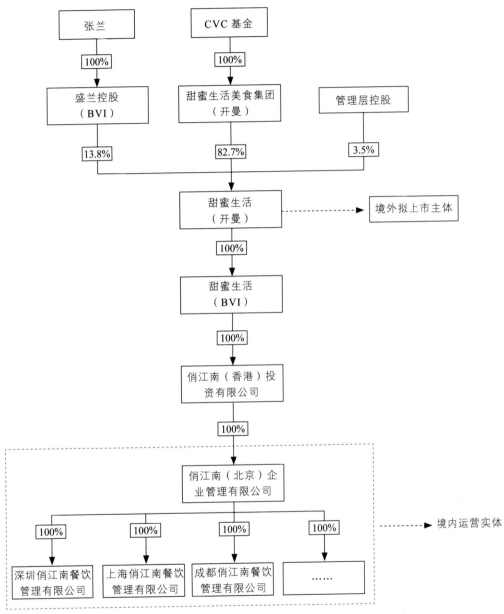

图 2-1 俏江南股权结构示意

6. 引狼入室 CVC[①]

张兰在与《新财富》的官司中强调了俏江南没有被鼎晖领售，而是自己决定与 CVC 交易，鼎晖跟着一起卖了。既然没有领售权，那么一向强势的张兰为什么愿意出让大部分股份给 CVC，自己当一个小股东呢？

汪小菲说是因为张兰年纪大，干不动了想歇歇。但后来俏江南辗转人手前途未卜的时候，张兰却说："无论将来谁买了俏江南，我都无条件支持。为了企业，为了员工，只要俏江南需要我，我义无反顾。"这并不是一个想退休的创业家会说出来的话！

很多企业创始人在屡次上市受挫后，都有将公司卖给有实力的基金财团或上市公司的想法，一方面对方拥有更丰富的资源可以助其整合上市，另一方面可以从中套现获取高额的回报。企业创始人往往觉得公司离了自己就不转了，自己虽然卖掉了股份，依然能作为董事长成就企业家的梦想。但事实是，如果想牢牢地把握住控制权，上市之前一定不能让自己的股份比例低于 50%，或者至少得保持第一大股东的地位。像张兰这种情况，虽然名义上仍是最高层级"俏江南集团"的董事长，但实际上早已丧失了对旗下子公司的控制权。

果然短暂的蜜月期过去后，这桩收购协议的问题很快暴露了出来。在当时高端餐饮整体雪崩的情况下，俏江南的业绩相比收购前大幅下跌了 50%。CVC 方面觉得自己买亏了，提起诉讼指控张兰在收购前虚增销售数据，并要

---

① 资料来源：（1）李伟，耿荷，江晓川，等. 谁的俏江南. 腾讯财经. http://finance.qq.com/cross/20170421/j519MVP5.html.（2）刘腾. CVC "杠杆收购" 俏江南谜团解析 [N]. 中国经营报. 转引自 http://business.sohu.com/20160126/n435866105.shtml.（3）胡笑红，邓梦颖. 张兰谈出局俏江南：CVC 未经同意质押我股权 [N]. 京华时报. http://ent.sina.com.cn/s/m/2015-07-20/doc-ifxfaswm0890713.shtml.（4）蔡汝凌. 俏江南是如何一步一步被资本大佬偷走的？. http://www.topnews9.com/article_20170316_47618.html.（5）佚名. 伦敦最大私募 CVC 在华投资遇挫 [N]. 华尔街日报. 转引自 http://www.qqenglish.com/wsj/21101.htm.

求查明对俏江南的投资的去向。张兰对以上指控予以反驳，认为自己被 CVC 给忽悠了：对方未经她同意私自将其名下 13.8% 的股份一并质押出去，并拿着质押俏江南申请到的贷款来收购俏江南；收购款 2.8 亿也设置了各种业绩指标，完成后才会分期付款。

双方矛盾迅速激化，2014 年春节张兰收到律师函被禁止进入公司，当年的股东大会也未被获邀参加；CVC 向新加坡法院提交的一份诉讼申请中则提到，张兰向俏江南的高管发送了大量具有破坏性的信息，要求员工不要对外透露运营数据，并封锁了与 CVC 全部的邮件往来，严重干扰了公司的运营管理。

矛盾最终爆发于 2015 年春节，CVC 再一次将俏江南告上了法庭，此次仲裁案虽然未对外公布详细情况，但推测应该是俏江南业绩不达标，CVC 上诉要求取消交易。汪小菲在微博上爆料："CVC 的高管和他们委托的律师，带了 20 多位保安到公司来，软禁了正在值班的员工，我母亲听到消息赶来，没想到被对方的保安也强行软禁，还推了三个大跟头。"[1]

这次肢体冲突让本来貌合神离的双方彻底撕破了脸，张兰方面对 CVC 的指责的内容主要是以下三点。

（1）汪小菲在微博上怒斥 CVC 此次收购是空手套白狼。

汪小菲称其设计了十分复杂的股权结构，涉及的离岸和国内的公司大概有 6~7 层，在此次收购案中使用了十倍杠杆。[2]

张兰称，CVC 收购俏江南股权的交易价格约 2.8 亿美元，其中有 1.4 亿美元是抵押俏江南股权向银行贷款的，剩下的 1.4 亿美元则来自旗下募集发售的基金，CVC 作为 GP（普通合伙人）在该项目中投入的资金一般占 5%~10%，

---

① 汪小菲. 新浪微博. http://weibo.com/1252699553/EA1jNry7e?type=comment.

② 汪小菲. 新浪微博. http://weibo.com/1252699553/EA1jNry7e?type=comment.

也就是说其直接投资不会超过 1 400 万美元。

在 CVC 接管俏江南后不久，执行了一次特别分红计划，CVC 作为大股东从中获得的金额恰好也是 1 400 万美元，相当于这笔钱又回到了其公司。如果以上资料属实，CVC 相当于拿抵押俏江南及 LP（有限合伙人）的钱收购了俏江南，"空手套白狼"比喻恰当。

至于使用十倍杠杆的指责，客观来讲，资本实践中使用高倍杠杆收购的案例不胜枚举，只要在法律的框架下进行操作，杠杆收购这种做法并无可指摘。而红筹架构是国内企业寻求国外上市常用的私募结构，出于外汇汇入、隐匿股东、股权运作、避税等多重目的，设计 6~7 层的情况十分常见，不过如此设计是否有刻意架空张兰股权之嫌就不得而知了。

（2）张兰称 CVC 在未经其同意的情况下，私自质押她名下的俏江南股份。

2013 年底，双方正式签下收购协议，CVC 派来的管理层进入俏江南。此后张兰辞去了所有带有俏江南字号的相关公司的董事和法定代表人职务，但她还是最高层级开曼壳公司的董事长。

张兰的代理律师陈若剑接受媒体采访称："根据我们与张兰的交流情况，她只是知道自己担任最高层控股公司的董事长，也就是'俏江南集团'的董事长，实际上法律上并没有俏江南集团这样一家公司，而是在对外市场宣传时将所有俏江南公司和酒店统一称为俏江南集团，CVC 之所以能够未经张兰同意就能向银行抵押境内的俏江南公司 100% 股权，是因为这些俏江南公司的法定代表人和董事都已经变成 CVC 指派的人员，这些人完全可以操作股权质押给银行的事情。张兰辞职之后已经脱离俏江南的日常经营管理，也不会搞清楚中国的各家俏江南公司的董事或法定代表人到底是谁。"[1] 梁伯韬在接受

---

① 胡笑红，邓梦颖. 张兰谈出局俏江南：CVC 未经同意质押我股权 [N]. 京华时报. http://ent.sina.com.cn/s/m/2015-07-20/doc-ifxfaswm0890713.shtml.

采访时则表示，由于和张兰的贸易仲裁案仍在香港进行，不方便讲太多。但他明确指出，张兰所讲的很多话并没有法律根据。

对外曝光的股份比例是张兰目前维权的主要依据，俏江南被 100% 质押给银行是不争的事实，现在问题的关键点在于当初签下的收购协议中有没有股权质押相关的委托或免责条款。

（3）张兰名下个人财产被冻结。

CVC 申请的冻结张兰名下个人财产于 2015 年 3 月获得香港高等法院批准。法官指出，CVC 已经支付了极为可观的款项，但至今仍无从得知这些款项的下落。

据张兰称，CVC 的收购款并非一次性到账，而是分期付款，双方在协议中约定了各种业绩指标，从 2013 年底签下收购协议到 2014 年底 CVC 提起诉讼期间，自己只收到了 1 亿多美元，不到两亿。而且这些资金是出售股权所获得，交易完成后，理应由个人支配。

CVC 方面却称这笔钱是为了俏江南发展而注入公司的，张兰此举涉嫌转移公司资产，所以向法院申请了冻结。

双方各执一词争论不休，到目前为止，仲裁案仍未对外公布结果。最终的结局还未可知，但是毫无疑问，这场资本的联姻失败了。

7. 可怜王谢堂前燕 [1]

与俏江南进行仲裁案的同时，CVC 的银行贷款协议也违约了。CVC 当初

---

[1] 资料来源：（1）李伟，耿荷，江晓川，等. 谁的俏江南. 腾讯财经. http://finance.qq.com/cross/20170421/j519MVP5.html.（2）2017 年首场商标战："俏江南"商标被冻结，CVC 或失去商标权. 蓝鲸财经. http://www.lanjinger.com/news/detail?id=27398.（3）胡笑红，邓梦颖. 张兰谈出局俏江南：CVC 未经同意质押我股权 [N]. 京华时报. http://ent.sina.com.cn/s/m/2015-07-20/doc-ifxfaswm0890713.shtml.

以俏江南的全部股权作为质押，向银行申请了 1.4 亿美元的贷款用于收购，而偿还贷款的标的物正是俏江南的现金流，所以银团方面对俏江南的财务指标有着严格要求。

由于实体店经营业绩不理想，2014 年底银团方面要求 CVC 向俏江南注资 6 750 万美元，以应对潜在的财务违约。但是 CVC 不仅拒绝注入资金，同时也不再按约定还贷。银团在 CVC 造成实际违约后，请来香港保华顾问有限公司接管俏江南，该顾问公司专门从事重组清算，曾经经手过太子奶的破产清盘。

因为张兰手中拥有的只是开曼壳公司 13.8% 的股份，所以此刻只能眼睁睁地看着俏江南改弦更张。保华入主俏江南后于 2015 年 7 月发表声明："CVC Capital Partners 的委派代表和张兰女士不再担任俏江南董事会成员，且不再处理或参与俏江南的任何事务。俏江南与前董事会成员没有业务关联，不便对与前董事会成员相关事宜作出评论。"

此时网上铺天盖地的报道称张兰从俏江南惨痛出局，张兰方面委托律师澄清自己已于 2013 年底主动辞去俏江南董事和法定代表人等一切职务。这里指的是俏江南境内运营实体的董事长职务，实际上在 CVC 的投资进入俏江南后，张兰仍担任着境外最高层控股公司的董事长，持有的也是该境外控股公司 13.8% 股份，后来被证实该公司是一家注册资本只有 1 万美元的壳公司。

一方面张兰称自己是主动辞去董事会的职务；另一方面她又强调此次真正的出局者是 CVC 而非自己，保华接管俏江南，是由于 CVC 对银行造成了实质性违约。媒体对俏江南的关注热度并没有因为张兰的澄清而减弱，相反却是逐渐升温，2016 年初《新财富》的一系列报道将该事件推到了舆论的至高点，文章中因为详细描述了张兰两次与资本交手的细节，伴以多米诺骨牌式的精妙投资条款清单设计，引起了各大媒体纷纷转载，甚至成为创始人被资本扫地出门的经典案例出现在各个大学的 EMBA 的课堂上。张兰方面为该名誉侵权案件打了将近一年的官司，终于在 2016 年底等来了《新财富》杂志社的致歉声明。

另一场与 CVC 的仲裁案迟迟没有结果，即使最后判定 CVC 在质押俏江南股权方面存在瑕疵，张兰也很难再重返董事会了。但张兰似乎仍然没有放弃希望，正如上文提到，她坚定地对媒体表示："最终若打赢了仲裁官司，我能对俏江南袖手旁观、视而不见吗？无论将来谁买了俏江南，我都无条件支持。为了企业，为了员工，只要俏江南需要我，我义无反顾。"①

即使拿不回来餐厅，张兰也要拿回商标权。2017 年 1 月 5 日曝光的律师函中，俏江南（北京）企业管理有限公司和俏江南股份有限公司在"2013 年 9 月 10 日签署的《商标转让协议》因协议约定之终止条件已经成就而自动终止"，媒体对此竞相报道再次引起舆论哗然。事实上 2016 年 12 月 22 日，北京市第三中级人民法院作出了冻结、查封俏江南等 72 项商标专用权的裁定。张兰之所以选择在商标权一案结束后仍将其曝光于公众，有可能是想阻挠保华集团出售新俏江南的进程。在商标冻结期间，无法许可别人进行拓展经营，对俏江南实体店在该阶段的生产经营会造成严重的负面影响，从而也会影响到保华售出俏江南的作价。

这场官司的申请执行方是俏江南股份有限公司（下称"俏江南"），查阅工商资料显示注册日期是 2000 年，法人为郝会欣，历任法人还有张兰、汪小菲、董强；是张兰家族原本所控制的俏江南。而被执行方则是俏江南（北京）企业管理有限公司（下称"新俏江南"），查阅工商资料显示注册日期是 2012 年，法人为保国武，历任法人还有张兰、安勇；很明显"被执行方"的俏江南是 2012 年 A 股上市未果，转战香港上市时注册的，后来被银行一并交给保华集团代管的新俏江南。如今俏江南在境内所有的运营实体由该公司控制，

---

① 胡笑红，邓梦颖 . 张兰谈出局俏江南：CVC 未经同意质押我股权 [N]. 京华时报 . http://ent.sina.com.cn/s/m/2015-07-20/doc-ifxfaswm0890713.shtml.

冻结待审商标也在其名下。俏江南系列商标不能再有偿许可他人使用，其本身仍可正常使用。加盟商若有新开的关联单位，线下签署相关协议是可以的，但申报进行备案的话，目前在冻结过程中可能得不到支持。[①]

虽然张兰极力阻拦，2017 年 2 月新俏江南还是低调易主了，企业法人从保国武变成了娄刚。公开资料显示娄刚拥有丰富的投资经验，曾任摩根士丹利的董事总经理兼中国香港及内地首席策略分析师，2014 年创建了自己的投行恒松资本。新俏江南转手出去的价格受到了商标冻结案多大影响我们无从得知，但娄刚的经历里并没有从事过与餐饮实业相关的管理，很显然接手后持有注资的可能性较小，市场猜测此番收购可能也是为了择机再次出售。

离开了俏江南的张兰最近只在娱乐新闻中出现过，话题与她的儿媳大 S 以及两个孙子有关。而失去了张兰的俏江南，似乎也不再是那个觥筹交错高不可攀的名利场，在团购网站上也能找到其踪影。

可怜王谢堂前燕，飞入寻常百姓家。

8. 投行的苦衷 [②]

无论是《新财富》的报道，还是汪小菲在微博上的指责，都导致大家对投资机构印象不佳，认为鼎晖和 CVC 为谋求利益不择手段，刻意设置了严苛的投资条款清单来攫取利益。但若企业创始人能够站在投资人的角度换位思考一下，或许能体会到投资者的"苦衷"。相较于对企业知根知底的创始人，投

---

① 国家企业信用信息公示系统。

② 资料来源：（1）王小莓. 硅谷天堂陷瀚霖 IPO 对赌骗局 27 家 PE 忽悠入股 14 亿 [J]. 理财周报，2014（3）.（2）于维达. 美国基金中国讨债记 [J]. 财新周刊，2014（7）.（3）山东瀚霖生物技术有限公司官网. http://hilead.yisou.urlwebsite.net/cn/index.asp.

资机构天然处于信息不对称的地位，他们无法参与到日常经营中来，却要保证所投资金的安全；那么，尽可能多地设置保护伞，不仅是出于收益率的考量，更是确保 LP 资金的安全，是其职业素养的体现。

投行如果不像本案例中的鼎晖或 CVC 那样专业的话，也是很容易被骗的。2014 年初北京中级人民法院宣判了一起以上市作为对赌标的的案件，27家投行在此案中遭遇欺诈，蒙受巨大的损失。

案件的主角曹务波利用山东瀚霖生物技术有限公司上市为对赌条件骗了27 家投资机构。其提供给投行的商业计划书主要内容如下。

- 业务状况：利用生物发酵法从事长链二元酸系列产品的研发、生产和销售。荣获数项国家级扶持，发改委将其列为高技术产业化项目、国家生物基地示范工程。与国内外多家知名企业有着良好的合作关系，如拜耳、杜邦、巴斯夫、北京超赛等。自 2009 年 10 月开工到 2010年 3 月实现了 1.25 亿元销售收入和 4 100 万元净利润。

- 市场规模：据不完全统计，截至 2009 年底，世界长链二元酸市场工业总产值达 85 亿美元，较上年相比，同比增长 18.9%。根据机构统计，2009 年国内外长链二元酸总需求量近 20 万吨。随着下游行业需求的扩大，机构预测 10 年内，国内外市场需求量将达到每年 40 万~60 万吨，市场发展潜力巨大。

- 团队素质：创始人曹务波已经成功主导旗下另一家公司江波制药在美股纳斯达克上市，有着丰富的市场经验；是公司八项专利的第一发明人，对公司的业务熟稔于心；同时是山东莱阳市的人大代表，具有一定的社会影响力。团队还特别聘请了中科院教授陈远童作为公司首席科学家，该教授是山东瀚霖主要产品长链二元酸的发明人。

- 投资安排：公司计划融资 30 亿元人民币，5 年内分 3 期完成 6 万吨/

年的长链二元酸生产线。第一期工程为 1 万吨 / 年，2009 年 10 月开始正式投产，当年销售收入 5 000 万元，实现净利润 1 700 万元。第二期工程 2 万吨 / 年，2009 年 11 月正式开工建设，计划 2010 年 6 月建成，成为世界最大的长链二元酸生产基地。预计 2010 年实现净利润 3 亿元。三期工程 3 万吨 / 年，建成后总生产能力达到 6 万吨 / 年，每年总产值将达到 30 亿元以上，利润超过 10 亿元。

● 退出渠道：以 2012 年上市为对赌标的，上市失败则回购股份。

单从商业计划书来看，没有一个投资人不怦然心动吧？该公司业务能力、管理团队、投资的质量全部都超额满足标准，是一个标准的优质项目。除此之外，最让人无法拒绝的还有其稳妥的退出渠道。

曹务波在山东瀚霖的商业计划书中主动承诺了上市对赌条款，如果 2012 年未能上市成功则回购股份。这样的安全阀让各家投资机构一哄而上，根据公开资料查阅显示，投资山东瀚霖的机构和企业共为 27 家，投资金额高达 1.76 亿元，机构占股为 28.95%。27 家中有 25 家都是在 2011 年突击进入山东瀚霖的，有些机构甚至没来得及好好做尽职调查！

令这些挤破了头的投资者万万没想到的是，这家看上去光鲜亮丽的高新技术产业在 2012 年不仅没能上市成功，创始人还不见了踪影。愤怒的投资者们向法院申请冻结山东瀚霖的银行账户，让人更加瞠目结舌的是，所有查封账户的钱加在一起还不足 120 万元人民币。投资者们这时候才恍然大悟，从一开始这个对赌协议就是个骗局。

其实一切早有蛛丝马迹可循，曹务波的另外一家企业江波制药在 2011 年 8 月的时候从纳斯达克强制退市，美国方面给出的解释是：该公司及其董事长阻挠审计委员会授权的内部独立调查，审计委员会无法尽职；此外，该公司未能达到上市标准或 1934 年证券市场法案对审计委员会法定责任和成员构成的要求。

企业的不配合难免让人质疑其财务的真实性，江波制药对此没有作出任何解释，而是选择直接退市，将一家佛罗里达州的空壳公司留给了美国股民。那么之前上市融资的钱去哪了？ 2011 年 5 月 28 日江波制药披露的修订版财报显示，该公司通过发行债转股融资 2 000 万美元，当时账面上现金为 1.47 亿美元。外界推测这笔说不出去向的钱正是投进了山东瀚霖，曹务波计划让山东瀚霖在中国上市，圈到钱后再来填补美国的债务窟窿。国家外汇管理局的一则处罚令也证明了这一点，江波制药以购买土地的名义申请将 2 770 万美元转入中国，但这笔钱却打入了烟台江波和山东瀚霖的账户。

除了江波制药退市之外，凯赛生物和山东瀚霖的专利权官司也在 2011 年爆发了，但是这些都没有对山东瀚霖的融资产生实质性的影响，仍有大批 PE 在 2011 年下半年时加入投资大军。也许是他们认为中概股退市和专利权纠纷的瑕疵，并不能掩盖国家支持高新项目这块美玉；也许是他们心中其实明白这个项目并没有看上去那么美，但心存侥幸觉得可以忽悠上市成功。

无论是抱有上述哪种心态，这 27 家投资机构打的如意算盘终究还是落空了，投资企业上市失败，创始人不见踪影，签下的对赌协议无法执行。对于投资者来说，没有获得相应的收益率属于投资失败；被忽悠入局，赔的本金都拿不回来，就应该归结为上当受骗了。

9. 反向尽职调查的重要性

了解了投行的"苦衷"，我们就知道各种各样的条款实际上就是投资人用于保护自己所投资金安全的制度设计。只是行规而已，企业创始人无须畏惧资本，一切都是可以谈的。正所谓知己知彼才能百战不殆，为了能在投资条款清单谈判中获得一些主动权，防止自己跳进投资人给自己挖下的"坑"，建议融资的企业对投资人从"人""钱"和"时间"三个要素进行反向尽职调查。

（1）有关"人"的反向尽职调查。

与任何一个组织打交道，从其控制人入手都会是一个不错的主意；对于和投资机构打交道也是这样，了解其过去的投资历史以及关键的人事状况，可以在未来的合作中避免许多麻烦。

● 投资历史的尽职调查。

反向尽职调查的第一个重要内容就是了解这家投资机构以往有无控制权争夺的历史。如果一家投资机构在过往的投资历史中，对企业创始人的条款比较苛刻，而且与所投企业发生过控制权争夺，那么企业创始人对这样的投资人以及其所要求的投资条款就要特别慎重了。

● 合伙人的人事状况尽职调查。

反向尽职调查中还要关注投资机构有关合伙人离职的关键人物条款。通常，每一家投资机构都会设有关键人物条款（Key Man Clause），是指当指定的基金管理团队的核心成员身故或离开基金时，基金将暂停投资或解散并清算。为了避免该情况的发生导致投资发生变故，在签订协议之前对投资机构合伙人的人事状况进行调查是很有必要的。

上文中提到的鼎晖基金合伙人王功权"私奔事件"就险些触发关键人物条款，2011年5月6日，王功权在微博上深夜"私奔"，引起了外界对鼎晖投资后续运转状况的诸多猜想。按照条款规定，关键人物离职后投资继续与否，需要LP有限合伙人的集体投票。在十几天后举行的全体LP会议上，鼎晖投资董事长吴尚志对于王功权"私奔事件"作出交代：同意王功权由于个人原因辞去其鼎晖创投的现任职务，鼎晖创投合伙人之一黄炎接替王功权的工作。幸而彼时黄炎、陈文江等人都已在鼎晖挑起大梁，才避免了对鼎晖的责任履约产生影响。

（2）有关"钱"的反向尽职调查。

企业正是因为缺钱才去找投资机构，了解投资人的资金来源及现金流状况，可以帮助企业更好地作出融资决策。

● 资金来源的尽职调查。

国外的私募资金来源有许多不同对象，包括政府与企业养老金、专业机构投资者、保险公司以及高净值个人等，其中养老金与社保在私募市场的配置比例一直很高。而在中国，养老金与社保的参与度十分有限，2008 年才被批准进入私募市场，但明确规定投资比例不得超过全国社保基金总资产的 10%；私募主要的资金来源还是以金融机构和民间资金为主。了解资金来源对于融资企业十分重要，当 LP 自身资金出问题时，有可能会拒绝私募的出资请求，导致之前承诺的投资款项无法到位。

即使是大规模的私募基金，在每个项目上的投资也是有一定限额的，所以了解用于该项目的资金来源十分必要。以俏江南为例，CVC 最初承诺 2013 年 9 月支付投资款项，由于银行授信没有批下来而延迟，一直到 12 月才拿到贷款最终签下了收购协议。

● 现金流的尽职调查。

健康的现金流对企业非常重要，短期出现亏损并不打紧，但现金流一旦断裂就是致命的。这一条对于私募来说同样适用，从 LP 处募集来的资金不仅要用于投资项目，还要用来支付管理费用、律师费用以及审计费用等。考虑到收益率的问题，投资机构账面上不会留存过多的闲置资金，因为退出的时机是无法被准确预估的。当投资机构的现金流比较紧张，就会迫切希望从所投项目中退出，甚至会不择手段地退出。

因此，对于现金流可能会有问题的投资机构要慎重决定是否合作。如果选择合作，在清算优先权、股份回购等相关退出条款的谈判上就不能让步。

（3）有关"时间"的反向尽职调查。

私募股权基金是有存续期的，基本运作方式和流程可以总结为"募、投、管、退"，一般存续期为 10 年，前 5 年向 LP 募集资金，考察优质项目进行投资；后 5 年管理所投项目，选择合适机会退出套现，把本金和收益返还给 LP。

每期基金都会投资多个项目分散风险，以俏江南为例，CVC 对其的投资款属于名下亚洲基金的第三期，俏江南项目的投资金额占比 3% 左右。这些项目会有一个先后的投资顺序，所以找那些刚募集完资金的投行会更容易拿到投资。

除此之外，了解你处于哪个投资阶段，也有利于更好地对公司的融资安排进行规划。以俏江南为例，鼎晖的投资是 2008 年进入的，如果双方约定 2012 年上市，十分合理。因为俏江南上市成功之后还有 1 年的禁售期。但遗憾的是俏江南并未能 IPO，所以《新财富》的文章中推测是否存在领售权条款，也是基于鼎晖投资俏江南的基金快要到期，鼎晖方面需要对 LP 有所交代，推测其领售了俏江南。

从一开始与投行接触，就要弄清楚投资你公司的那笔基金还有多长存续期。因为越临近基金存续期的尾声，投行对流动性的渴望就会越强。为了避免投行突然套现离场让企业措手不及，建议根据每笔融资款的具体情况作出详细的规划。

（4）其他反向尽职调查内容。

除了以上强调的内容需要反向尽职调查之外，企业创始人也应就以下内容对投资人进行审视。

- 投资人有我所在行业的专业能力吗？
- 投资人位于哪里？投资人最好在当地。
- 投资人是否已经投资了类似的企业？投资人是否投资了类似于我客户的企业？投资人是否投资了我收购过的企业？
- 投资人已经帮助多少家企业上市？

● 其他被投企业怎么说？

● 投资人能够提供哪些资源？

2017 年 3 月 15 日国际消费者权益日之际，媒体曝出"俏江南黑厨房"事件，厨师用炒菜锅洗拖把，吃剩辣椒再炒菜等。汪小菲对此痛心疾首，在微博上"炮轰"CVC 管理不善，伤害民族品牌形象。[①] 其实在此之前，同样被 CVC 收购的大娘水饺也遇到了类似的情况，创始人吴国强也发表过公开信控诉 CEO 几度换人仍管理不善，对大娘水饺产品不断减料提价，丢失了大批消费者。[②]

CVC 在中国内地的 8 项投资中有 5 项出现亏损。截至 2016 年 3 月，CVC 旗下规模为 41 亿美元的亚洲基金总体产生了 20% 的年化回报率，但回报主要来自其东南亚和香港投资的盈利。除了餐饮业以外，CVC 在中国内地投资的珠海中富、启德教育、千百度鞋业等也曾引发过不同程度的口水仗。[③]

资本市场上像 CVC 这样的资本玩家并不在少数，他们不应该被看作拯救公司未来的白衣骑士，也不应该被看作榨取公司剩余价值而存在的野蛮人，而是一群基于人性私假设上，善用市场规则来攫取利益的"商人"罢了。

时至今日，俏江南这幕大戏已经告一段落，但是张兰与资本的相爱相杀却值得每个企业家认真思考。控制权的争夺战并不是等到企业上市后才打响，第一次踏入风险资本市场时就已步步惊心。而投资或收购协议是每位企业家签下的"生死状"，成功就能借助资本的力量，一步登顶；失败则会被资本的

---

① 汪小菲. 新浪微博. http://weibo.com/1252699553/EzKfE10WJ?filter=hot&root_comment_id=0&type=comment.

② 吴国强. 致全体大娘人的公开信. 新浪微博. http://weibo.com/p/1001603938395922517420.

③ 佚名. 伦敦最大私募 CVC 在华投资遇挫 [N]. 华尔街日报. 转引自 http://www.qqenglish.com/wsj/21101.htm.

洪流吞噬，甚至从自己一手创办的企业中被踢出局。

附录：俏江南大事记

2000 年　俏江南成立

2007 年 11 月　俏江南被正式认定为"中国驰名商标"

2008 年 3 月　俏江南成为北京奥运会第 8 大竞赛场馆餐饮服务商

2008 年 11 月　鼎晖向俏江南注资 2 亿元人民币

2009 年 10 月　张兰以 25 亿身价荣登胡润餐饮富豪榜第三名

2010 年 5 月　俏江南旗下 4 家分店成功进驻世博会场馆

2011 年 3 月　俏江南首次向证监会提交上市申请

2012 年 1 月　证监会中止俏江南的 IPO 申请

2012 年 4 月　俏江南赴港上市

2012 年 9 月　俏江南前高管马义起诉张兰爆发"国籍事件"

2013 年 8 月　CVC 与张兰签订第一次收购协议，约定 9 月付款

2013 年 10 月　因 CVC 未付款，俏江南宣布终止收购协议

2013 年 12 月　双方签订《重述股权收购协议》

2013 年 12 月　双方股权交割

2014 年 1 月　张兰退出俏江南董事会

2014 年 12 月　外资银行要求 CVC 增加注册资金 6 750 万美元

2015 年 3 月　香港法院冻结张兰在香港资产

2015 年 6 月　外资银行派保华公司进入俏江南，接管公司

2016 年 12 月　法院冻结、查封俏江南等 72 项商标专用权

2017 年 2 月　俏江南易主恒松资本娄刚

第 3 章

葛文耀和平安角力上海家化

葛文耀掌舵上海家化 28 年，成就了一番了不起的事业。创造了曾经红遍大江南北，能够唤起很多人童年和青春记忆的国货品牌"雅霜""友谊""美加净"等，在新时期推出了具有国际竞争力的"六神""佰草集"和"双妹"等产品。

严格意义上讲，葛文耀并不是上海家化的创始人，但是其作为企业家的作用基本上等同于企业创始人。在他的带领下，上海家化从一家国有小厂成长为首屈一指的龙头企业，实现 400 万资产到 200 亿市值的飞跃。在花甲之年，葛文耀仍心怀时尚产业的梦想。得到上海国资委的开明支持后，上海家化抓住了国企改制的时代机遇，和平安信托成功"联姻"。然而，在国企领导人到职业经理人的身份转换中，葛文耀看到了上海家化改制后进军时尚产业的美好蓝图，却忽视了背后的控制权风险，最后陷入了控制权争夺的旋涡。

发生在葛文耀和平安信托之间的故事，是创始人和大股东围绕控制权博弈多输的经典案例，值得复盘和反思。

1. 葛文耀和上海家化的成长

创始人葛文耀是上海家化的灵魂人物，有能力、有情怀、有远见，掌舵家化二十八载。没有葛文耀，上海家化只是一个国企小厂，也许早就倒闭了；没有葛文耀，上海家化早就被美国庄臣并购整合没了；没有葛文耀，上海家化不可能成长为一家上市公司。

（1）跌宕起伏的青春岁月。[①]

葛文耀在 1985 年当上家化的厂长，此时他 38 岁，正当青年才俊、年富力强、意气风发之时。

在这之前，葛文耀的生活随着社会大环境的变迁而跌宕起伏。他出生于上海的知识分子家庭，父亲是颇有名气的建筑设计师。在家庭文化熏陶下，他从小读书的成绩很好，而且积极要求进步，是班里的团支部书记，在中学的时候就入党了。1964 年，中国和法国正式建立了外交关系，在上海选拔优秀学生公费留学法国，培养未来的工程师。当时葛文耀所在的五四中学派了二十几个人去参加，就他一人被选上了。

但"文化大革命"的爆发瞬间改变了他的人生轨迹。葛文耀一夜间从受人赞扬的好学生变成了受批判的修正主义苗子。没有了公派留学，取而代之的是"上山下乡"，这对任何人来说都是人生的重大挫折，何况那时候他还是个高中生。

虽然遭遇了人生的第一次重大挫折，但葛文耀还是充满激情地和众多老三届的同龄人一起，来到了位于祖国边疆的黑龙江生产建设兵团。7 年间，一路辗转于陕西、山西、山东、安徽和江西，所到之处，当地农民几近"赤贫"的生活状态让葛文耀的心灵受到了前所未有的震撼。

8 年后，葛文耀回到上海，为了生活而继续努力。在到上海家化之前，基本上什么都做：街道里面 7 毛钱一天的工作做过，收过垃圾，也在团委里做过，1976 年到上海火柴厂做钳工，1977 年到日化机关。

---

① 资料来源：（1）葛文耀. 新浪微博. http://weibo.com/2573254044/EizMwvhZz?from=page_1003062573254044_profile&wvr=6&mod=weibotime&type=comment.（2）陈抒怡. 专访葛文耀：从万科、家化的股权之争学到了什么. 上海观察. http://www.shobserver.com/news/detail?id=23191.（3）严久祖. 成功者的足迹——上海家用化学品厂的经验与启示 [J]. 财经研究，1991(9): 46-50.（4）廖维. 葛文耀摩登先生的时尚梦 [N]. 中国证券报. http://stock.stockstar.com/SN2012090700003326.shtml.

正所谓"天将降大任于斯人也，必先苦其心志，劳其筋骨，饿其体肤，空乏其身，行拂乱其所为"，在苦难和蒙昧的岁月里，葛文耀没有向困难低头，反而练就了务实的处事作风，铸造了成熟的世界观，启迪了日后为之奋斗的理想。

"打不倒"的葛文耀继续求学，1978 年他考上了上海财经大学的大专，学习了 3 年的工业经济。随着新时代序幕的缓缓开启，命运的天平开始向着勤奋好学的葛文耀倾斜。

1984 年，葛文耀的表现得到了日化领导的认可，被提拔做计划科第三副科长。20 世纪 80 年代，邓小平提出干部队伍建设的年轻化、知识化和专业化，当时葛文耀年轻有为，又从上海财大毕业，得到领导和组织的赏识。在计划科锻炼了半年以后，1985 年组织派葛文耀到上海家用化学品厂做厂长。

对于葛文耀来说，这是一个很大的挑战，因为在这之前他没做过经济或商业工作，没进过工厂，也没从事过企业经营和管理。

而彼时家化厂的生产经营可用"饱和""失控"四个字来概括：一方面，生产场地和生产能力饱和，跟不上市场步伐；另一方面，企业的生产计划、账目、质量监控、组织管理都没有走上正规的经营轨道。

可以说，葛文耀是受命于危难之际。没有经验，那依靠什么带领上海家化走上快速发展的道路呢？葛文耀自己总结道："就凭我的学习能力，家化一直发展到我离开。"

葛文耀开始着手改造家化厂，其中最具成效的两条措施是抓市场和抓研发。

20 世纪 80 年代以前，在计划经济的管理体制下，很多企业只有生产的概念，很难去理解市场营销的重要性。但是在改革开放以后，市场的强大效应开始显现。葛文耀意识到产品不愁卖的好日子即将过去，未来即使是国企，也要直面市场的竞争，那根本的核心就是抓住市场需求。为此，葛文耀为家化制定的具体做法是：市场研究先行、营销宣传开道、消费指导配合。

于是，家化厂走上了正确的发展道路。研发人员到柜台了解和揣摩各类消费者的使用需求，改进产品线的内在质量、外表包装、价格水平和个性化使用需求，在 5 年间推出了"梦巴黎"香水、"美加净"珍珠霜和护手霜、"露美"摩丝、水果系列护发素等一系列拳头产品，不断打开一个个新的市场，赢得了消费者的青睐。

而在营销宣传中，葛文耀更看重的是品牌输出。明星品牌"露美"和"美加净"倡导的不只是护肤，更多的是新时代下人们展示自己、追求美的自信理念。具有创新性的是，为了更好地抓住现有用户和挖掘潜在用户，家化厂开设中国第一家美容院——露美美容院，开通露美消费者热线，建立国内第一家美容学校。[①] 在向社会传达追求美的理念的同时，家化的品牌也更深入人心。

从 1985 年起，在葛文耀的领导下，5 年间家化厂一跃成为我国化妆品工业中销售额最高、效益最好的骨干国企。图 3-1 所示为上海家化 1987 年和 1990 年主要财务数据对比。

（2）跨越发展过程中的三道坎。

就在葛文耀带领上海家化驶入发展的快车道，蒸蒸日上之时，三道发展中的坎挡在了他和家化的面前：与美国庄臣合资失败，助力上海实业赴港上市，合并亏损的上海日化集团。葛文耀不但成功地带领上海家化跨越了这三道难关，而且每次都将"坏事"变"好事"，把"危机"变成了促进上海家化发展的机会。

---

① 严久祖 . 成功者的足迹——上海家用化学品厂的经验与启示 [J]. 财经研究 , 1991(09): 46-50.

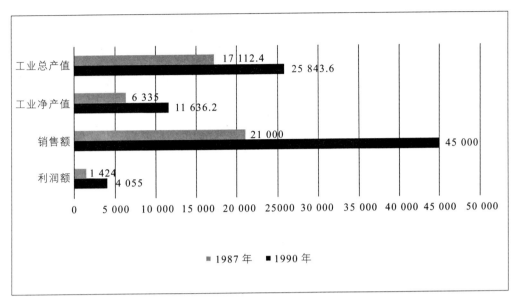

图 3-1　1987 年和 1990 年上海家用化学品厂数据对比[①]（单位：万元）

【第一道坎】与美国庄臣合资失败。

20 世纪 90 年代初，中外合资的热潮兴起，适逢国务院决议开发上海浦东，来自美国的庄臣积极响应，一开始便提出要以 7 000 万美元将上海家化合并到合资企业中去，条件之一是："商标必须一起收购。"[②]

当时作为家化厂长的葛文耀对合资表达了较大的兴趣，他认为有两大好处：第一，通过合资，可以向美国庄臣学习先进的管理经验；第二，对于已经具有品牌效应的"露美"和"美加净"来讲，可以借助庄臣的生产技术和营销能力，进一步在国内打开市场，甚至进军国际市场。[③]

可惜随后的现实打破了葛文耀美好的规划，当 1991 年家化以 2/3 的固定资产、骨干以及商标品牌和庄臣合资后，新成立的露美庄臣公司雪藏了"露

①　严久祖.成功者的足迹——上海家用化学品厂的经验与启示 [J].财经研究，1991 (9): 46-50.

②　唐远清，黄轩.葛文耀再造"美加净"[J].企业研究，1996(10):8-10.

③　秦健.挺直振兴民族工业的脊梁——记上海家化联合公司党委书记、总经理葛文耀 [J].中外轻工科技，1996(1):10-12.

美"和"美加净",导致它们快要在市场上销声匿迹。美国庄臣同上海家化合资的目的就是为了获得家化的市场份额和销售渠道,并不是为了帮助家化发展自己的品牌,这是跨国公司在合资或并购时常用的策略。

此时,作为合资公司中方总经理的葛文耀,虽然享受着美方给予的优厚年薪,还有出国进修的机会,但看到自己培养起来的两大拳头品牌每况愈下,尤其是风靡全国的"美加净"在不到两年间销量下滑近80%,葛文耀感到心痛不已。

在合资公司待了16个月后,葛文耀提出要重回"家化"。但是此时的家化已经物是人非,当初除了两大拳头品牌给了庄臣,大部分业务骨干也抽走了,此时的"家化"论规模、论盈利,早已不是全国第一,更何况市场上外敌林立,跨国的日化巨头已经纷纷站稳脚跟。葛文耀想要再造"家化"又谈何容易。

此时葛文耀想的是,就算从头再来也要打造享誉国际的民族品牌。这一次,葛文耀充分运用自己在庄臣学到的先进管理经验,在新"家化"推行品牌经理制,产品设计上在"高毛利"和"高附加值"上下功夫,在研发上加倍投入经费。

着力于企业"内功"的改造让家化面目一新,本已元气大伤的家化在短短3年间恢复了活力。从1992年到1995年,家化销售额增长3.5倍,毛利增长了6倍。重振"家化"雄风以后,葛文耀心里还是挂念着当时卖给庄臣的"露美"和"美加净"。

1994年,经过谈判,葛文耀用600万元重金从庄臣的手中买回了"露美"和"美加净",可惜的是,此时它们已经风光不再。葛文耀说,"露美"和"美加净"是中国人创下的牌子,是民族化妆品的骄傲,自然应该由中国人自己来经营。"家化"要在开放的市场占有一席之地,一定要有自己的名牌。

虽然短时间内"露美"和"美加净"难以东山再起,但葛文耀重新购回它们，极大地提振了民族工业的士气，唤醒了人们对被埋没的民族品牌的关注，这在当时引发了广泛的关注和讨论。

【第二道坎】助力上海实业赴港上市。

1995 年，重振雄风的上海家化收到组织指示：要助力上海实业赴港上市，在资本市场上竖起桥梁，推动沪港的合作和联系，为香港平稳过渡和长期繁荣作出贡献。

当年，上海实业日化出资 1.25 亿元，与上海家化组成合资公司，占股 51%。上海家化被上海实业控股以后，作为优质资产注入上市主体。至此，上海家化就要背负上每年给上海实业 18% 现金回报的负担，这无疑是给家化的成长拖了后腿。

直到 2005 年，上海实业才完全退出上海家化。凭借股权分置改革的政策契机，上海实业将持有上海家化的 28.15% 股权出售，套现 3.37 亿元；再加上部分股权转让和分红的收益，上市不到 10 年间获得的回报已超过 400%。

【第三道坎】合并亏损的上海日化集团。

上海家化曾经脱胎于上海日化，而相比于蒸蒸日上的家化，上海日化却亏损连连。1998 年，为了响应国企改革号召，家化兼并了陷入危机的上海日化，着手扭亏解困。

这件事看起来容易，实际上对于葛文耀和家化却是承担了千斤重担。

此刻的家化才 1 000 名员工，却要吸收日化 7 000 名员工；家化当时的利润是 5 000 万元，但日化潜在亏损却达 1.8 亿元，最可怕的是它有 10 家经营不善的下属企业，每年亏损接近 1.1 亿元。

为了止住出血点，葛文耀用了三个办法：关停、合并、合资。在配套上，先精减人员，再投入大量资金加大研发，这样后期再通过资产重组和财务处理，就能解决上海日化的困境。①

最后耗时 4 年时间，期间上海家化在资产重组后 A 股上市，通过 IPO 缓解资金压力，终于挺了过来，只是多年来把工作重心放在重组日化，却耽误了家化的发展。上市以后的家化在 5 年间营收增长缓慢，净利润出现负增长，整体发展陷入了停滞，如图 3-2 所示。

自认"说话直率，不绕圈子"的葛文耀甚至在公开场合也从不讳言，在自己管理上海家化的 27 年中，曾经"遭遇三次行政干预"，每一次家化都因此元气大伤。② 但是葛文耀带领上海家化成功地迈过了这三道企业发展的难关，登陆资本市场，获得了一个更高起点的平台。

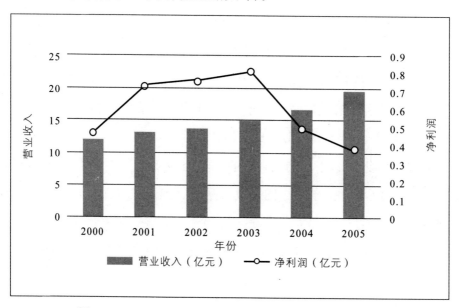

图 3-2　2000—2005 年上海家化营业收入和净利润 ③

---

① 葛文耀. 把握"三个世界"现实 做好改革和发展工作 [J]. 上海轻工业 , 1999(6):15-16.

② 廖维 . 葛文耀摩登先生的时尚梦 [N]. 中国证券报 . http://stock.stockstar.com/SN2012090700003326.shtml.

③ 数据来源：2000—2005 年上海家化年报数据。

（3）葛文耀的"时尚"产业梦。

2005 年，上海家化依靠"六神"赢得了与宝洁的关键战役，再次驶入发展的快车道。

"六神"花露水是上海家化当仁不让的拳头产品。1993 年重回家化的葛文耀带领科研骨干，向市场推出了"六神"花露水，迅速占领了 60% 的花露水市场份额。1995 年，家化顺势推出了"六神"沐浴露，很快就赢得了六神花露水用户的信赖。到 2000 年，六神沐浴露市场份额超过 13%，在国内沐浴露市场拔得头筹。[①]

当时，除了"六神"沐浴露，知名的品牌都是跨国的日化巨头，包括联合利华的力士、宝洁的舒肤佳。处于下风的宝洁在 2002 年推出"激爽"沐浴露，在夏季市场上与"六神"沐浴露展开正面竞争，试图切走一块蛋糕。

"宝洁内部当时明确要求激爽一定要在货架上放在六神产品旁边"，六神的品牌经理李俊回忆道。宝洁的自信来自 3 年间投放的 10 亿广告费，但结果却事与愿违，"激爽"的市场份额最高也就达到 2%，显然这是不成功的。而"六神"沐浴露的成功就在于它深耕本土，它更懂中国消费者的需求，它所表达的价值主张吻合了目标客户的期望：清凉舒爽、中药成分、关爱家庭和适中的价格。

2005 年，宝洁无奈地宣布放弃"激爽"品牌，而"六神"沐浴露成为在细分日化行业屈指可数的可以抗衡联合利华、宝洁等国际日化企业的产品。在之后的 8 年中，家化推出了"佰草集"品牌，扬帆出海卖到法国。同时，曾经的拳头名牌"美加净"和"双妹"也回归舞台，重新绽放它们的品牌魅力。

在这个阶段，除了对品牌布局和产品结构的精雕细琢，葛文耀还做了两

---

① 　王方剑.六神沐浴露胜在深耕本土 [N].经济观察报，2004-06-21(T00).

件重要的事情。他敏锐地捕捉到了在中国消费升级浪潮中，时尚消费品的真正含义，需要向高端品牌进军。[①] 所以在 2007 年，他向上海市政府提交一份报告，建议大力发展时尚产业，打造时尚品牌，推动产业结构升级。上海家化的年报中这样写道：2005 年到 2007 年，上海家化实现业务恢复性增长；2008 年，家化开始全面落实时尚产业战略，争取实现新一轮快速发展。

葛文耀做的第二件事是积极推进管理层和核心骨干员工的股权激励。2006 年，证监会颁布《上市公司股权激励管理办法》，上海家化当年就出台了股权激励的草案，向高管、中层和业务骨干定向增发 1 600 万普通股。但是原计划召开审议股权激励计划的股东大会，却因为实施条件尚未成熟而被取消。这个实施条件不成熟指的是上海家化是国有控股企业，而涉及国有控股上市公司的股权激励当时还没有明确的政策指导意见，上海家化的草案也是在摸着石头过河。

这个问题得到解决是在两年后。2007 年，国务院出台《国有控股上市公司（境内）实施股权激励试行办法》，上海家化的股权激励这才有了政策支持。在依照试行办法修订后，家化的股权激励对象范围被缩小，激励规模也从 1 600 万股调整为 560 万股。虽然命途多舛，但 2008 年，家化的第一次股权激励计划得到了股东大会顺利通过，这成为上海国有控股上市公司中的首例。

从 2008 年起，在业绩恢复性增长的基础上，上海家化瞄准时尚产业集团，迎来了黄金发展时期。从经营业绩和资本市场表现的两个维度，葛文耀带领上海家化都交出了亮丽的成绩单。

从经营业绩上看，上海家化的产品竞争力在不断增强。如图 3-3 所示，从 2005 年到 2012 年，家化营业收入和净利润连年增长，营业收入实现翻番，从 20 亿元增长到 40 亿元，净利润实现飞跃，从 4 000 万元增长到 6 亿元。

---

① 熊剑辉. 他斗外资、战私募，领着民族工业狂撕洋品牌，大功告成却"死"在……. 华商韬略. https://baijiahao.baidu.com/s?id=1558916052565913&wfr=spider&for=pc.

如表 3-1 所示，销售毛利率从约 40% 增长到 61%。

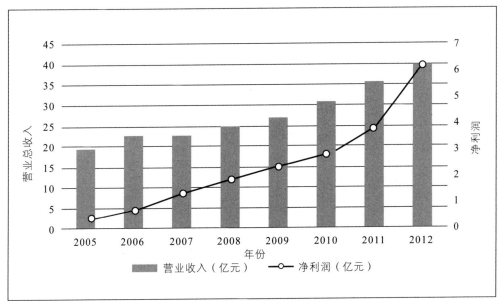

图 3-3　上海家化 2005—2012 年营业总收入和净利润

表 3-1　上海家化 2005—2012 年销售毛利率 ①

时间/年	2005	2006	2007	2008	2009	2010	2011	2012
销售毛利率	39.51%	42.32%	45.71%	51.43%	54.96%	54.79%	57.52%	61.75%

　　从资本市场表现来看，2005 年后，上海家化告别之前几年的颓势，股价一路上扬。如图 3-4 所示，市值随着业绩的爆发和投资者的期待一路高升，2010年股价突破牛市顶点一路向上，到 2012 年突破 200 亿大关。可以说在 2005 年后，上海家化重新赢得了市场的关注和肯定，这背后的最大功臣就是以葛文耀为首的管理层。

　　回顾葛文耀和上海家化的发展历史，葛文耀作为家化的管理者和领导者，

① 数据来源：2005—2012 年上海家化年报数据。

不仅有能力，而且有情怀，有远见。而上海家化在他的掌舵下，成长快、业绩佳，不仅是为股东带来丰厚回报的明星股，还是国内日化的龙头企业，更是国有控股上市公司的标杆。资本市场开始憧憬，葛文耀和上海家化引领中国时尚的那一天到来。

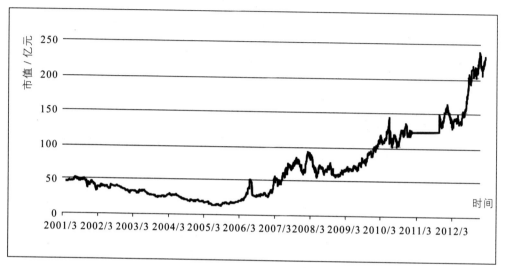

图 3-4　上海家化 2001—2012 年市值 [①]

2. 平安拿下家化改制的绣球 [②]

2008 年，上海市出台《关于进一步推进上海国资国企改革发展的若干意见》，在文件中明确提出要推动一般竞争性领域国资的调整退出。文件出台

———————————

① 数据来源：同花顺。

② 资料来源：（1）葛文耀 . 新浪微博 . http://weibo.com/2573254044/z6J3LnZsk?from=page_1003062573254044_profile&wvr=6&mod=weibotime&type=comment.（2）陈子盈，陶斯然 . 争夺家化：平安笑到最后 70 亿规划击败海航 [N]. 21 世纪经济报道，2011-11-8. http://finance.sina.com.cn/stock/s/20111108/025910771556.shtml.

后，葛文耀多次向国资委申请对上海家化改制。

上海家化发展得顺风顺水，为何葛文耀要积极申请改制？

葛文耀认为是三个原因促使自己积极推动上海家化进行改制。^①

- 第一个原因是人才激励的问题。家化在 2007 年做过一次股权激励，但是国资委 2008 年又有新规定，期权收益超过工资 30% 的部分要上交，这让股权激励的效果大打折扣。

- 第二个原因是经营自主权问题。发展主业需要由国资委判定，上海家化要做时尚产业，虽然和化妆品业务相通，但在国有体制下做不了。

- 第三个原因是上市公司的股东、董事会和管理层的关系。在国有企业中，更多是行政管理关系，而不是公司治理制度。

实际上葛文耀希望通过改制解决的是激励和投资决策权这两大问题。上海家化一路走来，因为其在科研、市场、传播、质量和风险控制方面的市场化运作，被认为是不像国企的国企。用激励去吸引人才，用投资去积极转型，正因为如此，它才能在竞争激烈的日化行业中乘风破浪。所以葛文耀非常渴望家化能够通过改制，释放更大活力，实现向时尚集团转型的愿景。

2010 年，葛文耀盼来了好消息，上海市政府同意了家化的改制。就在当年年底，上海家化公告停牌，正式开启改制。2011 年 2 月，上海家化公告披露改制方向得到上海市政府批准，具体方案正由相关部门制订中。

2011 年上半年，关于改制方案的交易方式、转让底价和受让方资格都在协商中。根据相关信息显示，上海国资委设计方案的原则有三条考量标准：

---

① 上海家化董事长葛文耀：改制促家化第三次复活. 新浪财经 .http://finance.sina.com.cn/leadership/crz/20111206/133210943018.shtml.

第一，坚持国资彻底退出的改制原则；第二，选择战略投资者时充分考虑经营者意见；第三，不以价格为唯一主要评选条件。

按照正常的股权交易，转让方卖的价格当然是越高越好。但当时国资委主任告诉葛文耀"市领导首先考虑家化能在上海发展得更好，价格是次要的"。有了上海市政府的开明支持，作为家化的经营者和改制的推动者，葛文耀得以深度参与改制过程，他的意见在改制中产生了重要的影响。

在改制中，最关键的问题是，国资委手中的上海家化股权，到底转让给谁？

葛文耀对受让方的选择有两个"不卖"。第一个是不卖给外资。之所以这么考虑，主要是吸取了 20 世纪 90 年代初和美国庄臣的合资失败的教训。外资一旦控股，就不可能支持葛文耀实现把上海家化打造为民族时尚产业领头羊的愿景。第二个是不卖给短期的财务投资者。葛文耀想要找一个能长期持有家化，让家化有一个宽松发展环境的战略投资者。家化公告改制后，各路资本蜂拥而上，包括阿里巴巴、联想控股、鼎晖、高盛、弘毅投资、红杉资本和淡马锡等 25 家投资机构。葛文耀担心这些投资机构"赚了钱过几年又把家化转卖了"，所以都婉言拒绝了。[①]

2011 年 9 月 7 日，上海家化公告，上海国资委将以公开挂牌方式作价 51.09 亿元出让所持有的全部家化股权，同时详细公布了交易条件和受让方资格。其中的关键条款有以下几个。

- 受让方为依据《中华人民共和国公司法》设立的企业，受让方或其控股母公司的总资产规模不低于 500 亿元（人民币）。

---

① 葛文耀. 新浪微博. http://weibo.com/2573254044/z6J3LnZsk?from=page_1003062573254044_profile&wvr=6&mod=weibotime&type=comment.

- 具有支持上海家化（集团）有限公司业务发展的相应资源。

- 本项目不接受联合受让。

- 本次股权转让完成后，受让方持有的上海家化（集团）有限公司实际控制权 5 年内不得转让，且上海家化联合股份有限公司实际控制人 5 年内不发生变更。

- 保持原管理团队和职工队伍的基本稳定。

逐条简要分析：第一个条款把外资挡在门外，同时受让方得是有实力的大型集团；第二个条款要求和家化的业务有协同性；第三条拒绝了投行的团购行为。而后两条是为了排除短期财务投资者，保障股东层面和经营团队的稳定性。这些条款组合在一起，就勾勒出家化未来的新股东模样。简单说，必须是实力强劲，而且能够和上海家化志同道合打造时尚产业的一家大型民营企业。

到了 10 月，经过层层筛选，最终留下了复星产业投资、平浦投资（平安信托控股子公司）和海航商业，分别代表着复星、平安和海航这三家竞购方。

但在指定买卖保障金交款日，复星却主动退出了对上海家化的追逐，并且没有公布为何放弃对上海家化的竞购。在《中国企业家》2013 年的报道中，复星方面曾透露：之所以退出竞购，一部分原因是由于复星在日化行业并未有过布局，无法实现协同效应，而另一个原因则是，家化 51.09 亿元的转让价让复星望而却步，"价格太高了"。[1]

复星退出后，只剩下平安和海航，半路杀出的海航抛出了令人无法拒绝的价格，消息称海航在 51.09 亿元的基础上加价 20%~40%。

就在平安和海航争夺上海家化的关键时刻，家化再次发布公告称，从

---

[1]　张弘一．"家化神话"缔造者，退休后他成了"极品前任"．中国企业家网．http://www.iceo.com.cn/com2013/2017/0214/302452.shtml.

2012 年 1 月 1 日起至 2014 年 12 月 31 日止，除股权激励增发外，不提交其他任何形式的再融资方案。乍一看，这个公告很让人费解。因为葛文耀迫切地希望推动家化向时尚集团转型，那通过再融资进行并购是最佳的选择，为何要主动限制家化三年不融资呢？

但是此公告发生在改制关键的节骨眼上，再联系平安和海航两个竞购方，答案就很明显：这一招是用以"劝退"海航的，葛文耀害怕资产优质的上海家化变成新股东的"抽血工具"。而海航在利用外延式并购飞速扩张中，就是运用了这样的手法，先并购，再利用并购主体再融资。所以，葛文耀不得已之下，才使出了一招"毒丸"计划，希望海航能够退出竞标。

但海航并没有放弃，2011 年 11 月 3 日，平安和海航都如约递交了标书。

海航承诺，在未来 5 年计划再投入 50 亿元，用于支持上海家化并购国际知名品牌，将上海家化打造为国内一流的时尚产业集团。同时，如果家化到 2015 年收入达到制定的 120 亿元，将奖励上海家化全体干部及员工 1 亿元。

而平安方面虽然给出的竞标价格低于海航，但是在未来的战略支持上力度更大。平安方面的负责人陈刚称，在此次竞标书中承诺未来 5 年对上海家化追加投资 70 亿元。

此外，平安为家化提供 360 度保险支持、银行信贷、债券融资等全方位金融支持，在家化品牌推广、产业链完善、时尚产业拓展、渠道网点建设、客户资源共享和网络营销渠道拓展等方面给予帮助。[①]

两天后，来自上海国资、财务和券商的 9 位专家组成的评估小组，为平安和海航的投标文件打分，平安以底价 51.09 亿元最终胜出，从上海国资委手中接过上海家化的 27.72% 的股份，成为家化的控股股东。

---

① 陈子盈，陶斯然．争夺家化：平安笑到最后 70 亿规划击败海航 [N]．21 世纪经济报道，2011-11-8. http://finance.sina.com.cn/stock/s/20111108/025910771556.shtml.

　　葛文耀在 2011 年底接受《第一财经日报》采访时说，在竞标中价格并不是唯一考虑因素。尽管平安比海航的出价低了近 6 亿，但上海国资委的专家组从各方面综合考虑，如资金规模大小，是不是公众公司，是否有国际化并购经验并能帮助家化未来的并购行为，是不是不追求绝对利润回报，是否能长期与现有经营层合作等，最后评定平安较为合适。[①]

　　事后认真复盘，我们发觉其实在竞标前葛文耀就已经选择了平安。因为不管是受让资格的条条框框还是复星的主动退出或是临时公告的 3 年不融资，都是在为平安接手家化铺平道路。

　　葛文耀选择平安的一个重要原因就是认为平安能够帮助其实现时尚产业的梦想。平安方面负责收购家化的操盘手陈刚，和葛文耀一见如故，惺惺相惜，在未来家化发展的很多方面，他们的想法不谋而合。陈刚代表平安作出承诺，又为家化绘制美好蓝图，这或许是打动葛文耀的原因。彼时 64 岁的葛文耀，想在退休前，让自己的民族时尚品牌的梦想得以实现。在退休后，将家化交给值得托付的股东。

　　平安成功入主，让上海家化脱离了国企体制，葛文耀从国企领导成为真正的职业经理人。对于已 64 岁的葛文耀来讲，背靠树大根深的平安以后，广招贤才、打造中国民族时尚帝国的夙愿好像已经近在咫尺。

3. 短暂的蜜月期

　　2011 年 12 月，上海家化完成相关工商登记变更手续，标志着上海家化正式进入"平安"时代。作为新的控股股东，平安方面出乎意料地没有提名任

①　刘琼，牛智敬. 改制释放了家化活力 [N]. 第一财经日报，2011-12-30. http://www.yicai.com/news/1313071.html.

何董事或者监事进入家化董事会，当了一回"甩手掌柜"。

改制后 4 个月，家化立马出台了新的股权激励计划，激励对象近 400 人，覆盖了近 40% 的员工。相比于 2006 年第一次股权激励，这次激励方案覆盖范围广、激励力度大、出台时间快，在业绩考核条件的设置上，家化采用净利润增长率为考核指标，以 2011 年为基准，2012 年、2013 年和 2014 年三期净利润增长率分别为 25%、56% 和 95%，这就意味着 3 年时间要实现净利润的翻倍，这对家化的员工来说是激励也是巨大的挑战，足以看出家化管理层当时大干一场的豪情壮志。

所有的一切似乎都朝着改制前的美好的设想进行。但看似风平浪静，实则暗流涌动，葛文耀和平安的蜜月期很快就结束了。2012 年 11 月 1 日，葛文耀在微博上说："家化改制后唯一的有利条件是实行了第二次股权激励，其他一点没帮助，甚至更麻烦。"[1] 这条不起眼的微博并没有引起人们注意，但从中可以感受到葛文耀的一丝无奈，家化的改制似乎并不顺心如意。

11 月 18 日，葛文耀在微博上写道："十几年前，我在香港上实当执行董事，受到的教育是上市公司关于信息披露、关联交易等制度安排都是控制大股东不能为所欲为，要保护小股东利益。平安进来前，在'权益变动书'中向证监会保证要尊重上市公司的独立性，你收购的是集团，只是间接拥有上市公司 27.5% 的股份，我这董事长代表广大股东利益。"[2] 葛文耀的这番言辞，矛头直指平安不尊重上市公司独立性，而这似乎只是葛文耀和平安矛盾的冰山一角。

11 月 19 日，葛文耀再次发声，"三月份开始，面对平安的无理和压力，

---

[1] 葛文耀. 新浪微博. http://weibo.com/2573254044/z38r6iZvd?from=page_1003062573254044_profile&wvr=6&mod=weibotime&type=comment.

[2] 葛文耀. 新浪微博. http://weibo.com/2573254044/z5OANto2R?from=page_1003062573254044_profile&wvr=6&mod=weibotime&type=comment.

激发我只有把上市公司业务做得更好。"[1] 葛文耀的连番言论迅速吸引了媒体的聚光灯。

葛文耀这番愤愤不平的言论背后有 3 个和大股东发生争执的事件。

（1）处置资产的争执。

平安收购家化后，在 2012 年上半年提出来要出售家化金融大厦和三亚万豪酒店。在平安 51 亿元的收购价格中，35 亿元是家化集团持有的上市公司上海家化的股权，另外 17 亿元是家化集团剩余的资产，其中就包括家化金融大厦和三亚万豪酒店。

平安信托处置家化金融大厦和三亚万豪酒店的目的是要回收部分现金。当时有两个方案：一个是把家化金融大厦以市场价装入上市公司；另外一个是卖掉进行现金回收。经过测算，如果直接卖掉家化金融大厦和三亚万豪酒店，可以回收近 20 亿的资金，对于平安来讲就可以马上收回 2/5 的收购成本，这是非常有诱惑力的一个方案。

但是葛文耀不同意这样做。于情来讲，葛文耀一直以为平安是要帮助家化实现时尚产业梦的，所以拒绝了其他投资人，千方百计地选择了平安，而且还期待着平安的后续投资。但平安进来了，先要做的不是已经承诺的投入，而是想着卖大楼回本，这无疑会让葛文耀觉得难以接受。

从企业发展的角度，葛文耀也接受不了。三亚万豪酒店项目是葛文耀在十几年前一手打造的，不仅每年回报丰厚，而且还是家化产品的重要展示窗口。葛文耀还在 2004 年向海南政府提议开发海棠湾的构想，还给海南政府写了一份厚厚的分析报告，意思是三亚综合自然条件世界第一，且具有后发优势，把三亚开发成世界第一的滨海旅游胜地，建议开发海棠湾。当时本以为胜券

---

[1]　葛文耀 . 新浪微博 . http://weibo.com/2573254044/z5P5aEfhk?from=page_1003062573254044_profile&w vr=6&mod=weibotime&type=comment.

在握的葛文耀，没想到半路杀出了李嘉诚领衔的"香港系"地产商来抢合作，于是葛文耀拉来了以上海地产集团为首的"上海系"帮忙，最后谁也没赢，倒是海棠湾的价值被挖掘出来，被定位为国家海岸，由政府主导一级开发。

所以葛文耀对三亚旅游产业有深刻的理解和感情，现在要让他把自己的心血卖掉，必然是要强烈反对，但此时的家化集团是由平安信托 100% 控股的，而且当初的承诺主体也仅限于上市公司。无奈之下，葛文耀只得求助于上海国资委，由他们出面调停，最后保住了这两处不动产。

（2）投资海鸥表的争执。

平安不同意家化投资"海鸥表"是葛文耀遇到的第二件麻烦事。

海鸥表厂位于天津，成立于 1955 年，60 多年的发展历程为"海鸥"牌手表奠定了雄厚的技术基础。它生产了中国第一只机械表，是目前国内最大的机械表和机芯生产基地，并获得了"中国名牌""中国驰名商标"和"中华老字号"的殊荣。[①]

葛文耀非常钟爱海鸥表，在他看来，海鸥厂有世界顶尖的机械表技术，有 200 多位水平精湛的技术师傅，有很强的自主研发和创新能力。可惜的是海鸥表厂没有市场部、没有设计师，缺乏品牌定位，产品线缺乏规划，导致品牌、财务和机制存在大问题。

但葛文耀认为"发现小问题有小机会，发现大问题有大机会！"他一直在关注这家企业，等待着投资海鸥表的机会。葛文耀认定这个项目是家化转型时尚集团的关键一步，非做不可。

通过改制，葛文耀看到了收购海鸥厂的曙光。在一年间，葛文耀和团队往返上海和天津，花费百万进行尽职调查，天津方面还给了优惠政策和条件。

[①] 海鸥手表. 百度百科 .https://baike.baidu.com/item/%E6%B5%B7%E9%B8%A5%E6%89%8B%E8%A1%A8/5430809?fr=aladdin.

平安在改制时，曾对家化和上海国资委作出承诺，支持家化在高端表业的拓展并追加投资。就在葛文耀认为收购海鸥厂已经板上钉钉的时候，平安给出了反对意见。原来平安信托的人员尽职调查以后，发现 3 个问题：一是海鸥厂的财务管理和资产质量的问题；二是手表并非是家化曾经经营过的业务，而且远在天津；三是海鸥厂的 8 亿估值价格过高。

平安作为金融资本，衡量的是风险和收益，风险小收益大的项目才会去投资；葛文耀作为有情怀的实业家，对重振海鸥表民族品牌充满期待。他甚至连未来海鸥表的发展路径都规划好了，认为自己完全有能力振兴海鸥表品牌，给平安带来丰厚回报。双方协商之下，关于海鸥表项目投资的问题几经波折，最后还是被否决了。

在 2012 年底的第三次临时股东大会上，葛文耀发言总结："海鸥表是一个好项目，（做这个项目）是我的梦想，但是牵扯到具体的投资，跟股东之间有不同的意见，我不会硬做，这就是我的态度。"随后话锋一转，"在投资方面，股东说不投资，我就不投资，但是这个项目我个人不会放弃。"[①]

葛文耀虽然向大股东平安妥协，但仍要以个人名义去投资。一番看似轻松的言论，掩盖了平安和葛文耀的刀光剑影，也藏住了葛文耀心里的无奈和不满。

在自己的第 1 000 条微博上，他写道："如天津津联集团和政府下决心，我会利用业余时间，带几个人帮助海鸥表做成一个国人可以引以为傲的民族品牌。这是我的中国梦。"[②]

（3）平安公司没有兑现的承诺。

让葛文耀耿耿于怀的还有平安一直没有兑现的承诺。

---

① 上海家化葛文耀：将以个人名义投资海鸥表 [N]. 投资者报. http://business.sohu.com/20121224/n361317617.shtml.

② 葛文耀. 新浪微博. http://weibo.com/2573254044/zd3uekQ5o?from=page_1003062573254044_profile&wvr=6&mod=weibotime&type=comment.

在上海家化 2012 年 10 月底披露的《关于股东、关联方和公司承诺事项自查情况的公告》中，除了平安对上市公司独立性、同业竞争和关联交易进行承诺，还明确写到平浦投资向上海国资委承诺：为家化集团提供 360 度保险支持、银行信贷、债券融资等全方位金融支持，并针对家化集团日化产业链延伸、化妆品专卖店、直销品牌、SPA（水疗）汉方店、精品酒店、旅游项目开发、高端表业等时尚产业拓展承诺追加人民币 70 亿元投资。

这份公告一方面是写给中小股东看，做好真实、准确、完整、及时的上市公司信息披露；另一方面更多的是写给实际控制人平安看。虽然平安是控股股东，但不能乱来，得按照之前出具的《承诺函》办事，而且不要忘记曾经对上海国资委承诺的 70 亿追加投资。

在葛文耀的计划中，海鸥表是转型时尚集团的关键一步，平安的追加投资首先就是为海鸥表项目准备的。现在最为看重的项目被平安拒绝，意味着当初的改制和承诺变成"竹篮打水一场空"。对于 65 岁临近退休的葛文耀来说，平安的投资承诺一天无法兑现，自己离时尚产业的梦想就远一天，他必定是心有不甘的。

4. 葛文耀强势主导董事会换届

就在这时，上海家化董事会即将进行换届选举。大股东平安不再保持沉默，而是提名了平安信托的董事长童恺为董事候选人，并且董事会要由 6 人变成 8 人，增加董事和独立董事两个席位。原本平安表示相信家化管理层，不派驻董事和监事，现在却要提名董事候选人进来，这意味着平安对家化管理层的态度发生了变化。

而对于葛文耀来讲，改制并没有给家化带来实质性的好处。曾经在国企体制下投资不了的海鸥表项目，改制后还是被平安否决了；曾经得到大股东国资委力挺，现在和新股东平安之间关系紧张；曾经主导董事会的局面，现在也即将被新提名的平安信托董事长打破。

在从国企领导人转向职业经理人的过程中，葛文耀还没有完全适应新的角色。如果说作为国资委代言人的葛文耀，享有充分的经营管理空间。如今作为职业经理人的葛文耀，即使想借着改制春风大展宏图，更多得看大股东平安的脸色了。而当职业经理人和大股东利益诉求出现冲突的时候，平安改变了原有的董事会人事安排承诺，开始提名董事进入董事会。这意味着葛文耀对家化的控制权不再稳固。

（1）控制权争夺的硝烟渐起。

2012 年 12 月 1 日，上海家化第四届董事会召开了最后一次会议，会议上主要讨论了两个议题。

第一，拟修订《公司章程》。将"董事会由六名董事组成（其中二名为独立董事）。设董事长一人，副董事长一人。"修改为"董事会则由八名董事组成（其中三名为独立董事），设董事长一人。"

第二，上海家化（集团）有限公司提名葛文耀、吴英华、冯珺、王茁、童恺、张纯、周勤业、苏勇为公司第五届董事会董事候选人，其中张纯、周勤业、苏勇为独立董事候选人。

这两个议题实际上就是通过董事会席位的分配，重新在管理层和大股东之间分配控制权。新一届 8 人的董事会，3 人为独立董事；其余 5 人中，葛文耀、吴英华、冯珺、王茁是家化管理层元老，还都持有家化股份，代表的是管理层；而童恺是平安信托的董事长和 CEO，那自然是大股东平安的代表。

首先，如果童恺顺利进入家化董事会，会确保并扩大平安方面的知情权。原本家化管理层召开董事会后，才会将决议报给平安，而现在平安得到的是第一手消息。其次，董事会作为经营决策机构，项目投资是重要的讨论事项。

童恺代表平安进入董事会，无疑会增强平安对家化项目投资的把控。

有趣的是，在董事会提名的投票过程中，童恺得到了唯一的一张反对票，这印证了葛文耀和平安间不太正常的关系。

在即将到来的股东大会上，葛文耀会如何回应最近的摩擦、平安在股东大会上是否会发难、葛文耀是否能继任董事长，这些问题都让这次股东大会颇具看点。

2012年12月18日，临时股东大会召开。主持股东大会的葛文耀坦言，平安和家化一开始的确互相有些不适应，在海鸥表项目上平安态度反复。"股东之间判断不一样，那就先放一放。"

对于平安的董事提名，葛文耀强调，平安没有干扰过上市公司业务，"这次换届是完全由我主导的"。葛文耀言语之中底气十足，对换届选举已成竹在胸。在平安信托向家化派驻董事的时候，为何葛文耀还如此有信心？

（2）葛文耀与基金的合纵连横。

葛文耀对董事会的换届和控制董事会有信心，是取决于上海家化独特的股权结构。在图3-5所示的上海家化股权结构中，实际控制人中国平安保险集团实际控制27.59%的股权，并没有绝对控股。

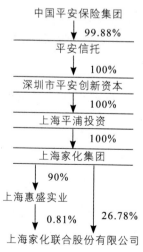

图3-5　2012年平安对上海家化持股情况

上海家化一直是各基金的重仓股。根据 2012 年基金的三季报，上海家化是易方达、华商、嘉实、汇添富等多家基金公司旗下基金的重仓股。如图 3-6 所示，三季度重仓持有上海家化的基金和券商集合理财产品共有 60 只，60 只基金和券商集合理财产品总计持有上海家化 1.46 亿股，占上海家化总股本比例达 32.6%。[①] 也就是说，机构投资者的股份比例总和超过了平安。

如果能够得到基金的一致支持，那葛文耀的话语权甚至要超过平安，而葛文耀一直与各基金股东长期保持良好的沟通关系，投资者关系管理做得非常到位。2004 年上海家化股权分置改革时，葛文耀就去往广州、深圳和北京，拜访易方达、嘉实基金等股东，和他们沟通家化股改方案。葛文耀还会定期和基金经理沟通家化的日常经营问题。在此次换届选举时，葛文耀透露，就公司的发展提前和基金股东进行了沟通。而发展的首要问题，自然就是董事会的顺利换届。

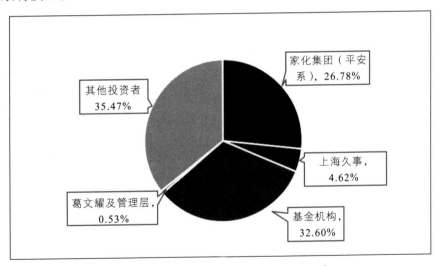

图 3-6　上海家化 2012 年股权结构 [②]

---

① 杜志鑫. 上海家化控制权之争暗流涌动 基金力挺葛文耀 [N]. 证券时报. http://finance.eastmoney.com/news/1349,20121224264912487.html.

② 数据来源：2012 年上海家化年报。

家化的这种股权结构类似于格力电器。格力电器的控股股东是格力集团，实际控制人是珠海国资委，2012 年时持有格力电器 19.37% 股权。除此之外，大量的机构投资者也是扎堆格力电器，在前十大股东中，就有 7 家是海内外的基金股东，他们在格力的公司治理中发挥了重要作用。

最突出的例子是 2012 年朱江洪退休时的董事会换届选举，当时格力集团除了提名董明珠等格力管理层，还提名了时任珠海国资委副主任的周少强。提名之后，周少强先是"空降"至格力集团，出任董事、总裁和党委书记，等待即将经过股东大会投票进入格力电器董事会，此举被看作珠海国资委意图大力加强对格力电器的控制。

但在股东大会上，周少强仅拿到 36.6% 的票数，因为没有达到出席会议股东表决权的 50%，从而"意外"落选。这是机构股东选择的结果，一方面周少强没有对格力的管理经验，对格力的发展提供不了帮助；另一方面代表国资委的周少强成为董事，可能破坏董事会的稳定局面，引发管理层和大股东间博弈升级的问题。而中小股东和基金股东最为在意的是格力电器的业绩成长和股东回报，他们并不愿意看到周少强这颗"定时炸弹"进入格力，所以把他拒之门外。

和周少强的落选不同，家化的董事会换届并没有起太大的波澜，所有候选人都顺利入选第五届董事会，上海家化董事会顺利换届。第五届董事会中家化管理层占据 4 席，平安 1 席，独立董事 3 席，葛文耀也再次当选董事长。在新董事会中，家化管理层仍旧占据着绝对的控制权。

从平安的角度思考，既然平安 100% 控股家化集团，而家化集团又提名了葛文耀、童恺等人为下一届董事候选人，那意味着新一届的董事会格局已然成型：家化管理层 4 席、平安 1 席、独立董事 3 席。对于这个结果，平安是认可的。平安并不担心童恺像周少强一样被拒门外，因为家化股东大会采用的是累积投票制和等额选举，平安方面持有 27.59% 股份的表决权，让童恺入选毫无悬念。所以这次的临时股东大会不是想象中的刀光剑影，而是在提名候选人时就已经达成一致默契。

从葛文耀和管理团队的角度看，如果要阻止童恺进入董事会，唯一的希望是邀请各基金派代表来参加股东大会。而事实上，出席代表所持股份占总股本的 28.76%，也就是说除了平安之外，各基金并没有派代表来投票。这说明葛文耀和管理团队对童恺进入董事会和目前董事会的格局都是能接受的。

综合双方角度可以发现，真正的博弈在提名董事候选人时已经结束，股东大会成为形式上的流程。而风平浪静之时，谁也不知道，此时童恺进入家化董事会，是否只是平安落棋的第一步。葛文耀的底牌，是否还牢牢地捏在手里？

（3）资本市场的反映。

资本市场是如何看待这次风波的，从上海家化的股价上就能找到答案。如图 3-7 所示，2012 年初完成改制后，市场对家化的改制成果充满期待。同期家化的业绩强劲增长，2012 年前三季度净利润同比增长 48.38%、73.93% 和 72.02%，这些因素推动家化股价从 20 元附近一路走高到年底的 30 元。

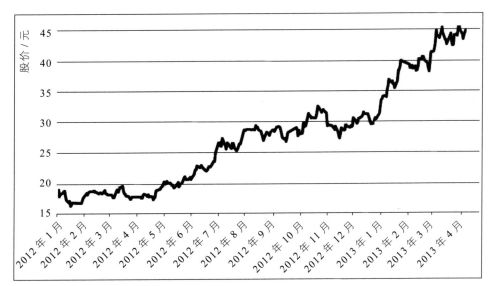

图 3-7　上海家化 2012 年 1 月—2013 年 4 月股价（复权）变化 [1]

---

[1]　数据来源：同花顺。

11月2日，收盘股价来到阶段性高点32.55元。此前一天葛文耀第一次在微博上抱怨平安没有带来实质性帮助，资本市场似乎嗅到了不寻常的风险，期间葛文耀又多次在微博发声，加剧了股东和投资者对家化管理层和平安关系的担忧。从11月5日起，家化的股价连续下跌至11月底，最大跌幅达18%。

转机发生在12月1日，第四届董事会举行换届提名，候选人中平安仅占1席。在股东大会上，葛文耀的解释和对局面的主导也让市场的担忧落地，家化股价开始碎步上扬，重回上升趋势，到12月底时即将收复前期的高点。新的董事会格局出炉后，资本市场判断家化经营格局仍旧稳定，重新拾回了增长信心，在此后半年家化股价一路走高至45元。

5. 不再沉默的大股东 [①]

与葛文耀通过媒体和自媒体的多番表态不同，大股东平安悄无声息，让资本市场默认了它作为长期战略投资者的定位。但是，股价的节节新高掩盖了另一种可能，那就是暴风雨前的平静。

风乍起，吹皱一池春水。2013年5月13日，就在2012年度股东大会召开前两天，平安突然扔下了一颗重磅炸弹。

（1）以"共享费"和"小金库"对葛文耀发难。

5月13日，平安信托发布声明称，家化集团已经于5月11日召开临时董事会会议，决议免去葛文耀集团董事长和总经理职务，由家化集团董事、平

---

① 葛文耀为股价下跌鞠躬致歉：我是个知进退的人. 凤凰财经. http://finance.ifeng.com/stock/special/jhgwy/20130516/8039578.shtml.

安信托副总经理张礼庆出任家化集团董事长。

平安信托的公告指出："之所以罢免葛文耀，是因为 2013 年 3 月以来上海家化集团控股股东平安信托陆续接到上海家化内部员工举报，反映集团管理层在经营管理中存在设立'账外账、小金库'、个别高管涉嫌私分小金库资金、侵占公司和退休职工利益等重大违法违纪问题，涉案金额巨大。目前，相关事项在进一步的调查中。"[①]

深挖公告传递的信息，可以解读出以下三层含义：首先，虽然是突发事件，但事情其实起始于 3 月，而当时上海家化更换了会计师事务所，说明这是平安有预谋的行为；其次，葛文耀在控股股东家化集团公司的董事长被免，意味着葛文耀和平安已彻底摊牌；最后，"账外账、小金库"，势必让葛文耀陷入调查和舆论的旋涡，这会威胁到葛文耀在上市公司的董事长职务。

虽然股价之前一直高亢，但实际上平安和家化管理层之间的关系并没有得到缓和，而是冲突在不断升级。这份出乎意料的声明提前表现在了 5 月 13 日上海家化的股价上，消息灵通的投资者抢跑市场，当天股价跌幅达 5.62%。

而在风暴中心的葛文耀也不甘示弱，5 月 13 日他在微博反击道："平安进来后，家化集团便名存实亡，只有卖资产，我一直在上市公司，上市公司的法人结构决定他们不能为所欲为，目前业务正常，员工没受影响，我也没问题，请大家放心。"[②]

看得出来葛文耀并不服输，他挺直腰板对平安表态："上市公司经营权仍然在我手，你不能为所欲为。"葛文耀的反击使事态持续升级，迅速成为市场热点事件，媒体、股东、百姓甚至是监管层都开始聚焦于平安和家化管理层的冲突升级问题。

---

① 李媛，金彧．上海家化高层纠葛 当地国资委介入 [N]．新京报．http://epaper.bjnews.com.cn/html/2013-05/15/content_432823.htm?div=-1.

② 齐雁冰．董事长炮轰平安只卖资产 家化集团已名存实亡．凤凰网．http://finance.ifeng.com/stock/special/jhgwy/20130514/8029618.shtml.

5月14日，上海家化停牌。上海国资委在当天介入，希望能调停双方的矛盾。一方面，上海国资委此时通过上海久事持有家化4.62%的股权，扮演着上海家化二股东的角色，这和它的股东权益息息相关；另一方面，家化是上海国企改制的排头兵，如今闹得不可开交，作为主导改制的部门肯定得站出来维护改制成果。

5月15日，上海家化复牌，发布公告称葛文耀先生已不再担任上海家化（集团）有限公司董事长，仍担任本公司董事长，正常履职。上海家化（集团）有限公司相关事宜未影响本公司正常生产经营活动。

但是家化的股价并未如公告中所说的没有影响。当天市场开盘，家化的股价就牢牢地钉在跌停板上，直到收盘也没有打开，全天成交额不到3亿元，这意味着99%的股东在一天之内市值缩水10%。一份简短的公告并没有打消市场的疑虑，投资者屏气凝神，在等待葛文耀在16日股东大会上现身说法，而股东们则希望能听到些好消息。

5月16日的会议是2012年度股东大会，审议的是上海家化2012年的董事会、监事会工作报告以及2012年的相关财务预算、利润分配和年度报告。在这固定的会议流程之外，家化管理层和大股东平安的关系、葛文耀的"小金库"和"共享费"、家化未来的发展经营问题，才是在场人士最为关注的。

5月16日早上9点30分，葛文耀首先在会上发言。他上来就先向在场的股东深深地鞠了一个躬，并表示大家给他的掌声他不配。"第一，没有和大股东处理好关系让大家蒙受损失，很抱歉；第二，管理层将专心做好家化的经营；第三，我是一个知道进退的人，不会做出伤害上市公司利益的事。"①葛文耀放低姿态，态度诚恳地表示自己知进退，会以股东利益为重，让在场的股

---

① 葛文耀为股价下跌鞠躬致歉：我是个知进退的人．凤凰财经．http://finance.ifeng.com/stock/special/jhgwy/20130516/8039578.shtml.

东们悬着的心放了下来。

在现场提问环节，葛文耀对现场股东和记者说希望大家不要提问和平安有关的问题，问题仅限于业绩和经营。但关于这方面的提问不多，显然大家的关注点都在和大股东平安的摩擦上。

葛文耀主动解释了平安扔出的"小金库"和"共享费"这枚重磅炸弹，他说家化一直坚持"后门关刹、前门开足"的原则，而家化的资产从几百万增加到几百亿，完全没有违法行为，最多是"擦边球"。

一个"擦边球"是从 1992 年到 2002 年，成立职工持股公司。公司有些低档业务如印刷，这些给别人做要很多招待费用等，于是靠这个留下人才。但上市以后就关掉了。

另一个"擦边球"是退休工人的"共享费"，所谓共享费，葛文耀在微博上澄清道："07 年在国资时搞了第一次期权，公司毛利十几亿了，薪酬水平也接近市场化了，我想自己快退休了，而退休工人比较困难，特别老的退休工人，我觉得应该让他们享受企业发展成果，便有了'共享费'这一说。"[①]

那"共享费"从哪里来，葛文耀在微博补充道："共享费从行政出没保障，便着手为退休员工建立长效机制，公司几十亿的业务，能派生出许多利益，只要领导和业务人员不拿回扣，还是很容易解决。"[②]

这个长效机制就是退管会。葛文耀说："和退管会协议定到 2012 年，当时退管会有 180 万，然后进行了一些投资行为，所得税都要交。这是投资行为，不是小金库。因此我聘请律师，不管平安需要不需要，我想要一个结果。"[③] 葛

---

①　葛文耀 . 新浪微博 . http://weibo.com/2573254044/zwCQU5odl?from=page_1003062573254044_profile&wvr=6&mod=weibotime&type=comment.

②　葛文耀 . 新浪微博 . http://weibo.com/2573254044/zvRtIgOol?from=page_1003062573254044_profile&wvr=6&mod=weibotime&type=comment.

③　上海家化股东大会图文实录 . 和讯股票 . http://stock.hexun.com/2013-05-16/154178066.html.

文耀的态度很明确，拒绝平安给自己的罪名，要求一个公正的真相。

这是不是意味着葛文耀仍旧和平安关系紧张？对此葛文耀保证道，他会尽力平息风波，处理好与平安的关系，他在前一天已删除了批评平安的微博。

葛文耀在股东大会上的发言被看作双方和解的信号，尽管平安方面没有更多的声音，但葛文耀在股东大会上"知进退"和"尽力平息风波"的表态，给股东和投资者传递了正能量。当天葛文耀发言后，家化股价由跌 6 个点迅速翻红，截至收盘涨幅为 3.54%。

从控制权的角度分析，就在 2012 年底的股东大会上，葛文耀面对平安时底气十足，称完全主导了换届，这很大程度因为得到各基金股东的力挺。而 2012 年 5 月的股东大会上，葛文耀的态度却软和了下来。

究其原因，与其说是平安给出的罪名压倒了葛文耀，倒不如说是背后的基金机构倒逼葛文耀和平安握手言和。此时驻扎上海家化的基金机构已经持有 37.24% 的股份，相比 2012 年底 32.6% 的比例更大。而在风波后的第一个交易日，几乎所有的基金机构都经历了跌停板，损失总计达 21 亿，尤其是有些基金动用近 10% 的仓位重仓家化。

在股价蒸蒸日上的时候，基金股东们自然笑逐颜开，愿意站队家化管理层，而排斥带来业绩不稳定因素的平安大股东。但是当黑天鹅来临时，基金股东们的短期一致诉求是净值损失最小化。对于大股东平安，基金们没有能力左右，那最后的解决途径，只有葛文耀。

对于葛文耀来说，他必须维护好基金机构，维护好背后 37.24% 的表决权。如果没有基金们的支持，家化管理层在这场风波中就会风雨飘摇。所以他最后的选择只能是向平安妥协，为支持自己的基金股东平复市场的恐慌情绪，减少基金损失。经此一役，担心黑天鹅继续发酵的基金开始选择撤退。留下的机构投资者虽然仍表示支持葛文耀所在的管理层，但心里也打起了鼓。

但是平安既然开了弓，还会有回头箭吗？

（2）匿名信再次逼宫葛文耀。①

2013 年 5 月 16 日的股东大会，葛文耀以"愿意与大股东平安搞好关系"为此次风波暂时画上了句号，就在大家以为双方握手言和的时候，意想不到的事情发生了。

5 月 20 日，微博上名为"家化良心"的网友发布关于上海家化的消息，指出上海家化在体外有一个不经监管的"神秘账户"，矛头再次指向葛文耀的"小金库"问题。各大媒体在当天也收到了落款人为"家化良心"的匿名举报信，于是本已平息的风波再起波澜。

在举报信中，"家化良心"称"一切源自在一次工作中，我们发现从苏州吴江的某日用化学品公司给家化资产管理部王某名下在中国银行账户的汇款"。随后他还列举了一些证据，在举报信的最后"家化良心"总结道："这个神秘账户是否是平安指控的小金库并不重要，这个账户的存在有巨大的腐败风险，其背后的利益输送给家化戴了副镣铐。"

这份匿名举报信的动机很明显，它认为葛文耀存在"腐败风险"和"利益输送"问题，那发邮件给各大媒体和在微博上公开具体信息，就是要将事态扩大化。如果问题被证实，那管理层自然要离职被调查，这样分析的话，最后的受益者会是谁？

这让大家不禁联想到此前尚未平息的风波，葛文耀被平安赶出了家化集团的董事会，在 5 月 11 日家化集团的董事会上，葛文耀是被"账外账、小金库"的理由免除董事长，而举报信的内容仍围绕"小金库"的事做文章，此番故技重施是否还是平安在背后指使？

一石惊起千层浪，处于旋涡中心的葛文耀忍耐不住了。5 月 20 日，他在微博上怒斥"逼人太甚！""绝不是内部人曝料，是他们七个人，4 月初开始

① 资料来源：家化良心．新浪微博．http://weibo.com/3474119532/zxyC5oCs2?from=page_1005053474119532_profile&wvr=6&mod=weibotime.

在家化运动式审计一个半月""匿名信这招也使出来了，黔驴技穷了吧，我本已停战，被逼出来的，抱歉！"言辞愤愤的葛文耀还发誓道："家化今天发表二次声明，其内容我负法律责任。"[①]

而再次被放在台前的"小金库"事件，究竟是怎么一回事呢？

原来这件事还是和退管会有关。2008年家化退管会投资吴江厂，也就是匿名信质疑的利益接收方，它是家化的OEM（原始设备制造商）工厂。当时，上海家化持有吴江厂60%的股份，并且成立管委会，派驻3名管理人员，准备全面接收吴江厂。

但由于受到吴江厂史厂长的强烈反对，于是到了2009年，3位管理人员先后退股。家化持股份额降到40%，相当于变成了财务投资者。吴江厂每年给退管会分红，分红款用于提高退休员工的补助。

因为当时的家化是国企，规定说国企工会不可作为投资主体，所以就由家化资产管理部副总监王浩荣代持。匿名信中质疑王浩荣银行账户和吴江厂之间资金往来，就是因为这个原因。

而在匿名信中质疑家化对吴江厂应收账款激增可能存在的利益输送问题，家化称2009年对生产基地重新部署，吴江厂成为六神和美加净等大流通产品的重要生产基地，导致应收账款水涨船高。

总结所谓的"小金库"事件，就是王浩荣个人账户替退管会理财，这本身是一个没有办法的善举，但是游离在监管规则之外，成为"家化良心"的质疑对象。

根据上海家化于2012年9月10日修订的《公司章程》，上海家化高管应当遵守法律、行政法规和公司章程，不得将公司资产或者资金以其个人名义

---

① 葛文耀. 新浪微博. http://weibo.com/2573254044/zxCDqnqUV?from=page_1003062573254044_profile&wvr=6&mod=weibotime.

或者其他个人名义开立账户存储。王浩荣以私人名义开立账户，使用退管会资金进行投资理财，似乎违反上海家化公司章程。[①]

退管会的合理但不合规的做法，成为这场控制权争夺中的一把利刃，一而再地捅向葛文耀为首的家化管理层，第一次葛文耀的集团董事长被免，第二次舆论开始转向、基金开始撤退，那会有第三次吗？

（3）葛文耀黯然退休。

在 2013 年 5 月的年度股东大会上，葛文耀表示："家化按照现在的路走下去，如果我再做两三年家化能平稳发展，未来肯定没问题，但是要看大股东和各位让不让我继续做下去。"

再干两三年的心愿没能实现。就在 4 个月后的 9 月 17 日，葛文耀自己提出了申请："本人因年龄和健康原因申请退休，请董事会批准。"时尚产业梦想未遂，又岂会因为年龄和健康原因退休呢？

自从 5 月"小金库"事件后，平安信托和葛文耀双方同时噤声，葛文耀也不在微博上提起和股东平安的关系，双方博弈再次回归幕后。而家化的股价在 5 月后，历经 1 个月的震荡，从 6 月底再次走出一波升势，到 8 月底高点时跨越前期高点，两个月累计涨幅高达 51%。从股价表现来看，完全看不出上海家化正处于控制权争夺的风暴中，似乎市场已经认为，葛文耀和平安间的风波就此结束，未来双方的合作前景一片大好。

在股东和投资者乐观预期的时候，葛文耀突然退休。当这个公告传递到资本市场，家化的股价又一次钉在了跌停板上。同样在 2013 年 5 月前，葛文耀的集团董事长职位被免，市场也以跌停板回应。而这次上市公司董事长的退休，意味着家化告别了葛文耀时代，意味着空缺的董事和董事长席位即将落

---

① 　STCN 解读：个人账户为退管会理财　上海家化澄清公告引出疑问 [N]. 证券时报，转引自 http://roll. sohu.com/20130521/n376663189.shtml.

入平安手中。葛文耀在 28 年间一手打造了家化的品牌、文化和制度，离开葛文耀的家化还是上海家化吗？

股东和投资者"用脚投票"，开始大批离场。从 2013 年 9 月 18 日的跌停板后，家化股价大幅下行，到 10 月底又回到了 6 月的起涨点，跌幅达 20%。动荡之中，更为棘手的问题是，家化董事和董事长的空缺急需新的人选。

作为上市公司董事长和家化管理层的主心骨，葛文耀的退休无疑削弱了家化管理层的控制权。平安是否还会有新的动作？新任的董事长究竟会是谁？这场控制权之争最后会如何收场？家化的未来又在哪里？这些问题像是滚滚乌云笼罩着家化，让投资者们望而却步。

平安和葛文耀第二回合的控制权争夺，最后以葛文耀的黯然离场而告终。大股东抓住家化退管会的不规范问题，以利益输送和财务腐败为矛，直接对葛文耀问责。在首次交锋中，将葛文耀赶出集团董事会。在葛文耀态度服软时，平安以匿名信为由头，发动突然袭击，瓦解葛文耀背后的各种支持力量。之后双方的斡旋淡入幕后，背后的暗流涌动无从得知，但葛文耀以主动退休的方式告别，必定是无奈的败退之举。

6. 平安获得控制权

葛文耀的主动退休意味着平安赢得了控制权争夺的局部胜利。平安已经顺利拿下了集团董事会的主导权，但仍对葛文耀退休之后空缺的上市公司董事席位和董事长席位虎视眈眈。要想最终获得上海家化的控制权，就必须先获得对董事会的控制权。

（1）谢文坚空降董事会。

在葛文耀退休 1 个月后，平安信托提名职业经理人谢文坚为董事候选人。谢文坚此前担任强生医疗的中国区董事长，在任期间，强生医疗业绩保持高增长。

曾经站在葛文耀身后的机构投资者来到台前，易方达、汇添富和华商三家持股较高的股东共同提出两个议案：第一个议案是扩充董事会，由8名变为9名，增设1位董事；第二个议案是提名代表机构的董事候选人曲建宁。曲建宁在2003年加入上海家化，是家化的重要技术高管。

在随之而来的临时股东大会和董事会上，谢文坚和曲建宁顺利进入董事会，并且谢文坚全票当选董事长。于是，上海家化的董事会新结构出炉。

如图3-8所示，新的董事会格局中，除独立董事外，平安、原家化管理层和机构投资者分别占据2个、3个和1个席位。看似诸侯割据，实则形势已经一边倒。谢文坚由平安提名空降董事会后，全票当选为董事长，这说明家化管理层和机构投资者已经接受了现有的局面。在新的董事会下，谢文坚将代表平安主导对家化的经营。

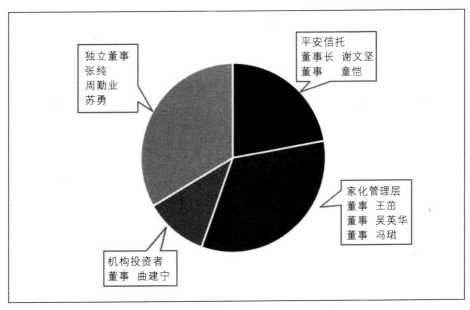

图 3-8　上海家化第五届董事会结构

但是，控制权争夺并没有就此落幕，反而是渐起高潮。就在谢文坚上任5天后，上海家化发布公告称，因为涉嫌未按照规定披露信息，证监会决定对上海家化立案稽查。这还是和吴江厂的资金往来有关，上海证监局在《行政监管措施决定书》中认为吴江厂是上海家化关联方，上海家化没有对关联交易尽到信息披露的责任，违反《上市公司信息披露管理办法》。

对此，已经退休的葛文耀在微博表示："证监会立案稽查通知和证监局责令改正措施的决定同时发出，这些问题是早已纠正。尽管听上去事情严重，但七月份开始调查，我们是全力配合，事实是清楚的，来往一切正常，到九月份以为没事，这次主要对是否是关联交易的认定。赶上大形势，加上五月份舆论真假难辨，有关部门这么处理还是有利的。"①

证监会此时的旧事重提，相当于给家化5月的匿名信事件做个总结。退管会是合理不合规的，它违反了信息披露和关联交易的管理办法，但没有证据可以证明涉嫌利益输送和管理层腐败。

（2）借内部控制问题，清洗葛文耀旧部。

吴江厂的事件真的就此结束了吗？此刻家化的中小股东和投资者心里必定是打了一个大大的问号。从5月开始，这个黑天鹅让股东的心情和净值像是过山车一样起伏。市场已经对上海家化是否能稳定经营疑虑重重。

在吴江厂这个黑天鹅上，"墨菲定律"又一次应验了。转眼到了2014年3月，在上海家化密集披露年报公告、董事会决议和股东大会通知时，有一条不起眼的公告得到了葛文耀的微博回应。

该公告是由普华永道会计师事务所出具的内部控制审计报告，它认为上海家化在财务报告内部控制上有重大缺陷，包括关联交易方未识别、销售和运输费用不完整、财务人员的专业培训不充分。

普华永道列举的问题指的就是和吴江厂之间的采购销售和资金往来，对

---

① 葛文耀.新浪微博. http://weibo.com/2573254044/AjSZeF5wV?from=page_1003062573254044_profile&wvr=6&mod=weibotime&type=comment.

此，葛文耀在微博表示："有人造谣说有 1.5 亿利益输送，使得证管办只得立案公布调查结果，现在吴江又成内控问题。排查至今，就这个问题大做文章。"①

有趣的是，普华永道是平安提议更换的会计师事务所，更换后普华永道进入上市公司开始调查，不久之后，出现了与其相关的"小金库"和"匿名信"事件，所以很明显它是站在平安这一方。现在平安已经接手上市公司，为何现在它会给出内部控制存在重大缺陷的报告？从正常角度思考，会计师事务所发布的负面报告，对股价是有负面影响的，这会损害到平安的利益。

两个月后，家化的一则人事变动公告给出了答案。家化称因为普华永道的内部控制否定意见，导致公司受到大量新闻媒体的负面报道及社会公众的负面评论，从而致使公司形象及名誉出现重大损害。基于上述理由，决定解除主要责任人王茁的公司总经理职务，并且提请召开临时股东大会解除王茁的董事职务。同时离开的还有总会计师兼财务总监丁逸菁，与王茁不同的是，她递交了辞职函。

很明显，内部控制问题是冲着王茁、丁逸菁等葛文耀的"旧臣"来的。因为王茁在 2012 年底才开始担任上海家化总经理，而吴江厂事件起始于 2008 年，并不在他任内。所以对于这样的历史遗留问题，到底是"不可推卸的责任"还是"欲加之罪"？

在董事会就解除王茁的议案投票时，王茁为自己投下了唯一的反对票，也给替代自己总经理职务的谢文坚投下了唯一的反对票。这张唯一的反对票，正是"一朝天子一朝臣"的完美写照。作为葛文耀最看好的接班人，王茁在一年后也即将面对离开家化的命运。

---

① 葛文耀. 新浪微博. http://weibo.com/2573254044/AAP9Iu1Wo?from=page_1003062573254044_profile&wvr=6&mod=weibotime&type=comment.

对于王茁被免，葛文耀在微博声援，称其"博学多才，才思横溢，是92年家化培养的第一代品牌经理。才40出头，前途无量！"[1]退隐后的葛文耀没有再把矛头指向平安，而是为才华横溢的王茁感到惋惜。

临时股东大会将在2014年6月12日召开，在这期间王茁又一次成为焦点。

在2012年家化改制完成后，推出了限制性股票激励计划，分三批于2013年、2014年和2015年解锁，解锁比例为40%、30%和30%。王茁作为当时的副总经理，获授股票数量为35万股，占总计划的1.38%。

2013年限制性股票激励计划第一次解锁，王茁得到所授股份的40%。但是到了2014年，距离限制性股票第二次解锁上市只差半个月，王茁被谢文坚以内部控制问题免去了总经理的职务。

6月4日，家化召开董事会，决定王茁已获授权但尚未解锁的全部激励股票将不予解锁，按照授予价格进行回购并注销。葛文耀对此愤怒地评价道："如王茁同意辞职，'罪'就没了，给期权，给补贴，还会表示'感谢'一下，不同意辞职，就有'罪'了，还开除，取消期权，赶尽杀绝，真不知丢了谁的脸！"[2]

葛文耀此番生气的话语，是因为平安摆明了卡在期权解锁的时间窗口，以期权为威胁，希望"劝退"王茁和丁逸菁。财务总监丁逸菁迫于压力，主动辞职，平安在公告里送上了祝福。而王茁不接受以这样的方式离开家化，于是王茁被扣上了内部控制问题的罪名，又被回购注销了即将解锁的剩余期权。

不妥协的王茁，既失去了总经理的职务，又失去了期权。在即将到来的股

---

① 葛文耀. 新浪微博. http://weibo.com/2573254044/B4fkFtVFf?from=page_1003062573254044_profile&wvr=6&mod=weibotime&type=comment.

② 葛文耀. 新浪微博. http://weibo.com/2573254044/B7uRgErgp?from=page_1003062573254044_profile&wvr=6&mod=weibotime&type=comment.

东大会，董事职务的解除也没有了悬念。在这场董事长和总经理、空降的谢文坚和曾经的接班人王茁之间的控制权争夺中，王茁毫无还手之力。

王茁在即将离开家化之际，发表了《给上海家化投资者的公开信》[①]。王茁在信中没有指责平安，没有煽动情绪，而是真挚地向投资者们介绍上海家化有史以来的发展，向投资者分析家化管理层和大股东平安背后的真正问题。王茁认为家化出现今天这样复杂的局面，是因为大股东的成功文化主导了职业经理阶层的价值判断，他认为平安对于推动家化成长过于自信，忽视了企业家在战略性产品推出和推广过程中的关键作用。

对于谢文坚，王茁认为虽然背景光鲜，但是上任以来全面否定前任领导者的不客观、不适当和不自信的做法，使得大股东的职业经理和原来家化管理层之间开端良好的关系被遗憾地破坏了。

"一家公众公司的大股东需要有一个边界来约束其随心所欲的控制欲望，这个边界，往往就是独立董事和其他董事的独立性，然而在今天中国上市公司的治理现实中，大股东为何能如此轻易地控制董事会，为何独立董事的所谓'屏障'经常变成'花瓶'，显得毫无作用，为何包括某些机构投资者的角色也如此被动，这些都是值得各界深思的问题。"王茁总结道。

在公开信的最后，王茁给自己多年的同事打气。"6 月 12 日以后的上海家化依然需要你们的坚守，我们的公司现在就像一个风云变幻中的老药铺，始终需要几个老药工顽强地站在柜台上。"

6 月 12 日的股东大会不出意料地解除了王茁的董事职务。王茁要求两分钟的发言时间，他朗读了一首《赠国土》，还讲了一个寓言故事，表达他舍不得离开家化的心情。"进入家化 24 年，家化几乎就是我的整个世界，对于我

---

① 王茁. 给上海家化投资者的公开信（全文）. 凤凰网. http://finance.ifeng.com/a/20140609/12502117_0. shtml.

的精神生活来说，我的整个精神世界就是家化。"①

虽然王茁的发言打动了在场的中小股东，有小股东起身为王茁打抱不平。但在投票过程中，机构投资者的"默契"缺席，让投票股东只占总股份35%，无论如何，王茁都敌不过手握27.59%表决权的大股东平安。

步王茁后尘，7月8日，"站在柜台上的老药工"李慧良也提交辞呈，离开了工作27年的家化。李慧良是家化研发部的灵魂人物，"家化几乎所有重要产品都由李工发明，或由李工领导开发。89年他发明六神原液，造就了一个大品牌，他开发美加净护手霜，20多年市场第一。仅这二项几百亿销售啊！"葛文耀忍不住为李慧良鸣不平。②

除了六神、美加净，李慧良还是佰草集的研发者，被称为"中国化妆品研发第一人"。这样的核心人才的流失，对家化竞争力的影响难以估计，但是在控制权争夺的后半场，靶心不是对着业绩，而是葛文耀曾经的得力干将。

在葛文耀之后，平安空降职业经理人谢文坚，以内部控制为由，清洗了葛文耀任上的总经理、财务总监和研发核心。至此的上海家化，从董事会到管理岗位，能够阻碍谢文坚和大股东平安意志的已不复存在，平安赢得了上海家化控制权争夺的全面"胜利"。

7. 没有真正的赢家

盘点上海家化控制权争夺的始末，葛文耀和平安信托是绝对的主角，而上

---

① 王茁. 王茁：上海家化是我的整个精神世界. 凤凰网. http://finance.ifeng.com/a/20140612/12527782_0. shtml.

② 葛文耀. 新浪微博. http://weibo.com/2573254044/BcV5Gtquv?from=page_1003062573254044_profile&wvr=6&mod=weibotime.

海家化管理层、谢文坚、机构投资者、上海国资委以配角的形式参与到博弈之中。从控制权的角度去分析结果，平安信托完全控制了家化集团和上海家化，成为最后的胜利者。但引人深思的是，赢得了控制权，就是真正的赢家吗？在这场耗时多年的控制权争夺中，各方利益主体得到了什么，又失去了什么？

（1）葛文耀及家化管理层。

在控制权争夺的上半场，葛文耀和家化管理层是紧密的利益共同体。在20多年的奋斗岁月中，葛文耀提拔他们坐到高管的位置上，和他们同甘共苦，才有了蒸蒸日上的上海家化。"大家长"葛文耀是这个利益共同体的核心。

在上半场的较量中，葛文耀略占上风。他等到了期盼多年的改制良机，让家化脱离国企体制，他马不停蹄地出台新的股权激励方案，激励家化员工继续前行。在改制后的第一年，他保住家化大楼和三亚万豪酒店，捍卫集团和上市公司的经营权。

转折发生在海鸥表项目，葛文耀失去了海鸥表项目投资的决策权。此后，葛文耀节节败退，先后失去了集团董事长和上市公司董事长的职务。在黯然离场的时候，葛文耀还背负着尚未澄清的"小金库"的"罪名"。

葛文耀为什么要争夺控制权呢？葛文耀要的是上市公司的经营权，他的利益诉求是把家化转型为一家高端时尚集团。不管是改制，还是股权激励，或者是对海鸥表的项目投资，都是奔着这个目标去的。上海家化是寄托了葛文耀情怀和梦想的地方。28年来，在离心愿近在咫尺的时刻，葛文耀却失去了实现的机会，输在了最后的一公里。

2006年家化的股权激励，受到政策的掣肘，没有发挥应有的激励作用。葛文耀在改制后新推出的股权激励方案，既是一种业绩激励，又是对家化管理层多年坚守的肯定。在此后的2013年，家化管理层成功解锁了40%的获授股份。在2014年，除了王茁，其他管理层也拿到了第二期解锁的30%的股份。

在葛文耀之后，平安将矛头转向管理层。王茁、丁逸菁和李慧良3位重要高管先后离开上海家化。财务总监丁逸菁和科研部副总监李慧良以递交辞职函的形式，低调地离开。而不接受主动辞职的王茁名利两失，既背上了内部控制失职的罪名，又失去了第二期解锁的激励股份，还有总经理和董事的职务。最后王茁相当于被大股东赶出了上海家化，而"空降"的谢文坚得以顺利上位。家化管理层身处博弈中，并没有太多的选择，不论是在葛文耀的"大家长"时代，还是平安入主后的肃清行动中。这三位为代表的家化管理层，最后面对的是无可奈何的结局。

毫无疑问，葛文耀和家化管理层都输了，输了经营权和期权，还有梦想和情怀。即使到最后的股东大会，王茁还是舍不得离开家化，丁逸菁和李慧良也是如此。

（2）大股东平安信托和职业经理人谢文坚。

在葛文耀离开后，平安信托完全掌握了家化集团和上海家化的控制权。没有谁能干扰平安信托处置资产，也没有谁能影响平安信托的项目投资。归根到底，平安信托作为财务投资者，要的是项目回报。投资上海家化，让平安信托盆满钵满了吗？

在竞购家化时，平安信托耗资51.09亿元，其中家化集团持有上市公司的股权价值为43.88亿元，剩余资产合计为7.21亿元。

平安信托在控股上海家化5年后，选择转让家化集团，受让方是同门兄弟平安人寿，交易价格为84.4亿元。从51.09亿元到84.4亿元，平安信托的投资回报率高达65%。此外，上海家化每年保持分红，平安信托从分红中也获得部分收益。综合来讲，平安信托在这笔投资中获得了不菲的利益回报。

虽然说在控制权争夺中，没有感情，只有利益博弈。但平安信托作为幕后主角，在和葛文耀的斡旋中，所作所为还是遭到了舆论的热议。最为代表性的观点认为平安信托采用不甚光彩的行为赶走葛文耀和管理层，既背信弃义，又冷酷无情。平安信托清洗管理层的行为，既损害了自己的企业形象，还失去了部分投资人的信赖和支持。负面舆论还对平安信托的母公司中国平安造成了影响。从 2013 年到 2014 年，中国平安股价一直维持在低位区间震荡，未能突破 2012 年末的高点。干企业毕竟不是一锤子买卖，平安信托这么做，无疑是丢了西瓜捡了芝麻。

同样受到非议的还有站在台前的谢文坚。得到平安信托的力挺，他以职业经理人的身份"空降"上海家化董事会，出任董事长一职。在上海家化，他得到了 3 年共计 1 600 万的税前报酬，得到了为他个人定制的董事长股票增值权，得到了上海家化这个优秀的职业舞台。

在葛文耀退休后，他作为平安意志的代表，参与到控制权的博弈中。平安信托对于他的期待，莫过于掌舵好家化，给平安带来更大的投资回报。只有干得好，任期 3 年之后他才可以继续在家化的职业生涯。遗憾的是，谢文坚没能交出一份令平安满意的答卷。

谢文坚在任的 3 年，从 2014 年到 2016 年，上海家化分别实现营业收入约 53 亿元、58 亿元和 53 亿元，净利润分别为 9 亿元、22 亿元和 2 亿元。三年营业收入裹足不前，意味着上海家化在谢文坚手中几乎是吃老本，没有能开拓更多的市场。其中 2015 年净利润突增是因为谢文坚出售家化持有的天江药业的 23.84% 的股权，确认投资收益 17.9 亿元。如果仅计算业务收益，上海家化的净利润是逐年下滑的。

天江药业是上海家化在 2002 年耗资约 3 700 万投资的项目，从 2004 年到 2014 年累计收到分红款 1.4 亿元，可谓是家化的"现金牛"。2014 年，天江药业经营性净利润达到 6.5 亿元，正处于快速成长期，假如继续持有，家化股东会享受到丰厚的发展红利。但是对于谢文坚来说，职业经理人的身份让他选择了短期行为，出售天江药业，增加固定投资，想要在短期内快速实现营收增长，完成平安定下的目标。

事与愿违的是，上海家化的业绩越来越差。到 2016 年第四季度，家化净亏损 2.1 亿元，是上市以来最大规模的单季度亏损。在 11 月底的时候，谢文坚递交了辞职函，带着一份不及格的成绩单结束了在上海家化的职业生涯。

与平安同一战线的谢文坚，他得到了经济利益，得到了在家化完全的经营权。但是他的表现，输掉了股东们对他的信任，输掉了优秀的职业舞台，输掉了职业经理人的声誉，也输掉了社会舆论的积极评价。假如他能摆正自己职业经理人的定位，协调好和原管理层的关系，或许他能成为平安和家化管理层之间的破冰石。

（3）上海国资委、机构投资者和中小股东。

如果说葛文耀团队和平安阵营是舞台上对决的明星，那上海国资委、机构投资者和中小股东就是坐在 VIP 座位区的观众。他们的共同特点是持有上海家化的股权，他们的经济利益和这场控制权争夺息息相关。

上海国资委是上海家化的前任控股股东，是一个开明的"甩手掌柜"。但在给予葛文耀团队经营权和信任的同时，由于国企体制和监管政策的局限，也为上海家化的发展带来了包袱。在 2012 年家化的国企改制中，上海国资委充分征求葛文耀的意见，既把家化集团卖出了一个好价格，又实现了上海家化经营管理的平稳过渡。如果没有这场控制权的争夺，上海家化应该是国企改制的榜样企业。

遗憾的是，上海家化这块试验田没能传来喜报。在 2013 年的争端中，即使上海国资委仍通过上海久事持有 4.62% 的股份，但只能以监管部门的身份在幕后调解矛盾。在后续的事态持续升级时，上海国资委已无计可施。作为二股东，上海国资委也是股东权益受损方，但相较于股东权益，虎头蛇尾的国企改制才是它最大的损失。

2013 年底召开的党的十八届三中全会，提出积极发展国有资本、集体资本、非公有资本等交叉持股、相互融合的混合所有制经济。此后，上海国资委从竞争性领域退出，响应政策积极发展混合所有制经济。如果上海国资委晚一年批准家化开始改制，是否会有不同的结局？

同为股东，机构投资者和中小股东盯着的是股东权益。他们投资上海家化，是期待伴随家化的快速发展享受到资本利得和股利收益。简单来讲，他们最关心的不是公司治理结构，而是投资回报。

但是控制权争夺对于上海家化，是一场难以弥补的"内耗"。公司治理结构的不稳定，带来经营管理的冲突，使管理层难以专注于业务。一方面，这放缓了家化的增长速度，甚至带来业绩倒退；另一方面，负面新闻的频繁登场让资本市场担忧，这加速了股东们的离场。这样的情况间接损害了机构投资者和中小股东的权益。

由于上海家化的股价持续下行，仍旧坚守的机构投资者和中小股东净值也不断下滑。在业绩下滑的过程中，缩水的股东分红也难以弥补净值下滑的损失，所以他们是这场控制权争夺中被动的受害者。

（4）上海家化。

在风波后的 3 年间，谢文坚执掌下的上海家化无论是从财务数据还是市值的表现都大失水准。我们选取 2012—2016 年上海家化的财务数据做个简单分析，前两年（2012—2013 年）是葛文耀在任时的家化，后三年（2014—2016年）是谢文坚"空降"后的家化。

营业收入体现出产品占据的市场规模，从图 3-9 中可以看出，自从谢文坚执掌家化以后，营业收入增速逐步下滑。在 2016 年甚至出现负增长，营业收入同比下降近 10%。这说明家化的产品逐渐失去原有的市场份额，这是一个糟糕的苗头。

同时谢文坚执掌后，家化净利润在 3 年间表现不佳。2015 年一度通过出售优质资产天江药业增加净利润 17.87 亿元。这不能算是谢文坚的功劳，因为天江药业是葛文耀在 2003 年做的一笔投资。如果剔除这部分收益，3 年净利润分别为 8.98 亿元、4.23 亿元和 2.16 亿元，净利润下滑十分严重。从高成长到陷入困境，上海家化只用了 3 年时间。

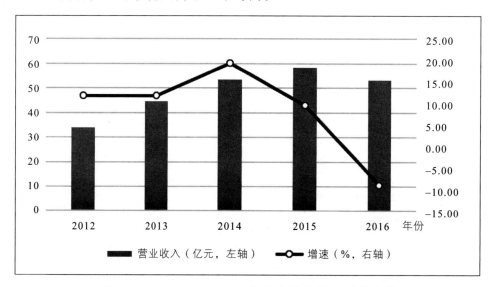

图 3-9　2012—2016 年上海家化营业收入及增速 ①

此外从销售费用增速和研发支出增速对比中，可以明显看出谢文坚的主要战略。如图 3-10 所示，从 2014 年起，家化不再加大研发投入，转而增加销售费用，大打营销牌。这不得不说是职业经理人的典型短期行为，因为只有在 3 年内完成平安的营收目标，谢文坚才能在家化继续他的职业生涯。所以谢文坚选择抄近路，想当然地认为增加销售费用，就能换来市场。

---

① 数据来源：2012—2016 年上海家化年报。

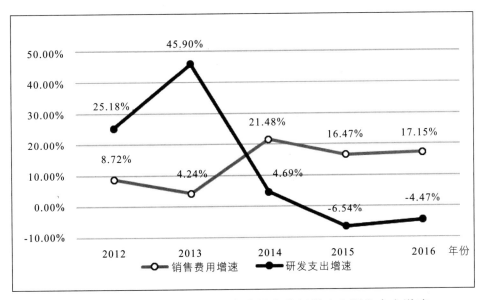

图 3-10 2012—2016 年上海家化销售费用增速和研发支出增速

伴随销售费用的增加，家化在职员工数量快速上升，支付给职工的现金也越来越多。如图 3-11 所示，从 2012 年 1 121 人增长到 2016 年 2 276 人，员工数量实现翻倍，其中销售人员增长了 747 人，占现有员工 50% 以上，研发人员只有增加区区 65 人。这种情况恰恰可以解释为何家化失去了原有的市场。

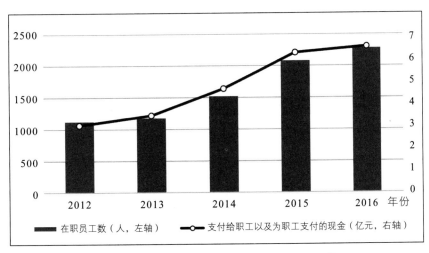

图 3-11 2012—2016 年上海家化市值^①

---

① 数据来源：2012—2016 年上海家化年报。

市值是资本市场对一家企业账面价值和内在价值的综合衡量。统计上海家化从 2012 年到 2016 年的市值变化，可以看出资本市场对上海家化客观的评价，如图 3-12 所示。

图 3-12　2012—2016 年上海家化市值变化情况 ①

2012 年改制后家化市值一路攀升。即使在 2013 年 5 月，葛文耀被免去集团董事长，双方正式翻脸也没能影响市值的上升趋势，在 8 月底家化市值一度冲击 400 亿。转折发生在 9 月，葛文耀主动辞职，对市场造成巨大冲击，家化市值在几个月内接近崩盘。

即使是在 2014 年底起步的一轮牛市中，家化市值也未能越过 13 年的高点，甚至是跑输上证指数的涨幅。让人更为唏嘘的是，牛市结束后的家化被打回原形，市值在 2016 年继续下探，回到 4 年前的水平。

从市值变化上看，作为企业家的葛文耀对家化的市场价值具有决定性的影响。在葛文耀手里，家化市值稳步上升，股东们回报丰厚。在葛文耀退休后，家化再也没能超越葛文耀时代的市值高点。

市值是资本市场给上市公司的综合评分。毫无疑问，在市值下滑的背后，

---

① 数据来源：2012—2016 年上海家化年报。

隐藏着上海家化核心用户流失、品牌形象下滑、拳头产品褪色等问题。经过这么一场"内耗"，上海家化开始走下坡路，失去了放眼世界挑战跨国企业的志气，也失去了转型时尚集团的梦想。

总结上面的分析，不管控制权争夺的双方，还是持有股权的利益各方，或者是上海家化本身，没有任何一方是赢家，多方共输成为最后的结局。

8. 平安的得失分析

在复盘案例时必须深思的一点是，平安信托急切渴望控制权的背后最根本的动机是什么？为何平安信托宁愿置舆论形象于不顾，也要将葛文耀扫地出门？

（1）平安信托言行相悖的原因。

要回答这个问题，首先要搞明白平安信托的利益诉求是什么？在上海家化的股东承诺事项的公告中，白纸黑字地写着平浦投资向上海市国资委的承诺：对家化集团的管理本着长期战略投资定位，以家化集团的价值持续稳定增长为目标。如果认定了是长期战略投资，为什么平安信托会迫不及待地卖资产、免职葛文耀和空降职业经理人？这完全是自相矛盾的行为。

拿出 51 亿元的平安信托，为何会言行不一致？从事后的深入分析来看，有两大原因。

首先，收购资金期限不匹配。在收购初期，平安信托董事长童恺在接受记者采访时表示，收购家化集团所用资金是"自有资金"。但是事后媒体披露，自有资金仅占小部分，如图 3-13 所示。据 21 世纪经济报道文章所述，这 51 亿元的收购资金中，"20 亿元是平安信托的'日聚金'资金池里面的，都是流动性要求非常强的短期理财产品；剩下 31 亿元，是 PE 相关的信托计划产品，包括盛景、鲲鹏等,很多 PE 信托计划产品是 2009 年左右发行的,2015 年就要到期。"①

"日聚金"资金池是期限小于 1 年的短期理财产品,而信托计划产品到 2015 年也要到期,这意味着这笔收购资金在 5 年内要获利退出。假如平安信托是长期战略投资者,怎么可能会用期限不匹配的资金呢?"短融长投"是任何企业都要规避的财务风险,作为专业性的金融机构,这样做的唯一解释是,平安信托在入主家化时已经做好了 5 年退出的打算。

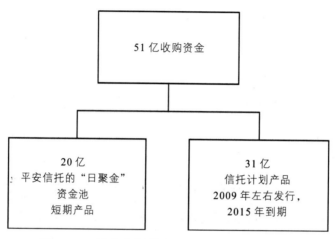

图 3-13　平安信托收购上海家化的资金结构

5 年内资金回报的压力,让平安信托现金流承压。雪上加霜的是,银监会下发文件,要求信托公司整改非标准化理财资金池业务,并提出整改方案。于是,资金链紧张的平安信托要求卖家化大楼、卖三亚万豪酒店,否决葛文耀收购海鸥表的方案,要求家化加大分红力度。对于平安信托来讲,拿到足够的短期投资回报才是重中之重,而葛文耀和管理层是最大的障碍。

所以双方矛盾的根源,就是这笔收购的资金属性。对此,葛文耀却被蒙

---

①　豆丁,陈时俊.家化祸根收购前埋下:平安信托 PE 抽短期资金池做战投 [N]. 21 世纪经济报道. https://www.chinaventure.com.cn/cmsmodel/news/detail/257010.shtml.

在鼓里，在平安入主初期，葛文耀还以为平安的收购资金都是寿险资金。天真地认为平安用寿险资金投资，成本比较低，可以进行长期投资。假如葛文耀知道平安信托当时用的不是长期资金，是否会拒绝平安而选择复星或海航呢？

有趣的是，平安信托最后还是迫于资金压力，将上海家化转手给"同门兄弟"平安人寿。2015 年，平安人寿以 84.4 亿的价格接手平安信托的收购主体平浦投资，其中包括了上海家化 27.94% 的股权，在内部腾挪的过程中，最终实际控制人没有变化，依然是平安集团。这巧妙地规避了当初 5 年实际控制人不发生变化的承诺。

平安人寿接手上海家化后不久，对全体股东发出部分收购要约，计划收购31% 的股份。假如平安人寿如愿完成部分要约收购，将合计持有上海家化约59% 的股份，实现绝对控股。对此，葛文耀在微博上表达了自己的看法。"因为业绩和股价表现太差，在即将举行的董事会改组的股东大会上，难以控制局面，为不出意外，增持到 58% 才安全。"[①]

对于平安人寿的要约，股东应者寥寥，最后仅有 73 户合计 1.52% 股份接受了平安的要约。显然，股东们对处于困境中的上海家化仍抱有期待。平安人寿的寿险资金，专注于长期稳定回报，相比平安信托更符合战略投资者的定位。可惜的是，2012 年时入主家化的不是平安人寿，而是平安信托。

其次，谈判和经营两套班子。

陈刚是当时收购家化集团的操盘手，他时任平安信托直接投资部的副总经理，由于具有丰富的国企重组经验，被要求出任谈判代表。陈刚和葛文耀英雄所见略同，两人在很多想法上不谋而合，尤其是家化未来的发展蓝图。陈

[①]　葛文耀 . 新浪微博 . http://weibo.com/2573254044/D1SGH3lsU?from=page_1003062573254044_profile& wvr=6&mod=weibotime&type=comment.

刚还替平安口头承诺，不会干预家化运营，不向上市公司派驻董事，仅向上市公司派遣一名监事。

但是在家化改制后，陈刚就前往北京重组平安基础产业投资部。陈刚的离开，让葛文耀失去了和平安信托之间沟通的友好桥梁。同时，平安信托先后派张礼庆、童恺和李宇航进入家化集团董事会，这意味着平安信托在投前谈判和投后管理用了两套班子。从事后结果来看，投后管理的团队并不认可葛文耀的理念和方案，于是双方的矛盾不断升级。

随着矛盾激化，陈刚多次被平安信托召回调解，但是没能挽回局面。平安信托的目的无非是让葛文耀主动辞职，有媒体报道，直到 2013 年 9 月平安要求陈刚向葛文耀摊牌，葛文耀才被迫辞职，离开家化。

而陈刚也主动辞职，离开平安信托。他牵头成立民族时尚产业投资基金，邀请退休后的葛文耀出任首席投资顾问，而自己出任投资总监。志同道合的两人并肩为复兴民族品牌的梦想奋斗。

回顾平安和葛文耀的纷争，根本问题是收购资金期限不匹配，导火索是投前和投后团队截然不同的价值判断，而双方缺乏有效的沟通机制，让场面一开始就剑拔弩张，最后一发不可收拾。

（2）控制权争夺的主战场和武器。

董事会和股东大会是双方争夺控制权的主战场。

以葛文耀为代表的管理层，最初时由于平安没有提名董事进入董事会，所以他和下属完全掌握上海家化的董事会，拥有日常的经营决策权，葛文耀团队是以上海家化的董事会作为控制权争夺的根据地。

而平安有两处根据地：一个是控股股东家化集团的董事会；另一个是上市公司的股东大会。由于平安信托 100% 控股家化集团，属于绝对控股，所以即便葛文耀担任家化集团的董事长，平安也能任免葛文耀的职务。

而在上市公司就不同了，平安间接持有上海家化近 28% 的股份，属于相对控股。在股东大会上，相比于机构投资者和中小股东，平安拥有表决权的相对优势。虽然在上市公司中，平安信托没办法一锤定音，但与葛文耀和管理层不到 1% 的股权相比，平安优势尽显。

在 2012 年双方较量的第一回合，平安抓住董事会换届的良机，使用董事会提名权，提名童恺为下一届董事候选人。葛文耀为了防御，联合机构股东的支持，完全主导了董事会换届。虽说葛文耀在董事会换届中略占上风，但是因为累积投票制和等额选举的制度，童恺顺利进入了上海家化董事会。

第二回合，平安是以财务问题为由，对葛文耀施加压力。首先，平安要求替换会计师事务所，随后会计师事务所开始审计查账。2013 年 5 月，平安以财务问题的名义提议免去葛文耀集团董事长职务。同时，受到股价下跌的影响，葛文耀迫于机构股东的压力，主动和平安握手言和。但是财务问题一再发酵，导致葛文耀最后黯然离场。

在第三回合，平安乘胜追击，空降职业经理人谢文坚进入上市公司董事会，并出任董事长。葛文耀虽然离开家化，曾经的旧部仍然担任要职，接班人王茁出任总经理，而董事会中仍有三席是原管理层。为了完全控制家化，平安又把财务问题搬上台面，来了一回旧瓶装新酒。平安从《公司章程》中的内部控制条款入手，指出王茁应承担内部控制失职的责任。于是，在董事会会议上，王茁直接被免去总经理职务，被取消期权，又在股东大会被免去董事。跟随王茁离开的还有财务总监、研发核心等家化要员。至此，平安完全控制了上海家化。

董事会和股东大会往往是控制权争夺的核心，而拥有多数股权的一方掌握着更大的话语权。葛文耀和管理层因为仅持有 1% 的股权，导致先天不足，只能依赖机构股东助力，才在第一回合和平安打个平手。一旦与机构股东意见分歧，葛文耀和管理层立刻失去在股东大会的主动权，先后告别了上海家化。

（3）平安信托的套路。

在平安信托的投资案例中，分为财务投资类、战略投资类和控股类，如表 3-2 所示。根据所投模式不同，投后管理和控制权安排的策略都有较大差异。

表 3-2　平安信托的投资方式

	平安投资案例	投后管理	退出方式
财务投资类	南玻 A、众业达	派驻董事，不参与日常经营管理	定向增发和 IPO 上市解禁后套现
战略投资类	云南白药、海螺水泥	积极参与公司治理	减持套现、溢价股权转让、股权回购
控股类	上海家化、汽车之家	替换原有管理层	整体转让

财务投资出的是钱，不参与到日常经营管理，看中的是优质公司的短期投资回报，以分红为主，股权增值为辅。战略投资既出钱又出力，看中的是长远的高额回报。双方资源整合，协同发展，在企业快速发展的基础上实现股权价值的高额增长。而控股类的投资是收购行为，收购后平安信托获得控制权，按照自己的规划实现退出。以上海家化为例，平安信托最后以收购主体整体转让的方式退出。

平安信托控股类投资的另外一个经典案例是汽车之家。[①] 和上海家化一样，这个案例也是精彩纷呈的控制权大战，相类似的，最后平安使用惯用套路，撵走了原管理层。

故事开端于 2005 年。李想，这位高中弃学创立泡泡网的年轻创业者，获得薛蛮子的天使投资，开始第二次创业，成立"汽车之家"。

2008 年，澳洲电信以 7 600 万美元收购汽车之家 55% 的股份，成为大

---

① 下文参考引自：（1）汽车维基. 太猴急，平安已入主汽车之家，陆敏取代秦致. http://www.sohu.com/a/86516566_133588.（2）张铭. 汽车之家与平安信托是如何一步步手撕起来的. 虎嗅网. https://www.huxiu.com/article/148492/1.html.

股东。

2012 年，澳洲电信耗资 3 700 万美元增持汽车之家股份，将持股比例提高到 71.5%。

2013 年 12 月，汽车之家在美国纽交所上市。根据招股书披露，创始人李想占股 5.3%，联合创始人秦致持有 3.2% 的股份，澳洲电信占股 71.5%。

2015 年 6 月，李想退出管理层，由秦致出任 CEO。

以上是汽车之家的背景故事，和平安有关的故事是从澳洲电信打算获利退出开始。

2016 年 4 月，控股股东澳洲电信打算退出汽车之家，准备出售 47.7% 的股权。平安信托有意向接手汽车之家。

消息出来的第二天，汽车之家管理层牵头，联合博裕、红杉和高瓴资本对股东提出要约收购，想要私有化汽车之家。这意味着秦致等管理层并不欢迎平安信托。

5 月 11 日，汽车之家公众股东向商务部提交实名举报信，举报平安信托涉嫌违反商务部《反垄断法》。

5 月 14 日，根据媒体报道，澳洲电信两次拒绝了汽车之家管理层的要约收购，尽管该价格高于此前平安信托的收购价格。这标志着管理层和大股东澳洲电信之间关系不再和谐。

5 月底，CEO 秦致以个人名义发出公开声明指责澳洲电信，将内部矛盾公开化。秦致还以少数股东名义向开曼法庭提起诉状，力图阻止平安信托的敌意收购。

6 月 20 日，开曼法庭开出禁令，禁止澳洲电信在 6 月 24 日前和平安信托交割汽车之家股权。

然而 6 月 23 日，澳洲电信宣布，已经完成 47.7% 的股权转让，折价 16 亿美元。平安信托成为汽车之家的控股股东。

面对平安成功入主汽车之家的事实，创始人李想在微博发声，"作为已经离开的创始人，给所有董事会成员的一个建议：信任管理层团队，提高决策效率，比什么都重要。"李想这番话也被看作劝和。

然后铁血平安还是对管理层动手了，利用董事会多数席位，首先罢免CEO 秦致和 CFO（首席财务官）钟弈祺，随后负责媒体业务、经销商、人力资源的核心业务的三位副总也被通知"不再担任原职务"。不久后，联合创始人樊铮和二手车事业部总经理胡永平也被撤销职务。从高层到中层，平安完成了大换血，取而代之的是平安系的高管。这样的结局，曾经在上海家化上演。

面对平安 47.7% 的股权，秦致的 2.9% 和李想的 2.6% 是螳臂当车。控制权争夺的背后，最根本的是股权比例，这也是当时秦致十万火急地发起要约收购的原因。

（4）平安信托的问题。

本书的核心观点是在控制权争夺中，不讲感情，不讲对错，只在合法合规的前提下谈利益。复盘平安信托对上海家化的投资，如果能避免违背承诺和忽视创始人重要性这两点，也许平安信托会获得更丰厚的投资回报。

从上海家化的公告中，整理出平安信托当时作出的重要承诺。

- 保证上海家化资产、人员、财务、业务和机构独立。
- 认同家化集团多元化时尚产业发展战略。
- 家化集团和上海家化 5 年内实际控制人不得发生改变。
- 对家化集团时尚产业拓展追加 70 亿投资。
- 对家化集团管理本着长期战略投资定位，绝不挪用家化集团资产、占用家化集团资金。

平安信托是否兑现了这些承诺，定性的问题难以准确判断，但是定量的问题是很容易检验的。5 年实际控制人不改变，平安信托最后通过转手平安人寿，勉强遵守了这个承诺。但是追加 70 亿投资，这项最为重要的承诺，迟迟未能兑现，这让葛文耀感受到了欺骗。而最后一条所说的长期战略投资的定位，事后来看，真相已被揭晓。怪不得葛文耀后悔不已，"我上当了，找错了买家！"

平安信托的失误是过于自信，忽视了创始人团队对于企业的重要性。

从谢文坚掌舵上海家化的 3 年表现去分析，不管是市场业绩，还是股价市值，都陷入了倒退的困境中，这证明平安挑错了职业经理人。从理论上分析，业绩增长的压力，让职业经理人的短期行为不可避免。而过去 28 年的历史证明了创始人葛文耀富有长期战略眼光，两者业绩相对比，水平高下立现。

从业绩上来讲，葛文耀无疑是最适合上海家化发展的职业经理人。平安作为金融资本，显然对于经营竞争激烈的日化行业过于自信。上海家化的竞争优势是卓越的拳头产品，但是当打造核心竞争力的骨干不断流失的时候，又靠什么去打造优秀产品呢？空降的职业经理人，又如何能和在日化行业摸爬滚打的老将比肩呢？

赢得控制权容易，找到适合的优秀经理人难上加难！

9. 葛文耀的败因分析

在和大股东的控制权争夺中，葛文耀输在哪里？企业创始人又能从中获得哪些教训？相较于分析大股东平安，思考葛文耀方面的疏忽，对于企业创始人来讲，更具有借鉴意义。

（1）葛文耀输在哪里？

葛文耀输在三个方面，分别是选错了战略投资人、股权结构设计不合理以及缺乏政治智慧。

首先是战略投资者的选择问题。葛文耀要找的是认同上海家化高端时尚产业战略的长期战略投资者，最后发现自己亲手迎进门的平安信托是短期的财务投资者，所以他在退休后接受采访称，"我上当了，找错了买家"。如果说当时在竞购时，不使用"不接受联合受让"的限制条款，葛文耀就能牵手多家基金投资者；如果不用高价挡路，大股东是否就会是产业投资者复星集团。用事后诸葛亮的眼光去看，其他候选投资方都要强过平安信托。所以，战略投资者的错误引入，让局面在第一步时就处在下风。

其次是股东的股权结构的问题。在改制时，平安信托拿下了100%的家化集团股权，间接持有上市公司上海家化27.75%的股权。虽然没有做到绝对控股，但平安信托在上海家化实际上是"一股独大"。葛文耀及管理层累计持有不到1%的股份。机构股东虽然合计持有数量达32%，但是持股非常分散，而且流动性大，很难形成制约平安信托的有效力量。"一股独大"的股权结构也让平安信托在股东大会予取予求。一旦平安信托决定撵走葛文耀和原管理层，在股东大会几乎没有阻碍。所以改制后"一股独大"的股权结构是导致葛文耀败局的重要原因。

最后一点是创始人的政治智慧，决定着控制权争夺的成败。

改制前，葛文耀作为国企领导人，需要面对的是外部复杂的政商关系。事实上，葛文耀在处理政商关系上十分成功。上海家化在20多年的高速发展中，为企业、政府和社会持续创造高效益和高回报，构建了健康的政商关系。上海家化也成为上海国资委一张靓丽的名片，所以葛文耀深得上海市政府和国资委的信任与支持。

在改制后，上海家化的相关利益者组成权利和义务的新格局，控股股东从上海国资委变为平安信托子公司，葛文耀也从国企领导人变为职业经理人。如何协调和控股股东之间的关系，是摆在葛文耀面前的公司政治新问题。解决这个问题的正确政治视角如下。

- 明确双方关系的核心是利益。葛文耀团队的利益诉求是推动上海家化转型时尚产业，实现民族时尚产业的突破，在未来带来高额回报；控股股东平安的利益诉求是短期的投资回报。

- 从利益相关者的角度来看待和分析环境。平安实际上在追求短期的投资回报。如果从利益相关者的角度分析，可以看到平安处置资产和拒绝投资海鸥表，表明平安并不是像改制时所承诺的要做一个战略投资者、想要支持家化发展高端表业，而是在尽可能追求短期回报。这个时候平安和葛文耀之间很有可能产生利益冲突。

- 关键过程：所有的整合冲突，都需要通过谈判来解决，能否达成一致关键在于企业创始人能否学会明智地妥协。

葛文耀分辨出了平安真正的利益诉求，但是他输在了不会妥协上。葛文耀团队的主要目标是推动上海家化转型高端时尚产业。控股股东平安信托的主要目标是短期的资本回报，缓解紧张的现金流。在平衡双方利益的时候，假如能满足平安的主要目标，在处置集团资产和派驻董事上有所妥协，通过适当交换确保管理层的经营权，那么葛文耀也不会被平安想方设法地夺走经营权，最后难以实现转型的主要目标。在资本和创始人团队的博弈中，牺牲次要目标来确保主要目标实现的明智妥协是一种让步的艺术。

葛文耀就输在这里，他没有选择妥协，反而是在平安的主要目标上表现强硬。在以下双方控制权争夺的两个关键时点葛文耀都极其强硬，一点不妥协。

- 2012 年底，双方矛盾第一次浮出水面。
- 2013 年中，双方矛盾公之于众，达到高潮。

在 2012 年底双方矛盾刚刚浮出水面时，葛文耀如果选择妥协的话，整个故事的结局可能就会反转了，但是葛文耀选择的是强硬对抗。首先，平安想要处置家化大楼和三亚万豪酒店这两处家化集团的资产，遭到葛文耀的强烈反对。平安信托此举目的是回收部分投资回报，从决策流程上看，平安 100% 控股家化集团，拥有当然资产处置权。但最后葛文耀找国资委介入，两处资产得以保留，平安的主要利益诉求没能得到满足，双方的矛盾分歧从此埋下。

其次，双方矛盾第一次被媒体注意到，是来自葛文耀微博的爆料。他称：
"平安进来前，在'权益变动书'中向证监会保证要尊重上市公司的独立性，你收购的是集团，只是间接拥有上市公司 27.5% 的股份，我这董事长代表广大股东利益。"这样的公开强硬指责，直接破灭了双方握手言和的可能性。

在 2012 年底的董事会换届选举上，葛文耀回应媒体，"这次换届是完全由我主导的。"再次展现出强硬的一面。但实际上要想进军时尚产业，还得坐稳管理层的位置，依仗平安的资金，获得平安的表决权，这些的必要前提是处理好和大股东的内部政治关系。但在董事会换届时，平安提名的童恺还是得到了反对票。很明显，葛文耀团队没有展现妥协的态度。

到了 2013 年股东大会前夕，双方博弈进入高潮。当平安信托公告因财务问题免去葛文耀在集团的董事长职务时，葛文耀在微博上连发数条微博，言辞激烈地指出平安搞政治。此举让矛盾彻底公开化，成为媒体争相报道的热门事件。不妙的是，葛文耀的微博言论对资本市场产生巨大冲击，家化股价连连受到重挫，股东利益严重受损。

转折发生在股东大会上，葛文耀终于选择"妥协"，他一改之前的强硬形象，称自己"知进退""已删除批评平安的微博，只留一条自证清白""以后要和大股东搞好关系"。可惜葛文耀的"妥协"来得太晚，双方的冲突已经难以回到谈判的轨道上。最后葛文耀黯然离开了上海家化，也失去了经营梦想的机会。

总结来说，有个性、有能力、有情怀的葛文耀，作为创始人，带领着上海家化蒸蒸日上。但在改制以后，在从国企领导人到职业经理人的身份转换中，他没能平衡好管理团队和大股东的利益关系，没能及时用妥协的艺术来实现双方的共赢，没有用正确的政治智慧解决公司政治问题，导致自己遗憾出局。

（2）从葛文耀身上应该吸取的教训。

从葛文耀的角度复盘上海家化控制权争夺的案例，有以下七点教训是必须吸取的。

第一，谨慎选择战略投资者。在上海家化的案例中，葛文耀过于相信了平安谈判代表的口头承诺，错误判断了平安信托的资金来源和真实目的，导致最后出局。因此在选择战略投资者时，建议对投资方进行反向的尽职调查。从过往的投资经历上去推敲投资者是不是经得起考验，是不是善意的投资，是不是和创始人有相近的价值判断。这些细节会决定未来双方合作是否顺利。

第二，优化股权结构。平安入主后"一股独大"的局面，让葛文耀几乎没有还手之力。葛文耀自己也说："假如我当时找 5 个基金，分散股权，家化的收益与 GP 的利益相关，肯定不会发生这种事。"[①] 在控制权争夺中，起决定性作用的是所持股权对应的表决权，如果当时同时引入几个基金，就能避免"一股独大"。实际上在葛文耀任内，上海家化长期驻扎着几十号基金，双方保持着非常融洽的合作关系。所以作为企业创始人，要掌握控制权，要么自己"一股独大"，要么保持相对分散的股东股权结构，不要让怀有敌意的股东"一股独大"。

第三，把口头承诺一定落实到书面协议中。尤其是关于平安后续追加 70 亿元投资的这种重要承诺一定要写到交易协议中，才最为可靠。像平安信托

---

① 罗真．葛文耀反思家化风波：这么好的民族品牌真的被伤害了 [J]．中欧商业评论．http://www.ceibsreview.com/show/index/classid/4/id/3638.

前脚许下口头承诺，后脚换上了另一套管理班子，就算事后葛文耀指责平安不守承诺，也没有太大用。平安顶多也就是名声不太好，但是它并没有违约，因为只是口头承诺而已。

第四，做好大股东关系管理。在通常情况下，职业经理人代表的就是大股东的意志。大股东提名职业经理人，让他进入董事会，就意味着双方站在统一战线。职业经理人在任期内，如果无法完成业绩目标，或者和大股东意愿相违背，那很难继续职业生涯。葛文耀原本的身份是国企领导人，20多年兢兢业业的表现，让他深受上海国资委的信任和支持。但是大股东换成了平安以后，他就不再是国企领导人了，而是职业经理人。葛文耀显然没有做好准备，依仗平安对国资委的口头承诺，在控制权争夺中表现强硬，走了错误的一步棋。既然家化在形式上已经改制，在公司治理的思路上也要相应改变。职业经理人对垒大股东，本身就挑战了市场游戏规则，何况葛文耀手中仅握有少量的股权。

第五，做好投资者关系管理，善用表决权委托。驻扎上海家化的众多基金合计持股30%以上，如果葛文耀得到它们的表决权委托，那平安对他无可奈何。可惜的是，也许是各基金难以达成一致意见，也许是书面授权委托书的程序烦琐，最后基金股东没有出席，葛文耀也没有成为机构的股东代理人。

第六，提前修改公司章程，在制度上作好预防。由于管理层持有的上海家化股份很少，因此不要寄希望于大股东会像上海国资委那样友善地对待管理团队，而是要作最坏的打算，提前修改公司章程，作出有效的预防。例如采取以下措施。

- 增设职工董事席位。将董事会席位由6个变为9个，其中2~3个设为职工董事。董事会中的职工代表由公司职工通过职工代表大会民主选举产生后，直接进入董事会。

- 在董事会使用绝大多数条款决议。董事会提出修改公司章程的议案、更换董事的议案，作出聘任或解聘总裁的决议，必须经全体董事的 5/6 以上通过。
- 在股东大会使用绝大多数条款决议。规定公司章程修改、选举和更换非由职工代表担任的董事与监事的议案须经出席股东大会的股东所持表决权的 3/4 以上通过方为有效。

如果葛文耀在引入平安之前，在公司章程中作了以上预防安排，就不会黯然出局。以上制度安排的结果是：增设职工董事席位，2~3 名职工董事加上法定的 3 名独立董事，非股东董事席位就超过一半，平安就不可能轻易掌控董事会。在董事会使用绝大多数条款决议，葛文耀团队就在董事会议事中拥有了关键事项的一票否决权，至少就可以避免王茁的出局。在股东大会使用绝大多数条款决议，就使得平安无法通过修改章程改变职工董事席位以及董事会绝大多数条款决议的安排。最终将在管理团队、大股东平安和其他股东之间形成巧妙的权力制衡。

第七，要用政治视角看问题，用妥协的艺术解决问题。控制权争夺的核心是利益。企业创始人要学会分辨和平衡利益，谈判和解决冲突。葛文耀团队应当学会明智地妥协，也就是为了达到主要目标，可以在次要目标上作适当的让步，通过适当的交换来确保自身要求的实现。

本章从葛文耀和上海家化的峥嵘岁月开篇，继而描述了管理团队和大股东之间争夺控制权的故事。多方博弈过后，没有谁是真正的受益者，管理层相继离职，大股东受到舆论质疑，机构和中小股东净值缩水，上海家化市场份额缩水，业绩连年下滑，从高速增长到陷入困境仅仅用了 3 年时间。

然后，本章分别从双方的角度出发，去分析大股东平安的利益诉求和动机，手段及套路，去反思创始人葛文耀的败因所在。前事不忘，后事之师。我们试图通过上海家化这个案例带给大家如下启发和思考：企业创始人如何规避和预防与大股东（投资股东）之间的控制权争夺，如何捍卫自己的经营权，又应该如何运用政治智慧去决定控制权争夺的成败。

第4章

山水的股权争夺战

在资本市场上，永远不缺乏股权争夺的故事。然而，能把"集权、维权、野蛮人敲门、清盘、流血、武斗……"等多种剧情精彩地演绎到一起的，在近年来的全球资本市场恐怕只有"山水争夺大战"了！

"山水争夺大战"的精彩之处在于其参与的角色众多，故事发生的战场也分布甚广。首先，故事参与的角色包括公司创始人、原高管及职工股东、战略投资人、财务投资人、境内外的银行等债权人、境内外律师事务所、地方政府和地方法院等。其次，战争爆发的地点不仅仅局限于中国大陆，还涉及中国香港、开曼群岛等地。此外，参与到这场股权争夺战的公司类型还包括央企、外企和民企等。

这场股权争夺战的情节也是非常跌宕起伏，可以分为"内斗""宫斗"和"武斗"三个阶段。在"内斗"期间，创始人张才奎为了集权推出两份苛刻的退股计划，与原高管团队和职工股东之间发生矛盾从而导致权利争夺；在"宫斗"期间，"野蛮人"天瑞集团为了夺得山水水泥董事会控制权联合山水投资，与张才奎、中国建材和亚洲水泥之间发生权利角逐；在"武斗"期间，天瑞集团为了接管山东山水总部，分别两次与张才奎和原管理团队之间爆发"武力对峙"。

山水控制权争夺战中把中国古代宫廷的政治斗争手段和资本市场上的各种控制权争夺方法交织到一起，因此，山水控制权争夺战的案例只会发生在中国，且其剧情比任何发生在资本市场上的控制权争夺战都要更精彩和丰富。

图 4-1 为按照时间脉络梳理的山水股权争夺战的主要事件。

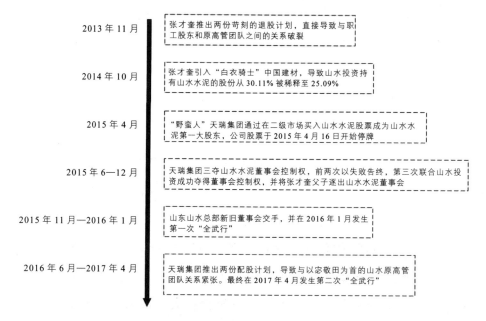

图 4-1　按照时间脉络梳理的山水股权争夺战的主要事件

1. 山水的前世今生 ①

　　山东山水诞生于 20 世纪 70 年代初，连续亏损 18 年，直至张才奎 ② 的到来才救活了这家面临倒闭的水泥企业。在张才奎的带领下，山东山水实现了扭亏为盈，并由国企改制为全员持股的股份制企业。2008 年，山水水泥在香

---

① 　资料来源：（1）张才奎：执掌山水 18 年（图）. 大众网 - 齐鲁晚报，2008-11-14，转引自 http://news. sina.com.cn/c/2008-11-14/093216653535.shtml.（2）山东山水逼近四千员工退股，变国企改制为家族企业. 投资者报，2013-12-23，转引自 http://business.sohu.com/20131223/n392212668.shtml.（3）王法争. 大摩入股山水水泥集团背后，国企改制路径抉择. 21 世纪经济报道，2006-06-23，转引自 http://finance.sina.com. cn/chanjing/b/20050904/11441940305.shtml.（4）山水水泥招股说明书、山水水泥公告。

② 　张才奎，生于 1951 年，毕业于济南大学材科学与工程学院，17 岁开始参加工作。在进入山东水泥厂之前，张才奎曾任东方红水泥厂的党委副书记和副厂长。

港成功 IPO，山东山水的改制及上市的重要事件如图 4-2 所示。

中国山水水泥集团有限公司（以下简称"山水水泥"）是山东山水水泥集团有限公司（以下简称"山东山水"）为了赴香港上市而在开曼群岛注册的壳公司，山东山水是山水水泥的境内经营实体，主要从事水泥生产。

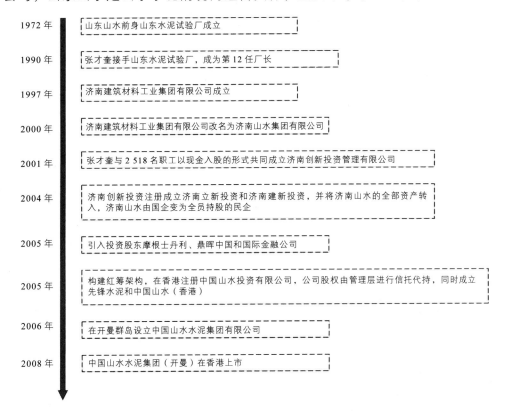

1972 年　山东山水前身山东水泥试验厂成立

1990 年　张才奎接手山东水泥试验厂，成为第 12 任厂长

1997 年　济南建筑材料工业集团有限公司成立

2000 年　济南建筑材料工业集团有限公司改名为济南山水集团有限公司

2001 年　张才奎与 2 518 名职工以现金入股的形式共同成立济南创新投资管理有限公司

2004 年　济南创新投资注册成立济南立新投资和济南建新投资，并将济南山水的全部资产转入，济南山水由国企变为全员持股的民企

2005 年　引入投资股东摩根士丹利、鼎晖中国和国际金融公司

2005 年　构建红筹架构，在香港注册中国山水投资有限公司，公司股权由管理层进行信托代持，同时成立先锋水泥和中国山水（香港）

2006 年　在开曼群岛设立中国山水水泥集团有限公司

2008 年　中国山水水泥集团（开曼）在香港上市

图 4-2　山东山水的改制及上市的重要事件

（1）山东山水改制的由来。

山东山水的前身是 1972 年建立的山东水泥试验厂（后来改名为山东水泥厂），是当时济南市建材工业局的下属企业，由国家投资 1 亿多元，于 1977 年建成投产。由于当时处于计划经济时期，企业的生产积极性并没有被激发出来，使得山东水泥厂连续亏损 18 年，产能多年未足 10 万吨。

1990 年 3 月，张才奎通过民主选举，高票当选了山东水泥实验厂第 12 任厂长。在张才奎当选厂长之前，山东水泥厂在 10 年期间更换了 11 任厂长，均未能带领该厂走出亏损的状态，可见厂长之位是何等的一块"烫手山芋"！

一个企业的命运与其"一把手"有直接关系，而"一把手"的性格和处事方式往往能影响企业未来的命运。根据追随张才奎多年的山东山水总经理助理陈学师所言，张才奎有两个非常鲜明的性格特点：做事执着不服输；认准的事敢决策，说一不二，雷厉风行。正是基于这样的性格特点，在接任厂长之后，张才奎进行了大刀阔斧的改革。

在张才奎的带领下，管理团队和员工将"病入膏肓"的山东水泥厂从亏损中拯救出来。1990 年年底，山东水泥厂实现了建厂 13 年来的首次赢利。1998 年，山东水泥厂产品产量首次超过 100 万吨。2001 年，山东水泥厂终于结束连年亏损的状态，产品产量达到 200 万吨，利税超过 1 亿元。2002 年，山东水泥厂开始在山东一带进行布局，并把企业发展战略定位为"东进西扩、南北辐射"。2004 年，山东水泥厂的产品产量达到 2 000 万吨，销售收入 40 亿元，在全国水泥企业排名第二。山东水泥厂从亏损"无底洞"到盈利"聚宝盆"，从行业排名倒数第一到成为行业的标杆企业，共用了 14 年的时间，这段过程中张才奎是当之无愧的功臣。

张才奎 1995 年被济南市政府任命为济南市建材局的党委书记和局长。然而，"升迁"对于张才奎来说，面临的是一个更艰难的挑战：以山东水泥厂为骨干企业，实现对济南建材局系统的资产重组。[①] 在 1995 年之前，济南市建材局旗下的 16 家单位，除了山东水泥厂赢利，其余 15 家均处于亏损状态。

雷厉风行、敢说敢做的张才奎来到济南建材局之后，"山水模式"被广泛推广和复制到建材局的下属各个企业当中。1996 年，济南市建材局旗下的 16

---

① 张才奎：执掌山水 18 年（图）. 大众网 - 齐鲁晚报，2008-11-14，转引自 http://news.sina.com.cn/c/2008-11-14/093216653535.shtml.

家单位全部实现赢利，全年利润达到 1 065 万元。1997 年，以山东水泥厂作为核心，济南市建材局实现了整体改制，并组建了济南建筑材料工业集团有限公司，昔日的政府机构变成了国家企业。2000 年，济南建筑材料工业集团有限公司正式改名为济南山水集团有限公司。

山东山水的改制始于 2001 年 8 月。当时，张才奎推出员工持股计划，组织山东山水的 2 518 名职工，以现金入股的方式，共同成立了济南创新投资管理有限公司。[①] 2005 年，参与入股的职工增加到 3 947 人，募集资金达到 10 528 余万元人民币。[②] 济南创新投资先后收购了长清水泥厂和潍坊水泥厂等，扩大水泥资产，为山东山水的改制作好铺垫。

由于山东山水的股东数量众多，而有限责任公司最多不能超过 50 个股东。所以在工商登记时，只登记了 10 名股东，包括济南创新投资及职工所选出的 9 名员工代表。其中，职工的股份均委托给董事长张才奎和另外一名公司创始高管李延民进行代持。新注册的济南创新投资的显名股东分别为张才奎、李延民、于玉川、董承田、赵利平、赵永魁、宓敬田、李茂桓、王永平。除张才奎之外的其余 8 名显名股东均是山东山水的创始元老，担任着山东山水的高管。其中，张才奎持股比例为 65.55%（本人持股 13.18%，职工代持 52.37%），李延民持股比例为 16.19%（本人 6.79%，职工代持 9.4%），于玉川等 7 名股东则持有公司 18.26% 的股份。

2004 年，山东山水由国有企业整体改制为民营企业。由济南创新投资（下称"创新"）的股东按照同比例出资，注册成立济南山水立新投资发展有限公司（下称"立新"）和济南山水建新投资发展有限公司（下称"建新"），

---

① 山水水泥公开上市招股说明书. http://www.hkexnews.hk/listedco/listconews/SEHK/2008/0620/00691_353916/C112.pdf.

② 山东山水逼近四千员工退股，变国企改制为家族企业. 投资者报，2013-12-23，转引自 http://business.sohu.com/20131223/n392212668.shtml.

收购了济南山水集团的全部国有资产，完成对山水集团的整体改制，最终，济南山东山水由原来的国有企业变成由 3 947 名职工股东共同持股的有限责任公司。2005 年，创新、立新和建新三家公司的资产进行重组后设立了新的山东山水——山东山水水泥集团有限公司。[①] 延续了注册创新投资时的做法，山东山水在完成工商局登记时，公司注册的显名股东为张才奎、李延民等 9 名公司高管，职工股份分别交由张才奎和李延民代持，其余 7 名高管直接持有。

（2）山水水泥的上市之路。

2005 年，张才奎开始着手准备山东山水赴港上市事宜，搭建了在香港上市的红筹架构，如图 4-3 所示。

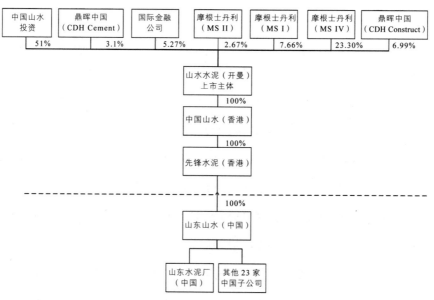

图 4-3　山水水泥的红筹股权结构 [②]

首先，在香港成立了中国山水投资作为管理层和员工的持股平台。由于当

①　王法争．大摩入股山水水泥集团背后，国企改制路径抉择．21 世纪经济报道，2006-06-23，转引自 http://finance.sina.com.cn/chanjing/b/20050904/11441940305.shtml.

②　资料来源：山水水泥公开上市招股说明书。

时山东山水股东已多达 3 947 名，而且之前的股份代持并不规范，所以在财务投资人的建议下，中国山水投资作为职工持股平台在香港成立，注册股东为山东山水的 9 名高管（分别为：张才奎、李延民、于玉川、董承田、赵利平、赵永魁、宓敬田、李茂桓、王永平）。同时，山水投资发行 100 万股份，并于 2005 年在英属维尔京群岛分别成立张氏信托和李氏信托，以方便对职工持股进行信托安排，如图 4-4 所示。

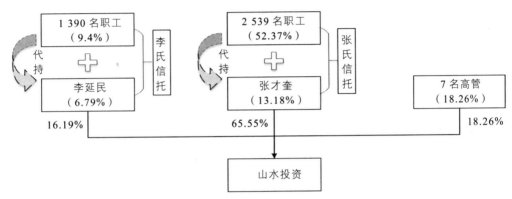

图 4-4　山水投资的原始股权结构 ①

　　其中，张才奎作为张氏信托的受托人持有山水投资 65.55% 的股份（张才奎占比 13.18%，职工占比 52.37%，收益人包括 2 539 名职工）；李延民作为李氏信托的受托人持有公司 16.19% 的股份（李延民占比 6.79%，职工占比 9.4%，收益人包括 1 390 名职工）；其余 7 名高管则共计持股 18.26%（董承田 4.18%、李茂桓 1.53%、于玉川 4.35%、赵利平 3.05%、赵永魁 2.77%、宓敬田 1.56%、王永平 0.82%）。根据当时的信托契约，原受托人有绝对酌情权管理和控制中国山水投资的股份，也就是说张氏信托和李氏信托属于"酌

―――――――――――――
① 资料来源：山水水泥招股说明书。

情信托"。[①] 2011 年，李延民在退休时将其持有的股份悄然转让给了张才奎。于是，到了 2011 年，张才奎名下共计持有山水投资股份为 81.74%，占据山水投资的绝对控制权。

然后，先后成立中国山水（香港）和先锋水泥（香港）等数家持股公司，并通过一系列的并购重组构建了红筹股权结构。

- 2005 年 1 月 31 日，中国山水（香港）以象征性代价 0.01 港元收购先锋水泥（香港）全部已发行股本。

- 2005 年 9 月 5 日，先锋水泥（香港）以 1.628 亿元人民币的总代价收购山东山水全部股份，山东山水成为外商独资企业。

- 2005 年 9 月 9 日，中国山水（香港）将已发行股本以象征性代价 2.00 港元转让给中国山水投资。

- 2005 年 11 月 30 日，摩根士丹利添惠亚洲公司、鼎晖中国和国际金融公司以代价 5 110 万美元认购中国山水（香港）49% 的股份。

- 2006 年 4 月 26 日，在开曼群岛设立中国山水水泥集团有限公司（山水水泥）。

- 2007 年 9 月 6 日，中国山水（香港）当时全部现有股东将各自于该公司的所有普通股按比例交换为相等数目的山水水泥新已发行股份。

- 2008 年 7 月 4 日，中国山水水泥集团（开曼）在香港上市（股票名称：山水水泥，代码：00691.HK）。

---

① 受托人可以在委托人的意愿指导下自行决定信托财产的分配方式、财产的管理运作方式等，即我把我的钱给你管了，你随便处置。

2. "公天下"变"家天下" ①

借助 IPO 募集到的资金，以及 2009 年 4 万亿信贷投放下的举国产能激进，山水水泥驶入发展快车道，资产规模由 2008 年的 110 亿元，到 2016 年中期增长为 335 亿元。山水水泥巅峰时每年投资数十亿元，在全国布局了辽宁、山西、新疆、山东四大片区，每个片区管辖数十家子公司，旗下共拥有大小公司 100 余家。水泥产能大约为 1 亿吨，是长江以北最大的水泥集团，产能相当于整个欧洲。

山水水泥的发展在 2010 年前一直走在正确的道路上，但随着张才奎想把其变成自己的家族企业，山水的股权争夺战的序幕就此拉开了。

张才奎安排自己的儿子张斌在 2006 年任职山水水泥副总经理，2010 年出任总经理。2012 年，34 岁的张斌在父亲的支持下，推行集中采购，以"规范招标、采购流程"的名义将过大的片区权力收归集团。

但是，这场集权式的改革动了太多人的利益，而且整个过程中缺乏有效的沟通，张才奎与管理团队的嫌隙就此埋下。宓敬田等 5 名分管财务、技术、市场等核心部门的集团副总以"近年来，我们感到越来越跟不上您的管理思路，对新的管理机制和方式越来越不适应"的理由请辞。

这 5 名辞职高管是山水投资的显名股东，他们和另两位显名股东李茂桓和王永平一块要求张才奎"依法公正、妥善处理"他们在山水投资的股份。7 名

---

① 资料来源：（1）尹聪．山水水泥退股遭抵制，博弈方或"鱼死网破"．新京报，转引自 http://stock.hexun.com/2014-08-25/167827841.html.（2）山东山水逼近四千员工退股，变国企改制为家族企业．投资者报，2013-12-23，转引自 http://business.sohu.com/20131223/n392212668.shtml.（3）山水争夺大战纪实之完整篇.（2016-04-23）. http://www.sohu.com/a/71186142_185651.（4）山东山水股权之争后续：前高管被贴"大字报"．经济导报，转引自 http://www.qlmoney.com/content/20150415-29936.html.（5）张庆宁．山水水泥无间道：高管反水、资本阳谋与一场械斗．腾讯财经．http://finance.qq.com/cross/20170411/R37D73p3.html#3.（6）山水水泥上市招股说明书、山水水泥公告。

高管要求单独考虑其所持股份的处理，但是张才奎坚持退股要与其他职工一视同仁，按照公开公正原则处理。

2013 年 11 月 12 日，山水水泥股价跌至 2.8 港元，山水投资持有股票的市值跌去一半；也就是在这一天，张才奎推出两份退股计划，直接使得自己与管理层和员工反目成仇。

（1）强取豪夺的退股计划。

作为境外受托人的张才奎对山东山水全体参股职工（全体境外信托受益人）发出通知函，称为了回报信托人，调动各级职工的积极性，同时为了建立更加公平、合理、全面的收益分配机制，聘请专业律师制订了《境外信托退出性收益分配方案》（下称《信托退出方案》）和《中国山水投资有限公司股份回购方案》（下称《股份回购方案》）。要求全体境外信托受益人带着身份证、出资缴款证明原件和信托受益人已签署的各类原件于 2013 年 11 月 20 日到山东水泥厂职工食堂听取方案宣讲，并且进行退出性收益分配的申请登记。

这两份方案分别针对不同的对象，其中《信托退出方案》针对张才奎名下 3 939 名职工股东（李延民在 2011 年退休时将他本人与 1 390 名职工的股份悄然转让给张才奎），《股份回购方案》针对的是 7 名显名股东。

从这两份文件的名字看，职工们以为自己即将拿到一笔"巨款"作为养老金。然而，当他们在现场听到方案宣讲，并拿到方案确认函时，他们都感觉受到了欺骗。这两份方案当中的许多条款都非常苛刻，严重侵害了职工股东的利益。

- 从回购价格看，偏低。回购的价格与山水水泥的股价挂钩，对价计算是以山水水泥前 60 个交易日的收市价为基础，而当时的股价徘徊在 2.8 港元 / 股的发行价附近。

- 从回购方式看，时间太长。分为三期进行回购，原则上每 10 年为一期，累计 30 年付清。同时，第一期价格打八折，第二期打九折，第三期不打折。

- 从回购资金的来源看，用大家应得的分红来回购大家的股份。包括向显名股东回购股票和支付职工退出信托的资金，均来源于山水投资从上市公司山水水泥取得的分红收益。①

- 从签署相关文件后的结局来看，后果很严重。受益人将自签署相关文件之日起不再享受信托收益。

- 从基准支付年限以及付款安排看，有利于张才奎。根据申请退股数占可退股总数的比例，分八档进行调整，当申请股份数额占全部股份数额的比例大于 75% 时，当期支付的期限最长可达 30 年。②

- 从遇到突发事件后的解决方案看，张才奎占据了主动。方案执行期间，如果遇到山水水泥股价大幅上涨或下跌，导致山水投资每股对应的山水水泥公司市值连续 3 年以上超过或低于每股价格 50% 以上，受托人（张才奎）有权利无义务作出提高或者降低收购价格的决定。

对于张才奎来讲，这是两份很巧妙的方案。基本上就是张才奎用职工股东的分红买职工股东的股份，所有股东将在 30 年后出局，张才奎届时以 13.72% 的股份，完成对山水投资 100% 的控制，而且不用花自己的一分钱。

这 3 938 名职工股东均是与张才奎一起将山东山水做大做强的功臣。山东山水从国企到民企，再从民企到上市公司，山水的成功少不了他们的辛苦付出。他们曾在山东山水发展初期共同筹措资金为企业输血，也在山东山水的

---

① 尹聪．山水水泥退股遭抵制，博弈方或"鱼死网破"．新京报，转引自 http://stock.hexun.com/2014-08-25/167827841.html.

② 山东山水逼近四千员工退股，变国企改制为家族企业．投资者报，2013-12-23，转引自 http://business.sohu.com/20131223/n392212668.shtml.

发展过程中流血流汗。在入股山东山水时，他们便已经把自己的未来寄托于此。而张才奎的这两份方案无异于将管理团队和职工股东的未来变成水中月、镜中花，这属于强取豪夺，将原本属于职工和高管的权益一并掠夺。

如果这两份方案得以成功实施，3 938名职工股东会永远退出山水投资，最终张才奎将独自拥有山水投资。苛刻的条款让许多职工和高管都无法接受，于是他们组成"维权办公室"，自发签字画押发出了《致全体山水集团职工股东以及张才奎和各级政府、社会各界的公开信》，同时，向香港证监会和香港联交所提交投诉信，并将张才奎告上了香港高等法院。

（2）张才奎与团队和员工的正式决裂。

7名高管与多名职工股东形成"维权办公室"之后，多次到山东省信访部门进行上访。其中，2013年12月4日、12月10日、12月27日，职工股东曾3次大规模到山东省省委进行上访，上访内容除了反对张才奎提出的两份方案，还要求得到分红。[①]甚至，在2014年上半年中央巡视组在山东进行巡视期间，"维权办公室"职工还向中央巡视组提交了举报资料。在职工股东不断的维权之下，上述两个退股计划均没有实现。其间，张才奎也曾无奈向管理团队和职工股东服软。

2013年12月22日，张才奎在山东山水大院里公开贴出《致股东工友们的一封信》，信中承诺：

- 不再强制职工退股。
- 由张才奎自己出资回购职工股份。
- 回购时间由原来的10年一期缩短至3年一期。
- 张才奎信托下未退股的员工将同比例增加股份的分红权利。

---

① 山水争夺大战纪实之完整篇.（2016-04-23）. http://www.sohu.com/a/71186142_185651.

● 承诺以后每年都有分红。

2013 年 12 月 25 日，山东山水开始分批给山水投资的职工股东发放 2012 年共计 1.4 亿的分红。表面上看，紧张的局势似乎得到了缓和。但是，另外一场斗争正在暗潮汹涌地进行，张才奎将两份退股计划实施失败的原因归于 7 名公司高管，并将对他们予以"报复"。

2014 年春节过后，21 位维权代表发现检察院正在调查他们的私人账户，这被认为是张才奎正在对维权派进行打击报复。2014 年 6 月，作为上市公司山水水泥总经理助理的王永平被辽宁警方以"涉嫌虚开用于抵扣税款发票"的罪名进行刑事拘留；2015 年 2 月，曾经是山水水泥执行董事的董承田，被本溪市公安局以"涉嫌挪用资金"的罪名进行正式立案审查。

在 2015 年 3 月时，山水水泥曾借"反腐"之名，在内刊《世纪山水报》发布以"铲除害群之马，打造百年山水"为主题的期刊，点名指出包括王永平在内 6 名前任高管的"腐败"现象。甚者，山水水泥还将这几名前任高管的名字、照片粘贴在山水水泥厂区内的宣传栏里，冠以"害群之马"，并称其为"在山水耻辱柱上的前中高层管理者"。[1]

这些被打上"腐败"之名的前任高管，曾经都是山水水泥副总级别的高管。如果不是在张才奎的授意下，没有人敢这样对待他们。结果是，张才奎打着"反腐"的名义报复维权派，这种不留余地的做法彻底惹怒了这群"老臣"。

2014 年 8 月 23 日，7 名维权高管和 700 多名职工股东将张才奎上告至香港高等法院，要求解除信托托管关系，归还属于自己的股权，并申请禁制令[2]

---

[1]　山东山水股权之争后续：前高管被贴"大字报". 经济导报，转引自 http://www.qlmoney.com/content/20150415-29936.html.

[2]　禁制令，通过法庭命令的形式实施的司法救济措施，常见于英美法系国家的诉讼程序中，是指法庭命令当事人做，或者不得做某一个特定的行为，以避免司法不公或者解决货币赔偿无法弥补的损害。

和接管令①。此后，参与诉讼的职工股东越来越多，直至 2015 年 5 月 20 日香港高等法院宣布判决结果之前，人数已达到 2 426。

令张才奎没有想到的是，2015 年 5 月 20 日，香港高等法院对 2 436 名山水投资职工股东的诉讼予以以下裁定："在向法院申请最后裁决或高等法院颁发进一步命令前，对山水投资共 43.29% 股权委派财产接管人。"

委派财产接管人后，财产接管人、张才奎和中国山水投资的数名少数股东分别持有中国山水投资的全部已发行股本约 43.29%、38.45% 和 18.26%，张才奎就此失去对山水投资的控制权。

3. 白衣骑士引发控制权危机 ②

与管理团队和职工股东之间的斗争尚属于"内斗"，然而张才奎为了巩固自己的地位，引入了外部股东中国建材，却使得"内斗"升级为"宫斗"，山水水泥控制权争夺战全面爆发。

（1）引入白衣骑士，却引发股权争夺。

由于山水的维权职工股东多次到当地政府上访维权，为了稳定局势，当地政府部门提出"引入一家央企"的建议，这样出了问题政府也可以责成企业领导立即解决。碰巧，当时中国建材的子公司中联水泥曾与山水水泥达成默契，以山东枣庄为分界线，山水水泥在枣庄以北地区不再南下，中联水泥在枣庄以南不再北上。如果能入股山水水泥，那么中联水泥也能进军枣庄以北

---

① 托管令，债务人如做出任何破产行为，法院可在接获由任何债权人或由债务人提出的破产申请时，作出接管令的命令，以保护有关的产业。

② 资料来源：（1）张伟贤 . 两年明讼与暗战：山水水泥三大谜团即将揭盅 . 21 世纪经济报道，2015-11-30. http://epaper.21jingji.com/html/2015-11-30/content_26840.htm.（2）山水水泥公告。（3）山水集团官网 . http://www.shandongshanshui.com/.

市场，这样的机会对于中国建材来说无异于天赐良机。①

由张才奎主导、地方政府在背后牵线，中国建材与山水水泥一拍即合。2014 年 10 月 27 日，山水水泥发布公告称，山水水泥已于 2014 年 10 月 27 日与中国建材签订《认购协议》，山水水泥以每股 2.77 港元的价格向中国建材定向增发 563 190 040 股股票，中国建材认购股本占山水水泥已扩大发行股本的 16.67%，成为山水水泥第二大股东。

引入中国建材之前，山水投资占有山水水泥 30.11% 的股份，处于相对控制的状态，位于要约收购安全线之上。然而，引入中国建材之后，山水投资的股份被稀释至 25.09%，跌破了 30% 的要约收购触发线。这意味着，资本市场上的"野蛮人"可以对山水水泥肆意敲门了。

（2）亚洲水泥悄然发力，超过中国建材成为第二大股东。

首先悄悄发力的是亚洲水泥。亚洲水泥是 2012 年以战略投资者的身份进入山水水泥的，根据山水水泥 2012 年中报和年报显示，当时持股比例分别为 5.06% 和 8.02%。根据山水水泥 2013 年中报和年报显示，当时持股比例均为 9%。

从 2014 年开始，亚洲水泥开始在二级市场上购入山水水泥股票。根据山水水泥 2014 年中报显示，亚洲水泥的持股比例为 12%，也就是说 2014 年上半年亚洲水泥共计买入占山水水泥发行总股本 3% 的股份。然而，亚洲水泥并没有停下增持山水水泥股票的步伐，截至 2014 年 12 月 31 日，从山水水泥 2014 年年报看，亚洲水泥共计持有山水水泥 20.90% 的股份，反超中国建材的 16.67%，一举成为山水水泥的第二大股东。

（3）天瑞集团半路杀出，强势买入山水水泥股票。

2015 年，河南省水泥巨头天瑞集团斥资 50 多亿港元开始在二级市场增持

---

① 张伟贤 . 两年明讼与暗战：山水水泥三大谜团即将揭盅 . 21 世纪经济报道，2015-11-30. http://epaper.21jingji.com/html/2015-11/30/content_26840.htm.

山水水泥股票。2015年3月31日，天瑞集团在未通知山水水泥的情况下在二级市场买入3.55亿股山水水泥股票，占山水水泥公开发行股本的10.51%。2015年4月15日，天瑞集团发公告称，其公司主席李留法先生持有70%股份的天瑞集团股份有限公司的全资附属公司Tianrui（International）Holding Company Limited已收购中国山水水泥集团有限公司合计951 462 000股股票，占山水水泥已发行股本的28.16%。至此，天瑞集团一跃成为山水水泥的第一大股东。

2015年4月16日上午9点，山水水泥发布《公众持股量状况及停牌》的公告。公告指出由于天瑞集团对山水水泥进行连串交易增持山水水泥的股权至28.16%，导致山水水泥公众持股量不满足香港联合交易所规定必须由公众人士持有本公司已发行股本总额25%的要求，因此山水水泥从2015年4月16日开始停牌直至恢复25%的最低公众持股量。截至发布停牌公告日山水水泥的股权结构如图4-5所示，天瑞集团28.16%，中国山水投资25.09%，亚洲水泥20.90%，中国建材16.67%，公众股东9.18%。

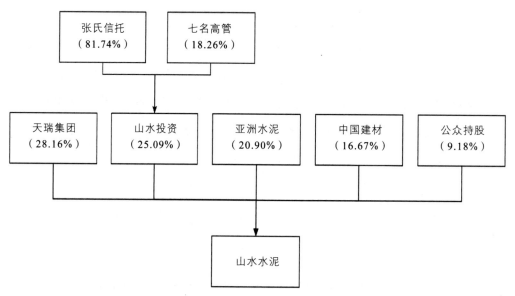

图4-5　截至发布停牌公告日山水水泥的股权结构

4. 天瑞集团三夺控制权 [①]

天瑞集团以 28.16% 的股份成为山水水泥第一大股东，然而当时的实际控制人还是第二大股东山水投资。在天瑞集团公布的收购公告中，并未说明其收购动机，仅以"商业机密"代之。而在 2015 年 5 月 22 日山水水泥的周年股东大会中，天瑞集团也没有派出相关人员参与其中。天瑞集团更像是在坐山观虎斗，等待更好的时机进入。

（1）天瑞耐心地等待机会。

根据 2015 年 4 月 16 日山水水泥发布的关于周年股东大会通知的公告，此次股东大会表决的提案有以下四项。

- 提案一：审核 2014 年度本公司及其附属公司的综合财务报表、董事会报告以及核数师 [②] 报告。
- 提案二：重选王坚为董事，并委任 4 名新董事，分别是陈学师、常张利、李冠军、曾学敏，并授权本公司董事会确定董事薪酬。
- 提案三：续聘毕马威会计师事务所为本公司核数师以及授权董事会确定其薪酬。
- 提案四：通过授权董事会发行、回购本公司股份，以及批准修订公司购股权计划项目下的现有计划授权限额。

根据山水水泥发布的公告，股东大会可投票总额约 33.79 亿股，其中参与

[①] 资料来源：（1）王延锋．巨头暗战山水水泥股东大会，董事人选等重大决议被否．经济导报，2015-05-27，转引自 http://finance.sina.com.cn/stock/t/20150526/232622272627.shtml.（2）王延锋．山水水泥董事会三上三下 大股东天瑞集团无人入选．经济导报，2015-10-15，转引自 http://stock.hexun.com/2015-10-15/179857780.html.（3）山水水泥公告。

[②] 审计师。

投票股份数约为 21.87 亿股，缺席投票股份数约为 11.92 亿股。可以参与投票的主体分别为天瑞集团、山水投资、亚洲水泥、中国建材和公众股。由于天瑞集团持有山水水泥约 9.51 亿的股票，由此可以推算出，缺席的投票股份数来自天瑞集团的 9.51 亿股和公众股的 2.41 亿股。在此次股东大会上，天瑞选择了旁观。

公告显示，和控制权无关的提案一和提案三均以 100% 赞成票通过；但是和控制权相关的提案二和提案四的投票却出了状况。提案四的赞成票少于 50% 未能通过；而提案二当中提出重选和委任的 5 名新董事，仅有常张利和李冠军都以 60.79% 的赞成票通过，其余 3 人均以高于 50% 的反对票未能通过决议。

需要注意的是，从董事提名来看，张才奎明显对于天瑞集团的到来表示不欢迎。在提案二新增五名董事中，陈学师、李冠军和常张利分别来自第二大股东山水投资、第三大股东亚洲水泥和第四大股东中国建材，唯独没有第一大股东天瑞集团的身影。经过本次股东大会的决议，山水水泥的董事会成员名单如下：执行董事分别为张斌、张才奎和李长虹，非执行董事分别为常张利和李冠军，独立非执行董事为吴晓云。

2015 年 6 月 11 日，山水水泥发布《更换董事或重要行政职能或职责的变更》公告，指出董事会新加入两名独立非执行董事，分别是曾学敏和沈平。至此，山水水泥的董事会成员新增至 8 名。

由于山水投资在此次股东大会中处于正在被第三方安永会计师事务所接管的过程，接管人要求把周年股东大会延迟至 6 月 22 日，如果未能延迟股东大会，要求否决股东大会中的所有议案以维持现状。因此，在此次股东大会中，山水投资对相关决议均投出了反对票。在第一大股东缺席，第二大股东选择投反对票的情况下，中国建材和亚洲水泥的选择成为关键。

此前山水水泥以每股 2.77 港元的价格向中国建材定向增发，导致山水投资职工们严重不满，理由是当时山水水泥每股净资产为 4.21 港元 / 股，而定向增发给中国建材的价格要比每股净资产低了 34.2%，而这一事件并没有经过董事会的商议。因此山水投资 6 名前任高管股东向香港高等法院提交诉讼，指控张才奎父子违反授信责任，与中国建材串谋以不法途径侵害山水投资利益。① 根据以上分析，中国建材应该是张才奎的铁杆支持方，而在此次股东大会，中国建材却坚定地对所有决议投出了赞同票。

相比较于"野蛮人"天瑞集团和"白衣骑士"中国建材，保持中立的亚洲水泥要含蓄得多。在此次股东大会中，亚洲水泥对来自本公司和中国建材的两名新董事投下赞成票，对另外两名董事和非独立董事均投下反对票。另外，对于决议四，亚洲水泥投下反对票。

（2）多种不利因素，天瑞第一次夺权失败。

没有参加此次股东大会的天瑞集团看清了控制权争夺的基本形势，按照"敌人的敌人就是朋友"的原则确定了可以争取的盟友：山水投资的维权派股东是很容易争取的盟友，保持中立态度的亚洲水泥也是天瑞集团可以争取的盟友。

于是，2015 年 6 月 18 日，成为山水水泥第一大股东 2 个多月一直保持沉默的天瑞集团出手了。根据 6 月 19 日山水水泥发布的公告，天瑞集团于 6 月 18 日发出要求召开特别股东大会的通知，并提了两个提案：

- 提案一：罢免除其中一名现任非执行董事以外的全体董事。
- 提案二：委任七名股东提名的新董事加入董事会。

---

① 王延锋 . 巨头暗战山水水泥股东大会，董事人选等重大决议被否 . 经济导报，2015-05-27，转引自 http://finance.sina.com.cn/stock/t/20150526/232622272627.shtml.

　　需要注意的是，提案一中提出罢免的董事包括张才奎父子。而"其中一名现任非执行董事"指的是作为亚洲水泥代表的李冠军，这一举动看起来像是天瑞集团在向亚洲水泥示好。而拟委任的 7 名董事，分别是天瑞集团董事长李留法、天瑞集团行政总裁李和平、天瑞集团执行董事杨正勇、天瑞集团执行董事李江铭、香港会计师公会会员张钰明、香港会计师公会会员罗沛昌、香港何文琪律师事务所合伙人何文琪。由此看来，天瑞集团提议安插多名天瑞系重量级人物进入山水水泥董事会，改组山水水泥董事会并全面接管山水水泥的意图已经非常明显。

　　面对天瑞水泥的"进攻"，山水水泥以"拖"作为暂时的解决方案，依据的是如下两点理由。[①]

- 罢免董事长张斌，将会触发票据（包括 2016 年和 2020 年所有尚未清偿的票据）下的控制权变动事件，并导致公司须在触发事件发生后 30 天内，提出要约按相等于票据本金总额的 101% 另加该本金的累计未付利息的回购价回购票据。山水水泥提出公司预计不会有足够的现金回购超过 9.21 亿美元的票据，而一旦公司不能回购要约，将会导致票据下的违约事件，将会给集团的财务、业务和运营带来严重影响。
- 山水水泥指出其注册地在开曼群岛，召开股东大会需要按照程序征询开曼群岛的法律意见。

　　2015 年 7 月 8 日，山水水泥发布公告称天瑞集团要求召开的特别股东大会将于 7 月 29 号在香港太古广场港丽酒店召开。同日，山水水泥发布另外一份公告，提出对委任董事、罢免董事和重选董事的推荐意见。公告中的以下

---

① 山水水泥公告 . http://www.hkexnews.hk/listedco/listconews/SEHK/2015/0619/LTN20150619867_C.pdf.

三点声明被直接用以反击天瑞集团的提案。

- 天瑞集团旗下子公司中国天瑞主要从事熟料、水泥的生产、分销，也在香港联交所主板上市，与山水水泥的业务构成同业竞争关系。
- 罢免董事长张斌将会构成 2020 年票据所带来的控制权变动事件。
- 山水水泥第三大股东亚洲水泥和第四大股东中国建材将在股东特别大会中依据董事会意见投票。

此公告内容表明了张才奎反对天瑞集团多项决议的态度，同时也表明了张才奎争取到了亚洲水泥和中国建材的支持，会共同反对天瑞集团。

与张才奎势同水火的山水投资职工股东，在天瑞集团提出召开股东特别大会并改组山水水泥董事会之后，由其托管人也提出全盘整改山水水泥董事会的提案。2015 年 7 月 18 日，山水投资托管人向香港高等法院呈报了第一个提案，在 9 个董事会名额中，建议罢免现任山水投资 3 名代表中的 2 名，仅剩 1 名留任，同时支持天瑞提名的 4 名代表。7 月 20 日，山水投资托管人又向香港高等法院呈报一份新的优先方案，建议全部罢免 3 名现任山水投资代表，并罢免 3 名独立非执行董事，同时支持除李江铭以外天瑞集团提名的 6 名代表。[①] 根据托管人的提议，改组后的山水水泥董事会将不会有山水投资的代表，该提议如果获得通过，将会对现任山水水泥董事会产生重大影响。然而 7 月 23 日，香港法院一纸判决，对山水投资托管人提交的投票建议全盘否决。

从以上情况看，天瑞集团要想在股东大会上获胜希望不大。于是在 7 月 24 日，天瑞水泥向山水水泥发出传真，希望撤回在股东特别大会上建议罢免

---

① 山水水泥公告 . http://www.hkexnews.hk/listedco/listconews/SEHK/2015/0727/LTN201507271249_C.pdf.

董事及建议委任董事的提案。天瑞集团第一次夺权正式宣告失败，山水水泥的控制权仍然掌握在张才奎父子手里。

（3）山水投资投票权遇阻，天瑞第二次夺权失败。

很快，天瑞集团发起了第二次夺权的尝试。由于在 2015 年 6 月 19 日和 2015 年 7 月 29 日，天瑞集团提出要求罢免和委任董事的事宜在 2015 年 7 月 29 日召开的股东特别大会中遭到投票否决，因此在 2015 年 9 月 2 日，山水水泥发布公告称，天瑞集团提出根据《公司章程》第 12.3 条召开另一股东特别大会，并提出两个提案。

- 提案一：罢免其中两名非执行董事以外的全体董事。
- 提案二：委任股东所提名的 5 位新董事加入董事会。

与第一次重组山水水泥董事会不同的是，本次天瑞集团支持保留中国建材和亚洲水泥两名非执行董事的席位。其中，提案一要罢免的董事是执行董事张才奎、张斌和李长虹以及独立非执行董事吴晓云、曾学敏和沈平。而提案二中新提名的 5 位新董事与天瑞集团要求召开第一次股东特别大会所提议的人选一样。

面对天瑞集团的再次"进攻"，山水水泥于 2015 年 9 月 22 日发布公告，把本次股东特别大会的时间定在 10 月 13 日，并跟上一次一样，发出了关于委任董事、罢免董事和重选董事的推荐意见，主要内容如下。

- 天瑞集团旗下子公司中国天瑞主要从事熟料、水泥的生产、分销，也在香港联交所主板上市，与山水水泥的业务构成同业竞争关系。
- 天瑞集团提出罢免的董事均是公司核心人员，同一时间罢免将会对公司的营运带来相当不利的影响。

- 天瑞水泥提出公司由赢利转为重大亏损的财务状况与行业整体趋势不相符合，山水水泥不认同该观点，而认为公司亏损是经营业务所在区域经济增速放缓与严重的产能过剩所致，符合行业的整体趋势。
- 可能触发公司发生境外债务违约事件。
- 可能导致违反《反垄断法》。
- 山水水泥第三大股东亚洲水泥和第四大股东中国建材将在股东特别大会中依据董事会意见投票。

以上公告内容表明了张才奎父子对天瑞集团明确的反对态度，而且他们继续获得了中国建材和亚洲水泥的支持。那么，山水投资的投票权就成为决定这次股东特别大会结果的关键。

山水投资的管理团队和职工股东与张才奎父子到了水火不容的境地，所以他们非常支持天瑞集团的提案。当时山水投资董事会的构成为：张氏父子两人，职工托管第三方安永会计师事务所代表（廖耀强、阎正为和顾智心），另外 3 人分别为山水投资显名股东中的一名以及两名独立董事。

由于职工股东与张才奎的诉讼案还未结束，因此，法院并不支持作为托管职工股的第三方安永会计师事务所参与罢免张才奎等人在山水水泥的董事职位。张才奎意识到决定权可能落到两名独立董事手里。为了防止这两名独立董事代表山水投资支持天瑞集团，张才奎向香港高等法院提交发布禁止令的申请，要求禁止两名独立董事在山水投资董事会上就山水水泥的投票事项进行表决。

2015 年 10 月 12 日，山水水泥发布公告称，由于公司在《公司章程》第 16.4 条指定的所需期间内，并未收到公司的成员发出的书面通知，表示拟提名候选董事参选；以及并未收到由各候选董事签署的书面通知，表示其愿意参加，因此天瑞水泥提出的新增 5 名董事的提议将不再适用。同样在当天，香港高等法院对张才奎提交对山水投资两名独立董事发布禁止令的申请作出判决，不支持向两名独立董事发布禁止令。[①]

10月13日，山水水泥股东特别大会在香港中环太古广场香格里拉酒店如期举行。根据山水水泥在第二天发布的公告，在大会当天，亚洲水泥对山水投资行使投票权人士的资格提出异议，此人士是山水投资职工股份托管人代表之一阎正为。而作为股东大会主席、山水水泥非执行董事，来自中国建材的常张利在聆讯有关异议后，根据《公司章程》第14.7条，决定不接纳山水投资在股东特别大会的投票权。天瑞集团当场表示反对，并以退场的行为表示抗议。

第一大股东退场，第二大股东投票权被否，第三、第四大股东联合反对第一大股东的决议，此次股东大会的会议结果似乎毫无悬念，天瑞水泥第二次改组山水水泥董事会依然以失败告终。

然而，就在天瑞水泥退场之后，亚洲水泥与中国建材联手做出了让人出乎意料的事情。他们联合起来投票支持罢免两名执行董事张才奎和李长虹，同时支持罢免独立董事吴晓云。

10月14日，山水水泥发布关于董事会成员变动的公告，新增中国建材投资董事长蔡国斌、土力学博士欧晋德和亚洲水泥财务主管吴玲绫3名董事。山水水泥的董事会成员维持8名董事，分别为张斌、吴玲绫、常张利、李冠军、蔡国斌、欧晋德、曾学敏和沈平。其中，亚洲水泥占有两席，分别是吴玲绫和李冠军；中国建材占有两席，分别是常张利和蔡国斌；山水投资占有一席，为张斌；其余3人为独立非执行董事。至此，张才奎正式被赶出山水水泥董事会。

---

① 王延锋. 山水水泥董事会三上三下　大股东天瑞集团无人入选. 经济导报，2015-10-15，转引自 http://stock.hexun.com/2015-10-15/179857780.html.

（4）第一大股东与第二大股东结成同盟，天瑞集团终于顺利夺权。

在天瑞集团第二次要求改组山水水泥董事会的过程中，山水投资的投票权被亚洲水泥和中国建材"莫名"剥夺，山水投资的管理团队和职工股东感到非常愤慨。作为托管方的安永会计师事务所作出反击，要求香港高等法院对其在山水投资的权利作出明确的判断。2015 年 10 月 16 日，也就是山水投资被"莫名"剥夺投票权的第三天，香港高等法院作出如下判决：批准山水投资的申请，安永会计师事务所的 3 位接管人作为山水投资的董事获得全部董事的权利，包括有自由在山水投资董事会投票的权利，有自由代表山水投资出席任何山水水泥的股东会议的权利，有自由被委任为山水水泥董事的权利。

而天瑞集团也马不停蹄，在 10 月 13 日的股东特别大会结束后的第二天，再次向山水水泥提出召开另一次股东大会的要求。10 月 15 日，山水水泥发布公告，称天瑞集团根据《公司章程》第 12.3 条，要求公司再次召开一次股东特别大会，此次大会将有以下提案。

- 罢免一名现任执行董事及一名现任非执行董事以外的所有董事，包括张斌（执行董事）、曾学敏（独立非执行董事）、沈平（独立非执行董事）、欧晋德（独立非执行董事）、蔡国斌（非执行董事）、吴玲缕（执行董事）。
- 委任五位新董事加入董事会。

如果以上提案通过，原本的董事会成员除了来自亚洲水泥的李冠军和中国建材的常张利留下，其他董事都被罢免。然而有趣的是，10 月 30 日，山水水泥再发公告，称收到天瑞集团另外一份要求通知，希望在召开股东特别大会时酌情通过以下提案。

- 罢免常张利和李冠军的董事职务。
- 委任四名由中国山水投资提议的新董事加入董事会。

为防止重蹈覆辙，天瑞集团与山水投资在此次股东大会之前便周密部署：他们向香港高等法院申请由法院委派第三方担任股东大会主席，负责全程主持会议，同时申请将股东大会地点由济南改为香港。以上申请均得到香港法院的同意。最终，天瑞集团要求召开的第三次股东大会定于 2015 年 12 月 1 日在香港金钟道统一中心举行。

持股 28.16% 的第一大股东联合持股 25.09% 的第二大股东联手改组公司董事会，结局就可想而知了！从山水水泥发布的本次股东大会投票结果看，当天共产生约 18.74 亿股有效票，占山水水泥已发行股份数的 55.56%。由于天瑞集团和山水投资两者共持有山水水泥 53.25% 的股份，所以推测出中国建材和亚洲水泥并未参与本次股东大会的投票。

根据本次股东大会投票结果，张斌、张常利、李冠军等原来 8 名董事被悉数罢免。同时，新委任执行董事 5 名，包括李留法、李和平、廖耀强、华国威和张家华；新委任 1 名非执行董事黄清海；新委任 3 名独立董事，分别为何文琪、张钰明和罗沛昌。而原本由张斌担任的山水水泥董事会主席一职则由天瑞集团董事长李留法接任。

事不过三，天瑞集团成为第一大股东之后，终于在第三次提议召开的股东大会上成功控制山水水泥董事会，成功将张斌、中国建材和亚洲水泥的代表踢出董事会，取而代之的是以天瑞系和山水投资职工托管代表组成的董事会。但是这种极端做法欠缺理性，为后面的风波再起埋下了伏笔。

5. 张氏父子的绝地反击 ①

当天瑞集团成为大股东之后，张才奎父子就意识到在山水水泥的大势已去，因此在天瑞掌控山水水泥董事会之前，欲对山水水泥进行清盘以瓜分优质资产，并且通过先锋水泥修改山东山水的公司章程，阻挠天瑞集团掌控经营主体山东山水。

（1）张才奎父子推出焦土战术。

在天瑞集团控制山水水泥董事会之前，曾发生过惊人的剧情。面对天瑞集团步步紧逼，香港高等法院同意让山水投资托管人进入山水投资董事会，以及中国建材和亚洲水泥可能联手发出的全面要约收购计划，等等，各种不利因素摆在面前，张才奎父子意识到他们即将失去对山水水泥的控制权。在这种情况下，他们想出了对山水水泥予以"安乐死"：对山水水泥进行清盘，以瓜分剩余的优质资产。

2015年11月11日上午8点16分，山水水泥对外发布一则关于对山水水泥进行清盘的公告，指出公司无法在2015年11月12日之前足额偿还一笔20亿元的超短期融债券②（以下简称"超短融"），因此，可以肯定山水水泥将于2015年11月12日就境内债务发生违约。公告还提示违约将会触发公司此前所订立的其他财务贷款（包括2020年到期本金额为5亿美元，利息为7.5%的优先票据）以及公司在中国内地订立的其他贷款或担保下的交叉违约

① 资料来源：（1）陈锋，郑重. 山水水泥自杀式清盘：大股东逼宫老东家摔罐. 华夏时报，转引自 http://money.163.com/15/1114/08/B8CCA5QQ002526O3.html.（2）天瑞集团强收山水水泥　控权争夺再添新剧情. 新浪财经. http://finance.sina.com.cn/chanjing/gsnews/2015-12-25-doc-ifxmxxsr3677646.shtml.（3）山水新董事会设立新总部. 中国水泥网. http://www.ccement.com/news/content/8293037327277.html.（4）山水水泥公告。（5）山水集团官网. http://www.shandongshanshui.com/.

② 超短期融资债券是指具有法人资格、信用评级较高的非金融企业在银行间债券市场发行的，期限在270天以内的短期融资券。

等问题。因此，山水水泥董事会决定向开曼法院提交清盘申请，并于开曼时间 2015 年 11 月 11 日上午在开曼法院进行聆讯。这意味着，因发行人母公司山水水泥涉及控制权纠纷等问题，该笔债务将被确认实质违约。这也是中国首例超短融的违约事件。[①]

这突如其来的消息瞬间在资本市场上引起轩然大波，也因此触怒了部分债权银行。11 月 12 日，山水水泥发出公告称，子公司先锋水泥收到中国建设银行要求立即偿还一笔 5 000 万美元的离岸贷款，子公司山东山水收到招商银行要求立即偿还人民币 6 亿元的循环贷款。

事实上，除了这笔"15 山水 SCP001"的 20 亿元人民币超短融之外，当时山水水泥还有"15 山水 SCP002"8 亿元人民币超短融，"13 山水 MTN001""14 山水 MTN001""14 山水 MTN002"40 亿元人民币中期票据，以及"14 山水 PPN001"3 亿元人民币定向债务工具。这些债务共计 71 亿元人民币，其中招商银行占据了近 70.42% 的债权份额，约为 50 亿元，其余债权人则分别来自国内"中农工建"等 5 家银行。

上文提及清盘申请将于开曼时间 11 月 11 日上午进行聆讯，结合开曼时间与北京时间的时差，也就是说留给天瑞集团和山水投资的时间仅剩不到 15 个小时。

好在"高手过招，贵在先人一步"。作为山水投资职工股份托管人的廖耀强，是香港有名的"清盘王"，此前许多知名企业的清盘都由他操刀。由于经验丰富，廖耀强早已预料到张才奎父子可能会使用"焦土战术"。

因此，虽然留给天瑞集团与山水投资只有不到 15 个小时的时间，但他们仍及时向开曼法院提交撤销对山水水泥进行清盘的申请，同时成功申请将聆

---

① 陈锋，郑重 . 山水水泥自杀式清盘：大股东逼宫老东家摔罐 . 华夏时报，转引自 http://money.163.com/15/1114/08/B8CCA5QQ002526O3.html.

讯日押后至开曼时间 2015 年 11 月 18 日上午。在这期间，天瑞水泥和山水投资四处奔走，对在香港、北京、济南等地的债权人进行游说，反复说明山水水泥远没到清盘的地步。

事实上，从山水水泥历年的业绩看，山水水泥的突然清盘显得并不合理，如图 4-6 和图 4-7 所示。

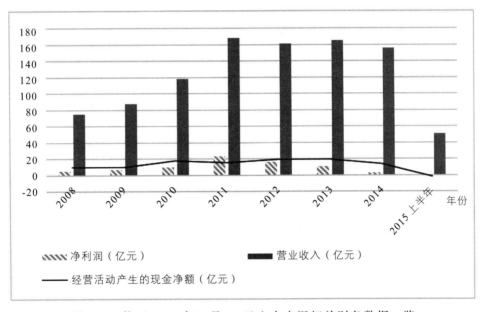

图 4-6　截至 2015 年 6 月 30 日山水水泥相关财务数据一览

如图 4-6 所示，从收入规模看，山水水泥营业收入在 2008 年至 2011 年期间快速上升，分别为 75 亿元、87.28 亿元、118.54 亿元和 168.62 亿元；此后，从 2012 年至 2014 年则处于比较稳定的收入状态，分别为 161.6 亿元、165.35 亿元和 55.96 亿元，而截至清盘事件发生日所公布的 2015 年中报，则显示 2015 年上半年山水水泥的营业收入为 50.64 亿元。

从净利润看，2008 年至 2014 年期间，均处于赢利的状态，分别为 5.49 亿元、7.14 亿元、10.05 亿元、23.12 亿元、16.04 亿元、10.75 亿元和 3.09 亿元。虽然 2015 年中报显示上半年亏损 1.1 亿，但原因和山水水泥的股权争夺战有关。

从经营活动产生的现金净额看，2008 年至 2014 年期间均保持在 10~20 亿元的区间，2015 年上半年则出现负流入情况，为 −1.38 亿元，但也还未到需要对企业进行清盘的地步。

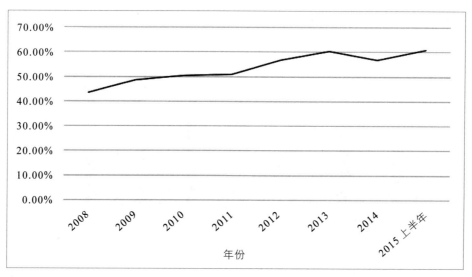

图 4-7　截至 2015 年 6 月 30 日山水水泥资产负债率情况

如图 4-7 所示，从资产负债率来看，山水水泥更是远未达到需要清盘的界限。从 2008 年至 2014 年，山水水泥的资产负债率分别为 43.06%、48.50%、50.40%、50.90%、56.90%、60.40%、56.90%，2015 年上半年的资产负债率则为 60.80%。

山水水泥从上市至 2014 年 7 年间，从未出现过亏损或负现金流，仅 2015 年上半年出现小幅亏损及负现金流的情况。与其他出现清盘危机的企业相比，山水水泥远未达到山穷水尽的地步。很明显，这是当时张才奎父子面对多方压力抛出的"焦土战术"。在天瑞集团与山水投资的游说之下，债权人也都明白，如果山水水泥进行清盘，结局无疑是多输的，而造成本次清盘危机的主要原因在于山水水泥正处于控制权争夺战当中，并不是山水水泥到了资不抵债的地步。

因此，在开曼时间 11 月 18 日之前，债权人均没有要求对山水水泥进行清盘。同时，在山水投资的申请下，关于对山水水泥清盘的聆讯再次延迟至 11 月 23 日。由于最终无债权人提出清盘申请，开曼法院在 11 月 25 日裁定，由于无任何债权人代替董事作为申请人提出申请，故下令否决清盘申请并驳回申请。至此，山水水泥终于躲过了这场清盘大劫。

（2）山水水泥与山东山水互怼公告。

天瑞集团终于在 2015 年 12 月 1 日的股东大会上控制了山水水泥董事会，并将张氏父子、中国建材以及亚洲水泥的代表踢出了董事会。但是故事并没有结束，只是掀起了一个小高潮，围绕山水水泥控制权争夺战更精彩的情节才刚刚要上演。

山水水泥是采用红筹架构在香港上市的，如图 4-3 所示。山水水泥是在开曼注册的离岸公司，是上市主体，但实际上只是空壳公司；公司的主要运营资产和业务均在山东山水。而在山水水泥与山东山水之间，还夹着山水水泥（香港）和先锋水泥（香港）两层持股架构。

天瑞水泥在控制了山水水泥之后，想要进一步控制内地经营的主体山东山水，还需要控制中国山水（香港）和先锋水泥（香港）这两个持股公司。由于这两个公司注册地都在香港，因此由天瑞集团组建的董事会很快控制了这两个公司。

由于作为经营主体的山东山水身处中国境内，并且管理层均是张氏父子的铁杆心腹，想要对其实际控制并非易事。早在天瑞集团要求召开第二次股东大会时，张才奎就意识到自己在山水水泥的大势已去；因此，股东大会一结束，张才奎便以先锋水泥（香港）执行董事的身份，修改了山东山水的公司章程，试图守住山东山水。公司章程修改的内容如下。

"全体董事均由股东委派"修改为董事"任期 3 年，未经当届董事会决议通过，不得修订公司章程改变董事会组成方式或董事人数"。

"股东可于任何时候向公司发出书面通知后，撤换其委派的任何董事"修改为"在董事任期内，除非发生《公司法》第一百四十六条 [①] 规定的不得担任董事的情形，股东不得解除其职务"。

此次公司章程修改的做法是比较狠的，张才奎实际上是把股东实施参与重大决策和选择管理者的权利都给剥夺了。章程修改之后，除非山东山水董事发生《公司法》第一百四十六条规定的五种情形，否则在 3 年内，山水水泥股东无权对山东山水董事会进行更改。但有意思的是，这一份极其不合理的公司章程却通过了山东省相关部门的审批备案。

天瑞水泥和山水投资在接管山水水泥董事会之后便开始着手把山东山水的公司章程更改回原来的版本，同时对山东山水的董事会进行改组。而张才奎父子并不愿意束手就擒，于是就出现了山水水泥与山东山水公告互怼的一幕。

2015 年 12 月 3 日，山水水泥发布自愿公告称，李和平、李茂桓、宓敬田、赵永魁、于玉川、赵利平、陈仲圣、高勇及杨勇被委任为山东山水的董事，刘现良被委任为山东山水监事。而张才奎、张斌以及陈学师的董事席位则被罢免，原监事黄克华也被罢免。其中，李和平被委任为山东山水法人及董事长，宓敬田则为副董事长。同时，山水水泥对山东山水的公司章程作出若干修订，于 2015 年 12 月 3 日起生效。

12 月 4 日，山水水泥将张才奎父子等原董事上告至香港高等法院。申诉中指出张才奎父子等原董事通过先锋水泥（香港）非法更改山东山水的公司

---

① 有以下情形之一的，不得担任公司的董事、监事、高级管理人员：（1）无民事行为能力或者限制民事行为能力；（2）因贪污、贿赂、侵占财产、挪用财产或者破坏社会主义市场经济秩序，被判处刑罚，执行期满未逾五年，或者因犯罪被剥夺政治权利，执行期满未逾五年；（3）担任破产清算的公司、企业的董事或者厂长、经理，对该公司、企业的破产负有个人责任的，自该公司、企业破产清算完结之日起未逾三年；（4）担任因违法被吊销营业执照、责令关闭的公司、企业的法定代表人，并负有个人责任的，自该公司、企业被吊销营业执照之日起未逾 3 年；（5）个人所负数额较大的债务到期未清偿。

章程，并要求其立即交回公司的公章和账簿等重要文件。

12 月 7 日，山东山水通过企业官网连发四则公告，其中《关于山东山水诉讼宓敬田 7 人已立案的公告》称 12 月 3 日山水水泥所发布的公告属于非法行为，指出罢免张才奎父子等高层管理人员以及对公司章程的修改严重侵害了山东山水的合法利益，并严重干扰了公司的生产经营管理秩序，并对山水水泥及宓敬田、李茂桓、赵永魁、于玉川、赵利平、陈仲圣和高勇 7 名自然人以"侵权"名义向济南中级人民法院提起起诉。其他 3 份公告则指出了济南市政府成立工作小组进驻山东山水，明确指出山东山水将维持现在的组织机构。

12 月 10 日，山水水泥就山东山水所发出的公告予以澄清公告，强调其 12 月 3 日发布的公告均符合中国的相关法律法规。

双方各自的公告，形成了山东山水拥有"新旧两个董事会"的怪象。由于山东山水的公章和账簿等重要文件仍然掌握在张才奎父子手中，此前被新董事会罢免的山东山水旧董事会成员仍然是山东山水法人代表和董事。

天瑞集团被迫采用先控制山东山水下属工厂，再谋求工商变更的做法。从 2015 年 12 月 7 日至 12 月 9 日，新董事会分别整体接管了山东山水在东北区域、山西区域和新疆区域的下属工厂，到 12 月中旬，超过 95% 的下属工厂已被新董事会成功接管。之后，新董事会也曾试图带着董事会决议和新公司章程前往济南市工商局进行股东变更。但是由于山东集团总部大楼仍然由张才奎父子控制，并拒绝交出印鉴、公章和账簿等重要证明文件，因此，新董事会无法在济南市工商局完成股东变更。

12 月 21 日，事情似乎发生了转变。山水水泥发布公告称，在济南市政府的支持和协助下，山水水泥于 2015 年 12 月 21 日开始接管山东山水总部的相关程序。

然而，山东山水旧董事会对此予以"打脸"。12 月 22 日，旧董事会在山东集团公司网站发布声明称，山水水泥 12 月 21 日的公布内容属于虚构捏造。

（3）第一次全武行，天瑞集团与原管理团队的联盟完成对山东山水的有限接管。

12 月 24 日，在经过 1 个月依然无法控制山东山水总部的情况下，天瑞集团与其他股东代表共 300 多人打出"维护股东权益""净化企业环境""热烈欢迎新山水领导班子入驻办公大楼开展工作"等横幅，齐聚在山东山水总部大院，要求旧董事会按要求履行股东大会协议，交出公章和账簿等重要文件，让新董事会尽快接管企业，以恢复正常生产。①

然而，旧董事会对此早有准备。12 月 3 日，他们就已经招聘百余名保安，并为之配备警用器械。当天的对峙长达 2 个多小时，新、旧董事会与济南市政府驻山东山水工作小组意见未能达成一致，新董事会依然未能成功接管山东山水总部。

12 月 29 日，山水水泥发布《向香港警察报案》的公告。公告指出，从 12 月 3 日股东大会罢免的 7 名董事手中取回办公室拥有权之后，公司人员到被罢免董事曾拥有及控制的公司在港主要营业地金钟力宝中心的办公室进行彻底搜查，但未能找到账簿、记录及重要文件（包括相关公司印鉴、印章等），也未能从公司的电脑内取得任何电子数据、账簿、记录及涉及山水水泥和相关附属公司的重要文件。对此，公司在 12 月 28 日向香港警察报案。同一天，山水水泥发布公告称，由于公司资金链紧张，其发行的总额为 18 亿元人民币的中期票据"13 山水 MTN001"基本无法于 2016 年 1 月 21 日到期兑付。这也意味着山水水泥将再次面临债券违约。

一波未平，一波又起。2015 年 12 月 31 日，山水水泥发布公告称，山东

---

① 天瑞集团强收山水水泥 控权争夺再添新剧情.大河网，转引自新浪财经.http://finance.sina.com.cn/chanjing/gsnews/2015-12-25/doc-ifxmxxsr3677646.shtml.

山水前任董事陈学师连同一群黑帮成员于2015年12月27日强行闯入山东集团总部，破坏办公室内的财物，并袭击山东山水的雇员。

互怼公告的情况再次出现，2016年1月4日，山东山水官网发布了《澄清公告》及《关于公司依法经营、班子依法履职的通知》，指出山水水泥2016年12月31日发出的公告为违法和虚假，同时否定新董事会的合法地位，并促请雇员及附属公司按照山东山水原管理层行事。2016年1月6日，山水水泥以澄清公告作为回应，指出山水水泥已合法更改其直接或间接附属公司董事会的组成，12月31日公告属实，并指出山东山水不按照先锋水泥（香港）管理层行事属于不当及非法行为。

新旧董事会之间的博弈持续发酵，为了进一步控制山东集团总部，新董事会于2016年1月14日发布公告称，集团已设立新总部，并要求总部员工于2016年1月17日上午9点准时到新总部报到。①

1月26日，山水水泥发布律师声明，指出公司仍面临全面接管山东山水资产的管理及控制权困难，在咨询过律师意见后，公司将会采取必要措施依法强制接管山东山水总部。同时，还指出济南市人民政府及其派驻山东山水的工作组直接干涉上市公司对控股公司的管控，非法纵容和维护前公司董事对山东山水的恶意强占，致使上市公司至今无法实现有效接管控股企业。也在这一天，2 000多名来自全国各分公司的山水职工，聚集在原山东山水总部大楼，高举"还我公章"等横幅，要求山东山水旧董事会交出公章，并让新董事会对山东山水进行接管。

员工到山东山水总部大楼"讨说法"的行为一直持续到1月30日。当天，在新董事会的命令下，1 600多名职工对山东集团总部大楼进行"强攻"。

---

① 山水新董事会设立新总部. 中国水泥网，2016-01-15. http://www.ccement.com/news/content/8293037327277.html.

济南市政府紧急派出协调小组，规劝旧董事会班子离开。迫于各方压力，张才奎父子等人不得不撤离山东山水总部。至此，由天瑞集团和维权派管理层组成的新任董事会终于完成对山东山水总部及另外 3 家工厂的有限接管。

6. 昔日盟友反目 ①

天瑞集团和维权派管理层以"盟友"的关系接管了山东山水总部，盘点山东山水总部的物品之后，发现最重要的公司公章不见了，所以此次接管并不"彻底"，为后续的控制权争夺留下隐患。

在利益面前没有永远的朋友，天瑞集团控制山水水泥董事会后推出的两份配股计划，被认为试图摊薄其他股东股份，遭到了维权派管理层的强烈反对。昔日"盟友"反目成仇，围绕着山水水泥控制权之争的故事再次掀起波澜。

（1）天瑞集团推出股份配售计划。

2016 年 6 月 3 日，山水水泥曾以"建议恢复公众持股量"的名义发布公告，公告提出按每一股现有股份可认购 4 股新股的计划公开发售，共募集 40 亿港元，目的在于偿付集团的未偿还债务。但该建议立即遭到以宓敬田为代表的山东山水管理层的反对，他们认为"一配四"的方案将会使山水投资在山水水泥的持股比例稀释至 6.2%，此举将严重损害山水投资及职工股东的利益，因此，第一次配股计划无果而终。

2016 年 9 月 12 日，山水水泥再次发布关于配售新股的公告，称为了恢复

---

① 资料来源：（1）王颖军．山东山水风波再起 大股东天瑞集团与现任高管交恶．舜网 - 济南时报，2017-01-15．http://news.e23.cn/jnnews/2017-01-15/2017011500018.html．（2）山水水泥股争升级：600 人武斗 重型机械轮番上阵．西部网．http://media.china.com.cn/cmyw/2017-04-10/1018868.html．（3）崔晓丽．山水水泥内斗上演"武打片"，大股东天瑞集团聚众冲击山水集团．证券时报．http://company.stcn.com/2017/0409/13206628.shtml．（4）山水水泥公告。

公众持股量，将以不低于每股配售股份 0.5 港元的配售价向不低于 6 名独立承配人配售不少于 9.1 亿股及不超过 9.5 亿股。然而，这项配股计划同样遭到宓敬田等人的反对。按照山水水泥在香港联交所最后交易日的每股收盘价 6.29 港元来算，0.5 港元 / 股的配售下限价折让了约 92.1%。根据山水水泥 2016 年 6 月 30 日每股未经审核的总和净资产约 1.11 港元来算，0.5 港元 / 股的配售价也折让了约 55.0%。宓敬田等人认为该配售价格过低，将严重影响职工股东和山水投资的实际利益。宓敬田等人始终认为，被天瑞集团控制的山水水泥董事会打着筹集资金偿还债务和恢复公众持股数量的名义推出配股计划，事实上是要摊薄其他股东的股份比例，以获得山水水泥的绝对控制权。

（2）盟友翻脸。

天瑞集团虽然控制了山水水泥的董事会，但是对于山水水泥的经营实体山东山水，却没有参与其中，而是启用山东山水原高管宓敬田作为接管人，并任命其为山东山水副董事长。这也形成了一个权力相对制衡的格局：天瑞集团与山水投资托管人掌控了上市公司山水水泥的董事会，而宓敬田为首的原高管团队掌控了经营实体山东山水。

然而，这种权力制衡的局面仅仅维持不到 1 年就发生破裂，双方之间就爆发了矛盾。

2016 年 12 月 14 日，宓敬田通过其主持的山东山水媒体新闻发布会，对外公开了新董事会接管 1 年来的业绩情况。宓敬田称，山东山水于 2016 年实现了扭亏为盈，毛利率为 20%，同比增长 73%，各项生产经营指标已接近或超过历史的最好水平，并表示 2017 年山东山水的利润有望超过 10 亿元，对于公司由于债务违约所欠下的 46 亿元，也表示有了妥善的解决方案。

但山水水泥对外披露的业绩是巨亏的。山水水泥在 2016 年 10 月 30 日和 11 月 2 日发布的未经审核业绩中显示，山东山水及其附属公司在 2016 年 1 月至 9 月期间录得净亏损，与宓敬田所言的山东山水在 2016 年 5 月获利 5 000

万元人民币、6 月至 7 月获利 1 亿元人民币存在差异。这马上引起了香港联交所的关注和问询。

山水水泥董事会大怒，2016 年 12 月 17 日，山东山水相关董事会成员收到了由山水水泥委托香港高露云律师行发出的《进行山东山水内部信息披露程序的调查和整改命令的通知》律师函，该函指责"山东山水内部信息披露出现重大问题，主要领导带队不服从集团基本政治纪律，情节严重，影响恶劣，可能会造成下属 100 余家公司分崩离析，各自为政"，要求山东山水立即进行整改，并对违反公司纪律的有关人员进行处分。

12 月 21 日，宓敬田等人为此作出了书面说明，认为山水水泥此举属于借题发挥，其主要目的是"拿掉"以宓敬田为首的山东山水管理层。12 月 22 日，山东山水回复山水水泥，表示拒绝其整改和处分要求，并要求山水水泥派出独立调查人员对此事予以调查，但最终未遂。也因此，山东山水与山水水泥第一大股东天瑞集团之间的矛盾爆发，"内讧"再次形成。

2017 年 1 月 12 日，山水水泥发布公告称，将从即日起免除宓敬田在山东集团及其所有附属公司的所有职务、权利和职责。

然而，这则免职公告更像是一纸空文。1 月 13 日，山东山水召开 2017 年工作会议，宓敬田依然代表山东山水发表工作报告，总结 2016 年集团的发展情况等，无视山水水泥发布的公告。至此，昔日团结一致的"联盟"阵营已分崩离析。

（3）天瑞集团强攻山东山水总部，上演第二次全武行。

以宓敬田为首的山东山水管理层与山水水泥董事会的僵持一直持续到 2017 年 4 月。其间，山水水泥于 2017 年 3 月 13 日罢免了李茂桓、于玉川、赵利平和陈仲圣在山东山水及其附属公司的所有职务，重新委任廖耀强、阎正为、张家华和刘德权为山东山水董事，并任命阎正为为总经理。

对此，以宓敬田为首的经营团队以行动表示拒绝。4 月 6 日，宓敬田再次以山东山水党委、董事会和经营班子的名义对外召开媒体通气会，对山水水泥财报巨亏进行炮轰，指出财报巨亏的原因是做低山水水泥的净资产，为低价增发作好铺垫。

4月7日，山水水泥总裁李和平在北京召开"有关公司近期控制权争斗及债务问题"的新闻发布会。会中将矛头指向宓敬田，并表示将以"损害公司利益责任纠纷"的罪名，向山东省高级人民法院予以上诉。

4月8日凌晨，山东山水发生暴力冲击事件。根据相关媒体报道，当天凌晨4点多，天瑞集团带领600余人乘坐几十辆车，对位于济南市104国道旁的山东山水进行强攻。在这次强攻中，暴力发起方不仅对山东山水的几个大门进行打砸，还将装载机开上办公楼进行蛮击，造成部分留在办公楼进行防守的员工和高管受伤。这场"武斗"最终在上千名警察的干预下，才得以平息。

根据证券时报网报道，这次冲击是由山水水泥董秘喻春良指挥执行的，其中天瑞集团董事长李留法与山水水泥董事会主席廖耀强均出现在事件现场。[1]虽然详细情况未能得到相关方面的证实，但可以确定的是，这一次"全武行"的本质是抢夺山东山水经营实体的控制权。

7. 没有赢家的博弈 [2]

第二次"全武行"事件之后，山水水泥的控制权争夺战似乎已尘埃落定。

---

[1] 崔晓丽. 山水水泥内斗上演"武打片"，大股东天瑞集团聚众冲击山水集团. 证券时报. http://company.stcn.com/2017/0409/13206628.shtml.

[2] 资料来源：（1）金仲兵. 山水水泥大战的社会学解读：一场没有赢家的零和游戏. 企业与法律. http://www.ccement.com/news/content/8464312531799.html.（2）山水水泥械斗，天瑞集团铤而走险的根本原因是缺钱. 莲花财经，转引自 http://finance.ifeng.com/a/20170422/15314396_0.shtml.

公司的第一大股东天瑞集团完成对上市公司山水水泥董事会层面的控制，也把宓敬田等原高管成功赶出经营实体山东山水，天瑞集团似乎大获全胜。但如果从退出收益的角度去分析，这场股权争夺战到目前为止没有赢家可言，包括天瑞集团也只是控制住了局面而已。

（1）多输局面。

创始人张才奎是最大的输家。张才奎的能力是非常强的，是少有的有魄力、敢作敢当的企业强人。在他的带领下，员工和管理层将山东水泥试验厂从连续亏损18年的泥潭中拯救出来，并成功将企业从国企改制为全员持股的民营企业，最终在香港上市。张才奎本应把与其"打拼天下"的员工和管理层当作铁杆盟友，而不是豪取强夺原本属于他们的利益。但是，由于没有克服人性的贪欲以及缺乏处理复杂问题的政治智慧，最终的结果就是管理层和员工联合"野蛮人"天瑞集团，将张才奎父子赶出山水水泥董事会。

管理层同样也是这场股权争夺战中的输家，全部被清理出局。首先是以王永平和董承田为代表的部分原高管，在张才奎推出两份不合理的退股方案之后，带领职工股东以上访等方式进行维权，与张才奎的关系正式破裂，进而被张才奎以"涉嫌虚开发票"和"涉嫌挪用资金"等"反腐"的罪名清理出局。其次是以宓敬田为代表的原管理层，原本均是张才奎的左膀右臂，因为退股方案与张才奎撕破脸，继而在天瑞集团控制山水水泥董事会之后，又与天瑞集团结成盟友，接管山东山水的日常经营工作。然而，双方的蜜月期持续不到1年，便因为天瑞集团推出的配股计划而关系破裂。在以宓敬田为首的原管理层多次拒绝山水水泥董事会对其辞退的安排后，最终天瑞集团对山东山水总部大楼进行强攻，原管理层彻底出局。

天瑞集团、中国建材和亚洲水泥同样也不是赢家。无论作为产业投资者、财务投资者还是战略投资者，它们均暂时没有在这场股权争夺战中获利。

山水水泥自股票停牌之后，由于控制权争夺战的全面爆发，公司元气大伤，2015 年和 2016 年都出现巨额亏损，甚至一度出现清盘计划。在这种情况下，投资人投入的资本不仅被套牢其中，而且还没有分红，加大了资本的使用成本。以天瑞集团为例，2015 年在二级市场买入山水水泥股票的 50 多亿元港元来源于发债资金，最低年利率为 6.89%，最高年利率为 8.5%。[①] 如果山水水泥不及时复牌，天瑞集团的资金成本将越来越大。

（2）发生多笔债务违约。

自天瑞集团成为山水水泥第一大股东，公司股票便因为公众持股数量少于 25% 而不得不于 2015 年 4 月 16 日开始停牌。至今仍因公众持股数量不足 25% 而未能复牌。

山水水泥股票停牌以来，曾发生过多笔债务违约事件。公司首次债务违约发生在 2015 年 11 月 12 日，由于山东山水无法偿还到期的"15 山水 SCP001" 20 亿元债务，触发债务违约，也成为国内首例超短融违约事件。除此之外，公司还有多笔债券发生违约，包括"15 山水 SCP002"超短期债券 8 亿元、"14 山水 MTN001"中期票据 10 亿元、"13 山水 MTN001"中期票据 18 亿元等多笔债务。表 4-1 所示的是山水水泥停牌以来所需偿还的债务一览[②]。

如表 4-1 所示，8 只债券中，有 7 只已经到期，已兑付的只有 1 只；4 只未兑付，总金额高达 56 亿元人民币；还有两只美元债券共计 8 亿美元，根据公告无法查阅兑付情况[③]。导致债务发生违约的重要原因是山水水泥的内部控制权问题迟迟未能得到解决，公司股票一直处于停牌中。而债务违约将面

---

① 山水水泥械斗，天瑞集团铤而走险的根本原因是缺钱 . 莲花财经，转引自 http://finance.ifeng.com/a/20170422/15314396_0.shtml.

② 根据山水水泥公告整理。

③ 估计也没有兑付。

临被债权人起诉、被相关机构下调评级，从而引起企业融资难、资金链断裂等风险。

表 4-1　山水水泥停牌以来所需偿还的债务一览

债券名称	债券类型	起息日	到期日	发行金额	币种	兑付情况
15 山水 SCP001	超短融	2015.04.14	2015.11.12	20 亿元	人民币	未兑付
13 山水 MTN001	中期票据	2013.01.18	2016.01.21	18 亿元	人民币	未兑付
15 山水 SCP002	超短融	2015.05.14	2016.02.12	8 亿元	人民币	未兑付
3VZB. SG	企业债	2011.05.25	2016.05.25	4 亿元	美元	未知
14 山水 MTN001	中期票据	2014.02.25	2017.02.27	10 亿元	人民币	未兑付
1CIB. SG	企业债	2012.04.27	2017.04.27	4 亿元	美元	未知
14 山水 MTN002	中期票据	2014.05.19	2017.05.12	12 亿元	人民币	已兑付
5879. HK	企业债	2015.03.10	2020.03.10	5 亿元	美元	未到期

（3）业绩出现巨亏，联交所建议退市。

自爆发股权争夺战以来，山水水泥的业绩开始出现亏损。如图 4-8 所示，公司在 2015 年和 2016 年的净利润分别亏损 66.94 亿元和 9.97 亿元，经营现金流分别为 -3.43 亿元和 10.07 亿元。与 2012—2014 年的财务数据对比，业绩和现金流都出现负增长现象。2012—2014 年净利润分别为 16.04 亿元、10.75 亿元和 3.09 亿元，经营活动产生的现金流分别为 19.3 亿元、19.25 亿元和 13.76 亿元。由于无法确保 2015 年和 2016 年会计账簿与记录的完整性，审计师无法对这两年的财务报告表示意见；但即使假设这些数据是真实的，仍然可以看出股权争夺战对公司的业绩造成巨大的冲击。

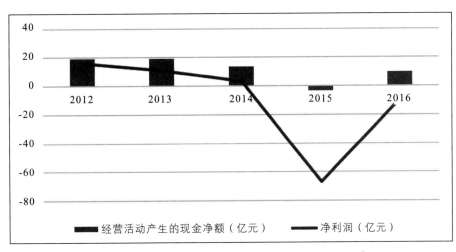

图 4-8　山水水泥 2012—2016 年的业绩情况 [①]

由于股票持续停牌和持续的股权争夺战，公司的资产负债率也节节攀升。2012—2016 年的资产负债率分别为 56.9%、60.4%、56.9%、77.6% 和 81.9%，如图 4-9 所示。

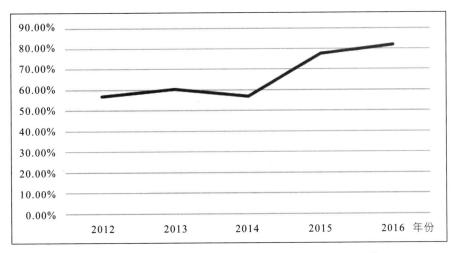

图 4-9　山水水泥 2012—2016 年资产负债率走势 [②]

---

① 资料来源：山水水泥年报。

② 资料来源：山水水泥年报。

此外，由于山水水泥股票停牌已超过两年半，香港联交所在 2017 年 10 月 27 日通知山水水泥展开取消公司上市地位的程序。根据山水水泥公告，联交所将给山水水泥提供额外时间至 2018 年 10 月 31 日恢复公众持股量及解决导致山水水泥不适合上市的原因。倘若没有按时完成上述活动，联交所将执行取消山水水泥上市地位的程序。

8. 张才奎的悲情根源

从企业创始人的角度来复盘山水水泥这一部精彩的股权争夺大战，最应该关注并吸取教训的是"悲情英雄"张才奎。从做企业的角度，张才奎无疑是成功的，带领一个连亏 18 年的"国家弃子"成长为全国水泥行业的标杆企业，并且成功改制在香港 IPO 上市，进入发展的快车道。但是，由于人性的贪欲和缺乏政治智慧，张才奎最后的结局却是被管理团队和员工怨恨；想要引入"白衣骑士"，却不慎门户大开，引来门口的"野蛮人"，最终被赶出了自己一手带大的企业。

（1）祸起贪欲。

山水水泥控制权争夺战的导火索源自张才奎推出的两份分别针对职工和管理层的退股计划。这两份计划的用意是将原来属于职工和高管的股份收归至自己名下，将原来的企业予以"家族化"，以便独揽大权。

创始人有这样的想法也属正常，但是应该保证团队和员工的应得利益。张才奎给出的退股计划对于自己是非常有利的，对员工却是极其不公平的，如用公司分红的钱来回购股份、将股份分为 10~30 年不等进行回购、股份回购每一期的折扣不一样等。

张才奎的目的，是要把职工股东的所有股份收归自己名下，并变相要求所有管理团队和职工股东将股份从山水投资退出来，其真正的目的是要把山水水泥和山东山水变成自己家的企业。而且，张才奎就没打算花自己的钱去买大家的股份，而是打算用原本属于山水原始职工和高管们的分红来收购他们的股份，这无异于巧取豪夺，硬生生把原本属于职工和高管的东西抢了过来。要知道，这4 000多名职工和高管，都是山水历史上的功臣，在山水发展初期，他们为山东山水筹措资金，为山东山水的发展壮大打下根基，是山东山水真正的"联合创始人"。张才奎这种"卸磨杀驴"的退股计划立即触怒了管理团队和职工，他们与张才奎正式决裂，并开始进行上访维权。

（2）引入"白衣骑士"，却不慎招来门口的"野蛮人"。

在整个股权争夺战中，也许让张才奎最后悔莫及的事情，就是引入"白衣骑士"中国建材了。引入中国建材，不仅稀释了山水投资在山水水泥的股份比例，让"野蛮人"得以轻松举牌；而且最终中国建材竟和"野蛮人"联手将张才奎踢出董事会。

在引入中国建材之前，山水投资是山水水泥的第一大股东，占股比例为30.11%。虽然30.11%并没有使山水投资处于一个绝对控制山水水泥的位置，但处于30%的上市公司要约收购线之上，至少可以防止被敌意接管者举牌。

山水水泥采用定增的方式引入中国建材，导致山水投资的持股比例被稀释至25.09%，比要约收购触发线低4.91%，直接将大门向资本市场上的敌意接管者敞开了。首先是原本作为战略投资者的亚洲水泥率先在二级市场大量买入山水水泥股票，超过中国建材成为当时的第二大股东。接着，天瑞水泥通过斥资50余亿港元在二级市场上大举买入山水水泥股票，一举成为第一大股东，并全面引爆山水水泥的控制权争夺战。

（3）缺乏审时度势的才能，不会妥协。

在天瑞集团成为山水水泥第一大股东之后，张才奎应该适时低头，向天瑞集团妥协以稳住局面，并应迅速缓和与管理层和职工的关系，这样做的话没准事情还有转机。

但由于张才奎性格中的"独裁"和"霸道",不但没有借机缓和与管理层和职工的关系,而且极其强硬地和天瑞集团进行抗争。第一次抗争是在天瑞集团成为第一大股东后的第一次股东大会上,提名了第三大股东亚洲水泥和第四大股东中国建材各一个董事会候选人,却将天瑞集团剔除在董事会之外;第二次抗争是联合山水水泥和中国建材,使得天瑞集团在第二次股东大会上的提议遭到全部否决;第三次抗争是在失去山水水泥控制权之后,通过自己暂时还控制的先锋水泥修改经营实体山东山水的章程,并将山东山水的印章和账簿等带走,使得天瑞集团迟迟无法完成对山东山水的正式接管。

在张才奎的每次抗争,都触怒了天瑞集团。也许天瑞集团原本只是找到一个恶意并购的机会进行产业整合,可能并无心将张才奎赶出董事会,但是面对敌意如此明显的抗争,想让天瑞集团对其手软都难了。

(4)推出"焦土战术",害人害己。

焦土战术是控制权争夺中的一种不常见的防御手段,就是所谓的"自残战术":你想得到我,我先毁了自己,你得到我也就没什么价值了。焦土战术主要是为了威吓敌意接管者,用起来要特别慎重,把握不好其中的度就会害人害己。

"成人达己,成己达人"是做企业的一条基本原则。如果始终秉承这种理念,企业创始人在资本市场的争夺中即使失去控制权,至少还可以"拿钱走人"。但如果采用"我得不到,你们也别想得到"的极端手段,最后结果就有可能是对方付出大代价将自己赶出公司,自己什么也得不到。

张才奎意识到自己将失去对山水水泥的控制权之际,就使出了阴狠的焦土战术,对山水水泥进行清盘。对于张才奎而言,最好的结果就是通过这种自杀式反抗,让敌方不战而退,自己继续掌控山水水泥;当然,如果真的进行清盘,张才奎也将获得部分山水资产。但是,此种做法却侵害了天瑞集团、山水投资（维权派管理层和职工股东）、中国建材、亚洲水泥等其他股东的利益。因此，其他股东因张才奎的"焦土战术"被迫团结起来，将张才奎父子赶出了山水水泥董事会。

9. 天瑞集团的破局关键

从天瑞集团的角度对案例进行复盘，结论是有得有失，目前暂时是得大于失。已控制了上市主体山水水泥的董事会，并完成了对经营主体山东山水总部的接管；但是由于山水水泥一直没有复盘，业绩一直亏损，所以对天瑞集团来讲，只能算是在这场控制权争夺战中获得阶段性成功。

在这场股权争夺战中，天瑞集团在以下四个方面做得非常出色。

- 对于时机的把握非常准确。天瑞集团成立于 2000 年，在河南省和辽宁省的水泥熟料生产商中一直占据领先地位，如若能够整合山水水泥，将有助于其将市场从辽宁直接向东北、华北衍生，并踏足山东省。在山水水泥处于混乱的"内斗之际"，作为产业整合者的天瑞集团抓住上市内斗这种千载难逢的机会，果断出手，在二级市场上大肆买入山水水泥共 28.16% 的股份，一举成为山水水泥第一大股东。

- "合纵连横"策略运用得当。利用张才奎父子与管理团队和职工团队之间的"内部矛盾"，与山水投资结成联盟从而控制山水水泥董事会，击退了"张才奎父子＋中国建材＋亚洲水泥"的联盟。

- 充分利用山水水泥公司章程的漏洞。天瑞集团动手前，一定是充分研究过山水水泥的公司章程，因为天瑞集团在成为山水水泥第一大股东之后，能够成功召集临时股东大会的原因，就是充分利用山水水泥公司章程的第 12 章股东大会 12.3 的规定："股东大会亦可应本公司任何一名股东的书面要求而召开，请求人于送达要求之日须持有本公司附带有本公司股东大会投票权的不少于十分之一的缴足资本。"由于天瑞集团持有山水水泥 28.16% 的股份，远大于公司章程中需超过股本 10% 的要求，因此只要股东大会的表决不能使其满意，天瑞就会一直要求召开临时股东大会。而且天瑞集团提出罢免董事的提案也是利用了山水水泥公司章程第 16 章董事会 16.6 规定的漏洞："本公司可随时通过普通决议案罢免任何未届满的董事。"这就意味着有提案权的股东就有权利要求罢免现有董事，这条权利再和召集临时股东大会的权利结合在一起，就使得天瑞集团在成为第一大股东之际就立于不败之地了，获取控制权只是早晚的事了！

- 在山水水泥发生债务危机时及时站出来，体现了产业投资者的担当。天瑞集团不仅为山水水泥作担保，还借款给山水水泥偿还部分债务。根据山水水泥的 2017 年半年报，截至 2017 年 6 月 30 日，山东山水已累计得到天瑞集团免息贷款合约人民币 13.21 亿元用于偿付若干债务。

但是天瑞集团在获得控制权后的整合时没有巧妙兼顾各方利益，因此没能及时使得山水水泥股票复牌，走出亏损的泥潭。

- 天瑞集团获得山水水泥控制权后，选择张才奎的老部下宓敬田作为山东山水的接管人，这本是一步妙棋：可以利用管理层和职工与张才奎父子的矛盾，将张才奎父子从山东山水扫地出门。但是天瑞集团没有及时将宓敬田等管理层的利益与自己的利益进行捆绑，所以最后带头反对天瑞集团提出的定增计划的就是宓敬田。

- 没有关注并平衡好其他利益相关者的诉求。对于所有的山水水泥的股东，有一个共同愿望就是尽快定增发行新股，使得公司股票复牌。但是管理层和职工股东，中国建材和亚洲水泥还希望自身的股份不要被新进股东低成本稀释，天瑞水泥推出的两份低价定增计划就没有兼顾这种诉求，因此遭到了各方的极力反对。

天瑞集团要打破僵局并不难，一条基本原则就是要用政治智慧去进行多方协调与妥协，平衡多方主体之间的利益。要让山水水泥股票早日复牌，目前来说定增是必须采取的手段，但是过低的价格将会动到包括中国建材、亚洲水泥和原高管和职工们的"奶酪"。所以巧妙地对各方利益主体进行协调，如运用股权激励计划对山东山水目前的管理层和职工股东进行利益捆绑，并将定增价格提高到市场公允价，是天瑞集团破局的关键。

第 5 章

万科和宝能的控制权争夺战

"宝万之争"被看作中国版"门口的野蛮人",对中国资本市场的影响是极其深远的。万科是我国房地产领军企业,其创始人王石是勇攀珠峰的明星企业家;而"野蛮人""宝能系"虽出身草莽,但其创始人姚氏兄弟玩转实业与金融,其调动资金的实力不可小觑。

2015 年股灾后,"宝能系"巧借天时地利,对万科发动"闪电战"。其以"恶意收购 + 杠杆收购"的手段,在短短半年内连续 4 次举牌万科。为了阻止宝能,万科管理层先寻求大股东华润支持,后找来"白衣骑士"安邦增援,然而收效甚微。无奈之下,在"宝能系"逼近第 5 次举牌线时,万科被迫停牌重组。管理层欲以变相的"毒丸计划"引入"白衣骑士"深圳地铁,不料遭到大股东华润强烈反对,最终爆发董事会战争。"宝能系"想要乘机浑水摸鱼,但在华润收手后无功而返;其通过资管计划继续增持万科的计划,也被万科管理层发起的舆论、诉讼和举报战遏止。

伴随着"宝万之争","宝能系"还先后举牌多家上市公司,其中对南玻 A 和格力电器的恶意收购成为"宝万之争"的胜负手。敲门格力电器是监管风暴的导火索,而血洗南玻 A 则是"宝能系"输掉"宝万之争"的根本原因所在。在"宝能系"遭到监管层整治后,深圳地铁收拾残局,借华润和恒大之手入主万科,成为"宝万之争"最大的赢家。

除了"宝能系"和万科管理层的轮番博弈,各利益相关方也登台献技。有大股东华润、"白衣骑士"安邦,还有马甲恒大和大赢家深圳地铁,它们几家欢笑几家愁,共同演绎了一场精彩纷呈的控制权争夺战,引起资本市场、监管层和社会公众的广泛关注。本章将为各位读者展示"宝万之争"的全貌，并从控制权的角度出发，研究分析恶意收购与反收购、资金组织和公司治理方面的关键问题。

1. 宝能的闪电战

"宝万之争"是发生在中国资本市场的一场典型恶意收购与反收购的控制权争夺。"宝万之争"打响之前，万科和"宝能系"可谓毫无交集。万科身为国内房地产龙头企业，却蒙尘于资本市场。而"宝能系"虽在房地产上名不见经传，却悄然崛起于资本市场。

在控制权的布局上，姚氏兄弟不仅牢牢控制着"宝能系"，还敏锐地捕捉到万科股权结构分散的漏洞。借助天时地利，"宝能系"对万科发动"闪电战"。于是，一场看似力量悬殊，实则一边倒的二级市场股权争夺战拉开了序幕。

（1）万科的故事。

万科是本案例的主角，发展历程如表 5-1 所示。万科的历史可以追溯到 1984 年的"深圳现代科教仪器展销中心"，控股股东是国有性质的深圳经济特区发展总公司。1988 年，万科迎来股份制改造，顺势进入房地产行业。1991 年，万科成为深交所第二家上市公司，证券代码为"000002"。上市融资后的万科经历"综合商社"的多元化失败后，在 1993 年决定扎根于城市居民住宅开发的细分行业。

表 5-1　万科的发展历程 [①]

年份	事件
1984 年	成立"深圳现代科教仪器展销中心",国营性质,是万科的前身
1988 年	完成股份制改造及重组 进军房地产业
1989 年	万科第一届股东大会召开,王石等 11 人组成第一届董事会
1991 年	万科 A 股在深交所上市,是第二家上市公司
1993 年	万科 B 股成功发行,筹资 4.5 亿港元 确立以城市居民住宅开发为公司核心业务
1994 年	"君万之争"恶意收购与反收购事件
2000 年	华润成为万科第一大股东
2001 年	出售非核心业务,专注房地产开发业务
2005 年	万科成为全国首个房地产企业知名商标 股权分置改革
2010 年	成为国内首家年销售额超过 1 000 亿元的房地产公司
2012 年	收购香港上市公司南联地产控股 75% 股权,将其更名为万科置业(海外)
2013 年	获得全球三大评级机构在中国房地产行业最高的国际信用评级
2014 年	完成 B 股转 H 股,在香港联交所上市 推出事业合伙人制度

从那以后,万科的房地产事业扬帆起航。从 1994 年到 2000 年,万科逐步剥离非核心业务后,专注于全国重点城市的住宅开发。2000 年后,万科专业化精进,提出在全国范围内有质量地增长。多年的精心耕耘终有收获,"万科"得到消费者和合作伙伴的认可,成为全国首个房地产企业知名商标,成为国内首家年销售额过千亿的房地产公司,成为赢得穆迪、标普和惠誉最佳信用评级的中国房地产企业。

---

① 资料来源:综合万科 H 股上市文件及万科官网发展大事记整理。

如图 5-1 所示，在 CRIC（中国房产信息集团）和中国房地产测评中心联合发布的榜单中，2014 年万科跨越 2 000 亿元的销售里程碑，持续领军国内房地产行业。

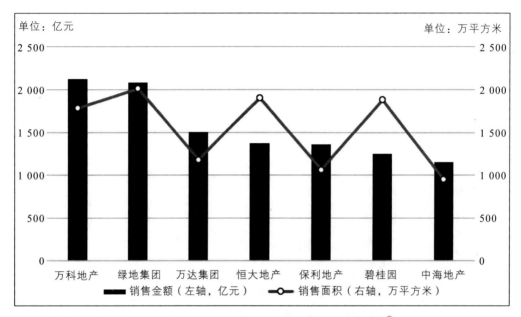

图 5-1　2014 年度房企销售金额和面积排行 [①]

万科的成功离不开优秀的管理层，王石和郁亮是管理层中的顶梁柱。王石是万科的创始人，在 1988 年就出任万科的董事长兼总经理。2001 年，王石将总经理的重担交给了郁亮，自己则继续担任万科的董事长。王石称自己火爆生硬，郁亮则细腻踏实，一人台前，一人幕后，搭档默契。

万科的发展还离不开国资背景的大股东。万科历经两任大股东，最早是成立时的深圳经济特区发展总公司（以下简称"深特发"）。在 2000 年，王石等管理层瞄准深特发业务调整的契机，提出要另找"婆家"，他们迎来了有实

---

① 数据来源：CRIC 和中国房地产测评中心 .2014 年度中国房地产企业销售排行榜 . 新浪网 . http://hn.leju.com/zhuanti/2014ndphb.

力的央企华润。2000 年，华润集团顺利入主，以 10.82% 的股权成为万科第一大股东。但华润想要的是控股万科，2000 年年底，万科拟向华润定向增发 4.5 亿 B 股，因为中小股东的强烈反对而放弃。2001 年，华润卷土重来，准备将所持 44.2% 的北京置地股份注入万科，由万科按对价增发 A 股。但因为利益平衡的失策，北京置地旗下华远地产董事长任志强愤而出走，打断了华润"北华远，南万科"的地产帝国计划，最后增发方案也未能实施。

2001 年后，华润放弃控股万科，采取"积极不干预"的政策，给了万科管理层充分的自主经营权，在董事会层面为管理层站台，在经营发展中和万科进行房地产项目的合作开发，并且通过华润银行、华润深国投信托等金融平台提供融资支持。换言之，华润做的是万科的战略投资者。在万科历年年度报告中，华润承诺一如既往地支持万科，在同业竞争问题上保持中立。有实力、央企背景、不谋求控制权、不干预决策、项目合作开发、融资支持，从这些角度看，华润堪称管理层心中"最好的大股东"。

综上，万科是一家竞争力强劲、管理层优秀、央企背景的房地产龙头企业。在 A 股上市公司中，优秀的企业永远是稀缺资源，就像是蒙尘的宝石，终会有人发现它的价值。

图 5-2 和图 5-3 所示为截至 2015 年 6 月 30 日，也就是"宝万之争"的前夕，万科的股权结构和股东构成。第一大股东华润直接及间接持有 14.95% 的股权，位居其后的香港中央结算（代理人）有限公司持有 11.90%，但它代理所有的 H 股股东账户，并不是单一主体。此外，万科管理层通过国信金鹏 1 号集合资产管理计划和工会委员会共持有 4.75% 的股权，其中国信金鹏 1 号是事业合伙人计划的载体。

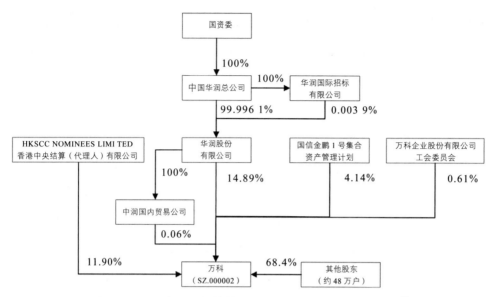

图 5-2　万科的股权结构（截至 2015 年 6 月 30 日）①

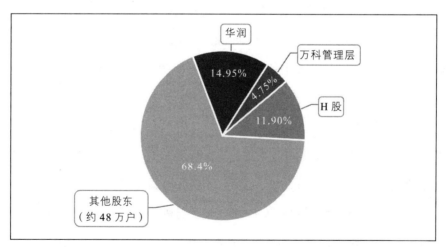

图 5-3　万科的股东构成（截至 2015 年 6 月 30 日）

　　这三者合计共 31.6%，如果统计前十大股东总和，仅增加 4.5% 到 36.1%。这意味着万科的股权是相当分散的，第一大股东不足 15%，管理层

---

① 数据来源：万科 A 2015 年半年度报告（全文）.巨潮资讯网 . http://www.cninfo.com.cn/cninfo-new/disclosure/szse_main/bulletin_detail/true/1201445079?announceTime=2015-08-17.

持股不足 5%，即使两者统一战线，也远不到 30% 的要约收购线。万科的央企背景，并没有吓唬到初生牛犊不怕虎的"宝能系"，反而被"宝能系"一把抓住了股权分散的漏洞，于是"宝万之争"的大幕徐徐拉开。

（2）整装待发的"宝能系"。

"宝能系"是本案例的另一个主角，其发展历程如表 5-2 所示。姚振华和姚建辉两兄弟从蔬菜连锁市场起步，在连锁市场的扩张中挖到第一桶金并且熟悉了土地买卖流程。1998 年，姚振华兄弟试水第一个地产项目"中港城"，逐步滚大自己的雪球。2000 年年初，姚振华兄弟放弃蔬菜连锁市场的生意，相继成立"宝能投资集团""钜盛华实业"和"宝能地产"，这是"宝能系"的重要运作平台。

表 5-2　"宝能系"的发展历程[①]

年份	事件
1995 年	成立"新保康蔬菜实业有限公司"，主营蔬菜连锁市场
1998 年	进军综合物业开发领域，开发第一个地产项目深圳"中港城"
2000 年	姚振华全资成立新保康投资，是"宝能投资集团"的前身
2002 年	"新保康蔬菜实业"改名"钜华投资" 姚振华和宝能投资共同出资，成立"钜盛华实业"，是重要资本运作平台 成立"太古城实业"，是"宝能地产"的前身 "宝能系"初步成型
2003 年	"宝能系"入主深业物流，持股 46.52%，深圳控股持股 51%
2006 年	深业物流上市失败，双方分拆深业物流 "宝能系"分得品牌使用权及土地、物业等固定资产
2009 年	第二个地产项目深圳宝能太古城开售，获得成功
2010 年	宝能地产在全国范围内复制宝能城项目 "宝能系"首度亮相资本市场，收购 ST 湖科（600892.SH）18.86% 的股权
2012 年	发起成立前海人寿，钜盛华持股 20%，是核心金融平台 姚振华卸任宝能地产董事长及总经理，由姚建辉接手 "宝能系"三度举牌，与深圳国资委争夺深振业 A 控制权
2015 年	"宝能系"在资本市场屡屡举牌，"宝万之争"爆发

① 资料来源：万丽 . 宝能系成长史 . 新财富 plus 公众号（ID: xcfplus），转引自新浪财经 . http://finance.sina.com.cn/stock/s/2016-07-10/doc-ifxtwihp9934488.shtml.

2003 年，"宝能系"闪电入主深业物流，通过"一进、一拆、一分"，获得深业物流的品牌使用权，土地、物业等固定资产，这是"宝能系"第一次重大的资本运作。

在地产业务上，直到 2009 年，"宝能系"才拿出第二个综合地产项目"深圳宝能太古城"。这个项目的暴利让姚振华兄弟意识到巨大商机，于是宝能开始在全国范围内拿地，企图快速复制宝能城的项目。但全国数十个城市的密集开工，给宝能的融资提出了巨大考验，此时姚振华兄弟想到了借助金融平台的力量。2012 年，钜盛华联合多方成立前海人寿，由姚振华出任董事长，这意味着"宝能系"实际控制着前海人寿，也意味着"宝能系"拥有了最核心的金融平台。

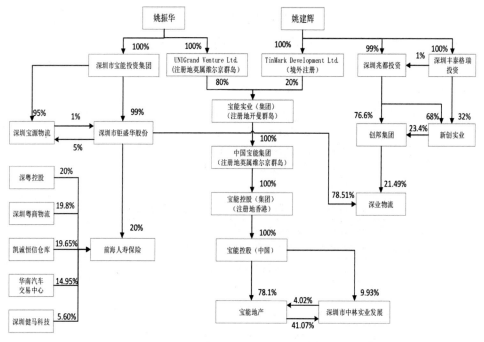

图 5-4 "宝能系"主要公司的股权结构①

此后，姚建辉接手宝能地产等实业，而姚振华转身资本市场，掌舵"宝

---

① 资料来源：万丽. 宝能系成长史. 新财富 plus 公众号（ID: xcfplus），转引自新浪财经. http://finance. sina.com.cn/stock/s/2016-07-10/doc-ifxtwihp9934488.shtml.

能系"屡屡举牌，搅动市场风云。"宝能系"主要公司的股权结构如图 5-4 所示，左侧是姚振华一手掌握的"宝能系"，包括核心公司前海人寿、宝能投资和钜盛华，右侧是其弟姚建辉控制的深业物流，中间部分是两人共同控制的宝能地产和中林实业。如图 5-4 所示，可以看到多处金字塔和交叉持股的股权结构设计，说明姚振华两兄弟善于运用股权杠杆以小博大。

在姚振华掌控的"宝能系"中，他对宝能投资集团和钜盛华都是 100% 控股，而对前海人寿仅持有 20% 股权。这主要是受限于 2013 年修订的《保险公司股权管理办法》相关条款：新设保险公司单一股东持股上限为 20%，投资满 3 年后符合一定条件可增至 51%。[①] 但对于"宝能系"来说，该条款只是形式上的限制。钜盛华和多位股东间长久的历史渊源和行动的一致性，都表明姚振华是前海人寿名副其实的实际控制人。

显然，姚振华非常在意对前海人寿的控制权。2015 年，就在前海人寿成立 3 年之际，钜盛华通过股东间的股权受让，实现对前海人寿的绝对控股。2015 年 9 月，保监会同意前海人寿变更股东[②]，变更后的股权结构如图 5-5 所示。

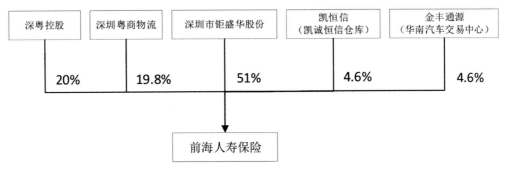

图 5-5　变更后的股权结构（截至 2017 年 12 月 31 日）[③]

---

① 保监会. 中国保监会关于《保险公司股权管理办法》第四条有关问题的通知. 保监会网站. http://www.circ.gov.cn/web/site0/tab5225/info241353.htm.

② 中国保监会. 关于前海人寿保险股份有限公司变更股东的批复. 中国保监会网站. http://www.circ.gov.cn/web/site65/tab6530/info3975485.htm.

③ 资料来源：持股比例在 5% 以上的股东及其持股情况. 前海人寿官网. https://www.foresealife.com/publish/main/xxpl/60/83/210/index.html.

因此，在"宝万之争"打响之时，重要投资平台钜盛华和核心金融平台前海人寿都被姚振华牢牢控制，"宝能系"已经整装待发。

（3）"宝能系"发动闪电战。

2015年7月，"宝能系"对万科发动"闪电战"，标志着"宝万之争"正式拉开序幕。在短短的6个月中，"宝能系"以前海人寿和钜盛华为持股主体，通过自有资金、保险产品、融资融券、收益互换、资管计划等多种融资途径，耗资约400亿元持续买入万科股权，其间对万科4次举牌，到2015年年底已经以24.26%的股权稳居第一大股东。图5-6和表5-3所示为万科2015年下半年度的股价变化和围绕万科股权争夺战的情况。

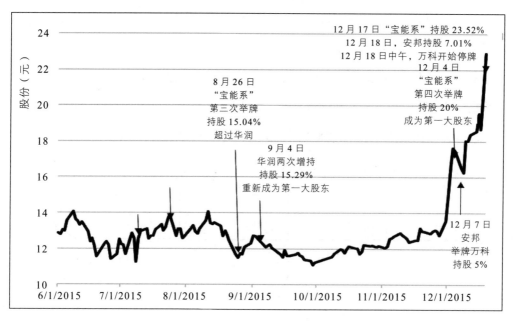

图5-6　万科2015年6—12月股价变化①

---

①　数据来源：同花顺财经。

表 5-3　2015 年 7—12 月万科股权争夺战 ①

时间	标志	事件
2015 年 7 月 10 日	"宝能系"第一次举牌	前海人寿通过集中竞价交易买入 5% 的万科股份
2015 年 7 月 24 日	"宝能系"第二次举牌	前海人通过集中竞价交易买入 0.93%，钜盛华买入 4.07%，"宝能系"共持有 10%
2015 年 8 月 26 日	"宝能系"第三次举牌	前海人寿集中竞价买入 0.73%，钜盛华通过融资融券买入 0.08%，通过收益互换持有 4.23%。"宝能系"共持有 15.04%，超越华润 14.89% 的股权
2015 年 9 月 4 日	华润两度增持	华润两次共增持 0.4%，持有万科 15.29% 的股权，重新成为第一大股东
2015 年 12 月 4 日	"宝能系"第四次举牌	钜盛华通过资管计划买入 4.969%，"宝能系"共持有 20% 的万科股权，成为第一大股东
2015 年 12 月 7 日	安邦举牌万科	安邦人寿保险持有 5% 的万科股权
2015 年 12 月 18 日	万科停牌	12 月 18 日中午，万科开始停牌
2015 年 12 月 24 日	"宝能系"继续增持	万科公告称，截至停牌前，钜盛华继续买入 4.256% 的万科股权，"宝能系"合计持有 24.26% 的万科股权

"宝能系"争夺万科股权分两步走，第一步是 7 月到 8 月的 3 次举牌，第二步是 11 月到 12 月的资管计划增持。

7 月，前海人寿及一致行动人钜盛华通过集中竞价交易，分别买入 5.93% 和 4.07% 的万科股权。

8 月，前海人寿通过集中竞价交易买入 0.73% 的股权，钜盛华通过融资融券的方式买入 0.08% 的股权，之后改变策略，与华泰、银河、中信和国信 4 家证券公司签订收益互换业务协议。所谓收益互换，是证券公司的衍生工具的创新业务，在收益互换合约中，钜盛华将现金形式的保证金转入证券公司，证券公司按比例给予配资后买入股票，股份收益权归钜盛华。合同到期后，钜盛华可以选择回购这批万科股票，或者卖出股票获得现金。

这意味着钜盛华在资金不足时，通过签订的收益互换合约，由 4 家证券公

---

① 资料来源：根据万科 A 的公告整理。

司帮忙锁定了近 5% 的万科股份和成本。等合同到期前，钜盛华筹措资金再回购这批万科股票，转由自己直接持有。

"宝能系"借助市场股灾后的低迷行情，先利用前海人寿的自有资金和保险产品首次举牌，而后以钜盛华为主要阵地，通过与券商的合作，以融资融券和收益互换的形式再次加码。于是，宝能的"闪电战"首战告捷，轻而易举地拿下了超 15% 的股权。

（4）万科的应对。

面对突然闯入的"宝能系"，万科的应对如下。

- 股份回购。万科董事会在 7 月初通过在 2015 年内以 13.70 元 / 股的价格回购不超过 100 亿元股份的议案。股份回购有刺激股价的作用，可以拉高收购者的收购成本，起到反收购的效果。但 7 月初的股份回购方案本意为释放稳定股价信号，防止万科股价在股灾时大幅下跌，保护投资者的利益。而且这份股份回购方案通过股东大会审议已是 8 月 31 日，最后万科仅在 9 月以自有资金 1.6 亿元回购了 0.113% 的股份，未能起到稳定股价和反收购的效果。

- 大股东增持。万科大股东华润在 8 月 31 日和 9 月 1 日耗资 4.97 亿元两度增持 0.4% 的股份，重新夺回第一大股东的位置。此后的两个月"宝能系"偃旗息鼓。

- 事业合伙人计划增持。万科管理层事业合伙人"盈安合伙"的董事周卫军，在金鹏计划之外又成立了"德赢 1 号"专项资产管理计划，起始规模 20 亿元，到三季度末已持有 2.06% 的万科股权。如果算上"国信金鹏 1 号计划"，管理层已构成举牌行为，但万科没有对此进行信息披露，之后在 2015 年年底遭到深交所问询。[1]

---

[1] 资料来源：黄杰 . 王石防御"底牌"？60 亿资管计划埋伏 与宝能抢买万科 .21 世纪经济报道，转引自界面网 . http://www.jiemian.com/article/486673.html.

- 万科董事长王石在"宝能系"增持到 10% 时，与姚振华会面沟通，主要表达的意思是：欢迎"宝能系"增持万科股票；但不欢迎"宝能系"成为第一大股东。

双方第一轮会战后，"宝能系"手握 15.04% 的万科股权，宣告鸣金收兵。然而看似风平浪静的局面，实则暗流涌动，就在万科方面以为"宝能系"打道回府的时候，事情再起波澜。"宝能系"暗地里正厉兵秣马，11 月下旬起，钜盛华相继与多家基金公司签订资产计划合约，如表 5-4 所示。

表 5-4　钜盛华资产管理计划 ①

时间	资管计划合作方	名称
2015 年 11 月 24 日	南方资本	安盛 1 号、2 号、3 号
	泰信基金	泰信价值 1 号
2015 年 11 月 25 日	西部利得基金	宝禄 1 号、金裕 1 号
2015 年 11 月 26 日	南方资本	广钜 1 号
2015 年 12 月 14 日	南方资本	广钜 2 号

12 月 4 日，"宝能系"第四次举牌。这次钜盛华以 7 个资产管理计划四面出击，在短短几个交易日内拿下了 4.969% 的股权。"宝能系"的这一手，等于向万科方面摊牌，自己就是来抢控制权的恶意收购者。此刻"宝能系"持有 20% 的万科股份，离 30% 的要约收购线已近在咫尺，万科方面必须亮出自己更有力的反收购武器。

首先，万科管理层找来了"白衣骑士"——安邦保险集团，在"宝能系"第四次举牌 3 天后，安邦跟随举牌，以多款保险产品合计买入 5% 的万科股

---

① 资料来源：辛继召，黄杰，闫沁波等 . 一图详解"宝能系"股权和资金来源 .21 世纪经济报道 . http://m.21jingji.com/article/20151219/herald/3e49636063340700e49136a39ea905be.html.

份。在 12 月剩余的交易日，安邦仍持续买入 2% 的万科股份。

其次，继成立"德赢 1 号"资产管理计划以后，"德赢 2 号"也于 11 月 4 日成立，起始规模为 44.4 亿元，用以在二级市场增持万科股票。在多方抢筹的过程中，二级市场股价被大幅拉高。从 11 月底起，万科的股价从 13 元附近一跃而起，一路飙涨至 22 元。从理论上说，让低估的市场价值快速回归，可以降低恶意收购的意愿，抬高恶意收购成本，狙击恶意收购行为。

最后，万科管理层采取缓兵之计——"停牌拖延"。2015 年 12 月 18 日中午，万科公告因策划重大资产重组事项，在 A 股和 H 股同时停牌。眼看着"宝能系"即将第五次举牌，万科管理层索性就停牌暂停交易，一方面让"宝能系"承担杠杆资金的成本压力；另一方面让自己有更充裕的时间制定反收购对策。

除了股权争夺，在场下以王石为代表的万科管理层也在释放反收购信号。12 月 17 日，互联网上流传出王石在万科内部讲话的内容，明确表态不欢迎"宝能系"成为第一大股东，并罗列了四个原因。[①]

- 信用不足。"宝能系"信用不够，一旦控股，会影响万科的信用评级，提高融资成本。
- 能力不足。"宝能系"地产业务销售额几十亿元，没有能力管控销售额 2 000 亿元的万科。
- 短债长投。"宝能系"杠杆收购资金是短期债务，用来做长期股权投资风险巨大。
- 华润的大股东角色重要。华润在万科发展、股权结构稳定、业务管理、国际化中扮演重要角色。

---

① 资料来源：王石. 王石在万科内部讲话：不欢迎宝能系成第一大股东. 网易财经. http://money.163. com/15/1217/20/BB2KKKOP002526O3.html.

对于王石在万科内部的讲话，"宝能系"在官网发布声明予以回应，称宝能集团资产千亿，依法合规经营，重视风险管控，恪守法律，尊重规则，相信市场的力量。

万科管理层和"宝能系"间的相互呛声，标志着"宝万之争"被摆上台面，升级为双方的正式冲突。而刚呛声完"宝能系"的万科管理层，转身又在官网发布《关于欢迎安邦保险集团成为万科重要股东的声明》，这意味着局势正式变化为"万科管理层 + 华润 + 安邦"对抗"宝能系"。

图 5-7 和图 5-8 所示为截至 2015 年 12 月 31 日万科 A 的股权结构和股东持股结构。姚振华控制"宝能系"的钜盛华和前海人寿[①] 共持有万科 24.26% 股权，逼近第五次举牌线。而另一方万科管理层实际持股达 8.41%，华润持股 15.29%，安邦持股 7.01%，三者合计持股 30.71%，对阵"宝能系"占据上风。

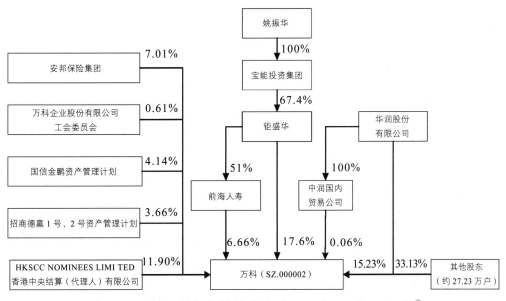

图 5-7　万科 A 的股权结构（截至 2015 年 12 月 31 日）[②]

---

① 此时钜盛华通过股权受让，已经完成对前海人寿的绝对控股。

② 资料来源：万科 A. 2015 年年度报告（更新后）. http://www.cninfo.com.cn/cninfo-new/disclosure/szse_main/bulletin_detail/true/1203314633?announceTime=2017-04-18.

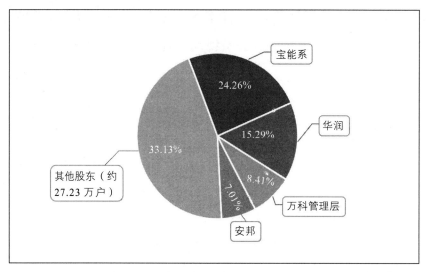

图 5-8　万科 A 的股东持股结构（截至 2015 年 12 月 31 日）[①]

2. 白衣骑士深圳地铁

2015 年年底，万科方面使用"停牌拖延"的策略，暂时挡住"宝能系"在二级市场的持续增持，把"闪电战"拖成了"持久战"。接下来的关键问题是，万科管理层会提出什么样的重大资产重组方案来反收购。

（1）华润和万科管理层的互怼 [②]

2016 年 3 月 12 日，一张深圳地铁集团与万科签订战略合作备忘录的现场照片在网络流传，这让媒体纷纷猜测，万科资产重组对象会不会是深圳地铁集团。但这一战略合作事项并未在董事会讨论过，也未在正式渠道进行信息披露。

---

① 数据来源：万科 A. 2015 年年度报告（更新后）. http://www.cninfo.com.cn/cninfo-new/disclosure/szse_main/bulletin_detail/true/1203314633?announceTime=2017-04-18.

② 资料来源：一财网综合. 曾表示全力支持万科的华润突然倒戈　同意停牌是为了股东利益. 一财网. http://www.yicai.com/news/4763362.html.

3 月 14 日，面对媒体的猜测和深交所的问询，万科发布公告回应，称已和深圳地铁签署一份合作备忘录，主要内容如下。

- 交易对象：深圳地铁集团。
- 交易标的：地铁集团下属公司的全部或部分股权，包含部分优质地铁上盖物业项目的资产。
- 交易对价：400 亿 ~600 亿元。
- 交易方式：向地铁集团新发行股份为主。

这份公告揭晓了资产重组的谜底，如果顺利通过董事会和股东大会的表决，400 亿 ~600 亿元的交易对价足够深圳地铁入主万科并成为第一大股东，那"宝能系"就没有机会成功收购万科了。

2016 年 3 月 17 日，万科临时股东大会召开。"关于申请万科 A 股股票继续停牌的议案"获得高票通过，万科将继续停牌至 6 月 18 日。有趣的是，"宝能系"也投了赞成票，似乎对万科的停牌拖延战术并不在意。

更为戏剧性的是，在股东大会后，华润股东代表发出了不同的声音。[1] 华润股东代表表示，万科与深圳地铁合作公告并没有经过董事会的讨论及决议通过，是万科管理层自己作的决定。他告诉《第一财经日报》记者，3 月 11 日万科开了董事会，讨论 21 个事项，但不包括万科与深圳地铁合作这一项。到 3 月 12 日，万科直接与深圳地铁签署了战略合作协议，并有相关信息从媒体传出，并在 3 月 13 日发了相关公告。[2]

---

[1]　因为万科的方案动了大股东华润的奶酪，遭到华润的反对。至此，华润和管理层就开始分道扬镳了。

[2]　一财网综合 . 曾表示全力支持万科的华润突然倒戈　同意停牌是为了股东利益 . 一财网 . http://www.yicai.com/news/4763362.html.

显然，华润股东代表的公开发声，是在表达对万科管理层的不满。原因是管理层直接绕过华润作了决定，未能尊重大股东华润的基本权益。

但是万科方面表示此次重组事宜，公司早就和华润董事进行过沟通。春节前，公司管理团队拜会华润董事时，曾经明确提到公司有意和深圳地铁集团进行战略合作，并提到了存在向地铁集团增发股票的可能性。

万科还对签署战略合作备忘录的情况作了解释，根据《公司法》及《公司章程》的规定，签署无法律约束力的备忘录，并不是必须经过董事会、股东大会审议的事项。因此，公司签署合作备忘录，无须事先通过董事会审议，符合公司治理的相关规定。未来交易如需进行，还需要经过公司董事会和股东大会的审议。

华润显然不满意万科的回应。3月17日深夜，华润再次发表了一份声明：华润强调公司治理依法合规。公司以公司董事会名义（"承董事会命"）发布公告，且公告涉及公司重大资产交易及股价敏感信息，公告必须先经董事会讨论。①

这番围绕公司治理的互怼，宣告万科管理层和华润的良好关系出现了裂痕。万科管理层以高对价引入深圳地铁，对华润造成的影响是股东权益的大幅摊薄和股东地位的下降。而且在当时华润仍旧拥有较大话语权的情况下（仍是第二大股东并且手握3个董事席位和1个监事席位），万科管理层直接作决定的情况显然触怒了华润。此番万科的"后院失火"，让本来云开雾散的局面又复杂了起来。

对于万科管理层来说，埋头于资产重组具体事项的同时，又有了新麻烦。如何改善董事会的沟通机制，如何修复与华润的关系，如何赢得华润对资产

---

① 张凤玲. 华润不满股权被稀释 安邦：没有对外口径. 经济观察网，转引自新浪财经. http://finance.sina.com.cn/roll/2016-03-18/doc-ifxqnnkr9488764.shtml.

重组的支持，成为摆在王石、郁亮等面前的难题。

两天后，也就是 3 月 19 日，华润董事长傅育宁接受媒体采访时表示，对"宝万之争"要说四句话。①

第一，万科这个公司做得很不错，在中国房地产业很有影响力，管理团队也很专业，我们一直是支持万科发展。

第二，17 号临时股东大会之后，我们的股东代表向媒体所披露的是一件令人遗憾的事实，他们（华润股东代表）说的是事实。

第三，华润支持万科发展，同时也高度关注良好的公司治理制度。治理结构对一个公众公司是更重要的，一个公司要长远健康地发展，良好的公司治理结构是不能忽视的。

第四，如此重大的事情，11 号开会，第二天就披露了一个又是股权对价，又是交易资产的规模，又是支付方式（的公告），这合适吗？

傅育宁先是从整体上肯定了万科和管理层，然后话锋一转，强调两天前自己的代表在临时股东大会后的言论代表华润的想法。随后讲公司治理的重要性，最后摆出万科管理层的做法，反问采访者是否合适，言下之意是万科不具备良好的公司治理制度。分析到这，傅育宁和华润的态度就很明确了。

就在万科管理层和华润间关系发生微妙变化的时候，"宝能系"却一反常态地蛰伏了起来。"宝能系"的唯一动静是在 4 月初，将钜盛华直接持有和通过资管计划控制的全部万科股份对应的表决权委托给前海人寿，于是前海人寿拥有 24.29% 股份对应的表决权，但不管怎样，最终实际控制人都是姚振华。在第十七届董事会履职期间，"宝能系"还没进入董事会。但在股东大会上，"宝能系"24.29% 的表决权有着沉甸甸的分量。

---

① 资料来源：刘利平，许文苗 . 专访傅育宁：对万科要说四句话 . 腾讯财经，转引自和讯网 . http://stock.hexun.com/2016-03-20/182858841.html.

（2）华润和深圳地铁的博弈。

由于万科的重大资产重组停牌到 2016 年 6 月 18 日，也就是说在这三个月内万科管理层既要协商交易方案，还要协调自己、华润和深圳地铁之间的三方关系。如果没有华润的支持，不仅资产重组预案在股东大会受阻，还可能夭折在董事会，毕竟华润手里握着 3 个董事会席位。

根据曹山石在微信公众号"山石观市"的文章披露，在万科停牌截至日前，万科管理层、华润、深圳地铁和深圳国资委多方博弈，未能达成一致意见。详细情况整理如表 5-5 所示。

表 5-5　2016 年 4—6 月万科资产重组方案的多方协调情况 ①

时间	主要事件	具体事项
4 月 9 日	华润约深圳地铁会谈	华润：要重回第一大股东位置。 深圳地铁：尊重华润；尚未收到万科让深圳地铁退出的意见，不能单方公告退出，要让董事会、股东大会投票决定
6 月 2 日	深圳国资委组织华润、深圳地铁召开协调会	华润：要求保留第一大股东地位。定增以后，深圳地铁持股不能超过 10%，且将投票权委托华润，以便华润获得 25% 的投票权；否则，华润将投反对票
6 月 12 日	万科与深圳地铁再度签署深化战略合作备忘录	华润派代表列席
6 月 13 日	深圳市主要领导与华润傅育宁董事长会谈	深圳市：希望华润支持万科重大资产重组。 傅育宁：要求签订协议将深圳地铁定增后 20% 中的 10% 以市场价格转让给华润

---

① 资料来源：曹山石 . 华润到底是怎么丢掉万科的？山石观市公众号，转引自新浪财经 . http://finance. sina.com.cn/stock/s/2017-06-27/doc-ifyhmtek7857343.shtml.

续表

时间	主要事件	具体事项
6 月 15 日	华润、深圳地铁、万科在地铁大厦会谈	华润：口头协议华润现金认购 10% 的定增股份，深圳地铁以资产认购 10% 的股份。 深圳地铁：请华润支持现有方案在万科董事会、股东大会通过，同时保持万科核心团队稳定，待本次交易顺利完成后再签署股份转让协议
6 月 16 日	深圳国资委、深圳地铁、万科向深圳市领导汇报	深圳市领导支持万科重大资产重组，深圳国资委协调深圳地铁集团入股万科后，在依法依规的前提下，支持华润成为万科第一大股东
6 月 17 日中午	华润向万科提议在下午的董事会讨论新方案	华润：如果下午审议原方案，华润将投反对票。 新方案要点为：①万科以现金方式购买原重组方案的资产；②第一步完成后，向华润和深圳地铁各定增 10%
6 月 17 日下午	第十七届董事会第十一次会议	审议"关于公司符合发行股份购买资产条件的议案"

据表 5-5 的分析可以看出，华润和深圳地铁在资产重组及股权上发生了意见分歧。华润从头到尾的诉求是要做第一大股东，先后提出了多种解决方案，包括投票权委托、市场价格转让、双方同时定增。而深圳地铁起初态度强硬，后来在深圳国资委的协调下有所妥协，在入股万科后支持华润做第一大股东。这个阶段博弈的主角变成了央企华润和地方国企深圳地铁。对于深圳地铁来说，华润手握 3 个董事会席位，在股东大会拥有 15.29% 的表决权，有两道槛在面前拦着，自己要进入万科就必须得到华润的支持。而做了多年大股东的华润岂能甘愿被摊薄收益，又降格为第三大股东？华润打定了主意，就要 10% 的股份，这是深圳地铁通过定增获得的 20% 股份的一半。可是为何华润一再坚持要拿走深圳地铁应得的一半股份呢？

这得从万科的这份"发行股份购买资产暨关联交易预案"介绍起，表 5-6 整理了万科资产重组交易方案关键点。

表 5-6   万科资产重组交易方案关键点 [①]

关键点	基本情况
交易标的	深圳地铁持有的前海国际 100% 的股权
交易价格	456.13 亿元
发行方式	非公开发行
发行对象	深圳地铁集团
发行价格	15.88 元 / 股
锁定期	36 个月

前海国际的主要资产为深圳的 3 块土地，预估值为 456.13 亿元，较净资产 236 亿元增值 93%。假如预案通过，万科将用 20.65% 的股权换来深圳地铁的 3 块土地。

对于万科管理层来讲，这笔交易的根本目的是阻挡门口的"野蛮人""宝能系"。2015 年万科净资产为 1363 亿元，而此次交易标的预估值占万科净资产比例为 33.5%。如果顺利通过，将大幅度摊薄"宝能系"股权，同时迎来友好的"白衣骑士"深圳地铁，那么阻挡"宝能系"的目的就达到了。从这个角度看，万科和深圳地铁间的资产重组预案是变相的"毒丸计划"。

对于深圳地铁来讲，这笔交易非常划算。首先，2015 年，深圳土地交易市场的火热，增加了 3 块土地的价值。同时，万科定增股票价格较停牌前收盘价折价较高，这一增一减让深圳地铁拿到了更多的万科股权。其次，深圳地铁拥有的地铁资源，通过"轨道 + 物业"的开发模式，可以发挥出最大的经济效益。而万科作为国内房地产龙头企业，具备物业开发的经验和能力。而从盈利能力和资产情况来看，深圳地铁并不如万科，如表 5-7 所示。2015

---

① 资料来源：万科 A. 发行股份购买资产暨关联交易预案 . 巨潮资讯网 . http://www.cninfo.com.cn/cninfo-new/disclosure/szse_main/bulletin_detail/true/1202374880?announceTime=2016-06-18.

年深圳地铁仅实现盈利 5.3 亿元，远不及万科的 181 亿元。最后，深圳地铁由深圳国资委 100% 控股，而在 2000 年前，万科的最终实际控制人就是深圳国资委。以划算的对价和"白衣骑士"的形象回归第一大股东，想必是深圳国资委喜闻乐见的。

表 5-7　2015 年 12 月 31 日万科和深圳地铁财务指标对比 [①]

单位：元

主体	万科	深圳地铁
总资产	6 113 亿	2 403 亿
净资产	1 363 亿	1 503 亿
净利润	181 亿	5.3 亿

万科的资产重组方案对于万科管理层和深圳地铁是双赢的安排，但是却动了华润的奶酪，华润对这份预案很是不满。主要原因有两个：首先，华润权益短期内被大幅摊薄，股东回报受损。由于换来的是 3 块待开发土地，所以在项目开发周期，也就是 3 年之内华润的股东权益大幅下降，而且未来收益也存在较大的不确定性。加之增发带来 H 股流通股低于 10%，导致未来需要进行再次增发，这将会使华润的股东权益再次被摊薄。此外，用短期项目换长期的股权，这也是现有大股东华润难以接受的事情。

其次，华润的控制权被削弱。如图 5-9 所示，从交易前后的股权结构变化来看，华润从 15.29% 减少至 12.13%，"宝能系"从 24.29% 降至 19.27%，而空降的深圳地铁持有 20.65%。华润被"宝能系"超越之后，又将被深圳地铁挤到第三大股东的位置，如此一来，华润在下届董事会中就不可能保住自己的 3 个董事席位！

---

① 数据来源：万科 A. 发行股份购买资产暨关联交易预案. 巨潮资讯网. http://www.cninfo.com.cn/cninfo-new/disclosure/szse_main/bulletin_detail/true/1202374880?announceTime=2016-06-18.

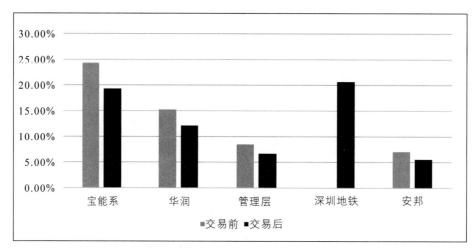

图 5-9　万科和深圳地铁交易前后股权结构变化 [①]

既然华润只有吃亏的分，那有什么理由对这份预案投赞成票呢？所谓多年来万科大股东和管理层的默契合作，终究是基于利益的共同体。当管理层牺牲大股东华润的利益时，曾经的合作佳话只能化作泡影。

3. 董事会战争

表 5-8 所示为万科管理层、华润和"宝能系"的董事会战争，万科董事会战争爆发始于 2016 年 6 月 17 日下午董事会审议与深圳地铁的资产重组方案。由于华润坚持要拿走深圳地铁 20% 股权中的一半，而当天董事会讨论的议案依然是原来的方案，华润方的 3 位董事投下了反对票，至此就引发了万科的董事会层面的争斗。

---

① 数据来源：万科 A. 发行股份购买资产暨关联交易预案. 巨潮资讯网. http://www.cninfo.com.cn/cninfo-new/disclosure/szse_main/bulletin_detail/true/1202374880?announceTime=2016-06-18.

表 5-8　万科管理层、华润和"宝能系"的董事会战争

时间	事件
2016 年 6 月 17 日	万科第十七届董事会第十一次会议，审议引入深圳地铁议案
2016 年 6 月 18 日	华润通过官方微信号发表声明，明确质疑决议合法性
2016 年 6 月 23 日	"宝能系"在官网发表声明，称万科是内部人控制企业，将在万科股东大会上否决重组预案
2016 年 6 月 24 日	华润发表声明，反对重组方案，质疑决议合法性和有效性，并高度关注内部人控制等公司治理问题 独立董事华生在《上海证券报》上连载《我为什么不支持大股东意见》上、中、下三篇
2016 年 6 月 26 日	"宝能系"提出罢免全体董事、监事议案
2016 年 6 月 27 日	2015 年度万科股东大会 深交所向"宝能系"和华润发关注函，要求说明一致行动人质疑
2016 年 6 月 30 日	华润发表声明，不同意罢免议案
2016 年 7 月 1 日	万科董事会第十二次会议，反对开股东大会罢免董事

（1）董事会的第一次战争 ①。

图 5-10 所示为万科第十七届董事会构成情况。管理层代表有 4 位，分别是王石、郁亮、孙建一和王文金。孙建一目前就职于平安，他的定位是外部董事。孙建一从 1995 年起历任万科的董事、常务董事、副董事长、独立董事等职位，可以说是万科管理层的坚定战友。华润的代表有 3 位，分别是乔世波、魏斌和陈鹰。此外，还有 4 位独立董事，分别是张利平、华生、罗君美和海闻。

---

① 资料来源：（1）华生. 华生再撰文，谈独董张利平回避权之争的实质.21 世纪财经报道 . http://m.21jingji.com/article/20160627/herald/d054e6d8c76b94f13782701cafacf029.html.（2）刘利平 . 复盘：万科 17 日的董事会中究竟发生了什么？.腾讯棱镜，转引自界面网 . http://www.jiemian.com/article/702564.html.

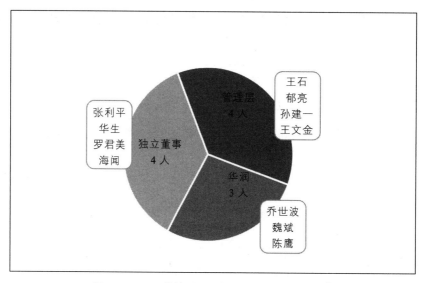

图 5-10　万科第十七届董事会构成情况 ①

华润的 3 位代表是铁定要投反对票的。根据万科 2014 年《公司章程》第一百三十七条规定，重大收购必须由董事会 2/3 以上的董事表决同意。那么在万科 11 人的董事会，至少要 8 名董事同意，这份预案才能通过，这就意味着除华润以外的其余 8 位董事都要投赞成票。管理层的 4 票自然不用说，那最后的胜负手就在 4 位独立董事手里。4 位独立董事中只要有 1 位投反对票或者弃权，那么议案都会被否决。在进退两难的情况下，这 4 位独立董事还会保持"独立"吗？

2016 年 6 月 17 日下午，董事会如期召开。董事会副主席、华润方代表乔世波因公务原因未出席，授权董事陈鹰行使表决权；独立董事海闻因公务原因未出席，授权独立董事华生行使表决权。

华润方代表开门见山：已决定要对议案的主要内容投反对票。于是，参与会议的 3 位独立董事被逼入困境，与华润方发生了激烈的争论。

---

① 资料来源：万科 A. 2016 年年度报告. 巨潮资讯网. http://www.cninfo.com.cn/cninfo-new/disclosure/szse_main/bulletin_detail/true/1203197044?announceTime=2017-03-27.

独立董事罗君美表示："我亲自去考察了深圳地铁，也看了两个项目所在地块，觉得真的是很好。我觉得这次买的不是资产，而是万科的未来。"

手上拿着两张票的独立董事华生表示："如果不通过，会损害万科品牌形象。""如果地铁资产无法注入，那么华润有什么优质资产可以帮助万科的发展，维护中小投资者利益呢？"[1]

最后轮到华润当年推荐的独立董事张利平发言，戏剧性的一幕出现了。根据华生的回顾，张利平电话参与会议，上来的原话是："第一个声明是我新的工作在黑石，目前对两大股东都有交易，特别是目前有一个数额较大的和万科在进行，所以我已征求我律师的意见，我有利益冲突，所以我弃权。"

万科的高管何等精明职业，知道回避利益冲突与投弃权票可有天壤之别，可决定重组预案的命运，说得含糊不清怎行！

张利平话音刚落，董秘朱旭马上追问："那您这样的话，属于利益关联，您就属于回避表决，是这样吗？"

张利平答："没有错。"

朱旭又确认："回避表决？对吗？"

张利平回答："对。"

朱旭再跟进："那我要提醒您的是关于独立董事，您作出回避表决的话，必须给我们书面回避理由，签字，然后我们会在公告里公告。"

张利平最后答："就是我刚才讲的理由，因为利益冲突，所以我必须回避表决。我会提供书面意见，你们给我一点时间，我会提供。"

这就是外界看到的后来公告里张利平要求回避议案表决给董事会确认函的

---

[1]　资料来源：刘利平. 复盘：万科 17 日的董事会中究竟发生了什么？腾讯棱镜，转引自界面网. http://www.jiemian.com/article/702564.html.

背景。①

最后的表决结果是同意 7 票、反对 3 票、弃权 0 票。4 位独立董事有 1 位因为"关联"原因回避，另外 3 位投了赞成票。

表决的结果虽然尘埃落定，但决议最后到底算不算是通过了？对此，华润和管理层之间又再次针锋相对，双方的律师在会议现场就爆发了激烈的争论。如此短兵相接的场面，在过往 15 年万科的董事会中从未出现。

万科管理层认为 7 张赞成票，已经超过进行投票的 10 名董事的 2/3；但华润显然不认可，它们认为 7 张赞成票，并未超过 11 名董事的 2/3。这个分母到底是 10 还是 11 呢？

万科的《公司章程》第一百五十二条规定，公司董事与董事会会议决议事项所涉及的企业有关联关系的，不得对该项决议行使表决权，也不得代理其他董事行使表决权。那么按照张利平的回避表决，投票董事人数应是 10 人。可转念一想，张利平的"关联关系"涉及的是黑石和万科，而此次表决事项涉及的是深圳地铁，利益冲突在哪呢？再仔细思考，张利平是"独立"董事，怎么会关联呢？

这一系列争议成为管理层和华润交锋的重点。当天深夜，万科终于发出董事会决议公告，上面显示议案通过。公告上列举了华润代表反对的 6 条主要理由，如表 5-9 所示。

---

① 资料来源：华生 . 华生再撰文，谈独董张利平回避权之争的实质 .21 世纪财经报道 . http://m.21jingji.
com/article/20160627/herald/d054e6d8c76b94f13782701cafacf029.html.

表 5-9　第十七届董事会第十一次会议决议华润代表反对理由 [①]

概要	详细
土地储备风险加大	近期深圳土地市场异常火热，在此时点大举增加深圳土地储备的风险加大
项目盈利能力压力大	考虑到税费，本次注入的项目实际土地楼面价格将上升，将对项目盈利能力构成压力
项目开发难	地铁项目一般会受到多个政府部门监管，同时对地铁上盖物业的规划设计、建筑质量等有一定的限制或特殊要求，将提高对项目开发的技术性要求、增大对整个开发进程控制的难度，从而影响项目的开发进度及开发成本
摊薄 3 年内每股收益	本次项目规模较大，开发周期及资金回收期较长，导致短期内难以实现收入，现有股东在 2016—2018 年的每股盈利将被摊薄
适合项目层面合作	公司与地铁集团较适合采用在项目层面合作的方式
适合发债购买	公司可通过债权融资支付全部交易对价，无须发行大量股票

　　这样的结果，显然出乎华润的"意料"。胜利的天平本是控制在华润手中，没想到因为万科管理层在回避表决上的"出奇制胜"，痛失在董事会的好局面。吃瘪的华润会就此妥协吗？

　　2016 年 6 月 18 日，华润通过官方微信号发表公开声明，明确质疑决议已获得通过的合法性，所述理由与上述相一致。此刻华润手中仍有足够的筹码，因为重组标的资产在审计和评估工作后，将进行第二次董事会表决，此后还需要通过股东大会的考验。

　　（2）董事会的第二次战争。

　　万科管理层和华润间的"董事会战争"仍在持续，此时蛰伏许久的"宝能系"似乎领悟了"敌人的敌人就是朋友"这句话，终于按捺不住了。

---

① 资料来源：万科 A. 第十七届董事会第十一次会议决议公告 . http://www.cninfo.com.cn/cninfo-new/disclosure/szse_main/bulletin_detail/true/1202374893?announceTime=2016-06-18.

如表 5-10 所示，6 月 23 日和 24 日，"宝能系"和华润先后发布声明，将矛头转向万科"内部人控制问题"。在"宝能系"和华润的质疑中，王石等管理层作为经营者，实际控制了万科公司，而且做了损害股东利益的事情。

表 5-10　6 月 23 日和 24 日"宝能系"和华润声明 [①]

时间和对象	具体事项
6 月 23 日 "宝能系"声明	1. 重组预案将大幅摊薄现有股东权益和上市公司收益，明确反对万科本次发行股份购买资产预案，后续在股东大会表决上将据此行使股东权利
	2. 万科已实质成为内部人控制企业，违背公司治理的基本要求，不利于公司长期发展和维护股东权益
6 月 24 日 华润声明	1. 华润支持万科与深圳地铁在业务层面的合作，反对万科管理层提出的拟发行股份购买资产的重组预案
	2. 华润对万科董事会在审议及表决重组预案过程中所存在的问题，已发函向两地监管机构反映，并质疑议案审议过程的合规性及议案通过的有效性
	3. 华润支持万科持续健康地发展，高度关注万科存在的内部人控制等公司治理问题。华润将继续致力提升万科企业管治水平，维护全体股东和投资者的权益

面对直接的质疑，万科管理层没有公开回应。在关键的节骨眼上，独立董事华生站了出来，在《上海证券报》上连载《我为什么不支持大股东意见》上、中、下三篇共两万余字的文章（表 5-11 摘录其主要观点），将不为人所知的"内幕"公之于众，直接引爆公众对决策过程的关注。

---

① 资料来源：王博.宝能华润达成共识：王石受阻　万科管理层还有三条路.中国企业家，转引自新浪财经. http://finance.sina.com.cn/stock/s/2016-06-24-doc-ifxtmwei9210998.shtml.

表 5-11　独立董事华生《我为什么不支持大股东意见》主要观点 ①

篇目	华生主要观点摘录
上篇	1. 在宝能举牌以后，万科董事会一直没有就宝能举牌举行过任何正式会议进行讨论，我认为是不应该的。无论是管理层还是作为大股东的华润，都应该要提出召开董事会。 2. 我主要关心的是广大中小投资者的利益。如果否定深圳地铁重组预案，华润方面又没有有吸引力的资产注入或其他方案，会造成股价大幅度下跌，对广大中小投资者利益造成损害。华润这方面有没有什么对策？ 3. 独立董事别无选择，要么赞成，站在管理层一边，要么反对，站在大股东华润一方，甚至连弃权都不行。因为任何一张弃权票都会使赞成票不够数，从而实际上等于反对
中篇	1. 他们的最大错误就是其标杆领头人王石，虽然过去曾经对万科的发展起了关键作用，但近些年来在光环照耀下有些自觉不自觉的飘飘然。特别是在这次股权争夺战中，出言轻率，树了许多不应该树的敌，加重了万科的困境。 2. 万科的管理层大模大样惯了，自诩为治理结构和文化独特的现代企业，显得既不懂国企的规矩，又没有私企的股勤。 3. 在宝能似乎知难而退后，华润的态度也不断变化，准备重新坐稳第一大股东宝座。应当说这种因势利导、随机应变在商场上也无可厚非。 4. 独董的职责是防止个别大股东绑架董事会
下篇	1. 万科这次讨论重组预案，表决程序和结果合法合规，无懈可击，且当场无任何董事、监事提出异议，现场见证律师确认决议结果合法有效。在这种情况下，华润方面事后质疑决议结果的有效性就有点近乎小儿科了。 2. 按《证券法》的规定和要求，上市公司的董事等应当保证上市公司所披露的信息真实、准确、完整。从我的文章可以看出，这次万科董事会会议公告的信息实在少得可怜。大量对公众股东和市场投资者至关重要的信息均未公布。 3. 华润本来是万科的第一大股东，而宝能是不请自来抢万科第一大股东的，本来这两家应当利益相反，是冤家对头，后来的事情让所有人都大跌眼镜。人们不禁要问，华润方面与宝能有这么多接触密谈，被指存在关联和交易，是否已经涉嫌形成关联和一致行动人关系？

　　华生的三篇文章直击这场董事会战争的关键，在上篇中他表达了对董事会各

---

① 资料来源：（1）华生 . 我为什么不支持大股东意见（上）. 上海证券报，转引自 21 世纪经济报道 . http://m.21jingji.com/article/20160624/herald/1f0d893a7b79d700070fc507218edcfb.html.（2）华生 . 我为什么不支持大股东意见（中）. 上海证券报，转引自 21 世纪经济报道 . http://m.21jingji.com/article/20160625/herald/2d54132901ecdee2c3e014419ed40af7.html.（3）华生 . 我为什么不支持大股东意见（下）. 上海证券报，转引自 21 世纪经济报道 . http://m.21jingji.com/article/20160627/herald/d054e6d8c76b94f13782701cafacf029.html.

利益方之间沟通机制和信息披露的疑惑、对中小股东利益保护的诉求和 4 位独立董事身处事间的进退两难；在中篇中，华生批评了万科管理层尤其是王石在股权争夺中的"不懂事"；在下篇中，华生将矛头对准华润，认为这次董事会合法合规，质疑华润和"宝能系"之间涉嫌构成关联和一致行动人关系。

华生的"挺身而出"，为万科管理层挡住了不少媒体的炮火。然而"宝能系"不愿就此作罢，甩手扔出了一颗重磅"核弹"——罢免万科所有董事和监事的股东提案。这场董事会战争交锋至此，越来越扣人心弦。表 5-12 所示为"宝能系"罢免所有董事和监事理由。

表 5-12　"宝能系"罢免所有董事和监事理由 [①]

理由	具体内容
理由 1：王石未关注重组价格的公允性、合理性，未关注股东整体利益	王石作为董事长没有充分关注重组交易价格的公允性、合理性，没有充分关注重组是否有利于公司及全体股东的整体利益、能否均衡反映股东的诉求，没有对异议董事提出的意见予以必要的重视和考虑，没有对独立董事提出回避的合法性、合规性予以特别的关注与审查，其行为严重违反《公司法》等规定
理由 2：事业合伙人计划信息披露不足	董事会从未向投资者披露万科在 2014 年推出的事业合伙人制度的具体内容，以及公司董事、监事在该制度中能够获得的报酬及获得该等报酬的依据
理由 3：万科已经成为被内部人实际控制的上市公司	万科事业合伙人制度作为管理层核心管理制度，不受万科正常管理体系控制，系在公司正常管理体系之外另建管理体系，万科已实质成为内部控制人企业，违反《公司法》《证券法》《上市公司治理准则》等
理由 4：王石脱离工作岗位仍领 5 000 万元巨额报酬	王石于 2011—2014 年担任第十六届董事期间，前往美国、英国游学，长期脱离工作岗位，却依然在未经股东大会事先批准的情况下从万科获得现金报酬共计 5 000 万元，损害公司和广大投资者利益，严重违反《公司法》等法律法规规定的董事勤勉、忠实义务

[①]　万科 A. 深圳市钜盛华股份有限公司及前海人寿保险股份有限公司关于提请公司董事会召开 2016 年第二次临时股东大会的通知 . http://www.cninfo.com.cn/cninfo-new/disclosure/szse_main/bulletin_detail/true/1202409795?announceTime=2016-06-27.

　　"擒贼先擒王"，董事长王石的工作问题，直接被"宝能系"用来挑起董事会第二次战争。既然这份提案要通过现有的第十七届董事会，而此刻"宝能系"并无一席董事席位，这是否意味着华润在给"宝能系"撑腰？

　　就在此时，王石在自己的微信朋友圈发声："当你曾经依靠、信任的央企华润毫无遮掩的公开和你阻击的恶意收购者联手，彻底否定万科管理层时，遮羞布全撕去了。好吧，天要下雨、娘要改嫁。还能说什么？"[①] 若王石所言属实，那么华润和"宝能系"就此联手，成为华生所猜测的一致行动人。华润的董事会席位加上双方合计超过 1/3 的股权，会让王石和管理层失去对重大决策的控制权，甚至失去对万科的经营权。不要说联手在股东大会上否决引入深圳地铁，就说是近在眼前的全体董事和监事罢免议案，都有可能让万科管理层"折戟"董事会。

　　深交所也关注到"宝能系"和华润间一致行动人的嫌疑，向双方发来关注函，要求双方说明是否互为一致行动人及理由。然而华润和"宝能系"在回复函中都否定了一致行动人关系。

　　撇开一致行动人的争议，从利益角度来思考和探究，双方在很多事情上有"结盟"的可能。"宝能系"的利益出发点是瓦解管理层反收购的措施、成功入主万科，华润的利益诉求是维护自己在万科的股东权益和在董事会的话语权。首先在罢免全体董事和监事议案上，"宝能系"和华润有共同的利益，因为一旦成行，阻碍双方的万科管理层将会出局，改组的新董事会将会是华润和"宝能系"的天下。其次在阻击引入深圳地铁的问题上，双方仍旧有一致的利益，所以双方的默契"结盟"水到渠成。

　　2016 年 6 月 27 日，万科 2015 年度股东大会如期召开，这是万科停牌后

---

① 　张晓玲 周智宇 . 被指内部人控制，王石反击称华润联手恶意收购者 .21 世纪经济报道 . http://m.21jingji.com/article/20160626/herald/18a093d5676774b3eb7bc3bd7716c3a8.html.

第一次股东大会。万科的 2015 年度董事会报告和监事会报告被华润和"宝能系"投反对票后未通过。王石因为"宝能系"的罢免议案成为焦点，其中薪酬问题最受关注，对此，王石未作过多解释，由监事会主席解冻进行回答。解冻从薪酬流程和合格董事长定义的角度维护了王石，并且澄清了"宝能系"指出的"脱离工作岗位"的说法："王石主席从来没有脱离工作岗位，他一直负责和公司发展有关的战略思考，指导推进国际化业务。2010 年后，不管是房地产行业还是万科都开始进入转型发展的关键阶段，王石主席的游学背景，拓宽了万科的国际化视野，帮助万科获得了很多国际化资源和合作伙伴，这对于过去几年公司的国际化战略实施起到了关键作用。"[①]

这番解释未能扭转"王石谢幕"的舆论氛围，一波未平一波又起，现有董事会将于 7 月 1 日召开第十二次会议审议"宝能系"的罢免提案。从博弈的角度看，假如华润再次发难管理层，很有可能会将这份议案送到股东大会，那么管理层势必出局，这将是华润的大好机会。然而剧情再次反转，就在董事会会议召开前夜，华润在官网发出声明，表达了两个观点。

- 对于公告中罢免所有万科董事、监事的提案，华润有异议。
- 华润会从有利于公司发展的角度，考虑未来董事会、监事会的改组。

让人摸不着头脑的是，华润在不到半个月前和万科管理层在董事会会议中剑拔弩张，又和"宝能系"有默契的共同利益，怎么会表态不同意这份罢免议案。

在媒体的一些报道中，我们找到了些许答案。据香港《南华早报》报道，

---

① 赖嘉宁.万科解冻：王石从来没有脱离工作岗位.全景网.http://www.p5w.net/kuaixun/201606/t20160627_1498417.htm.

国资委对华润在万科控制权争夺战的行为有很大程度的保留意见。^①另据部分媒体披露，万科之争升级已引起高层关注，华润被要求不得与宝能一致行动。华润不得再就万科事件随意表态，任何行动要预先征得国务院国资委同意。^②这意味着华润后续在万科股权争夺中的行动会受到监管层的掣肘，而监管层的加入，也将再次改变博弈走向。华润的此番表态，标志着其与"宝能系"联盟的瓦解。那么华润是否还会重提回到第一大股东位置的诉求？绝处逢生的万科管理层又将如何挽回败局？"宝能系"是否还会坚持将恶意收购进行到底，诸多问题就像迷雾般笼罩着"宝万之争"。

7月1日，董事会第十二次会议全票通过了不同意"宝能系"的罢免议案。从这以后，伴随着华润的淡出，董事会多方混战暂时告一段落，"宝万之争"再次回归万科管理层和"宝能系"这两位主角之间的博弈与争斗。

4. 舆论、诉讼和举报战

除了在资本市场和万科董事会的正面交锋，万科管理层和"宝能系"在场下也掰起了手腕。与规则内的恶意收购和反收购不同，场下的舆论、诉讼和举报战让"宝万之争"愈加动荡不安。

7月是口水纷飞的1个月，伴随着万科A的复牌，万科管理层和"宝能系"的战斗趋于白热化。图 5-11 所示为 2016 年 7—11 月万科复牌后的股价变化。

---

① 港媒：国资委证监会不满华润在万科股权战行为. 腾讯财经. http://new.qq.com/cmsn/20160629023688.

② 曹山石. 华润到底是怎么丢掉万科的. 新浪网. http://finance.sina.com.cn/stock/s/2017-06-27/doc-ifyhmtek7857343.shtml.

图 5-11　2016 年 7—11 月万科复牌后的股价变化 [1]

（1）万科管理层的发难。

首先发难的是万科管理层。6 月 30 日，万科部分员工带着"保卫万科请愿书"前往深圳市政府请愿，希望市委市政府出面主持公道，查处宝能和华润的"非法"行为，帮助深圳优秀企业抵御恶意资本的入侵。该"请愿书"落款为"保卫万科职工大联盟"，言辞甚为激烈。[2]

对此万科回应称，知道员工这一自发行为，也理解这一行为，公司会尽力维持公司运转的正常秩序。当时，监事会主席解冻知情后到现场劝回相关员工。[3]

7 月 4 日，万科停牌半年后迎来复牌，全天股价牢牢封死跌停板。当天管

①　数据来源：同花顺财经。

②　余舒虹 . 部分万科员工前往深圳市政府请愿 . 经济观察网，转引自财经网 . http://estate.caijing.com. cn/20160630/4140944.shtml.

③　万科回应员工赴深圳市政府请愿：管理层已劝回员工 . 新浪网 . http://finance.sina.com.cn/stock/ s/2016-06-30/doc-ifxtsatn7817919.shtml.

理层祭出两大"杀招"。

第一招是诉讼战，由万科工会向深圳市罗湖区人民法院起诉"宝能系"等损害股东利益。来自万科工会的《民事诉讼状》显示，万科工会重点起诉"宝能系"在增持万科 A 股中的信息披露问题，要求法院判令其增持万科属于无效的民事行为，并在未改正违法行为之前不得对其持有的万科 A 股股票行使表决权、提案权、提名权、提议召开股东大会的权利及其他股东权利。此时万科工会持有 0.61% 的万科股权。

第二招是举报信，由最大自然人股东刘元生向中国证监会、银监会、保监会、国务院国资委、深圳证券交易所、香港联交所、深圳证监局发出举报信，抛出五点疑问质疑华润和宝能。刘元生是香港商人，在王石做录像机生意时是其供应商，在万科成立前两人就是好朋友。1988 年，万科正式向社会发行股票，刘元生闻讯用 400 万港元认购了万科 360 万股。这 360 万股不断滚雪球，变成了今天 1.34 亿股。在"宝万之争"前夕，刘元生持股 1.21%，位列万科的第五大股东。所以说刘元生既是王石等管理层的铁杆支持者，也是位"传奇"股东。作为陪伴万科 28 年的股东，他言语中的分量已不能用股份的多少来衡量。[①]

表 5-13 所示为万科工会的诉讼请求和刘元生的举报信内容。万科工会的诉讼请求针对的是"宝能系"的股权和相对应的各项权利，目的是从法律上让"宝能系"的增持和股东权利失效。这样的诉讼并不简单和容易，但可以为管理层增加更多的筹码，至少可以拖延时间。而刘元生作为坚守万科 28 年的"传奇"股东，对万科的经营管理具有发言权，他的举报目标直指大股东华润和"野蛮人""宝能系"，一是质疑双方的关联关系；二是质疑"宝能系"的资金不合规。这两点仍旧延续之前王石内部讲话和华生的三篇文章的出拳思路。

---

① 资料来源：港股那点事. 万科最大自然人股东刘元生实名举报华润宝能. 华尔街见闻. https://wallstreetcn.com/articles/252478.

表 5-13　万科工会的诉讼请求和刘元生的举报信内容 ①

序号	万科工会的诉讼请求	刘元生的举报信内容
1	请求判令 5 名被告持有万科 A 股股票达到 5% 时及其后续继续增持万科 A 股股票的行为属于无效民事行为	"宝能系"与华润到底有多少合作项目？双方到底有多少重大利益关联？双方在哪些事项上达成了一致行动的交易？
2	请求判令 5 名被告在《证券法》及《上市公司收购管理办法》规定的限售期届满后，通过深交所的集中竞价交易系统期限改正其无效的民事行为	宝能与华润是何时在万科第一大股东地位问题上开始谈判交易？先后达成过哪些默契与协议？
3	请求判令 5 名被告在改正违法行为之前，不得对其违法持有的万科 A 股股票行使表决权、提案权、提名权、提议召开股东大会的权利及其他股东权利	双方对深圳地铁重组预案联手出尔反尔，背后有何阴谋？
4	请求判令第三人（指万科公司）在 5 名被告违法行为改正之前，就 5 名被告违法持有的万科 A 股股票不予计入股东大会议案的有效表决权，对 5 名被告对违法持有的万科 A 股股票行使提案权、提名权、提议召开股东大会的权利及其他股东权利不予接受	隐瞒双方达成第一大股东易主的秘密协议，是否已明白无误涉嫌内幕信息、内幕交易和市场操纵？
5	请求判令 5 名被告承担本案全部诉讼费用，包括案件受理费、保全费、保全担保费、律师费、差旅费等	多个迹象表明宝能用于收购的资金来自不合规的银行资金，用于收购的主体故意规避法律法规的明确要求，请问宝能是不是利用违法资金和不合规主体收购并控制上市公司？

　　这两大招数的祭出，最先被吓坏的是万科的股价。仅仅两周时间，万科股价从停牌前的 23 元一路滑落至 15 元附近，跌幅超过 30%。这时媒体开始传播"宝能系"资管计划即将爆仓的消息。这些情况表明，万科工会的起诉和刘元生的举报信绝不是自发行为那么简单。假如股价因此大幅下跌使"宝能

---

① 资料来源：（1）周少杰 . 宝万之争未了局：工会起诉再被翻炒 . 证券时报 . http://news.xinhuanet.com/fortune/2017-02/08/c_129470857.htm. （2）刘元生 . 五点质疑抛向华润宝能 . 腾讯证券 . https://view.inews.qq.com/a/FIN2016070404177505.

系"资管平仓，这会是对"宝能系"的直接打击。

　　就在股价跌至谷底的时候，万科管理层亲自披挂上阵，以万科企业的名义发出《关于提请查处钜盛华及其控制的相关资管计划违法违规行为的报告》，向中国证监会、基金协会、深交所和深圳证监局四大部门举报"宝能系"的违规行为。

　　表 5-14 是举报的主要理由，万科管理层紧抓"宝能系"九个资管计划的问题，前有民事诉讼和刘元生的举报，后有整个万科层面的举报信。很明显，万科管理层希望通过法律和行政命令，让"宝能系"停手。更何况连环的利空消息，对二级市场的股价造成巨大压力，这还会让"宝能系"面临被平仓的风险。可以说，万科这套场下的"组合拳"还是比较有成效的。

表 5-14　万科举报钜盛华九个资管计划的理由 [1]

举报理由	具体情况
一、九个资管计划违反上市公司信息披露规定	（一）未按照一致行动人格式要求完整披露信息 （二）合同及补充协议未作为备查文件存放上市公司 （三）披露的合同条款存在重大遗漏
二、九个资管计划违反资产管理业务相关法律法规	（一）合同属于违规的"通道"业务 （二）钜盛华涉嫌非法利用九个资管计划的账户从事证券交易 （三）涉嫌非法从事股票融资业务
三、九个资管计划将表决权让渡与钜盛华缺乏合法依据	（一）不符合上市公司收购人的条件 （二）相关各方均无充分依据行使表决权 （三）不具备让渡投票权的合法性前提
四、钜盛华及其控制的九个资管计划涉嫌损害中小股东权益	（一）钜盛华涉嫌利用信息优势、资金优势，借助其掌握的多个账户影响股价 （二）钜盛华涉嫌利用九个资管计划拉高股价，为前海人寿输送利益 （三）钜盛华和九个资产管理计划未提示举牌导致的股票锁定风险，可能导致优先级委托人受损

---

[1]　资料来源：万科 . 向证监会举报宝能资管计划违法违规 . 新浪财经 . http://finance.sina.com.cn/roll/2016-07-19/doc-ifxuapvs8828142.shtml.

（2）"宝能系"搅动舆论风云。①

"宝能系"在场下的较量中并不是被动挨打，虽然没有类似万科的诉讼或举报信，但多家自媒体为"宝能系"站台，搅动社会舆论的风云。

在万科复牌的 7 月 4 日，公众号"兽楼处"发表了一篇文章《田朴珺撩汉往事，世界就这样被野路子的女人抢走》，署名兽爷②。文章的主要内容是写王石背后女人田朴珺的故事，并且质疑她利用王石的关系通过倒腾地和炒房赚万科的钱。借助八卦的内容属性和舆论风口的"宝万之争"，这篇文章在网络广泛传播。而在"宝能系"借由王石的薪酬等问题提出罢免议案的关键时刻，这篇文章加剧了中小股东对王石的不满情绪，在舆论层面对管理层施加了巨大压力。

7 月 8 日，有匿名人士向港交所爆料称，万科管理层计划收购黑石集团在内地的资产，涉及资金约 130 亿元，目的可能是保护管理层的控制权，通过"并购一个新的平台，令他们即使被辞退，亦可以继续以同一组人运作"。几天之后，万科披露了与黑石之间的潜在交易，这被部分市场人士解读为，万科管理层在引入深圳地铁遇阻后，为保控制权所实施的"B 计划"。但在中小股东眼里，这样的潜在交易既有信息披露不及时的问题，还有再次损害股东权益的可能。③

7 月和 8 月，关于万科事业合伙人和"万丰系"的质疑之声从未停止。7 月，不断有媒体对事业合伙人计划的信息披露提出质疑，包括未通过股东大会批准、持股情况、杠杆倍数、管理层从中获得的薪酬状况等。媒体甚至爆出万科管理层在 2014 年春季例会上对事业合伙人制度的介绍，其中不乏"从来没有把股东放在眼里，除了让股东承担责任""我们要掌握自己的命运"等

---

① 资料来源：王石背后神秘的"万丰系"浮出水面. 时代周报，转引自网易财经. http://money.163.com/16/0823/17/BV6162HE002580S6.html.

② 兽爷. 田朴珺撩汉往事，世界就这样被野路子的女人抢走. 兽楼处，转引自搜狐. http://www.sohu.com/a/101033019_358191.

③ 资料来源：张晓玲，周智宇. 万科黑石交易真相. 21 世纪经济报道. http://epaper.21jingji.com/html/2016-07/14/content_43424.htm.

犀利的言辞。①

　　到了 8 月，事业合伙人背后的运作体系被媒体扒出，隐秘的"万丰系"终于浮出水面。②

　　所谓事业合伙人计划，是指万科在 2014 年 5 月发起的，由事业合伙人将其在经济利润奖金集体奖金账户中的全部权益，委托给深圳盈安财务顾问企业（有限合伙）的普通合伙人进行投资管理。首批的事业合伙人包括董事、监事、高管等 1 320 名万科员工。

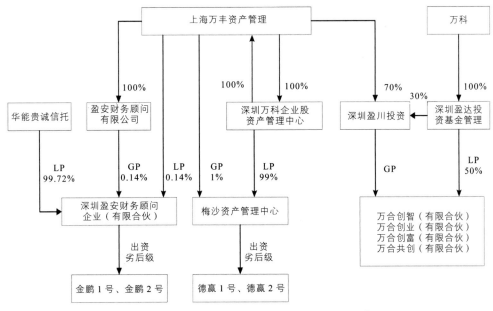

图 5-12　"万丰系"主要公司股权结构 ③

　　图 5-12 最左边就是万科在信息披露中所说的事业合伙人计划的架构。从

①　资料来源：红刊财经 . 惊爆：万科事业合伙人制度内部讲话 . 证券市场红周刊 . http://news.hongzhoukan.com/16/0712/heyan143521.html.

②　王石背后神秘的"万丰系"浮出水面 . 时代周报转引自网易财经 . http://money.163.com/16/0823/17/BV6162HE002580S6.html.

③　资料来源：上海万丰资产管理有限公司 . 天眼查 . https://www.tianyancha.com/company/3665773.

股权结构上看，华能贵诚信托是主要有限合伙人，将事业合伙人的经济利润奖金投向盈安合伙。负责投资管理的是普通合伙人盈安财务顾问有限公司，它由上海万丰 100% 控股。在事业合伙人计划推行后，盈安合伙通过金鹏 1 号、金鹏 2 号资管计划杠杆增持万科股权，在"宝万之争"前持有万科股权近 5%。

　　"万丰系"之所以备受瞩目，更多是因为在"宝万之争"中突然冒出来的德赢 1 号和德赢 2 号。2015 年 8 月，梅沙资产管理中心（有限合伙）成立，向德赢 1 号和德赢 2 号提供劣后级资金，然后杠杆增持万科股权，与"宝能系"上演股权争夺的生死时速。到 2015 年年底，德赢计划共计买入 3.66% 的万科股权。

　　那么这个梅沙资产管理中心到底由谁控制？从图 5-12 可以看出，它的普通合伙人还是上海万丰，有限合伙人是深圳万科企业股资产管理中心（下称"万科企业股中心"）。在寻找上海万丰背后的控制人时，我们发现它和万科企业股中心之间 100% 的交叉持股。

　　那么万科企业股中心和万科有关系吗？从现有股权结构上来看，没有任何关系，因为 100% 交叉持股已经让万科企业股中心和上海万丰之间形成了"闭环"。真正的实际控制方已经无从追溯。但从历史和项目投资来看，万科企业股中心和万科之间关系紧密。从工商信息查询到的资料表明，在 2014 年前，上海万丰的投资人为万科工会，此后万科工会退出，变更为万科企业股中心。[①] 这是否意味着万科企业股中心是从万科工会"脱胎"而来？此外，从项目投资来看，万科企业股中心 100% 持股的上海万丰和万科 100% 持股的盈达投资共同投资一家名叫盈川投资的公司。盈川投资作为 4 家有限合伙企业的普通合伙人，而盈达投资负责提供近 50% 的资金。

---

① 　上海万丰资产管理有限公司 . 天眼查 . https://www.tianyancha.com/company/3665773.

在图 5-12 所示的关系之外，上海万丰还有独立的投资版图。种种"销声匿迹"的运作，让媒体纷纷质疑，王石等管理层是不是在利用万科资源另建资产平台，是不是准备掏空万科，是不是已经铺好了后路？[①]

（3）恒大加入混战。

"宝能系"并未停止在二级市场的动作。7 月 7 日，"宝能系"对万科进行了第五次举牌。在离 30% 的要约收购标准仅剩最后一步的时刻，万科管理层向监管层递交了举报"宝能系"资管计划的报告，让"宝能系"的增持刹住了车。

这个时候，"宝万之争"又迎来了不速之客——中国恒大。作为比肩万科的房地产龙头企业，恒大耗巨资买入万科股权的目的何在？它会扮演何种角色，是"宝能系"的盟友，还是管理层的"白衣骑士"，又或是浑水摸鱼的搅局者？伴随着媒体的猜测，恒大开启连续增持的模式，如表 5-15 所示。

表 5-15　恒大增持万科情况 [②]

时间	标志	事件
2016 年 8 月 8 日	恒大第一次举牌	恒大通过 7 家投资公司集中竞价交易买入万科 5% 的股权
2016 年 11 月 22 日	恒大第二次举牌	恒大通过 9 家投资公司集中竞价交易买入万科 10% 的股权
2016 年 11 月 29 日	恒大继续增持	至 2016 年年底，恒大持有万科 14.07% 的股权

从 8 月起，恒大在二级市场通过数家子公司分散买入万科股份。如图 5-13 所示，从股权结构来看，与"宝能系"截然不同，恒大没有任何可以挑毛病的地方，既看不出资金组织方式，也看不到资金的真正来源。在每次举牌时，恒大给出的解释是"财务投资"。但是在万科下滑的业绩、两倍于 1 年前的股价和耗资 240 亿元面前，这样的说法显然站不住脚。

---

① 李淳 . 王石掏空万科：利用万科资源创立的万丰系浮出水面，狡兔三窟，这才叫后路 . 时代周报，转引自投中网 . https://www.chinaventure.com.cn/cmsmodel/news/detail/304884.shtml.

② 资料来源：根据万科 A 公告整理。

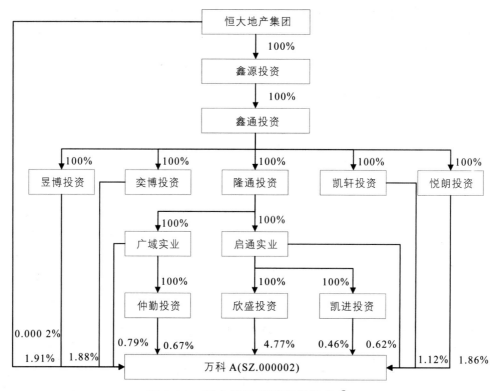

图 5-13　恒大持股万科股权结构 ①

　　在华润保持沉默的时刻，让人猜不透的恒大，成为左右"宝万之争"胜负的关键，如图 5-14 所示。如果恒大是管理层的"白衣骑士"，那么管理层、安邦和恒大合计持股近 30%，将占据对阵"宝能系"主动。但如果恒大为"宝能系"站台，那么管理层败局已定。

---

①　资料来源：万科 A. 2016 年年度报告 . 巨潮资讯网 . http://www.cninfo.com.cn/cninfo-new/disclosure/szse_main/bulletin_detail/true/1203197044?announceTime=2017-03-27.

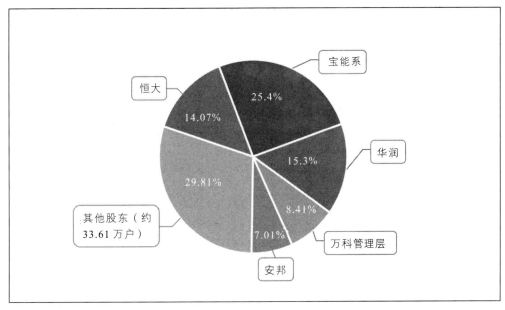

图 5-14　万科的股东持股结构（截至 2016 年 12 月 31 日）①

5. 宝能敲门南玻 A 和格力

被万科举报资管计划以后，"宝能系"在正面战场的战线开始收缩，此后停止了对万科股权的增持。但资本大鳄"宝能系"根本闲不住，除了举牌万科，还举牌了多家 A 股及港股上市公司，如表 5-16 所示。

① 数据来源：万科 A. 2016 年年度报告 . 巨潮资讯网 . http://www.cninfo.com.cn/cninfo-new/disclosure/szse_main/bulletin_detail/true/1203197044?announceTime=2017-03-27.

表 5-16　钜盛华及前海人寿持股达上市公司 5% 的情况

（截至 2016 年 7 月）①

单位：%

股票代码	公司简称	钜盛华持股	前海人寿持股	"宝能系"合计持股
000069	华侨城 A	1.43	8.46	9.89
600872	中炬高新	27.41	24.92	45.50
000601	韶能股份	5.94	28.00	33.94
600101	明星电力	0	5.02	5.02
600712	南宁百货	0	14.65	14.65
000012 200012	南玻 A 南玻 B	4.58	21.78	26.36
000417	合肥百货	0	6.72	6.72
1282.HK	中国金洋	0	19.58	19.58

从表 5-16 可以看出，"宝能系"对举牌的部分上市公司就是奔着控制权去的，如中炬高新、韶能股份、南玻 A 等。而对南玻 A 和之后的格力电器的控制权争夺，让"宝能系"为资本市场带来了不良的示范效应，使得资金出现"脱实向虚"的趋势，迫使监管层出手整治，这成为"宝万之争"的关键转折点。"宝能系"血洗南玻 A 是其败走万科的根源所在，而敲门格力电器则是其遭遇监管风暴的导火索。

（1）血洗南玻 A。

事实上，"宝能系"和南玻 A 的故事，始于 2015 年年初，早于"宝万之争"。

南玻 A 是国内老牌上市公司，是中国玻璃行业最具竞争力和影响力的大型企业，由于优质低估、股权分散，也成为"宝能系"的猎物。如图 5-15

---

① 　资料来源：万科 A. 详式权益变动报告书. 巨潮资讯网 . http://www.cninfo.com.cn/cninfo-new/disclosure/szse_main/bulletin_detail/true/1202457730?announceTime=2016-07-07%2011:45.

所示，根据其 2014 年报披露，南玻 A 并无实际控制人，公司最大股东为深圳国际控股，仅持股 5.59%，其余股东持股均低于 5%。此外，董监高和管理层持股仅 0.64%。股权的高度分散，让南玻 A 在资本市场面对"野蛮人"难以防备。

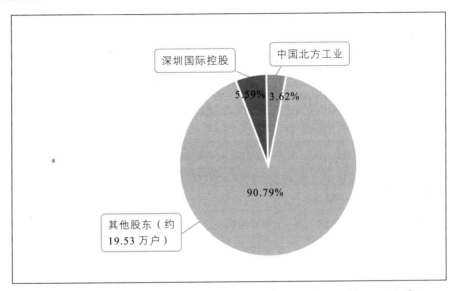

图 5-15　南玻 A 的股东持股结构（截至 2014 年 12 月 31 日）①

雪上加霜的是，2015 年年初，第一大股东深圳国际控股开始撤退。从 2014 年 12 月到 2015 年 2 月，深圳国际控股持股降至 5% 以下。如此一来，南玻 A 本就脆弱的控制权防线变得不堪一击。而到处寻找猎物、伺机而动的"宝能系"，开始在二级市场大举抢筹南玻 A 的股权，表 5-17 所示为"宝南之争"的主要过程。

---

① 数据来源：南玻 A.2014 年年度报告. 巨潮资讯网 . http://www.cninfo.com.cn/cninfo-new/disclosure/szse_main/bulletin_detail/true/1200767887?announceTime=2015-03-31.

表 5-17 "宝南之争"的主要过程

时间	事件
2015 年 3 月	"宝能系"在二级市场买入南玻 A 股份
2015 年 3 月 19 日	南玻 A 因筹划非公开发行股票停牌
2015 年 3 月 27 日	南玻 A 在 3 月 27 日召开董事会会议,通过修改公司章程、修改股东大会议事规则、修改董事会议事规则和修改独立董事工作制度四项议案,提请股东大会审议
2015 年 3 月 31 日	"宝能系"的前海人寿持有南玻 A 4.19% 的股权
2015 年 4 月 10 日	"宝能系"提出五项临时股东议案,要求否决和修改董事会之前提出的公司章程修改等议案
2015 年 4 月 15 日	南玻 A 管理层和"宝能系"双双撤回各自议案
2015 年 4 月 23 日	南玻 A 公告定增方案,"宝能系"以现金 10 亿元认购 1.12 亿股,完成后将持股 8.84%
2015 年 4 月 27 日	"宝能系"第一次举牌南玻 A,持股 5.02%
2015 年 5 月 7 日	"宝能系"第二次举牌南玻 A,持股 10.04%
2015 年 6 月 29 日	"宝能系"第三次举牌南玻 A,持股 15.04%
2015 年 7 月 7 日	"宝能系"第四次举牌南玻 A,持股 20.00%
2015 年 11 月 2 日	"宝能系"第五次举牌南玻 A,持股 25.05%
2015 年 12 月 31 日	2015 年 11 月到 12 月,第七届董事会 4 位董事相继辞职
2016 年 1 月 6 日	第七届董事会补选 4 名董事,其中 3 名为"宝能系"代表
2016 年 8 月	管理层和"宝能系"协商股权激励方案未果
2016 年 11 月 15 日	南玻 A 董事长曾南、董事 /CEO 吴国斌、两位独立董事、董秘、4 位副总裁、财务总监集体辞职
2016 年 11 月 16 日	董事会通过临时议案,由"宝能系"代表董事陈琳代为履行董事长职权至此,"宝能系"全面接管董事会

2015 年 3 月,觉察到控制权危机的南玻 A 管理层没有选择束手就擒。在 3 月 27 日的董事会上,他们选择通过《公司章程》等规则的修改,在董事会建立起防火墙。具体的条款修改如表 5-18 所示。

如果表 5-18 所示的条款通过股东大会的批准，那么"宝能系"增持到 10% 以上股份就要受到董事会的限制，而且由于董事更换人数的限制，每年最多更换现有 9 名董事中的 1/5，也就是 1 名。即使等到下届董事会，由于 3 名独立董事已经届满，那么在董事会提名的 3 名独立董事之外，"宝能系"最多提名 1 名董事。这样，"宝能系"抢夺控制权的目的就无法实现，只能做一名安静的财务投资者。

表 5-18　南玻 A《公司章程》修订条款 [1]

主要修订	具体内容
董事更换人数限制	董事会每年更换和改选的董事人数不超过董事会总人数的 1/5
	董事会任期届满时，新的董事、监事人数不超过董事会、监事会组成人数的 1/2
董事 / 监事候选人提名权	提高董事、监事候选人门槛为"连续 12 个月以上单独或合计持有公司发行在外有表决权股份总数的 5% 以上的股东、公司经营管理团队持股的法人股东"
10% 以上股东提名权	连续 12 个月以上单独或者合计持有公司发行在外有表决权股份总数的 10% 或以上股东向董事会提名董事候选人人数不得超过公司章程规定的董事会人数的 1/4
持股 10% 以上股东增持	持股 10% 以上的股东继续增持公司股份需要申请公司董事会同意其增持股份计划，未经董事会同意增持的股东即不具有提名公司董事、监事候选人的权利
独立董事提名权	公司董事会可以提出独立董事候选人

"宝能系"的反击是提出股东临时议案，要求否决现有董事会提出的上述议案，并且指责南玻 A 管理层"内部人控制"。戏剧性的是，陷入僵局的双方在股东大会前夕双双撤回了自己的议案，似乎在场下已经握手言和。与此同时，管理层还发布定增方案，迎接"宝能系"进门。

---

[1]　资料来源：南玻 A.《公司章程》及相关制度修订案. 巨潮资讯网 . http://www.cninfo.com.cn/cninfo-new/disclosure/szse_main/bulletin_detail/true/1200774615?announceTime=2015-04-01.

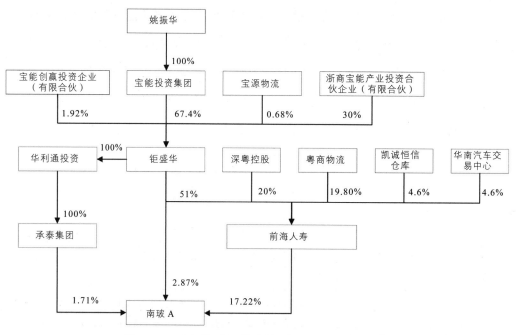

图 5-16 "宝能系"持有南玻 A 的股权结构 ①

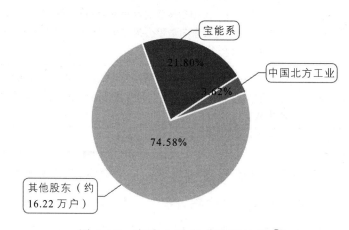

图 5-17 南玻 A 的股东持股结构 ②

---

① 资料来源：南玻 A.2015 年年度报告 . 巨潮资讯网 . http://www.cninfo.com.cn/cninfo-new/disclosure/szse_main/bulletin_detail/true/1202077500?announceTime=2016-03-25.

② 数据来源：南玻 A.2015 年年度报告 . 巨潮资讯网 . http://www.cninfo.com.cn/cninfo-new/disclosure/szse_main/bulletin_detail/true/1202077500?announceTime=2016-03-25.

然而狡猾的"宝能系"没有就此收手，从 2015 年 4 月到 11 月，"宝能系" 5 次举牌，摧枯拉朽地拿下了南玻 A21.80% 的股权，如图 5-16 和图 5-17 所示。如果非公开发行完成，那么"宝能系"将持有超过 25% 的股权。此刻，南玻 A 管理层对"宝能系"已束手无策。

"宝能系"在入主后，迫不及待地展开运作。随着第七届董事会 4 名董事在 2015 年底纷纷辞职，"宝能系"的 3 名代表顺其自然地进入了第七届董事会。而按照董事会换届时间表，此时距离第八届董事会还有 1 年半之久。此时在南玻 A 的董事会，在去除 3 名独立董事外的 6 个董事席位，只有两个是真正属于管理层的，其余 4 个都属于大股东。

随着管理层和大股东在日常经营问题上矛盾的激化，这场"宝南之争"走向了无法挽回的结局。2016 年 8 月，管理层提出的股权激励方案遭到了"宝能系"的漠视，成为矛盾爆发的导火索，最终演化为 11 月董事长曾南、CEO 吴国斌、两位独立董事、四位副总裁、财务总监、董秘集体辞职的剧情。这样的结果，被"宝能系"笑纳，由其董事陈琳代理董事长职位，并且全盘接管南玻 A。至此，南玻 A 的控制权完全落入"宝能系"手中。

（2）折戟格力电器。

格力电器是国内空调行业的龙头企业，是资本市场的明星白马股，是"中国制造"的代表企业，其董事长董明珠是家喻户晓的"网红"企业家。与万科、南玻 A 一样，优质低估和股权分散，让格力电器也成为"宝能系"垂涎的猎物。

表 5-19 所示为"宝能系"试图争夺格力电器控制权的过程。2016 年三季度报告披露，格力电器第一大股东为格力集团，持股约 18.22%。除此之外，格力电器没有超过 10% 股份的股东。在三季度末，"宝能系"的前海人寿已经以 0.99% 的持股比例位列第六大股东。

表 5-19　"宝能系"试图争夺格力电器控制权的过程

时间	事件
2016 年 9 月 31 日	"宝能系"的前海人寿持有格力电器 0.99% 的股权，位列第六大股东
2016 年 10 月 28 日	格力电器召开临时股东大会，收购珠海银隆的定增方案被否决
2016 年 11 月 11 日	董明珠被珠海国资委免去格力集团董事长的职务
2016 年 11 月 16 日	珠海银隆决定中止与格力电器的交易
2016 年 11 月 17 日	格力电器复牌，前海人寿开始增持格力电器
2016 年 11 月 24 日	董明珠宣布为全体职工每人每月加薪 1 000 元，每年增加成本约 8.4 亿元，此举被看作变相的"焦土计划"
2016 年 11 月 30 日	格力电器公告称截至 12 月 28 日，前海人寿持股达 4.13%，上升至第三大股东
2016 年 12 月 3 日	证监会主席刘士余讲话，明确指出用来路不正的钱，从门口的"野蛮人"变成了行业的强盗，这是不可以的。 同日，董明珠出席中国经济论坛称，"如果（资本）成为中国制造的破坏者的话，他们是罪人"
2016 年 12 月 5 日	保监会暂停前海人寿万能险新业务
2016 年 12 月 6 日	保监会派检查组入驻前海人寿
2016 年 12 月 9 日	前海人寿发布声明称，将不再增持格力股票，并会在未来根据市场情况和投资策略逐步择机退出

此时停牌中的格力电器正经历内忧外患。首先，筹划半年的收购珠海银隆方案被股东大会否决，此后又中止了交易，这意味着"白衣骑士"已经离开；其次，董明珠被珠海国资委免去格力集团董事长的职务，这意味着大股东不再坚定支持格力管理层。

"宝能系"当机立断，在格力复牌后耗资约 50 亿元持续买入，在短短两周内已接近举牌。董明珠用了两招进行反击：一是"焦土计划"，通过给全员加薪的方式，降低恶意收购方的预期收益；二是借势舆论，对"宝能系"的增持情况进行主动信息披露。

在南玻 A 和万科的前车之鉴下，"宝能系"对格力的增持被媒体理解为控制权的争夺一触即发。无巧不成书的是，南玻 A 管理层在 11 月集体辞职，引发政府监管部门的强势"围观"，这成为一系列控制权争夺事件的转折点。

（3）证监会和保监会的监管风暴。[①]

2016 年 12 月 3 日，证监会主席刘士余在中国证券投资基金业协会第二届会员代表大会上讲话，这是刘士余在 2016 年上任以来为数不多的公开谈话。

当时，刘士余丢开讲稿，开门见山地指出："你有钱，举牌、要约收购上市公司是可以的，作为对一些治理结构不完善的公司的挑战，这有积极作用。但是，你用来路不当的钱从事杠杆收购，行为上从门口的陌生人变成野蛮人，最后变成行业的强盗，这是不可以的。"

刘士余还放出狠话："这是在挑战国家金融法律法规的底线，也是挑战职业操守的底线，这是人性和商业道德的倒退和沦丧，根本不是金融创新。当你挑战刑法的时候，等待你的就是开启的牢狱大门。"

最后他希望："资产管理人，不当奢淫无度的土豪、不做兴风作浪的妖精、不做坑民害民的害人精。"

证监会主席这番言辞尖锐的表态，释放出监管层态度的转变，从 1 年前对保险资金举牌的不干涉，到如今公开谴责野蛮人用保险资金恶意收购的行为。虽然刘士余没有指名道姓，但最大的目标为"宝能系"已是板上钉钉。

12 月 5 日，保监会也开始行动，对"宝能系"的核心——前海人寿下达监管措施。保监会停止前海人寿的万能险新业务，责令前海人寿 3 个月内禁止申报新产品。[②]

---

① 资料来源：张愎. 证监会主席刘士余很生气 后果是否会很严重？. 凤凰财经综合. http://finance.ifeng.com/a/20161204/15052798_0.shtml.

② 杨巧伶，林金冰. 保监会下重手 暂停前海人寿万能险新业务. 财新网. http://finance.caixin.com/2016-12-05/101023603.html.

12 月 6 日，保监会再次出重拳，分别派驻检查组进驻前海人寿、恒大人寿进行现场检查。[1] 证监会和保监会的合作监管，意味着监管层对"门口野蛮人"的行为彻底定调。对"宝能系"核心金融平台前海人寿的釜底抽薪，意味着姚振华和"宝能系"大势已去。

2017 年 2 月 24 日，保监会下达行政处罚，认定前海人寿有表 5-20 所示的违法事实，对直接责任人姚振华给予撤销任职资格和 10 年保险业禁入处罚。

表 5-20 前海人寿违法事实 [2]

违法事实	具体内容
一、编制提供虚假资料的行为	作出股东增资资金性质为自有资金等虚假陈述
二、违规运用保险资金的行为	一是权益类投资比例超过总资产 30% 后投资非蓝筹股票
	二是办理 T+0 结构性存款业务
	三是股权投资基金管理人资质不符合监管要求
	四是未按规定披露基金管理人资质情况
	五是部分项目公司借款未提供担保

事已至此，姚振华和"宝能系"已无翻身之地。监管层的定调，给了万科管理层一张平安符。而"宝能系"败走万科的导火索是敲门格力电器，根源是血洗南玻 A，归结到姚振华身上，那就是缺乏政治智慧的结果。

---

[1] 杨巧伶. 保监会向前海人寿、恒大人寿派驻检查组. 财新网. http://finance.caixin.com/2016-12-06/101023956.html.

[2] 中国保监会. 中国保险监督管理委员会行政处罚决定书（保监罚〔2017〕13 号）. 保监会网站. http://www.circ.gov.cn/web/site0/tab5240/info4060453.htm.

6. 深圳地铁最终接盘万科

随着监管层出手，"宝能系"的恶意收购功败垂成。双方鸣金收兵之际，"宝万之争"即将走向表 5-21 所示的大结局。

表 5-21　"宝万之争"大结局

时间	事　件
2016 年 12 月 18 日	万科董事会全票通过终止与深圳地铁重组的议案
2017 年 1 月 12 日	华润退出，将所持 15.31% 的股权以 372 亿元协议转让给深圳地铁
2017 年 1 月 13 日	宝能发布声明，欢迎深圳地铁投资万科，宝能作为财务投资者，看好万科
2017 年 3 月 16 日	恒大将持有的 14.07% 的表决权委托给深圳地铁，期限 1 年
2017 年 3 月 26 日	万科董事会换届延期，第十七届董事会将超期服役
2017 年 6 月 9 日	恒大将 14.07% 的万科股权以 292 亿元价格转让给深圳地铁
2017 年 6 月 30 日	万科召开 2016 年度股东大会，王石交棒郁亮 新董事会出炉，深圳地铁占 3 席，"宝能系"未提名董事，未进入第十八届董事会 至此，为期两年的"宝万之争"尘埃落定

在监管层摁住"宝能系"以后，万科管理层的控制权危机被解除，已经不再需要发行股份购买 3 块地的变相"毒丸计划"。在 2016 年 12 月 18 日，万科董事会终止了与深圳地铁的重组方案。在这个节点上，万科管理层甚至不再需要"白衣骑士"深圳地铁。但深圳地铁会是"呼之即来，挥之即去"的吗？在"宝能系"出局后，闹僵的大股东华润、"白衣骑士"安邦、"陌生人"恒大、还有"眉来眼去"的深圳地铁，都是管理层亟须解决的难题。

然而，强力出手的不是万科管理层，而是重组未果的深圳地铁。深圳地铁主导了"宝万之争"的收尾工作。

- 2017 年 1 月 12 日，深圳地铁出价 372 亿元协议受让了华润全部的 15.31% 的万科股权。
- 2017 年 3 月 16 日，深圳地铁得到恒大持有的 14.07% 的万科表决权。
- 2017 年 6 月 9 日，深圳地铁出价 292 亿元受让了恒大的 14.07% 的万科股权。

深圳地铁在半年内耗资 650 余亿元从华润和恒大手里收购了近 30% 的万科股权。宝能对此首次明确自己的定位，宝能称自己是万科的财务投资者，欢迎深圳地铁投资万科。如此低调的态度，让人找不到恶意收购时雄心勃勃的影子！

自此，做了 17 年大股东的华润从万科匆匆撤退。而陌生人恒大的面纱也被揭开，原来恒大是为深圳地铁冲锋陷阵的勇士。无利不起早，恒大耗巨资举牌万科又净亏 70 亿元清盘万科，所图为何？

这里暂且搁置这些旁枝末节，因为"宝万之争"最后一幕即将拉开——董事会换届。诸多压轴大戏即将——上演，王石还会继任董事长吗？被监管的"宝能系"会对万科董事会席位有诉求吗？万科的董事会还会是"管理层的董事会"吗？

即将退役的是万科第十七届董事会，董事会班子在 2014 年 3 月走马上任。按照万科的《公司章程》，董事会 3 年换届，那么在 2017 年 3 月，也就是 2016 年度股东大会前就要审议第十八届董事会候选人。但是在 3 月底第十七届董事会届满时，仍未启动换届程序。万科方面该如何解释董事会的超期服役？

在 3 月 27 日的万科 2016 年业绩会上，万科方面曾在现场统一回应称："目前，换届方案正在积极酝酿之中，一旦成熟将立即启动换届。"而总裁郁亮回应称："大家众所周知的原因，不要明知故问。"①

　　这个众所周知的原因指的是什么？最根本的原因是股东之间关于董事会席位的博弈没有达到平衡，所以要"酝酿"。万科管理层、深圳地铁，包括被监管的"宝能系"和持股相对较少的安邦，如何瓜分董事会席位成为多方博弈的难题。

　　除此之外，还有一个次要原因。根据万科最新的《公司章程》规定："非独立董事候选人名单由上届董事会或连续一百八十个交易日单独或合计持有公司发行在外有表决权股份总数百分之三以上的股东提出。"而深圳地铁作为新股东，是在 2017 年 1 月才接手华润的 15.31% 的股份，不满足 180 个交易日的条件，所以要延迟换届。

　　6 月 21 日，在万科 2016 年度股东大会召开之际，深圳地铁提议增加三项关于董事会换届的临时议案。让人费解的是，此时深圳地铁持股并不足 180 个交易日，它为何能提名非独立董事？对此，媒体的解读是 3 月恒大的表决权委托起到关键作用。3 月 16 日，恒大将其持有的 14.07% 股份的特定权利，包括表决权、提案权及参加股东大会的权利委托给深圳地铁。但也有媒体提出质疑，《公司章程》中明确表示只有持有"有表决权股份"的股东才有提名权，而深圳地铁之前只有委托的表决权。另外，深圳地铁在 6 月 9 日受让恒大股份以后，前述的表决权委托已经失效，这时候深圳地铁只有未满 180 个交易日的股份，也没有提名非独立董事的权利。

　　木已成舟的是，深圳地铁新增了股东大会的临时议案，并且在第十七届董事会得以通过。这份临时提案勾勒了万科新董事会的样貌。

　　如图 5-18 所示，新一届董事会中没有"宝能系"和安邦，深圳地铁以 4

---

① 刘淮西 . 小股东起诉万科董事会延期换届　万科未作出回应 . 腾讯财经 . http://finance.qq.com/a/20170330/043440.htm.

席笑傲董事会。其中孙盛典的角色类似于第十七届董事会的孙建一，充当外部董事。不同的是孙盛典是深圳赛格集团董事长和党委书记，而深圳赛格和深圳地铁同属深圳国企，这意味着实质上深圳地铁掌控着 4 个董事会席位。整体来看，4 席的大股东和 3 席的管理层势均力敌。

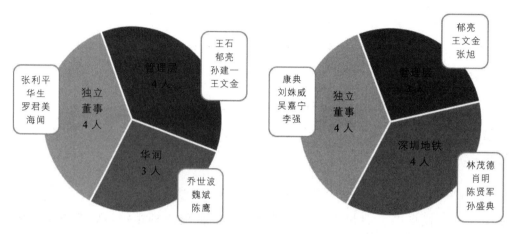

图 5-18　万科第十七届和第十八届董事会构成 ①

对比第十七届董事会结构，变化最大的是深圳地铁取代华润的地位。而且深圳地铁的话语权相比华润更大，这不仅体现在股权上，还体现在董事会的影响力上。独立董事也全部洗牌，之前在"华万之争"中力挺管理层的 4 位独立董事不再继任。另外，王石退出新一届董事会的候选人，这就带来了新的疑问：新的董事长会交给郁亮，还是深圳地铁方？

在 6 月 30 日的股东大会现场，未有"宝能系"代表现身，这意味着"宝能系"在放弃提名董事以后还放弃了投票权。有股东提问，为何第二大股东宝能没有董事会候选人提名为图 5-19 所示为截至 2017 年 6 月 30 日万科的股东持股结构。深圳地铁董事长林茂德表示，宝能为深圳发展作出了很多贡献，

---

① 资料来源：万科 A. 关于 2016 年度股东大会增加临时提案的董事会决议公告 . 巨潮资讯网 . http://www.cninfo.com.cn/cninfo-new/disclosure/szse_main/bulletin_detail/true/1203637031?announceTime=2017-06-21%2007:48.

深圳地铁在提名董事会候选人之前，曾经与宝能进行书面沟通，宝能也书面回复称支持深圳地铁提案。[①]

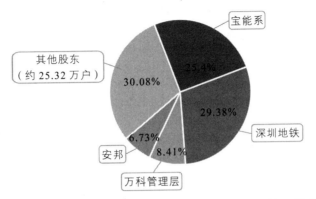

图 5-19　截至 2017 年 6 月 30 日万科的股东持股结构[②]

在股东大会后，新的董事会出炉。同日召开的第十八届董事会第一次会议，解答了最后的谜题。郁亮出任董事长，林茂德出任副董事长，而王石因为过去 33 年对万科不可替代的贡献成为名誉主席，但不参与公司治理。

到 2017 年第二季度结束，"宝万之争"终于落下帷幕。"宝能系"从恶意收购的野蛮人变成了财务投资者，而管理层的领袖王石谢幕，由郁亮接班的新管理层送走了央企华润，迎来了新的大股东地方国企深圳地铁。新一届的董事会仍旧是由管理层、大股东和独立董事分权与制衡。万科又回到以往那个似曾相识的"万科"，不同的是，这场费时两年之久的控制权争夺，给各利益方带来了利益或难以抚平的创伤，给上市公司敲响了控制权安排的警钟，给中国资本市场提供了恶意收购与反收购的经典案例。

---

① 康振宇．林茂德：曾就董事会提名与宝能沟通　宝能表示支持．网易财经．http://money.163.com/17/0630/15/CO6IC0F2002580PL.html#from=relevant.

② 数据来源：万科 A.2017 年半年度报告．巨潮资讯网．http://www.cninfo.com.cn/cninfo-new/disclosure/szse_main/bulletin_detail/true/1203865538?announceTime=2017-08-25.

7."宝能系"的恶意收购策略评析

"宝能系"在"宝万之争"中有着多重身份,在万科管理层眼里它是门口的野蛮人,在华润眼中它亦敌亦友,在舆论风暴中它是金融大鳄,在董明珠眼里它是"中国制造"的罪人,在刘士余口中它是土豪、妖精和害人精。回归"宝万之争"的本质,在这场恶意收购与反收购之争中,"宝能系"作为恶意收购方,有诸多问题值得重点分析。"宝能系"为何要对万科发起恶意收购?它运用了哪些收购策略,其中又有哪些值得反思的问题?到了最后,"宝能系"输在了哪里?

(1)精准的收购决策。

宝能对恶意收购标的的选择是非常准确的。万科是房地产行业龙头,自2008年起就不注重市值管理,市场价值长期被低估,而且股权高度分散,第一大股东持股比例低于30%,是非常理想的举牌对象。

如图5-20所示,万科作为房地产行业龙头,其估值水平却远低于行业平均。不仅如此,在2015年牛市中,房地产行业整体估值达到40倍,而万科还在10倍左右徘徊。悬殊的估值差体现了万科的极度低估,此时万科的价值已经无法被掩盖。"宝能系"此时敲门,潜在的回报率相当之高,也可以说"宝能系"促使万科的价值被市场发现。

股权价值的有利可图是一方面,另一方面就像王石所说,"宝能系"和万科同在深圳,双方知根知底。"宝能系"知道万科的真正价值不只是市场价值的低估,还有其优秀的企业品牌、信用评级、经营团队和项目积累,这都是"宝能系"短时间内难以企及的高度。

图 5-20 万科和房地产行业估值比较 [①]

万科在 2015 年中股权分散，表现为大股东华润持股不足 15%，管理层持股不足 5%，其余股东持股均未超过 5%。一旦恶意收购方打起万科的主意，可以轻松地从 48 万户中小股东手中收集到足够的筹码。而大股东和管理层合计不足 20% 的股权，不足以居高临下地迎战恶意收购方，反而可能陷入措手不及的境地。

宝能举牌万科的另一个重要原因就是为了寻找高收益资产匹配万能险的高负债。从 2012 年 17 亿元的资产规模暴涨至 2016 年的 2 441 亿元的总资产，前海人寿靠的就是万能险。万能险兼具传统寿险和理财产品的属性，根据前海人寿披露，旗下的万能险产品利率为 4.5%~7.45%，大部分为 5%~7%。[②]较高的负债端成本迫使前海人寿要将保费投资到高潜在收益的资产上。所以，收购优质而又严重低估的万科股权，有助于前海人寿缓解负债端压力和获得长期回报率。

---

① 数据来源：同花顺。

② 梁小婵，吴梦姗．揭秘宝能系资金补充术．南方都市报．http://epaper.oeeee.com/epaper/D/html/2016-07/21/content_58070.htm.

（2）漂亮的"恶意收购＋杠杆收购"战术。

"宝能系"在 2015 年 7 月并没有考虑万科方面是否同意，就开始增持万科股权，期间多次举牌，希望取得控制性股权，这就构成了恶意收购。如果是财务投资和战略投资，投资人必然会提前和目标公司董事会进行沟通，避免不必要的误会。由于"宝能系"奔着万科控制权而来，采取突袭式的恶意收购策略，一方面可以打对方一个措手不及；另一方面可以有效降低筹码收集的成本。

从成效来看，"宝能系"可谓旗开得胜。首先，"宝能系"握有了足够的筹码，通过两个月 3 次举牌，跃居为第一大股东；其次，万科的措手不及让"宝能系"在二级市场捷报频传，在前两个月万科没能给"宝能系"带来任何阻力；最后，"宝能系"巧借天时地利，利用股灾时期股价低迷和市场惊慌的情况，事半功倍地收走 15% 的股权，其持股成本仅为每股 11~14 元。所以"宝能系"不仅赢了，而且赢得漂亮。

万科方面直到 9 月初才作出回击，大股东华润象征性地通过增持，以 0.25% 的微弱优势维持第一大股东的头衔。

在第二阶段，"宝能系"主要采用杠杆收购的策略。所谓杠杆收购，是指运用各种融资方式对目标公司进行收购。华润的增持和"白衣骑士"安邦的加入，让"宝万之争"升级为对抗性的股权争夺，使二级市场的股价大幅上扬。"宝能系"在自有资金之外，通过钜盛华引入 4 家券商资金 78 亿元和银行理财资金 155 亿元，对万科股权继续增持，其主要途径包括收益互换、融资融券、股权质押和 9 个资管计划等。

从杠杆收购的成效来看，"宝能系"扩大了胜利果实。其持有万科 24.26% 的股权，逼近第五次举牌线，成为万科绝对的第一大股东。万科管理层在束手无策的情况下，只能借资产重组停牌拖延。当然，"宝能系"的杠杆收购也埋下了隐患，钜盛华的 9 个资管计划被万科管理层拿来大做文章，之后在金融监管趋严的环境下遭遇阻力。

（3）巧用公司章程。

在距离 30% 的股权一步之遥时，万科的停牌拖延，阻止了"宝能系"的收购步伐。虽然是万科管理层的被动停牌，但击中了"宝能系"的软肋。因为此刻"宝能系"的处境非常尴尬：一方面自己在二级市场的手脚被束缚住，失去流动性的同时承受成本压力；另一方面要面对结盟的万科管理层、华润、安邦和万科即将资产重组的对象。更关键的是万科第十七届董事会固若金汤，"宝能系"没办法像对待南玻 A 一样通过董事的提前辞职和改选，让自己的代表进入董事会。所以四面受敌的"宝能系"只得安营扎寨。

机会来自万科管理层和大股东华润之间的矛盾。管理层给出的引入深圳地铁方案，未顾及华润利益，遭到华润的强烈反对。之后经过董事会表决的冲突，华润彻底站到了管理层的对立面。此刻华润最大的利益诉求是在股东大会否决该方案，这需要"宝能系"的帮助，也契合"宝能系"的利益，于是双方自然而然站到了同一阵营。有了华润的内应，万科的董事会不再牢不可破，"宝能系"借机运用《公司章程》中的规定提出了罢免董事和监事的议案，并且请求召开临时股东大会。

万科的《公司章程》中有如下规定。

- 单独或合计持有公司 10% 以上股份的股东有权以书面形式向董事会提出召开临时股东大会。
- 公司召开股东大会，单独或者合计持有公司 3% 以上股份的股东有权向公司提出提案。
- 股东大会在遵守有关法律、行政法规规定的前提下，可以以普通决议的方式将任何任期未满的董事罢免。

这三条规定相结合就是"宝能系"的具体做法，要求罢免所有董事会成员。只要华润发挥在董事会的话语权，使董事会同意召开临时股东大会，那么万科的董事会就将重新洗牌。

这本是"宝能系"的一手好棋，然而成效寥寥。意料之外的是，华润在董事会直接否决了"宝能系"的提案，原因是监管层的窗口指导。[①] 但"宝能系"的提案还有一线生机，根据《公司章程》规定，董事会如果不同意，还可以向监事会提议召开临时股东大会，监事会再不同意，还可以自行召集和主持。然而"宝能系"没有选择这样做，这也宣告"宝能系"对董事会的偷袭失败。

（4）强大而又激进的资金调动能力。[②]

在"宝万之争"中，"宝能系"强大的资金调动能力一直引人注目，但是其资金组织方式和资金来源一直争议不断。在引来监管层的密切关注后，"宝能系"又因为缺乏政治智慧，迫使监管层出手，最终输掉了"宝万之争"。

"宝能系"的资金来源多样化，如表 5-22 所示，包括前海人寿保费、银行理财资金、券商资金、股权质押、发债融资和信贷融资。在"宝万之争"中，"宝能系"通过这些资金来源层层加码杠杆，动用了约 430 亿元资金收购万科，资金构成如图 5-21 所示。

---

① 港媒：国资委证监会不满华润在万科股权战行为 . 腾讯财经 . http://new.qq.com/cmsn/2016062902368.

② 资料来源：（1）马永斌 . 市值管理与资本实践 [M]. 北京：清华大学出版社，2018:89-95.（2）辛继召，黄杰，闫沁波，等 . 一图详解"宝能系"股权和资金来源 . 21 世纪经济报道 . http://m.21jingji.com/article/20151219/herald/3e49636063340700e49136a39ea905be.html.（3）吴晓灵 . 宝能的资金组织方式蕴含风险，需弥补监管漏洞 . 21 世纪经济报道，转引自新浪财经 . http://finance.sina.com.cn/roll/2016-11-27/doc-ifxyasmv1983783.shtml.（4）台莉本 . 万科与宝能股权之争案例研究 [D]. 合肥：安徽大学，2017.

表 5-22　"宝能系"资金来源

资金来源	具体内容
前海人寿保费	2015 年前海人寿原保费收入 173 亿元，保护投资新增交费为 605 亿元
银行理财资金	1. 宝能产业投资合伙 2. 资管计划
券商资金	1. 收益互换 2. 融资融券
股权质押	主要质押前海人寿、钜盛华、宝能地产和万科的股权
发债融资	前海人寿、钜盛华、宝能地产和深业物流为发债主体
信贷融资	宝能控股、宝能地产和钜盛华为信贷主体

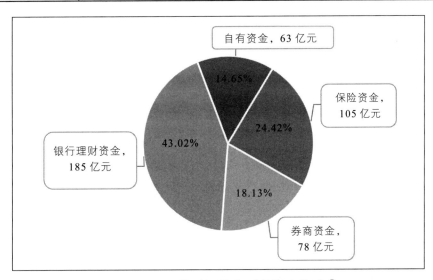

图 5-21　"宝能系"收购万科资金构成 [①]

从资金构成来看，如图 5-21 所示，"宝能系"的资金分为四部分：自有资金、保险资金、银行理财资金和券商资金。但仅凭约 430 亿元资金无法收购多达 25.4% 的万科股权，那么姚振华是如何巧妙组织资金来达到以小博大的效果？

---

① 数据来源：台莉本 . 万科与宝能股权之争案例研究 [D]. 合肥：安徽大学 , 2017.

图 5-22 所示为"宝能系"收购万科的资金组织方式。从图中可以看到，"宝能系"通过左侧的前海人寿、上方的钜盛华和右侧的九个资管计划对万科进行增持。所以接下来我们将从前海人寿、钜盛华和九个资管计划具体分析"宝能系"如何有效组织资金对万科进行杠杆收购。

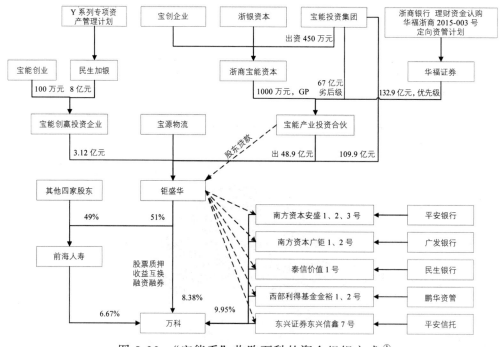

图 5-22 "宝能系"收购万科的资金组织方式 ①

第一，前海人寿的保费是宝能系资金中的本金。前海人寿由钜盛华绝对控股，是"宝能系"最核心的金融平台，它充当收购万科的排头兵。

前海人寿提供的资金来自保费，以万能险为主，前海人寿买入万科的近 80 亿元资金来自万能险筹资。万能险是一种偏好理财的产品，对投资者最大的吸引力是期限短、收益高。举个例子，前海人寿的海鑫利 4 号（C）年金

---

① 资料来源：吴晓灵.宝能的资金组织方式蕴含风险，需弥补监管漏洞. 21 世纪经济报道，转引自新浪财经. http://finance.sina.com.cn/roll/2016-11-27/doc-ifxyasmv1983783.shtml.

保险（万能型）产品期限 20 年，但 3 年后即可无手续费退保，预期年化收益率 7.1%。宝能用万能险举牌上市公司进行控制权争夺，属于典型的"风险错配"。

图 5-23 所示的"海利年年"和"聚富产品"就是以万能险为主要险种。"宝能系"就以这两款万能险产品和部分自有资金增持万科。

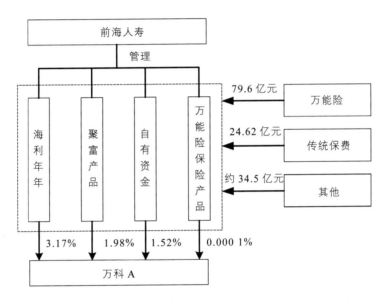

图 5-23　前海人寿的资金组织方式①

第二，钜盛华拿出 39 亿元资金，融入 4 家券商外部资金 78 亿元，通过直接持有、收益互换和融资融券持有 8.38% 的万科股权。图 5-24 所示为钜盛华通过券商组织资金的方式。

---

① 资料来源：万科 A. 2016 年年度报告. 巨潮资讯网. http://www.cninfo.com.cn/cninfo-new/disclosure/szse_main/bulletin_detail/true/1203197044?announceTime=2017-03-27.

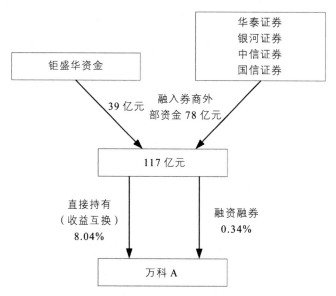

图 5-24　钜盛华通过券商组织资金的方式 ①

　　钜盛华自己的 39 亿元可能来自股东"宝能产业投资合伙基金"的出资和股东借款，也可能来自对前海人寿的股权质押以及公司债、私募债和银行借款等债务融资。但这些钱远远不够，这时钜盛华找来 4 家券商用它们的钱先锁定住万科股权，之后在资金充裕时将这些股权回购，转由自己直接持有。

　　券商资金运用在收益互换和融资融券上。根据保证金比例不同，收益互换的杠杆比例可以高达 2~5 倍。曾经有万科 8.04%（按当时股价，140 亿 ~150 亿元）的股权，是钜盛华通过收益互换拿下的。剩余 0.34% 的股权，钜盛华通过融资融券的信用账户持有。

　　在回购收益互换的股票之后，钜盛华又通过质押手中的万科股票来回补自己的现金流。根据万科公告，钜盛华在 2015 年 10 月和 11 月分 15 笔将直接持有的 8.04% 的万科股权质押给鹏华资管，在 2016 年 6 月又将融资融券的

---

① 资料来源：赵晓辉，许晟，杨毅沉，等．起底宝能系资金链．新华网．http://www.xinhuanet.com/2016-07/08/c_129126201.htm.

0.34% 的股权质押给银河证券，这无疑增强了"宝能系"的资金调动能力。

第三，通过 9 个资管计划募集资金，这也是最有争议的资金组织方式。如图 5-25 所示，由宝能投资集团出资 67 亿元为劣后级，撬动浙商银行 132.9 亿元的优先级资金，成立宝能产业投资有限合伙基金。其普通合伙人浙商宝能资本由"宝能系"控制，所以这笔 200 亿元规模的基金实则由"宝能系"掌握。这笔钱以股东出资和股东贷款的方式来到钜盛华手中，钜盛华随后拿出 77 亿元作为劣后级资金，撬动平安银行、民生银行等多家机构约 155 亿元的理财资金，成立 9 个资管计划，对万科股权进行增持。从宝能投资集团、钜盛华到最后的资管计划，相当于双重杠杆的乘积，整体杠杆大约 4 倍。

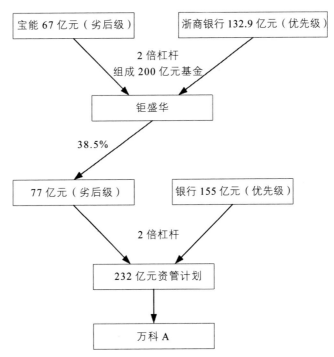

图 5-25　资管计划的资金组织方式 [①]

① 资料来源：赵晓辉，许晟，杨毅沉，等 . 起底宝能系资金链 . 新华网 . http://www.xinhuanet.com/2016-07/08/c_129126201.htm.

由于高杠杆的存在，在面对万科股价大幅下跌时，资管计划将会面临平仓的风险。根据钜盛华披露，九大资管计划平仓线为份额净值 0.8 元，低于或等于平仓线时，钜盛华需及时追加保证金，否则将被平仓。

第四，通过连环股权质押募集资金。钜盛华质押前海人寿及万科股权，宝能质押钜盛华股权，姚振华质押宝能股权；用借来的钱买入万科股票→质押股票→再买入万科股票→再质押……连环的股权质押是否存在连环的平仓风险？

第五，"宝能系"的关键主体前海人寿、宝能地产、钜盛华以及姚建辉的深业物流均充分运用发行公司债、私募债和银行借款等债务融资工具，在灵活运用财务杠杆的同时承担还本付息的压力。

综上，钜盛华是"宝能系"杠杆收购的主体。浙商银行的理财资金为钜盛华加第一层杠杆，然后钜盛华又通过 4 家券商和九个资管计划加第二层杠杆，连环股权质押加了第三层杠杆。这样的方式，在放大资金杠杆的同时，也蕴藏着劣后级资金需要承担的巨大风险，所以有了 2016 年 7 月万科管理层借势打压股价逼迫资管计划爆仓的一幕。

总体来讲，"宝能系"虽然把能找到的便宜钱都用上了，将资金组织方式用到了"极致"，但资金组织和资金来源基本上都没有违反现行法律法规。宝能是将当时混业监管的漏洞都找了出来并加以应用，虽然没有违法违规，但是带来了巨大的风险。[1]

- 宝能把万能险变成了短期理财产品，从而造成了短期资金用于长期投资，加大了流动性风险的问题。前海人寿沦为大股东宝能的低成本融

---

[1] 资料来源：吴晓灵. 宝能的资金组织方式蕴含风险，需弥补监管漏洞. 21 世纪经济报道，转引自新浪财经. http://finance.sina.com.cn/roll/2016-11-27/doc-ifxyasmv1983783.shtml.

资平台，险资被用于控制权争夺，这是保监会监管的典型漏洞。宝能的做法虽然没有违规，但是给保险公司树立了一个很不好的榜样。

● 跨行业和市场的资金穿插增加了风险的传递，假如有保险或资管产品违约，"宝能系"能否避免连锁反应，能否阻止风险传递至银行系统、金融机构与前海人寿投保人？

● 资管计划参与举牌进行控制权争夺的风险极大。结构化的资管产品本质上是自带杠杆的融资工具，优先劣后的安排使得资管产品的管理人沦为办理人。本来资管计划的发起者应该是管理人，但是通过优先劣后的安排，特别是劣后层，由于其承担了很多的风险，所以其要掌控投资的方向。这个时候的管理人实际上已经沦为了一个办理人。劣后级实际上是在向优先级借贷，这种安排实际上蕴藏着很多的风险。这种结构化的资管计划用于收购所面临的问题：一是信息不透明、掩盖实际控制人；二是资管计划多层嵌套有引发金融业务交叉风险的可能；三是资管计划自身的风控机制承压甚至失效。

● 连环股权质押在极大调动资金的同时也带来了连环平仓的风险。

"宝能系"误判了混业监管的趋势，在"宝万之争"中，宝能通过银行、保险、券商等不同渠道设计杠杆进行融资。虽然暂时属于监管漏洞，但2015年股灾后金融混业监管的呼声渐起，监管层高度警惕杠杆资金的动向，所以"宝能系"此时"钻空子"加杠杆有虎口拔牙的危险。

（5）缺乏政治智慧。①

归根到底，缺乏政治智慧是姚振华输掉"宝万之争"的根本原因，具体表现在对健康政商关系和监管层诉求的漠视。

---

① 资料来源：马永斌.市值管理与资本实践 [M].北京：清华大学出版社，2018：89-95.

健康政商关系最基本要求是，企业和企业家必须遵纪守法，企业的资本运作或各种管理手段必须是合法合规的。除此基本要求之外，企业家还应当有责任担当：出发点是为股东、企业和社会创造价值，而不是投机套利，否则的话即使没有违法违规也会给企业家和企业带来危机。

从本质上讲，敌意收购很难说它好还是坏，监管层对此也基本上是保持中立。2015 年 12 月，证监会新闻发言人张晓军表示，市场主体之间收购、被收购的行为属于市场化行为，只要符合相关法律法规的要求，监管部门不会干涉。[①] 但是作为敌意收购的收购方，应该通过自己的行为提升企业的价值，这才有利于社会经济的发展。这是监管层喜闻乐见的做法，而不是"找漏洞""钻空子"来投机和套利。

而且宝能争夺上市公司控制权的目的不是挖掘上市公司的价值，基本上就是投机和套利。

2016 年 6 月，宝能提出包括罢免王石、郁亮、乔世波等 10 位董事以及 2 位监事在内的十二项议案。王石团队能把万科经营成世界 500 强，做地产肯定是比宝能做得好，"宝能系"这种做法实际上已经超出了恶意收购的范畴，如果遂其愿，宝能的团队是不可能比王石团队更能给万科股东提升价值。

2016 年 11 月宝能血洗南玻 A 高管，使得创始人、董事长曾南在内的 13 名高管在不到 1 个月内离职，同时大批中层和核心骨干员工离职。南玻 A 高管集体辞职后，宝能系的人选迅速填补高管空缺。从这几名高管过往的任职经历来看，基本集中于投资领域，对于南玻 A 的主业玻璃制造业却是并未涉及。《中国证券报》援引原董事长曾南的一封"告别信"时提到，陈琳在 2016 年半年度的董事会上讲，"你们这些搞制造业的辛辛苦苦也就赚这么点，

① 张晓军. 12 月 18 日证监会新闻发布会消息汇总. 和讯股票. http://stock.hexun.com/2015-12-18/181281849.html.

还不如去搞资本运作"，并以忠旺集团来佐证她的依据。她还说："前海人寿要派人到公司出任常务副总，专职资本运作，通过收购买卖可以赚比制造业更多的钱。"①

按照姚振华的逻辑，如果监管层不按下暂停键，那么宝能可以买下整个 A 股上市公司，姚振华们和"宝能系"们可以赚得盆满钵满，但是会毁掉许多优质的上市公司，那么我国的实体经济将迅速坍塌，这显然违背了中央一直提倡资本"脱虚入实"的大方向。于是我们就看到证监会和保监会开始出手，从而也引发了 2017 年开始一行三会严格的金融监管。先是证监会刘主席将宝能定位为"害人精""妖精"，用来路不当的钱从事杠杆收购，行为上属于"行业强盗"；紧接着保监会暂停了前海人寿的万能险业务，斩断了宝能系的现金流；随后对姚振华作出撤销前海人寿董事长任职资格，并禁入保险业 10 年的处罚。

8. 万科管理层的反收购策略评析

由于万科事前防御的缺失，让"宝能系"垂涎万科并轻易得手第一大股东，导致这场反收购实质上演变为恶意收购后的反应性战术。万科的事后防御战术有一定效果，但是收效甚微。原因在于管理层长期以来忽略投资者关系管理和市值管理，难以获得中小股东的支持；而且在反收购过程中，没有平衡好大股东的利益，导致和华润反目成仇。

（1）事前防御的缺失。

在所有的反收购策略中，最有效的就是事前防御，核心武器是在《公司

---

① 王兴亮. 南玻 A 否认董事曾扬言"资本运作强于辛辛苦苦搞制造业". 中国证券报，转引自中证网. http://www.cs.com.cn/ssgs/gsxw/201702/t20170207_5170107.html.

章程》中设置驱鲨剂条款。在反收购的武器库中，驱鲨剂条款作为一种日常管理措施，由于成本低、灵活性强的优点，往往能起到事半功倍的效果，但一定要提前设置。在"宝万之争"之前，万科历史上曾经出现过"君万之争"，按理说王石团队应该对恶意收购有深刻认识的，但不知为什么居然没有提前用驱鲨剂条款建立防火墙，导致自己在"宝万之争"中一直处于被动的局面。

与万科类似的是，伊利股份也有价值低估和股权分散的问题。为了全面封堵恶意收购和控制权争夺的发生，伊利董事会在 2016 年 8 月提出修改《公司章程》的议案。如果公司章程修改成功，那么伊利股份将建立起 A 股最坚固的反收购防御堡垒。由于恶意收购本身是资本市场的一种纠错机制，是外部公司治理的一种重要手段，用于防止公司实际控制人侵害股东的利益。因此，一次性设置如此强力的驱鲨剂条款，肯定很难获得监管部门的同意。伊利股份的驱鲨剂条款被上交所问询，导致修改《公司章程》的议案未能成行。

但是伊利管理层的逻辑和思路是非常正确的。如果万科在几年前按照伊利的思路，循序渐进地修改《公司章程》，哪怕是设置其中一个或者两个条款，那么"宝能系"也不会把万科看作美味的猎物。

伊利股份当时想要修改的驱鲨剂条款如下。

【绝大多数条款】下列事项须由出席股东大会的股东（包括股东代理人）所持表决权的 3/4 以上通过方为有效：①本章程的修改；②选举和更换非由职工代表担任的董事、监事的议案；③在发生公司被恶意收购时，该收购方（包括其关联方或一致行动人）与公司进行的任何交易事项。

董事会会议应有过半数的董事出席方可举行。董事会作出决议，必须经全体董事的过半数通过。董事会提出修改公司章程议案、更换董事的议案，作出聘任或解聘总裁的决议，必须经全体董事的 3/4 以上通过。

【轮换董事制度】董事会换届选举时，更换董事不得超过全体董事的 1/3，且执行董事的更换不得超出全体执行董事的 1/3。并且在连续 12 个月内，选举或更换董事只能进行一次。

【金色降落伞】在发生公司被恶意收购时，公司须一次性向董事、监事、高级管理人员按其在公司的上一年度应得税前全部薪酬和福利待遇总额的 10 倍支付现金经济补偿金。

【增设职工董事】董事会成员中应有公司职工代表，职工代表担任董事的名额为 5 人。董事会中的职工代表由公司职工通过职工代表大会、职工大会或者其他形式民主选举产生后，直接进入董事会。

【董事资格限制条款】执行董事应当具备下列条件：①在公司任职 10 年以上；②任执行董事期间，仍能在公司工作。

【股东权利的限制条款】关于更换及提名董事会、监事会成员以及修改公司章程的提案，须连续 2 年以上单独或合计持有公司 15% 以上股份的股东才有权提出提案。

伊利股份的驱鲨剂条款都非常经典，组合在一起威力也是巨大的。其中轮换董事制度，也称错层董事会制度，是常用的防御措施。南玻 A 在被"宝能系"恶意收购早期，就试图增设轮换董事制度的驱鲨剂条款。

对于万科来讲，如果提前设置，哪怕只是设置轮换董事制度也会起到很好的效果。2015 年之前的万科的董事会席位是 9 个，任期 3 年，于 2017 年 3 月到期。如果万科的公司章程规定董事会的换届是分 3 年、每年换 1/3 的错层董事会，"宝能系"2015 年动手抢控制权，要想控制万科董事会就得等到 2019 年，那么对于用高杠杆调动收购资金的"宝能系"来说成本是极其高昂的，就不会把万科作为恶意收购的标的，也就不会有资本市场的"宝万之争"了。

（2）收效甚微的事后防御战术。

在事后防御中，万科管理层综合运用了寻求大股东支持、事业合伙人计划、白衣骑士、停牌拖延、资产重组、法律诉讼和行政举报等反收购策略。

1）寻求大股东支持。

华润是相伴万科15年的大股东，万科管理层和华润之间一直保持着默契的经理人和大股东关系。当"宝能系"举牌两次后，感觉到危机的管理层第一个想到的是向华润求援。多次求援后，华润方表达了酌情增持的态度，之后在"宝能系"第三次举牌后耗资5亿元增持0.4%暂时夺回第一大股东的位置。

华润的增援并不如想象中的"给力"。因为虽然华润第一大股东地位一直没变，但万科管理层面对的华润掌门人已经换了几茬，而掌门人的个人判断和偏好取向很大程度决定着对待万科管理层的态度。2014年华润前董事长宋林案发，导致"宝万之争"前夕华润正处于新旧交接的谨慎时期。此时新董事长傅育宁还未与万科管理层有长期交往的经历和相互理解，同时他正着手华润的战略调整，地产不是其主要方向，所以华润未能积极支援万科管理层。

相反地，华润还帮了"倒忙"。2015年8月，万科管理层想要抛出变相"毒丸计划"——定向增发20%H股，在董事会遭到华润的反对，理由是华润的权益会被摊薄。这么一来，向大股东华润求援这一招基本宣告失败。

2）事业合伙人计划。

事业合伙人计划实质上是员工持股计划，将事业合伙人的经济利润奖金投向盈安合伙，然后作为劣后级资金参与资管计划杠杆增持万科股权。从2014年实施到"宝万之争"前夕，盈安合伙的金鹏资管计划持有万科4.14%的股权，这部分股权实际由管理层控制，所以起到一定的事前防御作用。假如能早几年开始事业合伙人计划，那么"宝万之争"也就不会发生。

但事业合伙人计划也让万科管理层成为众矢之的，原因是事业合伙人计划暴露出信息披露、内部人控制以及背后的"万丰系"等诸多问题。首先，事业合伙人未通过股东大会批准、未对管理层从中获得的薪酬作信息披露、未对具体内容向投资者披露；其次，事业合伙人不受万科正常的公司治理体系控制，有内部人控制的嫌疑；此外，"万丰系"在管理盈安合伙的同时，在"宝万之争"期间通过德赢资管计划杠杆增持万科股权，这一举动存在着一致行动人和信息披露的巨大争议。

综上来看，事业合伙人计划并没有在"宝万之争"中帮上忙，反而成为管理层备受中小股东苛责的缘由。直到"宝万之争"落幕，投资者还一直在质疑万科的事业合伙人计划。

3）白衣骑士。

安邦和深圳地铁是万科管理层找到的白衣骑士。安邦与前海人寿一样，属于财大气粗的保险资本。管理层付出什么样的代价请来安邦，我们不得而知。但安邦确实起到了白衣骑士的作用。首先，安邦加入后，加剧了万科股权争夺战的激烈程度。迅速攀升的万科股价，大幅提高了"宝能系"的收购成本；其次，安邦连续增持万科股权至7%，使得万科停牌后管理层、安邦和华润合计持股超越"宝能系"，为股东大会的表决权保驾护航。

在万科停牌后，安邦逐渐淡出"宝万之争"，成为万科的财务投资者。此后，管理层试图通过资产重组引入第二位白衣骑士——深圳地铁。历经坎坷之后，深圳地铁虽然入主，但此时"宝能系"的威胁已经消除，管理层反而被白衣骑士束缚了手脚。

4）停牌拖延 + 资产重组。

为阻止"宝能系"第五次举牌，万科管理层采取"停牌拖延 + 资产重组"的战术。

- 2015 年 12 月 18 日，万科 A 因筹划重大资产重组事项停牌，预计在 30 日内披露重组方案。

- 2016 年 1 月 16 日，万科申请继续停牌公告，原因是重大资产重组极为复杂，涉及境内外多项资产、多个相关方，万科与多个潜在交易对手方持续进行谈判和协商。

- 2016 年 3 月 18 日，经过股东大会批准，万科因为资产重组交易复杂继续停牌到 6 月底。

"停牌拖延 + 资产重组"并不是有备而来的策略，而是管理层走投无路的无奈之举。因为停牌时管理层并没有确定资产重组的对象，而且不管重组对象是谁，其实质是针对"宝能系"的变相"毒丸计划"。

虽然停牌拖延起到了效果，6 个多月的停牌阻止了"宝能系"继续增持的步伐，增加了保险资金和资管计划的杠杆成本压力，也给了管理层充裕的时间筹划资产重组。但是匆忙的资产重组成为败笔，管理层的本意是通过变相的"毒丸计划"对深圳地铁低价大量发行新股，在引入"白衣骑士"的同时大幅摊薄"宝能系"股权，达到一石二鸟的效果。但管理层小看了这颗石头的威力，被重创的大股东华润和中小股东从此与管理层分道扬镳，一石二鸟变成了鸡飞蛋打。究其根本，管理层没有做好董事会沟通，没有顾及现有股东的利益和万科内在价值的提升，最后这份方案拖到 2016 年底不了了之。

5）法律诉讼和行政举报。

万科复牌后，管理层相继打出了法律诉讼和行政举报的组合拳。

首先是持股 0.71% 的万科工会发起民事诉讼，向深圳市罗湖区人民法院起诉"宝能系"，要求判决"宝能系"持股 5% 之后的约 20% 的股权无效，要求限制"宝能系"持有万科股权的表决权、提案权、提名权等股东权利，要求其减持万科股权。

其次是由最大自然人股东、管理层好友刘元生写信向七部委举报"宝能系"和华润，最后由管理层亲自出手，以万科企业的名义发出《关于提请查处钜盛华及其控制的相关资管计划违法违规行为的报告》，向中国证监会等四部门举报。

从成效来看，法律诉讼遭到了"宝能系"的反击，"宝能系"以管辖权为由提起上诉，认为涉案金额巨大、案情复杂、社会影响大，应该移送广东高院。被否后"宝能系"又上诉至深圳中院，又被驳回。"宝能系"并未惧怕万科工会的诉讼，反而希望到广东高院审理此案，倒有反客为主的气势。2018年 3 月，万科工会的民事诉讼还在审理中。

两次行政举报起了立竿见影的效果，尤其是管理层对资管计划的举报。被举报后，"宝能系"停止了资管计划对万科股权的增持，再也没有打过万科的主意。

总的来看，万科管理层手段尽出，可一直处于被动的状态。这一方面是事前防御的缺失，如董事会驱鲨剂条款的缺失；另一方面是管理层自己的问题，如对股东利益的漠视和没有平衡好大股东的利益。

（3）长期漠视中小投资者的利益。

2008 年之后的万科，公司价值一直在增长，但市值不增长，而且分红很少。

图 5-26 所示为万科 2000—2016 年净利润和营业收入变化。万科在 17 年间保持着业绩的高速增长，并且从 2008 年起厚积薄发，每年都在上一个新的台阶。如此优秀的业绩表现，足以笑傲整个资本市场，但是万科的股价从 2008 年起却一反常态。

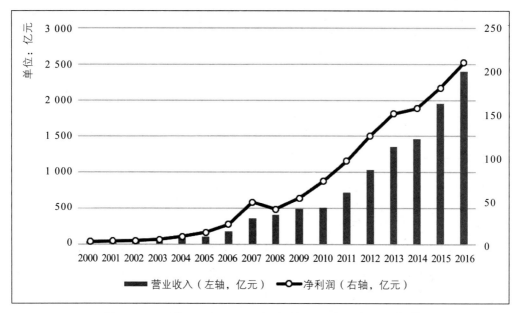

图 5-26　万科 2000—2016 年净利润和营业收入变化 ①

　　如图 5-27 所示，2008 年经历股灾后的万科遭遇业绩和市值的双杀，其净利润遭遇唯一的一次下滑，市场估值也陡降至 10 倍市盈率附近。但 2009 年之后万科业绩反转，并且走出了爆发式增长的走势。让人意外的是，其后 6 年，万科的市值始终围绕在 1 000 亿元附近，估值降到了 6 倍左右，这一数据代表着万科的股东们在这 6 年间几乎没有获得与业绩增长相匹配的股权增值。而且万科的估值甚至长期低于整个房地产板块平均水平，这与其龙头地位相距甚远。

---

① 数据来源：万科 2000—2016 年年度报告。

图 5-27　万科 2008—2017 年市盈率和市值变化 [①]

如表 5-23 所示，万科自 2007 年以来，每年分红甚少。万科累计分红如下：2008 年 6 月 5 日，68.75 亿股，10 转增 6 股派 1 元（含税），股本变成 110 亿股，派息 6.875 亿元。2009 年以来一共派息 7 次，一共 10 派 14.4 元（含税）。站在投资者的角度来看，假如 2007 年投资者以 31.53 元买入万科的增发股，到 2015 年宝能举牌之前万科 A 的股价不到 14 元，复权不超过 22 元，加上累计分红 1.4 元，一共 23.4 元。亏损 30% 左右。

表 5-23　万科 2007—2014 年度分红情况 [②]

分红年度	分红方案	股权登记日
2014 年度	10 派 5 元（含税）	2015-07-20
2013 年度	10 派 4.1 元（含税）	2014-05-07
2012 年度	10 派 1.8 元（含税）	2013-05-15

① 数据来源：同花顺财经。

② 数据来源：万科 A．分红配股．巨潮资讯网．http://www.cninfo.com.cn/information/companyinfo_n.html?dividend?szmb000002.

续表

分红年度	分红方案	股权登记日
2011 年度	10 派 1.3 元（含税）	2012-07-04
2010 年度	10 派 1 元（含税）	2011-05-26
2009 年度	10 派 0.7 元（含税）	2010-05-17
2008 年度	10 派 0.5 元（含税）	2009-06-05
2007 年度	10 转增 6 股派 1 元（含税）	2008-06-13

而在万科股价萎靡的 6 年间，董事长王石正脱岗留学，并且领着巨额的薪酬，如表 5-24 所示。

表 5-24　王石 2011—2016 年税前薪酬 [①]

万元

年份	事件	税前薪酬
2011	王石以访问学者身份赴哈佛读书	1 504
2012	延长哈佛留学时间至两年半	1 560
2013	10 月前往剑桥大学读书	1 590
2014	继续在剑桥游学	1 045.6
2015	"宝万之争"把王石拉回国内	998
2016	"宝万之争"激战正酣	999

按照职业经理人的基本要求来看，王石无疑是失职的。首先，作为董事长不应该长期脱岗，更不要说常年游学在外并且爆出负面花边新闻，这对万科的资本市场形象和投资者信心的打击非常大，是对所有股东的不负责任；其次，在外留学期间仍然领取最高的管理层薪酬，共计 5 000 余万元，这是对股东利益的侵蚀；最后，王石的长期脱岗成为难以抹去的黑点，造成了万科

[①]　数据来源：万科 2011—2016 年年度报告。

舆论被动的局面，也失去了股东对其的信任和支持。

作为上市公司董事长，勤勉和忠实是基本义务，为股东利益着想是基本要求。而王石游学在外时将其抛之脑后，足以看出他对股东利益的漠视。

此外，被媒体扒出的"万丰系"也暴露了这个问题。事业合伙人计划本身已经问题重重，包括未经股东大会批准、信息披露不充分、管理层从中获得的薪酬、杠杆问题等。管理层在 1 年内就通过资管计划杠杆增持了 4.14% 的万科股权，如果万科股价不涨，不出 3 年，管理层就将取代华润成为第一大股东。这招"明修栈道暗度陈仓"不仅寒了中小股东的心，更让华润无比失意。而"万丰系"更加雪上加霜的是，在事业合伙人机制之外还悄悄增持。① 这让中小股东越发寒心。在这种情况下，管理层靠什么去赢得股东们的信任？

看好万科的股东，看得到企业营收、净利润和行业地位的飞速提升，却看不到万科在资本市场上的上佳表现，而且自己持有股份一直亏损。有趣的是，最后直到"宝能系"敲门，才使得万科价值回归，坚守多年的中小股东反倒在"宝万之争"中大获丰收。

那么王石和姚振华如果在股东大会对决，中小股东就不可能会力挺管理层，反而会支持宝能。

在"宝万之争"发生之后，编者曾在自己的微信公众号"马永斌资本频道"上发了一篇文章《王石，你赢了又如何？》，明确指出万科可以学习长园集团增设职工董事作为主要防御手段。增设职工董事席位是成本较小、成效较大的反收购措施，万科为什么不采用呢？

假如万科在 9 人董事会增设 2 名由职代会选举的职工董事，再加上提名委

---

① 资料来源：时代周报 . 王石背后神秘的"万丰系"浮出水面，转引自网易财经 . http://money.163.com/16/0823/17/BV6162HE002580S6.html.

员会提名 3 名独立董事，那么股东董事席位将少于 1/2。这样，万科管理层在董事会占据主要优势，对公司的控制权进一步增强。即使"宝能系"成为第一大股东，也很难主导董事会。

但设置职工董事能否成功取决于能否得到股东大会的通过，对于股权分散的万科，关键就在于能否获得小股东的支持。如果万科市值管理和投资者关系管理做得好，那小股东自然会力挺管理层设置职工董事。

在这方面，长园集团是正面教材。它市值管理做得好，中小股东赚到了钱，自然力挺管理层。所以长园在 2014 年 10 月设置职工董事时赢得了中小股东的支持，最后在股东大会通过了增设职工董事的提案，成功地防守住了沃尔核材的恶意并购。但是万科管理层长期忽视市值管理和投资者关系管理，导致万科股价长期落后于业绩表现。既然中小股东难以从投资万科中获益，又怎么会心甘情愿地用自己的表决权为管理层保驾护航？

（4）没有平衡好大股东的利益。

利益平衡是控制权安排和争夺中的基本原则，尤其是像万科这样企图通过资产重组来反收购的紧急情况，更要在董事会平衡好各方利益。

"宝万之争"前夕，万科董事会是管理层和华润的利益博弈格局。长期以来，华润不干预万科管理层的经营管理，这就导致了管理层习惯性地把自己当成企业的主人。引入深圳地铁重组属于非常规性的利益分配，管理层的核心目的是大量发行新股摊薄"宝能系"股权，但前提是不能牺牲华润的利益，否则必然遭到华润的反对。

管理层的问题出在没有分辨和平衡利益，没有有效地谈判和解决冲突，没有创造支持并购的联盟。

- 万科董事会并不是由管理层绝对控制。华润手中的 3 票，超过董事会人数的 1/3，能够否决掉资产重组方案。管理层没有意识到这点，意味着它们没有分辨清当时的利益和权力格局。

- 万科管理层没有平衡好利益，给出的重组方案对于华润没有任何的好处，甚至要让深圳地铁压华润一头，成为新的第一大股东。华润怎么可能眼睁睁看着管理层把自己现有的蛋糕分走？我们看到，华润之后在与深圳地铁博弈方案时，一直力图保住自己在万科的利益，起因就是万科管理层没有考虑保护华润的利益。

- 在 2016 年 3 月双方矛盾初现的时候，管理层理应担负起谈判和解决冲突的责任，在董事会建立起有效的沟通机制，并创造支持并购的联盟。但是我们没有看到双方握手言和，反而随着股东大会的临近，双方的矛盾越发激化，最后演变为 6 月的董事会战争。

这本是管理层可以作好利益平衡的一件事，最后却演化为管理层和华润在董事会的冲突、央企华润和地方国企深圳地铁的扳手腕。资产重组计划的失败，不得不说是管理层的严重失误。

9. 各方得失总结

"宝万之争"上演之际，各利益方你方唱罢我登场，演绎一幕幕经典的控制权争夺。万科管理层、"宝能系"、华润、深圳地铁、恒大、安邦、中小股东、万科各有得失，难说谁输谁赢。表 5-25 所示为"宝万之争"各方得失盘点。

表 5-25 "宝万之争"各方得失盘点

各利益方	得	失
万科管理层	继续管理万科	王石退休、"万丰系"惹争议、新董事会控制权受限
"宝能系"	投资浮盈 400 余亿元 [1]	退为财务投资者，前海人寿和姚振华被罚
华润	无	清仓万科，失去重要的布局和未来的投资收益
深圳地铁	万科的控制权	从 3 块土地到股权收购，成本加大
恒大	深圳的地产资源和合作机会	亏损 70 亿元
安邦	投资浮盈	领到监管函
中小股东	股价上涨	资产重组方案和事业合伙人计划对股东利益造成损害
监管层	加强了金融混业监管，遏制了资本破坏实业的现象	由"宝能系"揭开金融乱象的冰山一角
万科集团	资本市场价值回归	万科信用评级下降、项目合作放缓、龙头地位被恒大夺走

（1）万科管理层得失参半。

在"宝万之争"后，以郁亮为核心的万科管理层仍负责万科的经营管理，并且握有董事会的 3 个席位。从这个角度说，管理层仍保留对万科的大部分控制权。

但管理层最多算是输赢对半，因为事业合伙人和"万丰系"引起巨大争议，动摇了股东对管理层的信心和支持；同时领袖王石也在"宝万之争"后黯然退场，管理层开始新老交替；最后深圳地铁入主，管理层不再享受到华润时代的自由，控制权开始受限。在"万丰系"大白天下之后，管理层还能自如地在深圳地铁眼下用资管计划杠杆增持万科股权吗？

此外，停留在股东和投资者心中的疑问还有很多，如郁亮能否和深圳地铁和谐共处？郁亮能够在深圳国资的领导下撑多久？告别王石时代的万科，还

---

[1] 以 2017 年 12 月 31 日万科收盘价计算。

会是管理层的万科吗？

（2）"宝能系"丢了西瓜捡了芝麻。

"宝能系"赢在短期的浮盈上。"宝能系"的买入成本 15.44~16.53 元 / 股，以 2017 年底收盘价格 31.06 元 / 股计算，股权浮盈在 400 亿 ~440 亿元。假如"宝能系"就此开始减持，它将获得 400 余亿元的短期投资收益，堪称人生赢家。

但账不能这么算，"宝能系"想要清仓兑现收益可不容易。想要通过二级市场卖出，先得进行信息披露，再按照万科每天的成交量来看，那必然是一路减持一路下跌。除此之外，"宝能系"只能找别的投资人通过协议转让的方式接盘万科 25.4% 的股权。这样的投资人，除了资金充裕，还得受到深圳地铁和万科管理层的欢迎。所以，"宝能系"想要清仓万科股权并不简单。

其实，"宝能系"是丢了西瓜捡了芝麻。如果恶意收购万科成功，400 余亿元不过是万科不到两年的净利润。况且如果没有"宝万之争"引发的金融监管风暴，依靠万能险的前海人寿很快就能跻身国内一线保险企业，其收益远高于此。所以，从恶意收购者退居财务投资者的姚振华和"宝能系"其实很落寞。

（3）华润是彻底的输家。

从财务投资的角度，华润最终带着 17 年的高额投资回报离开万科也算是投资成功了。但从战略投资者的角度看，华润是"宝万之争"最大的输家，先是被管理层拿出的资产重组方案摆了一道，又因为力争自己的股东权益被独立董事华生指责为与"宝能系"同流合污，然后又惹监管层不满而保持沉默态度，最后选择放弃万科股权退场。

当年华润放弃任志强和华远，给了万科成长的空间，如今在万科成长为全国龙头之时，却以股权低价转让的方式离场，将胜利的成果拱手相让于深圳地铁，只能说是功败垂成。

（4）深圳地铁是"宝万之争"的大赢家。

从控制权来看，深圳地铁握有 29.38% 的万科股权，接近相对控股。在董事会握有 3 个席位及国资委背景的外部董事席位，共计 4 个席位，超过管理层的 3 席。与曾经的大股东华润相比，深圳地铁从股权和董事会层面拥有更强的话语权。而且在"地铁＋物业"的未来发展模式中，管理层的很多决策需要深圳地铁的支持，这将使深圳地铁进一步施加对万科的影响力。

从投资收益来看，深圳地铁获得了次优解。最优方案是在管理层走投无路时，用 3 块土地换万科 20% 股权。次优方案是分批从华润和恒大手中受让股权，代价是银行借款的还本付息和对恒大的利益补偿。相比于这些代价，深圳地铁受益颇多：一来地铁运营的公共属性导致盈利长期由政府补贴来维持，急需新的盈利增长点，而"地铁＋物业"的模式前景明朗；二来依靠万科的品牌、团队和项目收益，可以最大化项目收益。对于深圳地铁背后的深国资而言，收购万科这样的机会可遇而不可求，也算借"宝万之争"乘虚而入。以万科目前在房地产行业的竞争力和夺目业绩，深圳地铁的这笔生意包赚不赔。就在"宝万之争"结束的 2017 年，万科交出了 5 000 亿销售金额的成绩单，仅次于碧桂园。

（5）恒大明输实赢。

恒大作为深圳地铁的马甲，看似亏了 70 亿元，实则也是赢家。恒大的这笔 70 亿元亏损来自增持成本和最后转让价格的差额，这部分由深圳地铁受益，许家印凭一己之力为地方国资的储备作出了杰出贡献。"宝万之争"后，恒大的回归 A 股计划紧锣密鼓地开展起来，其重组对象就是深圳国资委控股的深深房 A。此外，恒大还拥有深圳 21 个旧改项目。所以恒大和深圳国资委在"宝万之争"中的默契合作，不仅给恒大带来了回归 A 股的壳资源，还在项目合作上更进一步。恒大也投桃报李，将总部迁到深圳，成为深圳市政府重点引入的 500 强企业。毫无疑问，这种良性互动在未来将给恒大带来远超

70 亿元的收益。

2016 年，趁万科焦头烂额之际，恒大发力登顶全国销售金额榜首，可谓名利双收。

（6）安邦虽领到保监会监管函，但在"宝万之争"中稳赚了。

由于激进的海外并购，循环持股而导致虚假出资等问题，安邦在 2017 年 5 月领到保监会监管函，被罚 3 个月内禁报新产品。但是，在"宝万之争"中安邦是稳赚了。以 2017 年末的收盘股价计算，安邦拥有非常可观的投资浮盈，可以看作"宝万之争"的一大赢家。

（7）中小股东的利益得到间接保护。

与万科管理层漠视中小股东利益不同，"宝能系"的敲门间接保护了中小股东的利益。

在"宝万之争"前，万科管理层不重视市值管理和投资者关系管理，导致万科股价长期低迷，中长期投资者难以享受到与万科高成长业绩相匹配的投资收益。与此同时，管理层核心王石长期脱岗，仍旧领取高额薪水，管理层通过不透明和未经股东大会通过的事业合伙人计划杠杆增持万科股权，这都是对股东权益的损害。

在"宝万之争"中，万科高管在停牌前高位清仓减持、管理层给出大幅摊薄权益的重组方案、"万丰系"悄悄增持，一而再再而三伤害了中小股东。

愤怒之下，多名小股东起诉万科董事会，要求撤销深圳地铁重组提案，起诉万科董事会延期换届，最后都石沉大海，前者被驳回，后者未受理。作为"宝万之争"的围观者，中小股东没办法在权益受损时维护自己的利益，只能寄希望于股价的增值。

而"宝能系"作为"野蛮人"，反而间接保护了中小股东的利益。因为"宝能系"对万科的恶意收购，是资本市场的一种价值纠错行为，使得万科的真正价值被资本市场发现。同时，大股东华润的增持、"白衣骑士"对万科股权的争抢、投机和套利者的市场参与，让万科的股权炙手可热，股价随着"宝万之争"一路上扬。于是，在"宝万之争"的事件刺激下，中小股东手中的万科股权逐步回归到应有的价值。

从这个角度讲，"宝能系"的举牌，让中小股东赚到了钱，使他们的利益得到保护。这也是"宝万之争"中大批股东和投资者力挺"宝能系"的重要原因。

（8）万科集团失大于得。

资本市场价值回归，是万科集团在"宝万之争"中仅有的收获。

除此以外，万科集团受到了信用评级被下调、融资成本提高、项目合作中止、团队离职率上升、品牌形象受损、龙头地位拱手相让等多重负面影响，已经严重影响到正常的经营。只要"宝万之争"多打一天，万科集团的问题就严重一分，所以万科集团是"宝万之争"的输家。

（9）总结与启示。

王石的明星光环、万科的声名远扬、"宝能系"的资本逆袭、各方大佬的站队、一波三折的股价，再加上跌宕起伏的情节，让"宝万之争"不仅受到股东、投资者等资本市场的密切关注，而且引来社会各方广泛讨论，成为载入中国资本市场发展史的经典案例。本质上讲，"宝万之争"是经典的恶意收购与反收购之争，是资金组织方式之争，也是公司治理之争。

在恶意收购与反收购方面，"宝能系"向我们展示了如何运用"恶意收购+杠杆收购"快速收集目标公司股权筹码，并伺机而动，寻求控制董事会。而反收购方万科管理层手段尽出，却因为漏掉防御性的董事会驱鲨剂条款，导致险象环生。从"宝能系"与万科管理层的博弈中，可以得到很多思考与启发。

● 恶意收购没有好坏之分，只有标的方愿不愿意。随着国内资本市场发展，类似"宝万之争"的恶意收购会成为常态。

- 作为反收购方，要防止恶意收购，除了要做好市值管理和投资者关系管理，还要做好提前的董事会防御等措施，以及合理运用白衣骑士等反击手段。

- 不管是恶意收购方还是反收购方，都要使用合法合规的手段，都要注意保护和平衡所有股东的利益，都要站在提升企业和社会价值的角度。我们在"宝万之争"中看到了相反的结局，"宝能系"挑战监管漏洞和破坏实业的行为、万科管理层对大中小股东利益的漠视，最终导致了双输的局面。

在资金组织方面，"宝能系"为监管层展示了如何用银、证、保资金层层杠杆加码，如何"极致"运用融资手段，完成"蛇吞象"的收购。在基本合法合规的前提下，"宝能系"用"钻空子"的方式告诉监管层，现在的金融市场有多少杠杆，有多少漏洞，有多少风险。一行三会借由"宝万之争"加强了金融混业监管，同时由银、证、保各自监管机构拉开金融去杠杆的大幕。

监管层保持了政策的中立性，对"宝能系"出手不是因为偏向万科管理层，而是因为"宝能系"的资金来源、资金杠杆、短债长投等问题，将风险传递到银行、保险和证券，可能会引起金融市场的系统性风险。同时，"宝能系"对南玻 A 和格力电器这样"中国制造"代表企业的抢夺，会严重损害实业经济。所以监管层必须出手，阻止"宝能系"对金融市场和实体经济的伤害，这也是对所有资本大鳄传达金融政策信号。富有政治智慧的企业会主动去杠杆和投资实业，我们也看到"宝能系"的转变：2017 年，姚振华回归实业，收购观致汽车并投资建厂。

在公司治理方面，"宝万之争"为所有公司治理结构不完善的上市公司敲响了警钟。"宝能系"举牌万科之后，诸多股权分散的上市公司开始忙着修改公司章程、董事会议事规则，完善公司治理结构，避免重蹈万科的覆辙。从反收购的角度来看，公司治理层面的焦点在股权结构、董事会和股东大会。

- 合理的股权结构是反收购的最基本防御措施。

- 董事会和股东大会是控制权争夺的主要战场。决议的合法性、独立董事的"独立性"、信息披露问题、管理层内部人控制、股东权益保护都有可能成为攻击或防守的理由和手段。

- 公司章程直接对董事会和股东大会的控制权安排作出具体规定，在股权分散的情况下，章程中设置驱鲨剂条款可能是最有效的反收购策略。

综上，"宝万之争"的真正意义在于，控制权争夺中的恶意收购与反收购策略、资金组织形式和公司治理手段，为上市公司、资本方和监管层提供了生动的研究案例和学习标的，对国内恶意收购与反收购的启蒙、上市公司治理结构的完善、国内金融监管体系的健全和中国资本市场的成熟，具有极其深远的影响。

第 6 章

ST 生化的控制权争夺与要约收购

在 A 股市场，如果一家公司十年如一日地保持稳定增长的盈利，我们会叫它现金奶牛；如果一家公司十年如一日地业绩报亏，我们会叫它 ST 专业户；如果一家公司十年如一日地进行资产置换，我们会叫它壳股。那么问题来了，如果一家公司同时满足以上三个条件，我们该叫它什么呢？有这样的公司吗？当然有，ST 生化就是这样的奇葩公司。[①]

十年盈利十年报亏，ST 生化可谓是造就了 A 股市场上的一大奇迹。与"宝万之争"中万科由于股权分散、股价长期被低估，而成为恶意收购标的的原因不同；ST 生化成为标的的原因更偏向于美国并购传统理论给出的定义——业绩不佳，受到资本市场惩戒的公司。相对于效率更高的管理而言，股价越低，对那些认为他们能够有效运作公司的人来说，接管就更有吸引力，而且成功接管和救活经营不善公司的潜在回报率将是巨大的。[②]

这场股权争夺战中，不得人心的大股东，处心积虑的资产管理公司，出其不意的敌意收购者，珠胎暗结的白衣骑士，每一个角色都十分有代表性。最终控制权花落谁家还未可知，但是浙民投要约收购成功代表我国的并购市场已经跨入了一个全新的时代。可以预见，在注册制大步而来的今天，要约收购将如燎原之火一般蔓延开来，像浙民投这样的资本秃鹫正在伺机而动，资本丛林的生存法则游戏即将上演。

---

① 环球老虎财经 . ST 生化可能遇上了假的大股东 [EB/OL]. http://v.qq.com/vplus/80a91ddb08359fa3abe3c6c6aff3832c, 2017.03.05.

② 罗伯特·F. 布鲁纳 . 应用兼并与收购 [M]. 北京 : 中国人民大学出版社，2011: 825.

1. 令人垂涎的 ST 生化

ST 生化作为 A 股市场上为数不多的拥有稀缺血液牌照资源的上市公司，市值上的体量远不能和同行业的其他几家上市公司相比。糟糕的公司治理加上惹人眼红的优质资产，致使其成了众多资本竞逐控制权的对象。

（1）三度转型的 ST 生化。[①]

表 6-1 所示为 ST 生化发展历程，自 1978 年改革开放以来，国有企业沿市场化方向深入改革，涌现出了一批优秀的企业，ST 生化的前身宜春工程机械股份有限公司就是其中之一。该公司于 1993 年 12 月由江西宜春工程机械厂股份改制而成，1996 年，"宜春工程"在深交所挂牌上市。

表 6-1　ST 生化发展历程

时间	事件
1993 年 12 月	江西宜春工程机械厂股份改制
1996 年 6 月	"宜春工程"在深交所挂牌上市
1998 年 7 月	三九集团受让"宜春工程"43.95% 股份
2002 年	为偿还占用资金，将三九生化转让给三九医药
2005 年 4 月	振兴集团收购三九医药所持股份，成为三九生化第一大股东

花开两朵，各表一枝。远在千里之外深圳的南方药厂，此时也凭借三九胃泰完成了原始财富积累，于 1996 年走上了融资扩张之路。创始人赵新先怀揣着世界 500 强的梦想，开展了跨行业、跨地区、大规模的并购。涉及行业包括食品、贸易、汽车、房地产、农业等，这其中就包括对宜春工程机械股份

---

① 　资料来源：① 宜春工程机械股份有限公司招股说明书 . http://stock.jrj.com.cn/share,disc,1996-06-04,000403,00000000000000nt2j.shtml;.

②佚名 . 三九时代详解 . ST 生化股吧 . http://guba.eastmoney.com/news,000403,414814515,d.html.

有限公司的收购。

1998 年 7 月，三九企业集团耗资 1 亿元受让"宜春工程"国家股，所占权益 43.95%，2002 年三九集团为了偿还占用三九医药的资金，将三九生化转让给三九医药，并将之更名为"三九生化"。[①]

截至 2003 年底，三九生化通过投资收购建立了多家医药子公司，其中，包括以血制品原料开发制造销售为主的广东双林生物制药有限公司（下称"广东双林"），以中西药制剂为主的昆明白马制药有限公司（下称"昆明白马"），以药膏和医疗器械为主的湖南三九唯康生物制药有限公司（下称"湖南唯康"），以未来的基因药物为主的上海唯科生物制药有限公司（下称"上海唯科"）和以新进的原料药和制剂为主的乐山长征药业股份有限公司（下称"乐山长征"）。其中，广东双林的血制品业务成为 ST 生化最重要的资产，也是这次控制权争夺战的导火索。

看上去拥有光明前景，背后却暗藏着汹涌波涛。2001 年 8 月，三九集团首次爆发财务危机，证监会发布通告指出三九集团占用旗下上市公司三九医药 25 亿元的资金。随后负面新闻不断，2003 年 9 月，《21 世纪经济报道》发表文章直指三九集团共欠银行贷款余额 98 亿元，已经陷入巨额债务危机。三九帝国高速扩展埋下的隐患暴露了出来，牵一发而动全身，三九生化也被查出涉及巨额的违规担保和债务，资金情况不断恶化，加之 2004 年国家对血站进行整治，其主营业务深陷泥潭，最终导致公司业绩亏损。

ST 生化的前大股东振兴集团正是在这股"三九寒流"期间入主的。山西振兴集团是一家是以煤、电、铝为联产项目、多元化经营的大型民营企业集团。2002—2012 年被称为我国煤炭产业的黄金十年，振兴集团作为地方

---

① 资料来源：张恬. 金字塔结构、国有控股与公司治理——老三九集团巨亏的背后 [D]. 广州：中山大学, 2009.

龙头性产业，依靠着电解铝技术积累了巨额财富，积极谋求上市，恰逢此时"三九系"瘦身，准备出售亏损的三九生化。

2005年4月，振兴集团以每股2.55元的价格收购三九医药持有的29.11%的股份，成为三九生化第一大股东。振兴集团收购ST生化打的是借壳上市的算盘，所以在完成控股的两个月后，便将三九生化2.06亿元应收账款与旗下昆明白马90%的股权等资产打包出售，然后把自己65.2%控股的山西振兴集团电业有限公司（下称"振兴电业"）资产置入上市公司，希望能借由ST生化实现上市梦想并进行产业升级转型。

（2）急转直下的煤电产业。

受三九集团的影响，ST生化2004—2006年连续3年发生亏损，2007年4月被深交所实行暂停上市特别处理。如果2007年度仍然亏损，三九生化股票将被终止上市。振兴集团为了避免这一状况的发生，无条件地豁免了置入资产方振兴电业对集团的1.07亿元债务，靠着这笔营业外收入顺利扭亏为盈，成功保壳。在当年的年报中，振兴集团还承诺会将集团的电解铝资产以及煤炭资产以定向增发的形式注入ST生化。

振兴集团的实际控制人史家父子凭借着此次收购，自2005年起3年登上福布斯中国富豪榜。然而好景不长，2007年3月31日，根据国务院的指示，山西省煤矿企业兼并重组正式开始试点。振兴集团旗下的煤矿受到波及，被大量关闭，注入ST生化的振兴电业也因为煤炭原料成本暴涨而出现业绩亏损，情况一度恶化，2009年被当地政府强制要求关停。振兴电业自2009—2016年连年亏损，2011年亏损更是高达1亿元有余。根据《证券日报》报道，有小股东表示，振兴电业停产后偌大的厂房空无一人，为什么在一个停产的电厂里每年会有如此大的亏损？平均每天亏损20多万元可能吗？"此时电厂就变成了大股东的私人提款机。"[①]

（3）十年盈利十年 ST。[②]

ST 是英文 Special Treatment 缩写，该政策针对的对象是出现财务状况或其他状况异常的上市公司。ST 生化由于 2004 年、2005 年、2006 年连续 3 年亏损，于 2007 年 4 月被深交所暂停上市，12 月振兴集团正式入主 ST 生化，通过豁免振兴电业对振兴集团的债务实现保壳。

2008 年 ST 生化恢复盈利，但是大股东一直以"历史遗留问题"为借口拖延复牌。2012 年 6 月，深圳证券交易所发布了《关于改进和完善深圳证券交易所主板、中小企业板上市公司退市制度的方案》。根据该方案，ST 生化属于 2012 年 1 月 1 日之前已暂停上市的公司，若 2012 年 12 月 31 日前还未被深交所核准恢复上市，将面临退市的风险。[③]振兴集团为了保壳，承诺会将振兴电业等亏损业务进行回购，ST 生化最终于 2013 年 2 月恢复上市。但是直至 2016 年，大股东振兴集团几乎没有成功主导任何资产重组，置出不良资产的承诺也一直未能兑现，直接造成了 ST 生化十年盈利但是十年未能摘帽的 A 股奇观。

优质资产得不到合理的运用自然会引来资本的竞逐，这是市场配置资源的基本规律，振兴集团像一个身怀巨款在土匪窝里转悠的小孩，身处危险而不自知。

---

① 矫月 . ST 生化 8 年盈利未摘帽小股东揭秘大股东吝啬掏钱股改 . 证券日报，转引自 http://finance.sina. com.cn/stock/s/20151120/041923804677.shtml.

② 资料来源：田悠悠 .ST 生化要约收购兵临城下　手握 20 亿债券的深圳信达面临选择 . 第一财经 . http://www.yicai.com/news/5317690.html.

③ 振兴生化股份有限公司恢复上市进展公告 . ST 生化公告 . http://disclosure.szse.cn/ finalpage/2012-07-04/61216785.PDF.

2. 虎视眈眈的浙民投 ①

与万科股权争夺战中想要蛇吞象的宝能不同，此次 ST 生化控制权之争的另外一个主角杭州浙民投天弘投资合伙企业（下称"浙民投天弘"）更像是含着金汤匙出生的天之骄子，背后是浙江最大的几家民营企业，包括正泰集团股份有限公司（下称"正泰集团"）、富通集团有限公司、卧龙控股集团有限公司、杭州锦江集团有限公司、巨星控股集团有限公司、万丰奥特控股集团有限公司、奥克斯集团有限公司和圣奥集团有限公司。上述发起方涵盖智能电器、新能源、通信、机械制造、工业自动化、汽配、通用航空、家电家具、环保、医疗、金融等多个领域，其中不乏上市的集团公司，在资金调动方面有着不俗的实力，工银瑞信投资管理有限公司作为其普通合伙人，在投资管理的运作上已经相当成熟。

图 6-1 所示为杭州浙民投天弘投资合伙企业股权结构，多方强强联手，于 2015 年 4 月共同组建了浙江民营企业联合投资股份有限公司（下称"浙民投"），浙民投控股及投资的子公司有 20 个，浙民投天弘就是其中之一。

---

① 资料来源：（1）浙江民营企业联合投资股份有限公司简介. 浙江民营企业联合投资股份有限公司官网 . http://www.zuig.cn/about/. （2）中国民生投资集团公司概况. 中国民生投资集团官网 . https://www.cm-inv.com/cn/introduce/index.htm. （3）石路 . 揭秘浙江版中民投诞生前后：9 大浙商抱团 50 亿元砸进浙民投 . http://www.p5w.net/news/gncj/201504/t20150421_1026071.htm.

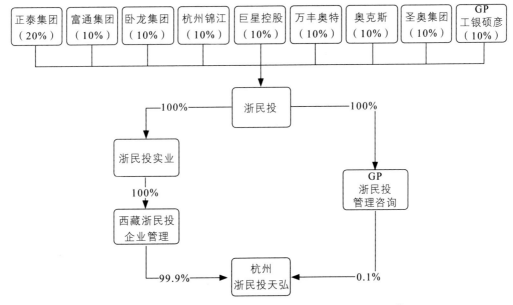

图 6-1　杭州浙民投天弘投资合伙企业股权结构①

浙民投依托以上浙江龙头企业，投资方向为金融服务、医疗健康、节能环保、先进制造及高端装备业和国有企业改革等领域。首期注册资本 50 亿元，计划未来 3 年内上市公司市值及资产管理规模达到 300 亿元。

事实上，民营企业抱团设立投资公司在中国并不是第一起。2014 年 8 月，由全国工商联发起，59 家行业领先企业联合设立的中国民生投资集团（下称"中民投"）在上海成立。中民投的首期注册资本高达 500 亿元，是浙民投的 10 倍；股东高达 59 位，持股比例从 0.6% 到 4% 不等，控制权集中于占股 30% 的管理团队手中。浙民投的股权结构相较而言更为集中，除了正泰集团持股 20% 外，其他各股东均占 10% 的股份比例，正泰集团的实际控制人南存辉同时也担任了浙民投的董事长。

从一个家庭作坊发展成为产业龙头，正泰集团的成功离不开掌舵人南存

---

① 资料来源：杭州浙民投天弘投资合伙企业工商信息. 企查查. http://www.qichacha.com/firm_d4ec7c04 5e38d2286884ef61d1bae99b.html.

辉的超前的意识和现代化的管理思维。在其他民营企业还将目光局限于个人绝对控股的股权结构上时，南存辉已经开始进行控制权安排，通过 3 次股权稀释，引入家族资本、社会资本和人力资本，通过并购重组和股权激励等方式使企业走上了一条健康的资本之道。浙民投在南存辉的领导下会如何发展，是其未来成长的主要看点之一。

中民投的管理层主要由民生银行的前高管组成，如中民投董事会主席董文标是原民生银行董事长，中民投总裁是原民生银行监事会副主席。浙民投在管理层方面则请来了原国泰君安证券股份有限公司总裁陈耿，作为中国证券界公认的少壮派，陈耿曾担任过深圳证券交易所上市部总经理，参与了中国第一部上市规则的起草；投入证券界后，从君安投行部总经理，一直做到国泰、君安合并后总裁的职位；2014 年国泰君安上市前夕，因为妻子子女持有国外护照的"裸官"问题被停职。陈耿十分熟悉资本运营方法与投资并购手段，ST 收购案十分有可能出自其手。

3. "活雷锋" 信达资管[①]

ST 生化控制权争夺战历时半年左右，最终以浙民投要约收购成功，取得阶段性胜利暂时告一段落。表 6-2 列举的是在这场控制权争夺战中，攻守双方在各个时间节点所采取的要约收购与反收购措施，以及当天 ST 生化的收盘股价。

[①] 资料来源：振兴生化公告. 深圳证券交易所官网. http://disclosure.szse.cn/m/search0425.jsp.

表 6-2　ST 生化控制权争夺战时间表

单位：元

收购方	时间	股价	防御方
浙民投天弘提出以 36 元 / 股价格收购 ST 生化 27.94% 股份	2017 年 6 月 21 日	30.93	ST 生化公告重大事项停牌
ST 生化披露要约收购书细节	2017 年 6 月 28 日	停牌	ST 生化确定重大事项为资产重组
浙民投天弘收到深交所关注函			ST 生化收到深交所关注函
浙民投天弘将回复函提交给 ST 生化	2017 年 7 月 4 日		ST 生化拒绝代为披露
浙民投天弘通过深交所"股东业务专区"披露回复函	2017 年 7 月 7 日		ST 生化在提交给深交所的回复函中称重组标的为山西康宝
			振兴集团实名举报浙民投隐瞒与天津红翰的一致行动人关系
	2017 年 7 月 21 日		振兴集团将所持全部 ST 生化股份质押给深圳信达
	2017 年 8 月 17 日		ST 生化更换内蒙古维克生为新重组标的
ST 生化披露浙民投关于要约收购提示性公告期满 60 日的说明	2017 年 8 月 30 日		
	2017 年 9 月 14 日		振兴集团将上市公司 ST 生化与浙民投天弘一并告上了法院
ST 生化停牌期满，宣布复牌	2017 年 9 月 21 日	32.48	振兴集团向深交所提交股权变动申请
浙民投天弘进入 33 天的要约收购期	2017 年 11 月 3 日	32.21	
	2017 年 11 月 28 日	33.54	振兴集团将股权转让给佳兆业及信达资管
浙民投完成要约收购，成为 ST 生化第一大股东	2017 年 12 月 5 日	33.15	

2017 年 6 月，浙民投天弘横空出世，以 36 元 / 股的价格向 ST 生化提出要约收购，该价格远高于提出收购前 30 个交易日内，ST 生化的平均值 28.10 元 / 股。此次要约收购为部分要约收购，收购股份数量为 74 920 360 股，占 ST 生化股份总数的 27.49%。在此之前浙民投及其一致行动人已经通过二级市场举牌，买下了 ST 生化 2.51% 的立足点股份[①]，要约收购期限届满后，收购人及其一致行动人最多合计持有 ST 生化 81 773 180 股股份，占 ST 生化股份总数的 29.99%，低于持股 30% 的全面要约收购红线。收购方浙民投目标明确，直指控制权，其在公告中称，若要约期间届满时，预受要约的股份数量未达到要求的数量，则本次要约收购自始不生效，并且会在 12 个月内减持已经持有的 2.51% 股份。[②]

这种直接的要约收购不仅让 ST 生化的时任大股东振兴集团措手不及，还打乱了一家蛰伏已久的公司的如意算盘，这家公司便是中国信达资产管理股份有限公司（下称"信达资管"）。

信达资管是我国四大资管平台之一，专门处置金融类不良资产。早在 2007—2008 年间，信达资管就与 ST 生化的两位债权人——深圳市商业银行、中国光大银行深圳分行签订协议，受让了上述两家银行持有的 ST 生化债权。2012 年 9 月更是与 ST 生化签署债务重组协议，双方确认合同涉及的重组债务为 3.002 5 亿元。公司恢复上市后，其自筹现金 1 亿元偿还信达债务；另外以定向增发的方式向信达增发 1 500 万股 ST 生化的股票，用以偿付剩余债务。[③]

---

① 立足点股份：指袭击者在二级市场预先增持的，低于 5% 信息披露义务红线的股份，该部分股份可以帮助降低要约收购的成本。

② 振兴生化股份有限公司要约收购报告书摘要 . ST 生化官网 . http://disclosure.szse.cn/finalpage/2017-06-28/1203655261.PDF.

③ 振兴生化股份有限公司关于签署债务重组合同的提示性公告 . ST 生化官网 . http://disclosure.szse.cn/finalpage/2012-10-25/61701739.3 亿元 PDF.

在逾 3 亿元债权还未得到偿还的情况下，信达资管居然不计前嫌地继续帮助振兴集团处理不良资产，于 2016 年先后收购了企业方中银集团投资有限公司（下称"中银集团"）、山西恒源煤业有限公司、新疆中泰物流有限公司，以及数个自然债权人手中持有的对振兴集团的债权。其中，中银集团的债权额就高达 3.5 亿元。据第一财经记者的不完全统计，信达资管对振兴集团和 ST 生化的债权本息合计最高可能有 20 亿元之多。目前市场上不良资产处置的抵押品折价率大多都在 50% 甚至更低，而信达资管不惜以原价收购部分自然人手中持有的振兴集团债权；虽然振兴集团将手中全部 6 162 万余股 ST 生化股份全部质押给了信达资管，但 ST 股的质押率最高不超过 5 折，就算来日有幸摘帽成功，以浙民投的收购价格 36 元 / 股的价格套现，获得的资本也只有 22 亿元，怎么算都是一笔赔本买卖。此情此景不禁让人感慨，振兴集团难道是真的遇上了"活雷锋"？①

很遗憾，资本市场上是没有"活雷锋"存在的。仔细研读上文提到的 2012 年签订的重组协议就可以发现，信达资管很早就开始觊觎 ST 生化的股权了，主动提出以定向增发的方式还债，如果该协议顺利实施的话，信达资管在 2013 年底之前就已经成为 ST 生化的第二大股东。但不凑巧的是，由于 ST 生化官司缠身，受到中国证券监督管理委员会立案稽查和深圳证券交易所处分，导致公司一年内不能实施定向增发业务，信达资管只好与 ST 生化重新协调解决办法。②

一计不成又生一计，信达资管决定曲线救国，先帮助振兴集团进行股份增持，然后再进行股份转让。2015 年 12 月，ST 生化对外披露非公开发行 A 股

---

① 田悠悠 . ST 生化 6162 万质押股"烫手"深圳信达债权危急生退意 . 第一财经 . http://www.yicai.com/news/5322372.html.

② 振兴生化股份有限公司 2013 年度报告 . ST 生化官网 . http://disclosure.szse.cn/finalpage/2014-06-10/64119846.PDF.

股票预案，此次的发行将以 22.81 元 / 股向大股东振兴集团配发不超过 1.01 亿股，发行完成后，振兴集团持股比例将由 22.61% 增至 43.51%，将触发要约收购义务。然而根据规定，经上市公司股东大会非关联股东批准后，振兴集团可免于提交豁免要约收购义务的申请。①

外界对此次定增预案最关注的是大股东的钱从哪来？振兴集团已经欠债累累，而定增资金需要筹集 23 亿元之多。有 ST 生化小股东向《证券日报》记者表示："史家（公司实际控制人）不会拿出 23 亿元来定增的，振兴集团都没钱了，还有大笔负债，还能从哪里筹钱啊。如果有 23 亿元的话，大股东为什么不股改让上市公司摘帽呢？一旦摘帽，大股东就可以通过买卖流通股筹资。"更有 ST 生化小股东猜测，公司大股东定向增发有可能是为了拿到 1 亿股之后再质押出去筹钱来还债，而 23 亿元的定增资金能否到位就不一定了。②

ST 生化的公告中对资金来源的风险作出了提示，并称振兴集团正与包括信达资管在内的多个资金提供方进行商谈。这难免让人遐想该定增预案是否有信达资管在后推波助澜。

振兴集团一方面在谋求更多的 ST 生化股份，另外一方面也允诺剥离不良资产。2012 年 12 月，由于未按约定承接 ST 生化对昆明白马和上海唯科的担保，振兴集团将旗下资产金兴大酒店作价 1.11 亿元，转让给 ST 生化；但是该资产不仅没有取得土地使用权证，更曾被法院判给过振兴集团的债权人企业，和之前被注入的振兴电业一样，完全可以被称得上是"有毒资产"。

2016 年下半年，ST 生化与振兴集团先后签订两份转让协议，分别约定以

1.16 亿元与 1.33 亿元（债务款项与股权转让款项之和）将金兴大酒店与振兴电业转让给振兴集团。

2016 年 12 月，振兴集团承诺向 ST 生化支付全部交易价款中的 2 868 万元，剩下的近 2.2 亿元债权被 ST 生化悉数转让给了信达资管。信达资管数日后便十分爽快地将钱汇入 ST 生化账户；反观振兴集团，一直到 2017 年中旬才将转让款付清。截止到 2017 年 6 月 19 日，ST 生化终于剥离了两块拖累其业绩已久的不良资产，光明的未来似乎正在等待着这家冉冉升起的血制品公司。这其中自然少不了信达资管的鼎力相助，但资本市场中并没有"免费的午餐"。

信达资管一直没有放弃过推动定增计划的实行，想要债转股从 ST 生化中分一杯羹，可见是真的看好其血制品业务未来的发展潜力，但是嗅到价值错配气息的不止信达资管，资本海洋里一丝血腥味就能引来众多巨鲨的垂涎。在 ST 生化刚刚从不良资产的泥沼中挣扎出来的两天后，浙民投出现了。

4. 振兴集团的"拖字诀"[①]

2017 年 6 月 21 日，ST 生化在收到收购方浙民投天弘的要约后，迅速向深交所提出重大事项待公告的停牌申请，并于当日下午停止交易。深交所对此事高度重视，连发两封关注函分别要求 ST 生化与浙民投天弘进行回应。

---

① 资料来源：（1）ST 生化公告 . 深圳证券交易所网站 . http://disclosure.szse.cn/m/search0425.jsp.（2）符胜斌，张巍 . 大股东向敌意收购方索赔上亿，这是唱哪出戏？. 新财富杂志 . http://www.xcf.cn/index/201710/t20171017_782293.htm.（3）平头哥 . ST 生化控制权之争 . 溢千树，转引自百家号 . https://baijiahao.baidu.com/s?id=1580068849888256841&wfr=spider&for=pc.

2017 年 7 月 4 日，浙民投天弘将回函提交给 ST 生化，但后者称无合理理由拒绝帮其代为披露。隔天，ST 生化对外发布公告，称此次停牌是由于公司在筹划重大资产重组。

2017 年 7 月 7 日，ST 生化在恢复深交所的关注函中披露重大资产重组的标的对象为山西康宝生物制品股份有限公司（下称"山西康宝"）的股权。该公告一经发布，就被部分投资者质疑为"忽悠式重组"。ST 生化称主要交易方为标的资产的股东周满祥、魏琳等自然人，而查询山西康宝的股东信息，前几大股东都是国资背景，重组成功的可能性很小。[①]

果不其然，8 月 17 日 ST 生化发布公告，称由于与山西康宝未能就交易方案核心条款达成一致，重新选定了内蒙古维克生生物科技有限公司（下称"内蒙古维克生"）作为标的，继续推进本次重大资产重组事项。查阅公开资料显示，内蒙古维克生的前任大股东为宁波普奥思生物科技有限公司，该公司正是振兴集团实控人史珉志的全资子公司。[②] 按照《上市公司收购管理办法》规定，若终止重大资产重组，自复牌之日起 6 个月内不得再筹划重大资产重组事项。此次 ST 生化巧妙地更换了重组标的，延长停牌时间抵御浙民投的攻势。

更换重组标的虽然好用，但终归不能解决根本问题，振兴集团还采取了一些主动反击的措施。7 月 7 日，ST 生化发布公告称，收到振兴集团的实名举报函，函中称浙民投天弘披露的要约收购报告书中存在重大虚假记载，隐瞒其自身持有 ST 生化股票的事实，但该举报并没有收到回应。不甘心的振兴集团亮出大招，9 月 14 日 ST 生化发布重大诉讼公告，振兴集团将上市公司 ST 生化与浙民投天弘一并告上了法院。大股东告上市公司，这样的操作令人瞠

---

① 在云端 737. $ST 生化（SZ000403)$ 讨论区. 雪球网. https://xueqiu.com/5149360009/88341606.

② 企查查. 宁波普奥思生物科技有限公司工商信息. http://www.qichacha.com/firm_b5b2f84b10417c8aa35549fd944e832d.html.

目结舌，其提出的诉讼案由如下。

（1）浙民投天弘在本次要约收购信息披露中存在重大遗漏及虚假记载，侵害了原告的知情权。

振兴集团提出浙民投天弘在本次要约收购前，已经暗中安排了天津红翰科技有限公司（下称"天津红翰"）买入公司的股票，并在上市公司已召开的三次股东大会上对议案联手投出反对票，但浙民投天弘对此情形并未如实披露。

振兴集团提出该案由的原因是 2016 年 12 月 17 日，在一篇"股吧"转发的天津红翰关于 ST 生化的声明中，天津红翰称其已寻找两家合作伙伴强强合作，一家为"北京实力雄厚的央企"，另一家为"浙江一家大型民企"，此处的"浙江一家大型民企"实为浙民投，显示天津红翰已与浙民投天弘建立了合作关系，暗中采取一致行动，浙民投天弘对此情形并未如实披露。天津红翰当时持有 ST 生化 609 万股，为 ST 生化第四大股东。

天津红翰所持有的这部分股份可以追溯到三九时代。2002 年 3 月三九生化定向增发了 609 万股股份给衡阳市财政局，其目的是收购衡阳财政局出资设立的金汇医用公司，并用该资产与第三方共同设立了湖南唯康；同年 7 月，衡阳财政局试图将该股份转让给三九集团，但是由于未能妥善安置员工并解决遗留问题，转让未能成功；后该股份辗转到了衡阳国资委手中。2014 年衡阳国资委以约 4.93 元 / 股的低价转让给了天津红翰，当年 ST 生化的股价最低也有 14.16 元 / 股，并且此次转让未公开征集受让方，未在法定的交易场所公开转让，也没有通知 ST 生化。

2014 年 1 月，天津红翰所持有的股份限售期满，ST 生化一直以其股份来源"不正当"为由拒绝为其办理解禁手续。2015 年 11 月，当时作为第三大股东的天津红翰联合其他中小股东，试图通过改选的方式进入 ST 生化的董事会，与振兴集团相制衡。与此同时天津红翰还连同第三方，积极收购振兴集团的债务，试图打算让法院拍卖振兴集团所持有的 ST 生化股权，从而达到

"上位"的目的。振兴集团为了保住对 ST 生化的控制权，请来信达资管接手集团对 ST 生化的债务，成功避免股权被拍卖，但付出的代价是振兴集团持有 ST 生化的 6 162 万余股股份全部都质押给了信达资管。[①]

2017 年 6 月 23 日，浙民投天弘提出要约收购后第三天，天津红翰向法院提出诉讼，要求在一个月内为其办理解禁手续，时间点上难免会让人遐想其与浙民投之间的关系。但是天津红翰所持有的 609 万股份占比 2.23%，与浙民投在二级市场上举牌得来的 2.51% 股份相加，总量也不超过 5%。所以即使天津红翰与浙民投天弘存在一致行动人关系，也未达到证监会要求的披露义务标准线，该条诉讼案由很难得到法院的支持。

（2）浙民投天弘用于收购上市公司的资金来源不明，严重违反相关法律法规。

浙民投在给深交所《关注函回复》中披露："本次要约收购所用资金不存在对外募集、代持、结构化安排或者直接间接使用上市公司及其关联方资金用于本次收购等情形。"而振兴集团指出，浙民投架构中存在私募投资基金，因而不具备要约收购人的主体资格。

浙民投天弘的收购资金主要来源于浙民投对其提供的无息贷款，而浙民投 50 亿元注册资金已全部实缴到位，如果振兴集团要起诉浙民投天弘的收购资金来源有问题，可能需要列举更多的证据。

（3）浙民投天弘在本次要约收购中存在内幕交易及利益输送行为。

根据浙民投提供的《关注函回复》，其自查结果显示，浙民投董事仇建平的女儿仇菲、浙民投天弘工作人员王睿智的配偶高超在自查期间存在买卖公司股票的行为。

---

① 平头哥 . ST 生化控制权之争（九）天津红翰 . 溢千树，转引自百家号 . https://baijiahao.baidu.com/s?id=1580068849888256841&wfr=spider&for=pc.

但是浙民投的持股比例未达到 5% 之前，其相关人员买卖公司股票并不构成内幕交易。

（4）浙民投天弘与 ST 生化应共同对振兴集团承担损害赔偿责任。

振兴集团认为浙民投天弘及其一致行动人在提出要约收购之前，利用资金优势操纵股价，使得 ST 生化的股价从 2017 年 3 月 3 日至 6 月 21 日从每股 33.48 元跌至每股 25.58 元；而 ST 生化未及时发现并制止前者打压股票、内幕交易以及利益输送的行为。所以浙民投天弘应该承担主要的赔偿责任，ST 生化也应承担相应的赔偿责任。

操纵股价取证较为困难，振兴集团对具体事实语焉不详，很难得到法院的支持。

综上，振兴集团以起诉作为反收购措施，在法律上胜诉的可能性较小，但作为拖延停牌时间的手段，还是能取得不错的成效。

5. 佳兆业入局 [①]

2017 年 6 月 21 日，ST 生化遭到浙民投天弘狙击，当日紧急停牌，宣布要进行重大资产重组。按照规定，资产重组的累积停牌时间原则上不能超过 3 个月。9 月 20 日晚间，ST 生化发布公告称将终止此次重组计划的筹划，并于 9 月 21 日复牌。

ST 生化复牌后的第二天股价涨停，9 月 22 日最高价为 34.10 元 / 股，已接近浙民投天弘提出 36 元 / 股的要约价格。而浙民投天弘方面却迟迟没有开

---

① 资料来源：（1）ST 生化公告. 深圳证券交易所网站. http://disclosure.szse.cn/m/search0425.jsp.（2）符胜斌. 90 亿市值上市公司遭三方抢夺，ST 生化控制权之争背后佳兆业的盘算. 新财富杂志. http://www.xcf.cn/yc/201712/t20171207_782407.htm.

展行动披露要约收购报告书全文，市场猜测可能是对振兴集团提出的诉讼心存顾虑。

趁着喘息的机会，振兴集团紧锣密鼓地开始筹划新一轮的反击。在 9 月 20 日 ST 生化宣布复牌的同时，深交所也收到了其提交的股权变动相关业务申请；11 月 1 日，股权变动申请正式获批。

11 月 29 日 ST 生化发布公告称，收到公司控股股东振兴集团的通知，信达资管与深圳市航运健康科技有限公司（下称"航运健康"）、振兴集团、山西振兴集团有限公司（以下简称"振兴有限"）于 2017 年 11 月 28 日签署了《债务重组三方协议》（以下简称"三方协议"），振兴集团与航运健康签署了《股份转让协议》《投票权委托协议》，信达资管与航运健康签署了《投票权委托协议》。主要交易内容如下。

（1）股份转让。

振兴集团拟通过协议转让的方式，将其持有的 ST 生化 50 621 064 股股份（无限售条件流通股）转让给航运健康，占 ST 生化已发行股份的 18.57%。

（2）债务重组的股份补偿。

振兴集团拟将其持有的 ST 生化 11 000 000 股股份（以下简称"补偿股份"）以符合法律法规和深交所相关监管规则的方式转让给信达资管，以补偿信达资管于 2016 年 12 月 14 日与振兴集团、振兴有限签订的《债务重组合作协议》（以下简称《重组协议》）项下未能实现的投资收益（未收回的债权及收益）。

（3）投票权委托。

投票权委托包括两项内容。

- 振兴集团与航运健康签署《投票权委托协议》之日起至《股份转让协议》中约定的股份过户登记至航运健康名下之日止，振兴集团拟将其持有的 ST 生化 50 621 064 股股份的投票权委托给航运健康，占 ST 生化股份总额的 18.57%。同时，振兴集团与航运健康签署《投票权委托协议》之日起至三方协议中约定的股份过户登记至信达资管名下之日止，振兴集团拟将其持有的 ST 生化 11 000 000 股股份的投票权委托给航运健康，占 ST 生化股份总额的 4.04%。

● 信达资管根据三方协议自振兴集团受让的 ST 生化 11 000 000 股股份过户登记至其名下之日起 12 个月内，拟将其持有的 ST 生化 11 000 000 股股份的投票权委托给航运健康，占 ST 生化股份总额的 4.04%。

本次交易完成后，航运健康在 ST 生化中拥有投票权的股份数量合计 61 621 064 股，占上市公司股份总额的 22.61%。航运健康将成为 ST 生化控股股东。

（4）交易结构。

图 6-2 所示为 ST 生化股权转让的交易结构示意。单就主体部分而言，这份股权转让协议并没有什么特殊之处。航运健康以 10 亿元现金换取 ST 生化 18.57% 的股权，以 11.87 亿元承接了 ST 生化对信贷资管的债务换取信达资管获得的 4.04% 补偿性股份的投票权，也就是说在完成股权转让的一年内，航运健康合计持有 ST 生化 22.61% 的投票权。

但是协议的补充内容却暗含玄机，关于转让价款及支付的部分规定：转让价款 10 亿元分成 1 亿元、1 亿元、3 亿元、2 亿元、3 亿元来支付，分别有着不同的附加条件。

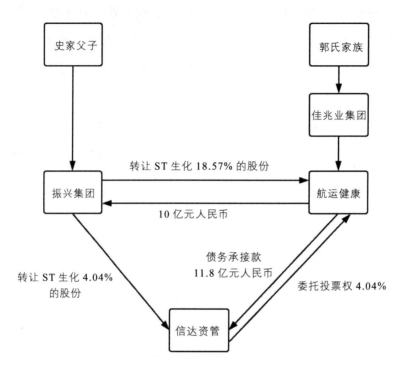

图 6-2 ST 生化股权转让的交易结构示意 [1]

第一笔转让款 1 亿元，在所有协议全部签订后 5 个工作日内会打到振兴集团、航运健康和信达资管三方共同监管的账户内。上文提到协议于 2017 年 11 月 28 日签订，5 个工作日后即 12 月 5 日；而浙民投天弘的要约收购正好于 12 月 25 日完成。如此约定有意拉拢其他中小股东，因为浙民投给出的要约价格是 36 元 / 股，而根据计算，航运健康的收购价格为 43.2 元 / 股；虽然后者仅仅只是针对大股东振兴集团的要约，但是从逻辑上来说，如果航运健康想要该笔投资产生收益，必须保证未来的股价不低于 43.2 元 / 股。当然，投资收益并不是由股价上涨才能获得，航运健康成为控股股东之后可以通过其他

---

① 资料来源：平头哥 . ST 生化控制权之争 . 溢千树，转引自百家号 . https://baijiahao.baidu.com/s?id=158 5438606502473857&wfr=spider&for=pc.

操作获益，所以中小股东买不买账还是一个问题。[①]

　　第二笔转让款 1 亿元，在振兴集团办完官方要求的所有股权过户登记的手续后的 5 个工作日内，由航运健康直接支付给振兴集团。这笔钱可以视作航运健康支付给振兴集团的股权转让定金。

　　第三笔转让款 3 亿元，在航运健康向信达资管支付承接价款，且标的股份全部登记至航运健康名下后的 5 个工作日内，由航运健康向振兴集团支付，同时航运健康会将共管账户中的第一笔转让款 1 亿元划付给振兴集团。以上支付的先决条件为航运健康首先向信达资管支付承接债权的 11.87 亿元，同时配合办理手续的振兴集团也可以拿到共同管理的第一笔转让款。

　　第四笔转让款 2 亿元，要求满足如下三个条件：振兴集团将约定的 1 100 万股补偿股份中的 545 万股过户至信达资管名下；湖南唯康已从 ST 生化中剥离；标记股份登记至航运健康名下已满 6 个月。在上述条件都达成后的 5 个工作日内，由航运健康向振兴集团支付。以上支付条件是为了保证信达资管拿到 50% 的补偿股份，航运健康已收到标记股份逾半年，且不良资产湖南唯康已被剥离。

　　第五笔转让款 3 亿元，要求满足如下三个条件：振兴集团和航运健康都已按照约定，将三方协议约定的 1 100 万股补偿股份全部过户至信达资管名下；湖南唯康已从 ST 生化中剥离；标记股份登记至航运健康名下已满 6 个月。在上述条件都达成后的 5 个工作日内，由航运健康向振兴集团支付。以上条件除了第一条外其他的都与第四笔转让款的要求相同，这样做主要是为了确保航运健康拿到投票权。

　　航运健康的出现看似是白衣骑士救场，实际上是以极低的价格（10 亿元

[①]　符胜斌 . 90 亿市值上市公司遭三方抢夺，ST 生化控制权之争背后佳兆业的盘算 . 新财富杂志 . http://www.xcf.cn/yc/201712/t20171207_782407.htm.

人民币）试图获得 ST 生化的控制权。而一系列附加的支付条件，更是大大降低了此次投资的风险性，可以说是一笔十分划算的买卖。

信达资管与航运健康有着不浅的交情。航运健康的实际控制人为郭英成和郭英智两兄弟，二人通过其控制的佳兆业集团控股有限公司（下称"佳兆业"）控制航运健康，信达资管曾帮助佳兆业起死回生完成资产重组。2014年年末，佳兆业因为卷入反腐问题导致多个经营项目被封锁，公司财务状况恶化引发一系列连锁反应，无法出具年度报表，上市公司股票被停牌。树倒猢狲散，普华永道一篇关于佳兆业"六宗罪"的文章引发了金融机构停止合作的踩踏现象，佳兆业的资金链一度濒临断裂。由信达资管牵线，中国银行、平安银行、中信银行相助，佳兆业的债务风险才得以化解。[①]

信达资管作为一个国有独资金融企业，长期持有振兴集团的债权无法套现，无疑会承担巨大的压力。此次佳兆业入局，与其说是振兴集团搬来的救兵，不如形容成信达资管请来的同盟。通过三方的股权协议，佳兆业以"10亿元的现金 + 承接 11.87 亿元债权"获得了 ST 生化 18.57% 股份及 22.61% 的投票权，加之一系列附加的支付条件，大大降低了此次投资的风险性；信达资管保留了 ST 生化 4.04% 股份，套现了 11.87 亿元的债权，可谓一举两得；而振兴集团以手中 ST 生化岌岌可危的控制权换来了 10 亿元现金，信达资管还帮其处理了不少债务，这是将 ST 生化拱手让给浙民投天弘所不会有的好处。可以说这次的合作是三方都乐意看到的结果，那么接替振兴集团上场的航运健康又该如何打好这一场控制权争夺战呢？

---

① 吴家明，罗曼．复活的佳兆业．证券时报，转引自 21 财报网．http://m.21jingji.com/article/20170327/herald/d59c1dc0587da35bff7dad835f53214a.html.

6. 烽烟再起 ①

股权转让协议完成之后，振兴集团与信达资管退居控制权争夺的二线，佳兆业旗下的航运健康正式入局，与浙民投天弘继续争夺 ST 生化的控制权，双方拉开了要约收购与反收购第二阶段的序幕。

（1）浙民投取得阶段性成功。

在振兴集团、佳兆业、信达资管紧锣密鼓地进行股权转让时，浙民投天弘的要约收购书也终于公布了。根据报告中披露，浙民投天弘将于 2017 年 11 月 3 日正式进入为期 33 天的要约收购期，要约收购成功后，浙民投天弘及其一致行动人将合计持有 ST 生化 29.99% 的股份，该次要约期限内最后 3 个交易日，即 12 月 1 日、12 月 4 日和 12 月 5 日，预受的要约不可撤回。

佳兆业方面抛出 43.2 元 / 股的交易价格向市场释放信号，要约收购前期每日预受的股份都仅有数十万股，相对于 7 492 万股的目标而言几乎可以忽略不计，并且每天都有撤回预受的现象。截止到 12 月 4 日，浙民投天弘募集到的净预受股份比例只占总目标数额的 24.56%，完成要约收购似乎是一个不可能的任务。但是，由于大股东振兴集团"劣迹斑斑"，长期侵害中小股东利益，所以导致散户们在最后一天仍然选择了站在浙民投天弘一边。12 月 5 日，1.28 亿股接受要约，总计预受股份达到 1.47 亿股，净预受股份比例飙升至 195.607%，占公司总股份的 54%，近乎双倍超额完成目标，要约收购宣告成功，多出来的股份将按比例退回，浙民投天弘自此正式执掌 ST 生化的控制权。② 可见，当资本市场逐渐完善发展时，中小股东再也不是庄家肆意收割的

---

① 资料来源：（1）ST 生化公告 . 深圳证券交易所网站 . http://disclosure.szse.cn/m/search0425.jsp.（2）生化控制权之争 . 溢千树，转引自 http://guba.eastmoney.com/news,000403,743485033.html.（3）徐超 . ST 生化收购战烽烟再起：民生银行中枪 . 华夏时报 . http://www.chinatimes.cc/article/74258.html.

② 资料来源：ST 生化要约收购明细表 . 深圳证券交易所官网 . http://www.szse.cn/main/disclosure/news/yysg/.

韭菜，新的 A 股时代，得散户者才能得天下！

（2）佳兆业派遣高管。

出师不利的佳兆业并没有就此放弃，根据当时 ST 生化董秘闫治仲对中国证券报记者表示，虽然已经获悉要约结果，但公司与佳兆业方面的合作尚无变动，正极力推进交易进程，第一笔款项已于 12 月 5 日支付完毕："如果（佳兆业）不想推进这件事，也不会给我们支付款项。他们还是希望与我们合作。"①

佳兆业决定从高层人事方面入手进行反击。2018 年 1 月 18 日，ST 生化发布公告称史曜瑜辞去了公司总经理、财务总监职务，仅保留公司董事长职务；董事会决定由罗军接任公司总经理，张广东任职公司副总经理，田晨峰担任公司财务总监。根据公告中披露，罗军曾任佳兆业集团控股副总裁等职，现任佳兆业控股的美加医学董事会主席；张广东自 2016 年 6 月起在佳兆业健康集团任投融资管理部部门总经理；田晨峰也先后在深圳、上海的佳兆业金融集团工作。②

按照 ST 生化的公司章程规定，董事由股东大会选举或更换，任期 3 年。本届董事会的任期至 2018 年 9 月底，在此之前浙民投天弘想要进入董事会，只能在持有公司股票 90 天后，提请临时股东大会进行改选。浙民投天弘对此次人事变动作出公开回应："作为 ST 生化现任第一大股东，浙民投希望现有上市公司董、监、高成员秉承应有的职业道德，勤勉尽责，对于任何作出损害公司及全体股东利益行为的人士或股东，将追责到底。浙民投未来将通过股东大会行使股东权利，同时也愿意和所有有实力的股东方开展合作，将公

---

① 徐杨．浙民投要约收购超标完成 ST 生化股权争斗上半场落幕．http://www.cs.com.cn/ssgs/gsxw/201712/t20171207_5610945.html.

② 振兴生化股份有限公司章程（2017 年 4 月）．深圳证券交易所网站．http://disclosure.szse.cn/finalpage/2017-04-26/1203387672.PDF.

司利益最大化。"①

（3）举报、又见举报。

一波未平一波再起，2018 年 1 月 25 日，微博知名财经博主"曹山石"发布微博爆料称：ST 生化原大股东振兴集团向银监会举报，民生银行违规贷款给浙民投天弘及其一致行动人 14 亿元人民币，浙民投天弘收购来的要约股份全部向民生银行杭州分行质押。举报信中称民生银行在明知浙民投天弘及一致行动人企业存在重大未决诉讼的情况下，违反银监会的相关规定，为其办理 2.04 亿美元（14 亿元人民币）内保跨境融资业务。14 亿元贷款用于要约收购 ST 生化股票，违反了民生银行总行"民银办 [2017]413 号文"对内保跨境融资贷款资金用途：不得用于房地产、股市等监督限制的用途；还款来源方面没有正常现金流，不符合文件中"借款人在境内需有充足的第一还款来源，不得依赖保函或备用信用证履约来还款"的明确规定。②

从收购资金来源的合规合法性上入手进行举报，在控制权争夺战的历史上并不罕见，本书中前几个案例中都有涉及：俏江南痛批 CVC 杠杆率过高，是"空手套白狼"的行径；万科举报要求查处钜盛华及其控制的相关资管计划。振兴集团此次选择的时间节点也十分巧妙，党的十九大把防范化解重大风险作为决胜全面建成小康社会三大攻坚战的首要战役，而金融风险是当前最突出的重大风险之一，银监会再三强调会持续加大防风险、治乱象、补短板、强服务的工作力度。

与宝能运用保险资金杠杆收购不同，民生银行回应称该笔收购资金是为浙民投办理的内保跨境融资业务，在授信审批和融资发放的各个环节都符合规定。当然最终的举报结果还要等银监会受理调查后进行公布。

---

① 罗强 . 再现宝万之争情节 佳兆业与浙商"斗法"ST 生化 . http://www.jiemian.com/article/1889031.html
② 曹山石微博 . https://weibo.com/2082306984/G047dl4MK?refer_flag=1001030106_&type=comment#_rnd1521681096529.

7. 孰胜孰负

ST 生化的股权争夺战中，浙民投能够公开要约收购成功，是中小股东积极行使股东权利的结果，从某种程度上反映了证券市场的自我纠错功能，对于中国的资本市场的要约收购有着里程碑式的意义。

（1）不得人心的大股东。

振兴集团是以救世主的姿态出现在三九生化面前的，然而在执掌上市公司的 12 年里，却未能赢得中小股民的支持。史家父子原本想将 ST 生化打造成一个煤炭股，然而时运不济遇上了行业的衰退周期，没来得及置换出去的广东双林血制品业务却成了救命稻草。

- 诉讼缠身。ST 生化由于涉及诉讼过多，成为首批被最高人民法院和证监会联合纳入失信被执行人名单的上市公司之一。这些诉讼官司有很大一部分是由于大股东振兴集团的欠债行为导致的，因无法偿还到期债务，振兴集团所持有的 ST 生化 6 162 万股在 2014 年就已经被法院冻结。除此之外，ST 生化还多次因为违规为振兴集团旗下子公司担保和未及时披露信息，被小股东告上法庭。

- 忽悠式重组。2015 年 1 月，ST 生化以"正在策划重大事项"为由宣布停牌，期间未对外披露具体细节，只是宣称在推进资产重组。一直到 10 月，ST 生化在发布的《关于重大资产重组停牌期满继续停牌公告》中称，原重组计划涉及血浆站建设，但由于工作量庞杂，行政审批手续尚未完成，所以向深交所申请继续停牌。没想到短短一个月后，ST 生化再公布的标的就变成了贵州交通集团的高速公路资产，振兴集团的此次重组更有置出优质血液制品资产，卖壳给贵州交通集团还债的嫌疑。此方案遭到了中小股东的一致反对，重组最终未能通过。

- 定增。2015 年 12 月，复牌不足一个月的 ST 生化发布《非公开发行 A 股股票预案》，称上市公司将向大股东振兴集团募集 23 亿元人民币，用于筹建血制品业务、偿还信达资管债务以及补充流动资金。前一个月还在倒腾着转卖股权，下一个月就开始提高股权比例，这种戏剧化的逆转让中小股东对其定增的真实性不得不持有怀疑的态度，加上第三大股东天津红翰及兴业银行旗下的 4 只基金也投了反对票，此次定增方案未能在股东大会上获得通过。

在此次反收购的阻击战中，振兴集团的一系列回击措施，重组、举报，以及诉讼都只能停牌拖延时间，并不能起到实质性的效果。作为公司的实际控制人兼大股东，振兴集团无视市场监管规则，长期损害上市公司和中小股东利益，导致面临敌意要约收购的时候，得不到散户的支持和信任，这才是其从股权争夺战中淘汰出局的主要原因。可见，任何漠视投资者关系管理和市值管理的行为，最终都将自食其果。

（2）处心积虑的资产管理公司。

信达资管早在 2007 年时就接下了 ST 生化的债权，截至浙民投提出要约收购前，信达资管持有的振兴集团及 ST 生化债权的本息和高达 20 亿元之多。这些债权不乏原价从持有振兴集团债权的自然人手中收购而来，作为精于算计的资管公司巨头，信达资管不惜耗费如此之大的代价，可见着实看好 ST 生化这支潜力股。

蛰伏已久的信达资管打的是债转股的算盘，奈何 ST 生化身负太多诉讼纠纷，签订的重组协议中向信达资管定向增发 1 500 万股票的方案未能通过。信达资管只好寄期望于帮助振兴集团拿到控股权，剥离 ST 生化的不良资产，逐步解决历史遗留问题后，再进行债务重组。

一切都在按部就班地进行中，在 ST 生化终于有了优质血制品上市公司雏形的时候，却半路杀出了恶意收购的浙民投天弘。信达资管自然不可能放任布局多年的胜利果实被人轻易抢走，但碍于其国资背景不便进一步下场增持，于是请来了关系匪浅的佳兆业集团接替。最终以获得 4.04%ST 生化股份，套现一半债权的方式从争夺战中脱身。该结果虽然不尽如人意，但对于信达资管来说，也是目前看来最好的选择了。

（3）出其不意的敌意收购者。①

浙民投此次的恶意收购阻击战在前期准备上堪称教科书般的经典，首先根据无效率假说，寻找资产低效率使用、经营不善的上市公司作为标的公司，接管此类公司可以重新配置资源以从中获利，毫无疑问 ST 生化完全符合这个标准。接下来在二级市场上购买 2.51% 的立足点股份，这部分股份可以帮助降低收购的成本，同时由于低于 5% 的披露红线，不容易打草惊蛇。在提出要约收购的时机上，浙民投也把握得也十分精准。2017 年 6 月 19 日，ST 生化正式将旗下的两大不良资产振兴电业和金兴大酒店剥离出去；6 月 21 日，浙民投天弘就提出了要约收购，这个时间节点无疑可以使收益最大化。后续深交所发函询问时，浙民投的回复有理有据，表现可圈可点。

要约收购完成前最大的危机出现在佳兆业、信达资管、振兴集团三方签订股权转让协议之际。根据深交所发布的《上市公司要约收购业务指引（2016 年修订）》，要约收购约定的收购期限不得少于 30 日，并不得超过 60 日，但出现竞争要约的除外；收购要约期限届满前 15 日内，收购人不得变更要约收购。②浙民投的要约收购为期 33 天，截止日是 12 月 5 日；佳兆业与振兴集

---

① 资料来源：符胜斌. 90 亿市值上市公司遭三方抢夺，ST 生化控制权之争背后佳兆业的盘算. 新财富杂志. http://www.xcf.cn/yc/201712/t20171207_782407.htm.

② 上市公司要约收购业务指引（2016 年修订）. 深圳证券交易所官网. http://www.szse.cn/main/files/2017/11/06/ 发布日期：2016-2-19%20 上市公司要约收购业务指引（2016 年修订）.pdf.

团的股权转让协议于 11 月 28 日签订，受佳兆业向市场释放 43.2 元 / 股的价格信号影响，11 月 29 日 ST 生化的股价一度飙升至 34.37 元 / 股，直逼浙民投 36 元 / 股的要约收购价格；但是根据现行的制度规定，在没有出现竞争性要约的情况下，浙民投是无法主动修改要约价格的，一旦股价超过要约价格，此次要约收购就极有可能失败。

证券监管的 3 个目标分别为：保护投资者，保证证券市场的公平、效率和透明，降低系统风险。在此次控制权争夺战中，佳兆业提供的收购协议只针对大股东振兴集团，其他中小股东无法参与进来。浙民投的要约收购是面向全体股东的，相较之下更具有公平性。但是由于当前要约收购制度的局限性，浙民投在收购过程中处处受限，证券市场的公平性和中小股东的权益未能得到保障。此次股权争夺战对要约收购期间大股东的行为，以及其他意图获得控制权的收购者行为提出了新的监管要求。

（4）珠胎暗结的白衣骑士。

在这场 ST 生化的股权争夺战中，航运健康地入局绝对不是白衣骑士那么简单，而是有着自己的打算。集团母公司佳兆业自 2014 年经历"锁盘风波"后连续 3 年亏损，危机缓解后终于在 2017 年扭亏为盈，开始启动多元化的布局，医疗就是其中的重要板块之一，在参股 ST 生化之前还控股了香港上市公司美加医学（现更名为"佳兆业健康集团"）。

据振兴集团实控人史跃武透露："与佳兆业此前就接触过，当时由于价格问题没有谈拢。"郭英成本可以用更高的价钱，进行竞争性要约，但这样的结果显然不能解决史跃武的问题，他现在需要钱，而不是需要新增一个股东。史跃武转述郭英成的原话是："老史，不能把你坑了，按照既有方案持续推进交易吧。"①

---

① 罗强 . 又一次"野蛮人"敲门 煤老板与浙民投决战 ST 生化 . 界面新闻 . http://www.jiemian.com/article/1906573.html.

振兴集团的诉求固然是此次股权转让交易达成的原因之一，但佳兆业不采取竞争性要约还有另外一个更重要的原因——不给浙民投修改要约价格的机会。

就目前的局势而言，浙民投天弘持有 29.9% 的股份，佳兆业旗下的航运健康持有 22.61% 的投票权，双方所持比例相差不大。佳兆业巧妙地利用了公司章程，派遣管理层人员控制局面。但控制权的根本还是取决于股份比例的多少以及董事席位的多寡，接下来双方会如何出招，我们仍需拭目以待。值得一提的是，从公司治理的角度来看，ST 生化的股份比例结构目前不失为理想状态，两大股东相互监督形成制约，能更好地促进上市公司的经营和发展。

8. 要约收购与反收购 [①]

ST 生化的控制权争夺战对中国的资本市场有着里程碑的意义，但是由于受到现行制度体系的限制，以及对并购认识的不深刻，双方在收购与反收购措施的发挥上并不尽如人意。尤其是大股东振兴集团，除了起诉、举报与停牌拖延重组时间外，基本上没有采取任何有效的防守措施。

美国在经历了五次并购浪潮后，已经演变出了相对成熟的并购体系，对未来中国资本市场的发展具有一定的借鉴意义。本节总结了美国资本史上著名的几起并购案例，如百得敌意收购美标、甲骨文敌意收购仁科、KKR 与多名竞争对手竞价收购 RJR Nabisco 烟草公司，以及对冲基金巨头比尔·阿克曼联手 Valeant 制药向艾尔建发起收购，提炼出国际上通用的通过要约进行恶意并购与反并购各阶段的主要流程和方法，以期从中获得收获与启发。

---

① 罗伯特·F. 布鲁纳. 应用兼并与收购 [M]. 北京：中国人民大学出版社，2011: 824-896.

（1）战火初起阶段。

袭击者会先在市场上寻找合适的并购标的，因经营不善股价长期低迷不振的企业通常被认为成有巨大的潜在回报率。选定了并购标的后，袭击者会在二级市场上先购入低于披露线比例的立足点股份，待时机成熟后，向目标公司提出公开要约收购。

目标公司在收到要约收购书后，会在第一时间召开董事会讨论是否接受此次收购请求，答案往往是否定，此时要约收购的攻坚战便正式打响了。目标公司通常会聘请专业的战略顾问来帮助其制订反收购计划，包括重组、被另外一家公司收购和寻找白衣骑士。战略顾问会得到一笔固定的聘请费，以及反收购成功后的或有收入 [1]。

（2）硝烟正浓阶段。

为了防止被其他公司敌意收购，成熟的上市企业会在公司章程中预先设置一些反并购措施，这些措施被称为驱鲨剂条款，驱鲨剂条款在恶意要约收购发生之后自动触发，本书的第一章中详细地列举了中国目前可以适用的条款设计。除此之外，国际上还有一些通用的做法，如使用毒丸计划和金色降落伞。

● 　毒丸计划。

毒丸计划的全称为"股权摊薄反收购计划"，由美国著名的并购律师马丁·利普顿于 1982 年发明，至今为止没有任何敌意收购者触发过该计划，因此被认为是目前最有效的反收购措施之一。该计划会预先设立触发线，当敌意收购者持有的股份比例达到该数值时，原股东将有权以较低的价格购买目标公司发行的新股。这样一来，敌意投标者所持有的股份比例会被摊薄，从而大大增加收购成本。毒丸计划是反并购武器库中的核武器，关键作用不在于使用，而在于威慑。

---

[1] 　此处指反要约收购措施生效后，战略顾问按预先约定额外获得的酬劳。

根据美国普通公司法的规定，美国公司只要在其公司章程中有明确授权，即享有各种类别股份的发行权而无须其他审批，所以毒丸计划被广泛采用。而在中国现行的法律额度体系下，毒丸计划是无法直接使用的。

在美国，敌意收购者们都不愿意触发毒丸计划，但并不代表对该计划束手无策，通常的应对措施是利用同意征求 [①] 或表决权委托的方式，试图改组董事会，通过新任董事会来停止该项计划；或者向法院提起诉讼，证实该计划侵害了其股东利益。

● 金色降落伞。

"金色"意指补偿丰厚，"降落伞"意指高管可规避公司控制权变动带来的冲击而实现平稳过渡。该计划是在控制权发生变动之际，按照聘用合同中的规定对管理层人员进行补偿。与毒丸计划一样，金色降落伞也是被广泛采用的一项预置性反收购措施。不同的是，金色降落伞从未在任何一次收购中真正击退过敌意收购，该计划能增加收购的边际成本，但该成本相较于收购额来说通常不会太高，不足以迫使敌意收购者收手。

敌意收购者可以通过起诉的手段来停止金色降落伞计划，在百得和美标的案例中，法院同意为百得实施暂时性禁令，冻结了美标的金色降落伞计划以及对退休储蓄计划的修订案。[②] 这种向法院提出诉讼的做法有较大的概率获得法院支持，尤其是在 2008 年金融危机发生之后，华尔街危机导致不计其数的企业破产，然而这些企业的高管却带着"金色降落伞"离开，引起了股东和投资者的不满。美国财长保尔森表示将"支持限制金融机构高管薪资，以化解国会议员的疑虑"。[③]

---

① 同意征求与代理权争夺相似，即需要经过股东同意但不需要召开股东大会。

② 罗伯特·F. 布鲁纳. 应用兼并与收购 [M]. 北京：中国人民大学出版社，2011：883.

③ 何琛. 应用金色降落伞计划 巧妙除掉企业元老. 中国新时代，转引自新浪 .http://finance.sina.com.cn/leadership/cjzh/20050509/18141572130.shtml

（3）白热化阶段。

要约收购正式开始后，根据敌意收购者不同的特征，防御方会作出的一系列反收购措施，包括但不限于诉讼、资产重组、白衣骑士、股票回购、杠杆重组与私有化等，这些策略的叠加使用往往会产生意想不到的效果。

而在此阶段，敌意收购者可能会采取修改投标价格、分两轮进行双层要约收购[1]、甚至将部分要约收购主动提升至全面要约收购的方式，来加强攻势取得目标公司的控制权。

美国的实践表明，在反并购的所有手段中，杠杆资本重组可能是最有效的。该计划是指目标公司通过提高杠杆率的方式来筹集巨额资金，将其作为现金股利或者债务类证券及优先股的方式分配给股东。这样一来，敌意收购者不得不提出一个更有诱惑力的要约价格来吸引股东。

杠杆资本重组与管理层收购[2]最大的不同点在于，前者的股权客户是内外部的所有股东，而后者仅限于管理层。管理层收购会引起控制权的变化，几乎一定会启动拍卖程序或者导致公司私有化；而杠杆重组由于面向的持股人众多致使比例被摊薄，不一定会引起控制权变动。杠杆资本重组后的股票称为"残根股"（Stub Shares），因为提前分配股利的原因，这部分股票的价值大大降低，但是该做法保证了公司股票的流动性，避免了退市风险。同时，因为杠杆资本重组兼顾了更多股东的利益，所以比起仅针对管理层设置的内置防御措施与管理层收购，该消息的发布通常伴有大幅度的股价上涨，在反收购措施上是更佳选择。

杠杆资本重组的发起者可以是目标公司管理层与大股东，杠杆资本重组也

---

① 双层要约设计的目的是使目标公司的股东陷入囚徒困境。激励尽早接受要约的股东，惩罚想保留要约等待更高出价出现的搭便车的股东：通过给那些（如前 51%）较早出售的股东提供相对高和确定的价格（现金），而给那些（后 49%）较晚出售的股东提供较低的和不那么确定的支付（股票或高收益债券）。

② 中国上市公司使用杠杆资本重组的基本上没有，管理层收购用得较多。

可以与白衣骑士 / 护卫策略结合起来使用。"白衣骑士"是指当目标公司遭遇恶意收购时，公司的管理层寻找友好的买方进行合并；ST 生化的案例中，佳兆业旗下的航运健康便扮演了这个角色。"白衣护卫"则是指仅仅收购目标公司的大宗股票，和目标公司达成协议在特定时间内与其保持一致行动人的身份，并不谋求公司控制权。白衣骑士与白衣护卫也能作为杠杆资本重组的发起人，来抵御反收购的进程。

反收购的防御性措施还有很多，在此处不再一一列举，"资本之道系列丛书"中的《公司并购重组与整合》中将会进行更详细的介绍。对抗敌意收购最佳的防御措施是高股价，在具体的应用上并没有固定模式，目标公司要根据自身的情况与敌意收购者的特征，才能制订出行之有效的组合方案。

最后，无论是敌意收购者还是防守方，都要牢记一点，这不是一场一对一的博弈，在场的玩家还有各种搭便车者、中小股东、公司内部团体、潜在买方和其他套利者，如何平衡多方利益以获得最大的支持，才是取得最终胜利的关键。

9. 要约收购与二级市场举牌谁会更流行 ①

早在 19 世纪末美国就掀起过并购浪潮，当时南北战争刚刚结束，美国经济高速发展，此时的并购以横向的产业整合为主，产生了杜邦公司、美国钢铁公司、美国烟草公司、美孚石油等垄断巨头。之后美国又连续进行了以纵向并购、混合并购、杠杆并购、战略并购为主要特征的四次并购，这些并购

---

① 资料来源：（1）刘小平 . 我国证券市场举牌效应的实证研究 [D]. 北京：对外经济贸易大学 , 2017.（2）上海领灿 . 2017 年资本启示录（三）——要约收购的第二春 . 领灿 IRMLeader, 转引自搜狐财经 . http://www.sohu.com/a/214294136_99906424.（3）邵好 . "不一样"的要约收购 . 中国证券报，转引自中国证券网 .http://news.cnstock.com/paper,2017-07-06,846712.htm.

浪潮都与当时经济的高速发展紧密相关。受商业信托的发展、反垄断政策的施行、竞争激烈的市场环境和成熟的董事会制度等因素的影响，美国上市公司的股权高度分散。从而导致在美国资本市场上，熊抱式的公开要约收购成为敌意收购的主流，因为该种方式有着公开透明、充分竞价的特点，可以兼顾到全体股东的利益。

1993 年，深圳宝安集团通过二级市场举牌上海延中实业，打响了新中国上市公司恶意收购的第一枪，史称"宝延风波"①。"宝延风波"之后至 2005 年股权分置改革之前，由于法人股、国家股的广泛存在，加之相关法律法规的不完善，A 股资本市场举牌增持案例比较少。

在股权分置改革之前的 10 多年里，中国资本市场仅发生 28 起举牌事件。股权分置改革之后，随着"全流通"时代的到来，举牌事件逐步增多。截至 2013 年末，A 股资本市场总共发生了 169 起举牌事件，其中 2011 年、2012 年、2013 年分别发生了 19 起、23 起、35 起，举牌的频率逐步加快。②

2014 年末开始，我国的股市迎来了大爆发，券商股的疯狂上涨带动了整个市场的狂热。在上证指数一路高涨至 5 187 点之后，2015 年中旬，股市黑天鹅悄然而至，上证指数一度跌至 2 638 点，证券市场整体环境低迷。为了积极救市，国家放宽了保险资金购入股票的限制；在长期低利率的市场环境下，以险资为代表的机构投资者也正在积极谋求权益类资产的投资机会；如此一来，直接造成了 2015—2016 年二级市场举牌事件频发的现象，据统计两年间上市公司举牌公告共计 255 次。③

在"宝万之争"中，宝能利用旗下的保险资金叠加杠杆在二级市场上对

---

① 郝鹏洲 ."宝延风波"收购第一枪 . 中国证券报，转引自全景网 .http://www.p5w.net/stock/news/zonghe/201008/t3159846.htm.

② 于建 . 举牌之战 . 证券市场周刊，转引自和讯网 .http://stock.hexun.com/2016-11-07/186772609.html.

③ 数据来源：东方财富 choice 金融终端 .

万科进行举牌收购，直接引发了金融混业监管风暴。2017年5月证监会发布的减持新规中，严格限制了大股东的减持通道，但股东通过交易所集中竞价交易买入的筹码不受限制。考虑到要约收购的性质，其未来减持很有可能参照集中竞价执行，因此要约收购顺势成为市场新宠。根据公开资料显示，2003—2016年，A股市场上发生的要约收购共计77起，并且这些要约事件的类型多为协议转让、协议转让触发的全面要约收购，或者大股东为了巩固控制权发起的部分要约收购。而在2017年内，A股市场发生了23起要约收购，相比于2016年的9起要约收购事件，增加比例达155%。其中尤以爱建集团和ST生化这两起敌意要约收购最受瞩目，相较于二级市场举牌"爬行式"增持的不确定性，公开要约收购的方式更为稳定便捷，加之要约收购前期只需要拿出价款总额的20%作为履约金，剩余的部分可以作各种融资安排，在新的政策环境下也显得更为合算。

注册制的推行是近几年资本市场的热门议题，2018年党的十八届三中全会指出，股票发行注册制改革将延至2020年2月正式施行。该制度实施以后，中国的股票市场将会空前活跃，一众股本金不大的公司将会陆续上市。而这些公司的大股东在经历套现、定增等一系列资本运作后，所持股份比例进一步稀释，拥有稀缺资源及行业内优秀的企业势必引来资本的追逐。不难预料，公开要约收购将会成为一种主流的控制权争夺工具。

第 7 章

联想的产融结合与控制权安排

　　"人类失去联想，世界将会怎样？"联想集团这句著名的广告词，用设问和双关，突出"思考和创新"重要性的同时，也暗示着"联想"锐意进取和不断创新的品牌形象。

　　除了津津乐道的广告词，当我们谈起"联想"的时候，会自然而然地将"联想"和柳传志画上等号。柳传志在商业江湖可谓戎马半生，40 岁创立联想，56 岁二次创业，再征新途。65 岁他再度出山，救"联想"于水火之中。2015 年，虽已古稀之年，柳传志打赢了最重要的战役，让联想控股整体上市，在香港交易所敲响了人生的第二次钟声。

　　柳传志的上半场，亲手打造了 IT 领域的联想集团。2000 年后的下半场，聚焦于投资领域的柳传志，耕耘出横跨 IT、金融、消费、农业和房地产的多元投资集团——联想控股。复星集团和联想控股是中国在产融结合第二阶段产融互动方面做得非常成功的翘楚，但是其基本逻辑却是相反的：郭广昌是从实业起步，做到一个完全的投资集团，现在又开始聚焦产业，基本逻辑是"用金融的思路做实业"；柳传志做 IT 起家，在其整个产融结合过程中的基本逻辑是"用实业的思路做金融"，在风险投资领域，柳传志打造了全产业链的投资平台：专注天使投资的联想之星 + 专注 VC 投资的君联资本 + 专注 PE 投资的弘毅投资。

　　本章将聚焦"联想系"的产业和资本舰队，思考柳传志这位中国现代商业的拓荒者，是如何做到知人善用、人尽其才，如何做好战略投资和财务投资中的控制权安排，如何精心布局"联想系"版图，实现产业报国理想的。

1. 柳传志和联想 ①

柳传志的创业经历分为两个阶段。1984 年，柳传志迎来人生的分水岭，40 岁的他和自己的 10 位同事一起，在中科院计算所的一间不足 20 平方米的传达室，带着 20 万元的启动资金，开始了自己的中年创业。当时创办的公司叫作"中国科学院计算技术研究所新技术发展公司"，这是联想集团的前身。

2000 年后，柳传志把目光放得更远，将多年积累的实业经验和资本相结合，在联想控股的试验田上，施展自己更为远大的产业抱负。这是柳传志的第二次创业。

在很多中国企业家心中，柳传志是一位"教父"。正如联想控股的英文名"Legend"一样，柳传志一直在书写着他和"联想"的传奇故事。

（1）第一阶段：从一间小屋子走向世界的联想集团。

1984 年，中关村兴起办公司的热潮。当时中科院计算所的费用开支较为紧张，于是所长曾茂朝另辟蹊径，特批 20 万元启动资金让柳传志"下海"，办个公司赚钱为计算所挣点外快。当时柳传志已经在计算所度过了 14 年平淡无奇的时光，虽然获得一些科研荣誉，但"憋得慌，特别想做事"。面对"下海"的机会，柳传志毫不犹豫地抓在手中。

尽管背靠着中科院计算所的技术高地，但仅有 20 万元启动资金，柳传志认为公司要生存和发展，还得先从贸易起步。虽说是充满智慧的科研人员，可刚做"倒爷"生意的柳传志还是吃了亏，一下子被骗走 14 万元。吸取教训的柳传志变得机敏起来，先倒腾电子产品指标，接着为 IBM 做代理，又拉来

---

① 资料来源：（1）业务布局 . 联想控股官网 . http://www.legendholdings.com.cn/Business/Capital.aspx.（2）了解弘毅 . 弘毅投资官网 . http://www.honycapital.com/index.php?s=/Home/Aboutus/index.（3）刘韧 . 柳传志心中永远的痛 . 中国企业家，转引自新浪 . http://tech.sina.com.cn/news/review/2000-02-20/17819.shtml.（4）葛玮，卢怀谦，任明杰 . 心系 A 股 全球布局 柳传志详解联想控股资本大棋局 . 中证网 . http://www.cs.com.cn/sylm/topnews/201703/t20170317_5210222.html.

计算机专家倪光南做"汉卡"。这款"汉卡"由于具备打字的联想功能，受到市场的欢迎。因为这款联想汉卡，新公司赚得第一桶金，联想的名字也由此得来。

早期联想存在着关于两种发展模式的争论。一种是"技工贸"，优先技术研发，然后转化为产品，这是最符合科研院所的传统做法。另一种"贸工技"，就是先抓市场做贸易，再办工厂，最后搞研发做技术。

柳传志时任联想总裁，主张走"贸工技"路线，以贸易推动生产和研发。他先于 1988 年在香港成立"香港联想"，从代理贸易做起，负责进货，而"北京联想"负责销售。在两年内，联想实现惊人的效益，销售额从 7 000 万元突飞猛进到 2.5 亿元。

1990 年，联想拿到了电子部珍贵的批文，获得生产电脑的许可。而通过代理 IBM 的 PC、HP 的打印机等产品，联想摸清了市场，搭建了全国的销售网络，又积累了丰厚的资金，已经具备开办工厂生产自主品牌电脑的能力。

1994 年，香港联想成功在港交所上市，被投资者超额认购 400 多倍，为联想募集到充足资金。然而就在蒸蒸日上的时候，总工程师倪光南对联想的发展路线发出了不同的声音，他主张联想走"技工贸"的发展路线。

可以说除了柳传志，倪光南是联想发家的最大功臣。倪光南研发出联想汉卡，让联想积累了真正的第一桶金。作为总工程师，倪光南为联想设计的发展路线是交换机和芯片。1994 年，由倪光南领导开发的联想程控交换机和华为同时获得入网证。同年，倪光南奔波于上海等地，准备和复旦大学与长江计算机公司合资建立芯片设计中心，大力发展"中国芯"。

此刻，总工程师倪光南在联想内部的威望仅次于柳传志。而两人对联想未来发展的判断出现了严重分歧，究竟是走"贸工技"还是"技工贸"路线，这成为两人在工作会议上的争论焦点。在媒体报道中，"柳倪之争"被看作是"企业家和科学家"之争，而实质上这是"联想的经营权"之争。

矛盾最终爆发是因为倪光南提出涉及柳传志经济方面重大问题的怀疑，并要求组织调查，这一摊牌行为宣告两人关系的决裂。1995 年 6 月底，董事长曾茂朝主持了《关于联想集团领导班子出现分歧的情况通报》的工作会议，宣布了"柳传志在经济方面没有问题"的调查结果，免去倪光南总工程师的职务，希望柳传志继续领导联想。①

不管走哪条路，此刻的联想急需明确核心管理层和重大战略方向，唯有上下一心才能生存和发展。在这动荡的岔路口，联想董事会选择了柳传志。在当年的会议上，曾茂朝如此表示，"这（指免去倪光南职务）是出于不得已的一种取舍，这样的取舍对联想集团今后的顺利发展，无疑是唯一正确的选择"②。

为什么是唯一正确的选择，因为在双方合作关系为竞争和冲突的过程中，柳传志不仅展现了重大战略的决策能力，还表现出卓越的政治智慧。

首先在快速发展的 PC 市场，前有强敌，跨国品牌因为贸易门槛降低纷纷进入中国市场，后有追兵，拔节而出的国产企业入场抢食。显然，柳传志当时的市场路线更能让联想快速地发展壮大。

柳传志最终还赢在对复杂问题处理的政治智慧上。在公司中，两位管理者意见不同，是很正常的事。但总工程师多次上告试图把对方送进监狱，用尽各种方法试图打倒对方，将矛盾性质上升为对抗性质，③这样正面交锋的行为难言智慧。反观柳传志，虽然痛心和愤怒，虽然有被"告倒"的可能性，但他做法上不偏激。除了配合院领导和调查组的工作，他还主动写信给倪光南，希望回到团结的轨道上。毫无疑问，相比倪光南的偏执，柳传志谨慎、温和

---

① 资料来源：刘韧. 柳传志心中永远的痛. 中国企业家，转引自新浪. http://tech.sina.com.cn/news/review/2000-02-20/17819.shtml.

② 创业邦. 创业路上的遵义会议，转引自新浪. http://finance.sina.com.cn/leadership/mroll/20100308/13457521029.shtml.

③ 刘韧. 柳传志心中永远的痛. 中国企业家，转引自新浪. http://tech.sina.com.cn/news/review/2000-02-20/17819.shtml;

的做法赢得了院领导的更多支持。

调查结果公布后，柳传志在分手会上掩面而泣。他表示曾经团结的联想历历在目，联想需要管理层的精诚团结，倪光南离开联想后，联想会出钱出人帮助他开办企业或者研究所。从这点就可以看出柳传志的"韬略"，一是待人宽容，二是做事滴水不漏。即便此时赢得了经营权，即便自己差点被曾经的战友"告倒"，柳传志仍旧有情有义，愿意出钱出力为倪光南办企业。

与倪光南的博弈，更展现出柳传志的"韬晦"：敢于取舍。"贸""工""技"都服务于企业的发展壮大，在不同阶段应该有不同的侧重点。快速成长期的联想该走什么样的路，柳传志敢于取舍，要先把联想做到国内市场份额第一。要做大联想，就要停止"内耗"，明确核心和战略，上下一心谋发展。

于是，联想也在柳传志的掌舵下再次起航，迎来黄金成长期。1996 年，联想通过价格战打了场翻身仗，跃居国内销售前三。1997 年，柳传志作出重大决定，将北京联想和香港联想合二为一，并且宣布主打国内市场的销售战略。[①] 1998 年，联想通过功能创新，推出"一键上网"电脑，一下子提高了 9% 的市场份额，奠定了在国内市场的霸主地位。联想逐渐成为家喻户晓的 PC 品牌。

联想在国内的势如破竹不仅因为柳传志，还归功于他培养起来的"千里马"。1988 年，联想首次公开招聘的硕士毕业生中，多匹"骏马"脱颖而出。

进入联想 4 年，杨元庆被提拔到 CAD 部担任总经理，创新"分销"模式，在 3 年内让销售业绩从 3 000 万元增加至 3 亿元。1994 年，29 岁的杨元庆临危受命，出任微机部总经理。一方面，国外 PC 品牌纷纷抢占中国市场，这让联想在 1993 年没能完成年度销售目标；另一方面，柳传志正身陷"柳倪之争"，心力交瘁。杨元庆奉命于危难之际，重整微机部骨干和代理队伍，带领联想 PC 完成了三级跳，一年内跻身三甲，两年内销量翻倍，到 1997 年联

---

① 张锐 . 柳传志：中国商业"教父"[J]. 对外经贸实务，2012 (02): 12-16.

想坐稳了国内 PC 头把交椅。

还有一匹"千里马"是郭为，他被称为"救火队员"，联想哪里出了问题，他就奔赴哪里解决问题。工作前 12 年，郭为先后担任公关部经理、办公室主任、业务二部总经理、助理总裁、大亚湾总经理、香港联想总经理等 11 个重要岗位。

郭为担任公关部经理时，联想汉卡获评国家科学进步二等奖，但柳传志希望郭为想想办法，能不能把二等奖变为一等奖。现实情况是《人民日报》已经公布了评选的结果，要更改奖项，必须要找 50 名专家组中的 10 名联名复议，然后开会得到三分之二的专家同意，这个二等奖才能变为一等奖。面对几乎不可能的任务，郭为用了出奇制胜的一招，借助媒体。在找专家前，郭为找到《光明日报》《经济日报》和中央电视台等连篇累牍地宣传联想汉卡，让专家们从广播、报纸和电视中收听到联想的美誉，然后再登门拜访展示技术。最后把不可能的事变为了可能，联想汉卡奇迹般地拿下了国家科学技术一等奖。于是，靠着这个一等奖，联想代理的 PC 横扫国内市场。①

郭为还先后收拾了孙宏斌留下的"残局"，充当了公司财务问题的"救火员"，远赴大亚湾负责园区建设，调往香港拯救"失血"子公司。1996 年，在北京联想杨元庆和香港联想郭为的助力下，柳传志成功稳住了香港联想大亏损的局面，进而在 1997 年坐稳国内电脑品牌的头把交椅。

对于企业管理，柳传志有一套自己的方法论：建班子、定战略、带队伍。其中建班子和带队伍都离不开对人才的培养，柳传志也称，"以我办联想的体会，最重要的一个启示是，除了需要敏锐的洞察力和战略的判断力外，培养人才，选好接替自己的人，恐怕是企业领导者最重要的任务了"②。

---

① 最具兼容性的人物. 中国企业家，转引自北方网. http://economy.enorth.com.cn/zhuanti/2001eco/sdrw/gw.htm.

② 柳传志. 培养接班人是领导者最重要任务. IT 时代周刊. http://tech.qq.com/a/20070313/000164.htm.

柳传志挑选人才时，特别看重事业心和学习能力。所谓事业心，是把企业的利益放在第一位。而学习能力，指的是在书本和实践中不断学习，适应不断变化的市场环境。柳传志的爱将孙宏斌，由于年轻气盛，犯了没有把联想的利益放在第一位的错误，导致自己出局。而接班人杨元庆和郭为，不仅一心向着联想，而且学习适应能力极强。立志于搞科研做技术的杨元庆被派到销售负责人的岗位上，5 年内连创销售奇迹，被誉为"销售奇才"。一心想做管理的郭为被腾挪到公关部、财务部、工地上，都干出了一番业绩。

柳传志培养这些"骏马"的做法是，从基层做起，实打实地锻炼出来。他说："培养一个战略型的人才和培养一个优秀的裁缝一样，你不能一开始就把最好的面料拿给他做西服，而是要让他从最基本的开始做起，先让他缝鞋垫，鞋垫做好了再做短裤，然后是长裤和衬衣，最后才能开始做西服。这个过程不能太急，要慢慢来。"① 所以，联想系独当一面的人才辈出，先有杨元庆、郭为，后有朱立南、陈国栋、赵令欢。柳传志要把联想办成百年老店，不仅靠"千里马"，更要靠"建班子、定战略、带队伍"的方法论。

从 20 世纪 90 年代末到 21 世纪初，联想的 PC 业务蝉联国内市场第一。稳坐头把交椅的联想没有停下改革的脚步，柳传志在联想内部动了一次"大手术"，将联想集团一分为二。杨元庆接手核心的 PC 业务，掌管上市主体"联想集团"；郭为则分到 IT 分销业务，带领"神州数码"独立上市。内部变革之后，联想来到了战略的分岔口。面对国内 PC 市场的天花板，联想要拥抱国际化吗？

柳传志给出了肯定的答案，联想需要"走出去"。面对联想如何国际化的难题，柳传志给出了大胆的解决方案——收购 IBM 的 PC 业务。在当时，联想集团的营收约 30 亿美元，但 IBM 的 PC 业务在全球年收入额近 120 亿美

---

① 企业管理杂志.管理者站得越高，越要懂得如何培养接班人，转引自 360doc 个人图书馆. http://www.360doc.com/content/16/0628/08/609179_571296732.shtml.

元，这种"蛇吞象"式的收购风险很大，更何况联想没有跨国经营的经验。柳传志和杨元庆带领团队通宵达旦地研究并购风险、业务整合和未来盈利模式，最后坚定了收购的决心。在长达一年的收购谈判之后，2014 年底，联想宣布以 12.5 亿美元收购 IBM 个人电脑事业部，迈出国际化的重要一步。

此后柳传志彻底放手，将精力放在风险投资领域。而杨元庆正式接过联想集团的大旗，出任董事长。联想如何顺利整合 IBM 的 PC 业务，如何适应国际化的游戏规则，是摆在杨元庆面前最大的考验。

2008 年，由于国际经济形势的风云突变，联想遭遇滑铁卢，净亏损达 2.2 亿美元。"联想到了悬崖边上"，65 岁的柳传志决定再度出山。老骥伏枥，志在千里，"柳杨配"的组合发挥出神奇的魔力。联想在短短几年内重焕生机，在 2011 年更是成为全球第一的 PC 厂商。在功成身退的时候，柳传志为联想打开了移动互联网的大门，然后把联想集团的重担再次托付给杨元庆，回到联想控股继续耕耘"产业报国"的梦想。

（2）第二阶段：全产业链投资的联想控股。

在 2001 年联想集团分拆后，柳传志把目光放在投资领域，开始人生中的第二次创业。在联想集团蒸蒸日上的时候，柳传志投身联想控股，从实业转向投资的主要原因有三个。

首先是分散风险的考虑。PC 行业的竞争是极其激烈的，柳传志亲眼目睹了长城电脑的垮台、IBM 电脑业务的滑坡，而此刻的联想没有核心技术，很有可能也被竞争对手颠覆。柳传志要让"联想"做百年老店，就不能把鸡蛋放在同一个篮子里。[①]

其次是要在多个领域打造"联想"的考虑。在中关村摸爬滚打的柳传志拥

---

① 柳传志：我为什么敢坚决支持杨元庆．新浪财经．http://tech.sina.com.cn/it/2015-12-06/doc-ifxmihae9088485.shtml.

有丰富的实业经验，他知道企业需要什么，知道怎么选对人，知道怎么做企业。柳传志希望将实业经验和资本相结合，在新领域再造多个"联想"。

最后是实现产业报国的宏愿。联想控股的自我定位就是"以产业报国为己任，致力于成为一家值得信赖并受人尊重、在多个产业内拥有领先的企业、在世界范围内具有影响力的国际化控股公司"。

风险投资在当下的中国是风口行业，但在 2000 年时还是新兴事物，更何况遭到美国互联网泡沫破灭的冲击。柳传志进入投资领域的时间点刚好是在寒风凛冽的冬天，联想控股依然按照"建班子、定战略、带队伍"的逻辑扎根"投资"这个新领域。

先建班子，柳传志心里已有合适的人选，他决定把重担放到朱立南的肩膀上。相比于杨元庆和郭为，朱立南的履历并不突出，属于后起之秀。他曾任联想深圳产业基地的区域经理，和当时将主要精力投在香港联想的柳传志成为忘年交。在柳传志眼里，朱立南性格温和、思维缜密、学习能力强，还有突出的沟通和协调能力。在联想分拆时，朱立南是杨元庆、郭为和柳传志之间沟通的桥梁，最后顺利地平衡了双方的关系和利益，赢得了少帅们的友谊。

柳传志让朱立南来挑起联想投资的重担，切入点是风险投资领域，因为联想本身就是高科技企业，本身就处在快速成长期。2001 年，朱立南组建联想投资（后改名为"君联资本"），将柳传志交给他的 3 500 万美元作为第一期基金，联想的投资事业从此扬帆起航。

由于缺乏经验，朱立南带着团队奔赴海外拜访一流投资机构，向投行标杆企业学习；回到国内，他以联想复盘成长路上的失败历程为案例，从中得到投资参考。万事开头难，即使做好准备，初入投资界的朱立南，也经历了困难的低谷期。在第一期基金成立后的两年内，联想投资投出了全部的钱，但颗粒无收，不仅如此，还出现了多个清盘的项目。这让朱立南和整个团队非常的焦虑，一是因为做实业起家的朱立南，内心难以接受这样的巨大损失；

二是因为没有历史业绩的证明，就没有办法得到有限合伙人的信任，要募集第二期基金也是万分困难。

2004 年，联想投资迎来转机，播下的种子开始结出果实。4 月，中讯软件在香港主板上市，这是联想投资第一个在香港主板上市的公司。8 月，卓越网被亚马逊并购，这是第一个并购退出的公司，换来了 13 倍的回报。此外，联想投资的第一个项目科大讯飞也在 2008 年 A 股上市，目前已经成为国内语音识别领域的龙头企业。

联想投资第一期基金的成功对于联想控股、柳传志和朱立南意义非凡，不仅是收获了丰厚的投资回报，更重要的是"联想"成功地迈出了从实业到投资的第一步。经过复盘，柳传志和朱立南总结出"事为先、人为重"的投资原则。"事"指的是被投企业所在行业，这是最基本的判断；"人"指的是管理团队，是成败的关键。

此后，联想投资走上发展正轨，核心业务定位于初创期和成长期的风险投资，至今已募集三期人民币基金和六期美元基金，陪伴近 40 家企业在海内外上市，其中不乏科大讯飞、神州租车、先导智能、安洁科技等知名企业。2012 年，联想投资改名为"君联资本"，成为联想财务投资的三驾马车之一。

按照所投企业的发展阶段，财务投资可以分为天使投资、风险投资（VC）、私募股权投资（PE）。定位于风险投资的联想投资是柳传志布下的重要棋子，此后柳传志以联想投资为切入点，将目光投向"投资"产业链的上下游，打造了全产业链的财务投资平台：联想之星 + 君联资本 + 弘毅投资。

2003 年，柳传志让"海归派"赵令欢开辟私募股权投资的新战场——弘毅投资。赵令欢不同于土生土长的联想少帅，他是空降的"海归派"，在美国求学创业多年的他深谙海外资本市场的游戏规则。柳传志正需要这样的人才，于是赵令欢拿着联想控股给的 3 800 万美元，开启了 PE 投资的事业。

赵令欢管理下的弘毅投资专注于国企改制和跨境并购，简单来说，就是通过参与国企改革，帮助企业增强竞争力，再通过海外兼并收购进行海外布局，帮助中国企业更顺利地"走出去"。[①]弘毅投资操盘的案例包括中国玻璃、中联重科、中集集团、城投控股等，2008 年，弘毅投资携手中联重科收购意大利混凝土设备制造商 CIFA，成为"引进来，走出去"的经典项目。

目前，弘毅投资管理基金总规模超 700 亿元人民币。出资人中不仅包括联想控股、中国人寿、高盛、淡马锡等著名投资机构，还有全国社保基金。优秀的业绩回报和出资人的信赖足以说明赵令欢在 PE 投资领域的成功，也侧面体现了柳传志的知人善任。金融危机后，正是靠着朱立南和赵令欢两位左膀右臂，柳传志得以从联想控股抽身，赶往联想集团救火。

2008 年，联想控股成立联想之星，聚焦于天使投资，补全了财务投资的版图，形成从天使投资、风险投资到 PE 投资的全链条。

柳传志把君联资本、弘毅投资和联想之星归为财务投资，通过退出获得高回报，之后继续寻找新兴行业的机会。但在柳传志心中，牢牢扎根着产业情结，于是他萌生出新想法："仅做财务投资是不够的，我们毕竟是做实业出身，希望通过财务投资获得退出回报的同时，再通过战略投资，在若干领域形成像联想集团这样的领先企业。财务投资的覆盖面广，资金可以先投进去；适合联想控股的，我们进行联合投资或者独立进行战略投资，由此逐渐形成'战略投资＋财务投资'双轮驱动的业务模式。"[②]

2010 年，联想控股制定中期战略：通过购、建核心资产，实现跨越性增长，2014—2016 年成为上市控股公司。这意味着联想控股要发力战略投资，在多领域占据领先地位。

从 2010 年起，回归后的柳传志和朱立南开始整合扩张联想控股的产业

---

① 了解弘毅.弘毅投资官网.http://www.honycapital.com/index.php?s=/Home/Aboutus/index.
② 葛玮，卢怀谦，任明杰.心系 A 股 全球布局 柳传志详解联想控股资本大棋局.中证网.http://www.cs.com.cn/sylm/topnews/201703/t20170317_5210222.html.

布局。

在 IT 领域，联想集团一如既往保持业绩领先。

在金融服务板块，已搭建起具有行业竞争力的金融服务平台，目前成员企业涵盖银行、保险、信托、三方支付和互联网金融等服务。

在消费和服务领域，联想控股拥有神州租车、拜博口腔等受益于消费升级大趋势的创新企业。

在农业与食品行业，佳沃集团构建了从饮品、水果到动物蛋白的现代化农业食品企业，其中佳沃葡萄酒远近闻名。

在新材料方面，联想通过收购整合，打造专注于高端材料和精细化学品领域的联泓集团，是传统化工产业转型升级的典型。

2. 联想控股的股权结构演变 ①

股权结构是公司顶层设计的核心内容。从落实员工分红权、进行股份制改造和实施员工持股计划，到引入战略投资者泛海控股，最后在香港成功上市。联想的股权结构演变堪称教科书，生动地展现了一家企业是如何通过股权结构设计，来释放企业发展活力，稳定控制权结构，实现各方利益的平衡的。

（1）35% 的分红权。

联想成立之初，柳传志压根没想着将来赚钱了怎么分配的问题，只顾着

---

① 资料来源：（1）陈惠湘. 柳传志的故事（一）企业要有主人（上）. 第一财经日报 . http://www.yicai.com/news/4620234.html.（2）陈惠湘. 柳传志的故事（一）企业要有主人（中）. 第一财经日报 . http://www.yicai.com/news/4620787.html.（3）陈惠湘. 柳传志的故事（一）企业要有主人（下）. 第一财经日报 . http://www.yicai.com/news/4623246.html.

拼命干业务让联想生存下来。当时，柳传志跟中科院计算所要的三权分别是：人事权、经营权、财务权。从股权结构上看，联想由中国科学院出资成立，所以由中国科学院 100% 控股，柳传志团队可以看作是经理人团队，联想当时的股权结构如图 7-1 所示。

图 7-1　1990 年北京联想的股权结构

到了 1990 年，随着年轻人才队伍的建设，柳传志开始面临人才激励的现实问题。联想未来要靠年轻人才带队前进，就必须让他们意识到自己是企业的主人。1992 年，柳传志开始和中科院领导沟通，希望能分配 35% 的股权给联想员工。之所以想要 35% 的股权，柳传志是怕多了中科院不答应，少了创业团队不满意也不甘心。

分配股权的事情没有先例，柳传志心里也没有谱。好在当时的周光召院长很开明，他支持柳传志的提议，并且安排研究落实分配股权的事情。然而按照政策法规，尽管中科院出资成立联想，但分配股权得由国有资产管理局来决定。既然中科院没有权力动股权，开明的院领导给出了折中的办法：先把 35% 的分红权给联想员工。

柳传志毫不犹豫地答应了，他认为改革不会一蹴而就，即使是 35% 的分红权，也已经是巨大的突破了。争取到分红权以后，柳传志把具体每个员工应得的分配好，但不急着将现金分到每个人手上，而是攒着将来买股份。光画饼拿不到分红钱，能有企业员工相信和支持吗？可联想硬是把这件事做成了，柳传志的考虑主要有两点：第一，政策形势不明确，不能让联想成为改革牺牲品；第二，分红再投资，给联想抢占市场添砖加瓦。柳传志的决定得到了员工们的理解支持，虽然仅争取到 35% 的分红权，但已经是联想在优化股权结构上迈出的重要一步。这笔攒着的分红，类似于"限制性股票"，在未来股份制改造时机成熟后授予，这对于联想员工既是"留才金手铐"，又是"成长金台阶"，大家齐心协力先把蛋糕做大，再一起分蛋糕。

（2）员工持股和股份制改造。

20 世纪 90 年代末，联想驶入发展的快车道，坐稳国内头把交椅的同时，也需要解决遗留的员工分红问题。于是，柳传志启动员工持股计划，把当年切下的 35% 的蛋糕分到员工手里。

如图 7-2 所示，联想员工持有联想控股 35% 分红权的分配方案可分为以下几个部分。

- 创业元老。1984 年最早的 15 名创始员工，获得其中 35% 的股权，体现的是对历史的尊重。

- 核心骨干。1988 年 6 月 1 日以前的 160 名核心员工，获得 20% 的股权，以杨元庆为代表的这批年轻人已成长为接力者，体现的是对现在的重视。

- 未来的骨干。剩余的 45% 的股份部分是给 20 世纪 90 年代加入联想的骨干，部分留作未来的激励股份，更加重视的是未来。

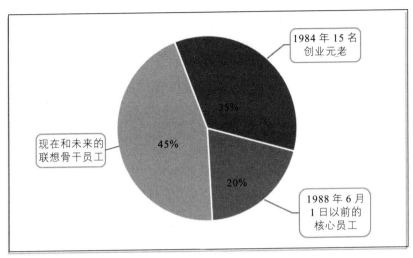

图 7-2　联想员工持有联想控股 35% 分红权的分配方案 ①

伴随着分红权的分配方案的落实，联想启动了员工持股计划。2000 年，由北京市体改办牵头，科技部、中科院、财政部四家联合讨论通过了联想控股的股份制改造的方案。联想用攒起来的员工分红款购买了 35% 的股权，由职工持股会持有，如图 7-3 所示。

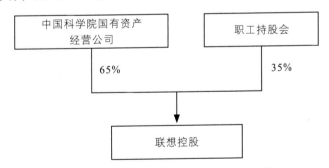

图 7-3　2000 年联想控股的股权结构

职工持股会是国企改革特殊时期的产物，其目的是让员工成为联想的主

---

① 联想员工持股计划（ESOP）. 百科文库 . https://wenku.baidu.com/view/b7955e67f5335a8102d220be.html.

人。从控制权安排的角度看，职工持股会由理事会进行管理，理事长代表持股职工参加股东大会，行使表决权，这35%的控制权掌握在柳传志手里。

（3）引入泛海控股。

随着联想规模和人才队伍的壮大，联想控股迫切需要建设长效的激励机制，需要与现代化的公司治理接轨。

2009年，联想控股继续深化国企改革进程。大股东中科院国有资产经营公司将持有的29%的股权挂牌转让，受让方是民营企业泛海控股。在联想控股的股东定位中，泛海控股是长期战略投资者。因为泛海控股是国内首屈一指的多元化经营集团，在房地产、金融、能源和投资方面具有优势，这正契合了柳传志将联想控股打造为"战略投资＋财务投资"双轮驱动、在多行业拥有领先企业的愿景。引入泛海控股，除资源互补外，还有优化股权结构的好处。

在这之前，国科控股（中科院国有资产经营公司）持有联想控股65%的股权，属于绝对控股。随着泛海控股的加入，国科控股、职工持股会和泛海控股分别持有36%、35%和29%的比例，如图7-4所示。这样可以在保证国有控股的情况下，最大程度改善"一股独大"的股权结构。

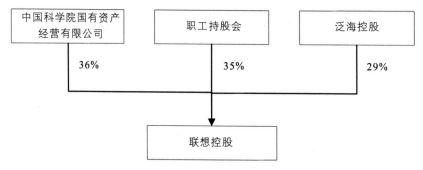

图7-4　2009年联想控股股权结构

此时分散而平均的股权比例，看似存在控制权博弈风险，实际上并不会，原因在于以下几方面。

- 曾茂朝卸任联想控股董事长，柳传志被推举为新任董事长。这意味着国科控股坚定支持着柳传志，双方合计持有 71% 的股份，拥有绝对控股权。
- 新董事会由 5 人组成，分别为国科控股方（曾茂朝、邓麦村）、职工持股会（柳传志、朱立南）、泛海控股（卢志强），三方比例为 2：2：1。泛海控股仅有 1 个席位，在董事会没有话语权。

联想控股对于战略投资者的引入，兼顾了战略协同和控制权安排，谨慎确定转让股份比例和董事会席位，保证国资部分转让而不是全部退出，避免未来的控制权博弈风险。有两个显而易见的好处：一方面优化联想控股的股权结构，改变国资"一股独大"的局面，让联想控股更好地接轨现代化公司治理结构；另一方面，柳传志成为联想控股董事长，借助泛海控股的资源和经验，着手推动联想在多行业产融结合。

（4）有限合伙的持股方式。

2010 年，柳传志出任董事长后，制定了中期战略：联想控股奔着上市的目标前进。要冲击上市，一方面，联想控股必须下功夫优化好自己的股权结构；另一方面，联想控股需要借道泛海，共同建立长效的激励机制。

2010 年，联持志远吸收合并联想控股职工持股会，用有限合伙的形式取代工会，成为联想新的员工持股平台。

2011 年底，泛海控股和联想控股互相配合。泛海控股以协议方式转让 9.6% 的股权给柳传志、朱立南、陈绍鹏、唐旭东、宁旻五位自然人，这五人都是执行委员会成员。而联持志远通过协议方式分别转让 9.5% 和 1.5% 的股权给泛海控股和自然人黄少康。

2012 年，泛海控股向联恒永信转让 8.9% 的股权。联恒永信是联想控股的第二个员工持股平台。

从 2010—2012 年联想控股的动作来看，其核心内容是建立长效激励机制，并借此完善股权结构。其主要的手段是：巧妙借道泛海控股，通过股权转让，成立有限合伙形式的员工持股平台。这样的方式有效解决了国有企业员工持股的障碍，既灵活又合规。

2015 年，联想控股在香港上市。全球配售以后，联想控股的股权结构如图 7-5 所示。

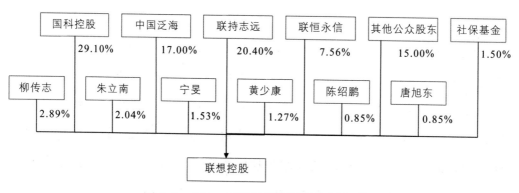

图 7-5 2015 年联想控股股的权结构 ①

从控制权安排的角度来看，管理层通过"自然人持股 + 有限合伙"的组合，实现控制权杠杆和股权激励的效果。

在自然人股东中，除黄少康外，柳传志、朱立南等五位都是联想控股的执行董事，合计持有 8.16% 的股权。另外，管理层通过联持志远和联恒永信分别控制 20.40% 和 7.56% 的股份，如图 7-6 和图 7-7 所示。

联持志远和联恒永信采用了相似的有限合伙结构。以联持志远为例，分为上下两层有限合伙。在上层有限合伙中，联持志同是普通合伙人（GP），不超过 49 名的员工是有限合伙人。在下层有限合伙中，联持志同仍是普通合伙人，"联持会壹"到"联持会拾伍"是有限合伙人。

---

① 我们的股权架构．联想控股全球发售文件．http://www.hkexnews.hk/listedco/listconews/SEHK/2015/0616/LTN20150616020_C.pdf.

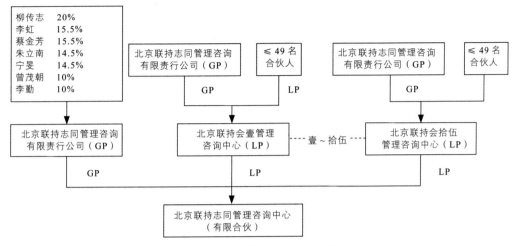

图 7-6 联持志远股权结构

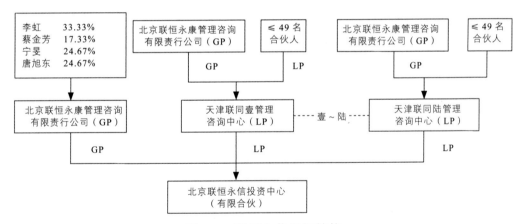

图 7-7 联恒永信股权结构

普通合伙人在有限合伙结构中是管理人，拥有经营控制权。所以联想控股的两个员工持股平台实际由联持志同和联恒永康分别管理。如果再往上追溯，可以发现这两个普通合伙人背后的控制人是联想的管理层。对于以柳传志为核心的管理层来说，采用有限合伙的形式，一是保障员工持股计划的顺利进行；二是可以用较少的资金控制两个员工持股平台，进而加强对联想控股的掌控。

通过"自然人持股＋有限合伙"的组合安排，联想管理层合计拥有36.12%的表决权。而国科控股和泛海控股分别持有29.1%和17%的表决权。如果把管理层看作一致行动人的话，那么管理层实质上超越国科控股，拥有最大的话语权。

但柳传志没有只盯着控制权。一个有意思的细节是，柳传志是联持志同的大股东，却没有出现在联恒永康的股东名单中。之所以这么做，是为了保证国科控股实际控制人的地位，确保国有控股企业的身份，这是柳传志富有政治智慧的表现。国科控股依然是实际控制人，管理层拥有稳定的控制权，骨干员工拿到激励的股份，战略投资者泛海控股享受到成长回报。平衡各方利益，保持方向一致。

20多年前，联想获得中科院开明的支持，管理团队欣喜地拿到了35%的分红权。20多年后，联想控股依然由中科院实际控股，管理层依然控制着约35%的股份。不同的是，联想控股通过员工持股计划，通过引入战略投资者泛海控股，实现了长效激励机制和合理的股权结构，这将是未来茁壮成长的基石。

从联想控股的股权结构演变中企业创始人可以学到的有以下几方面。

- 企业要有真正的主人，可以通过股权激励和员工持股计划建立长效激励机制。

- 战略投资者的引入要正确。要寻找利于资源互补、协同发展的投资人，但要注意防范控制权风险。

- 有限合伙企业是常用的股权激励持股方式。创始人可以通过有限合伙形式掌握更多的控制权。此外，还有"股权激励＋表决权委托""股权激励＋一致行动人协议"两种形式。

- 在控制权安排中，需要用政治视角来促进各方利益平衡。

3. 联想控股的产融结合 ①

联想控股拥有独特的"战略投资 + 财务投资"双轮驱动的商业模式，核心是产融结合。联想控股利用金融资本促进产业发展，在此基础上，构建了产融互动的综合金融平台，实现了企业稳健而快速的增长。

（1）产融结合第一阶段："战略投资 + 财务投资"的双轮驱动。

联想控股双轮驱动的投资模式特点是战略投资和财务投资并重，但各有侧重。战略投资以长期持有为目的，在战略聚焦的行业里构建和优化投资组合，打造支柱企业。联想控股通过控股型投资或对被投企业实施重大影响力，以管控与服务（包括资本运作）提升价值，关注的是"慢周期 + 深度参与 + 战略行业的支柱企业"。财务投资以财务回报为导向，强调流动性（主要指现金回报）和回报水平，关注的是"快周期 + 高回报 + 高流动性"。

联想控股双轮驱动模式的魅力在于在控制风险的前提下实现了产融结合，很好地完成了资本市场上最重要的三件事："寻找便宜的钱 + 寻找便宜的项目 + 控制风险"，发现价值错配的机会，从而实现了价值投资。

● 产融结合。双轮驱动的核心是产融结合，其财务投资本质上是金融资本，而战略投资聚焦的是产业，联想控股采用双轮驱动模式的初衷就是为了利用金融资本促进产业发展。

● 控制风险。战略投资培育的领先企业是联想控股的"定海神针"，而财务投资贡献高回报和高流动性，和战略投资形成互补。通过不同投资周期和流动性的投资组合，在应对外部不确定性风险的时候，联想

---

① 资料来源：邓研 . 起底千亿财务投资 独家完整解密联想控股双轮模式 . 投资时报网，转引自 http://finance.sina.com.cn/stock/t/2016-07-15/doc-ifxuapvw2098299.shtml.

控股拥有更强的抵抗力。

- 三军联动。联想控股的双轮驱动覆盖企业全生命周期,从孵化器到天使投资,从风险投资到成长投资、并购重组和上市。联想之星、君联资本、弘毅投资和联想控股,四者接力全投资周期,合力制造卓越企业。经典的案例有神州租车、乐逗游戏、Wework。

柳传志是将联想控股作为战略投资的平台,将联想之星、君联资本和弘毅投资作为风险投资的平台进行产融结合布局的,如图 7-8 所示。

在联想控股的战略投资布局中,IT 行业的联想集团是"传家宝",除此之外,联想控股聚焦四大方向:金融服务、创新消费与服务、农业与食品、新材料。战略投资板块看似庞杂,实则有一条清晰的主线:消费升级和商业模式创新。典型例子有拜博口腔、三育教育、佳沃集团①,分别受益于医疗、教育和健康饮食的消费升级。神州租车、增益供应链、寻医问药网和联泓新材料受益于商业模式创新。这四大方向踩着时代发展趋势,正处于高速成长期。致力于打造战略行业内领先企业的联想控股,正耐心等待时间的玫瑰盛开。②

---

① 2017 年 3 月,佳沃集团取得 A 股创业板上市公司万福生科控股权后,将其改名为佳沃股份,成为联想控股进行农业与食品行业整合的资本平台。

② 联想控股的战略投资也是有买有卖,随着战略的调整或是等来一个比较好的套现退出机会,联想控股也卖掉了一些企业。例如,联想控股于 2007 年放弃神州控股的控股权,减持 29.6% 的股权,在 2010 年向郭为出售 9.8% 的股权,在 2016 年上半年减持剩余的 5.14% 股权,目前不持有神州控股的股份;将融科智地(除北京的项目之外)卖给了融创中国;将做养老的安信颐和卖给了融创中国和江苏中大地产;将做锂电池的星恒电源 61.59% 的股权转让给上市公司纳川股份,联想控股(27.46%)和君联资本(10.28%)同时退出,按照天眼查的股权数据计算获利 11.42 亿元;佳沃集团持有的 79.71% 的丰联酒业股权,以现金 4.91 亿元加上 6.33% 的老白干酒股权的交易对价,出售给上市公司老白干酒。

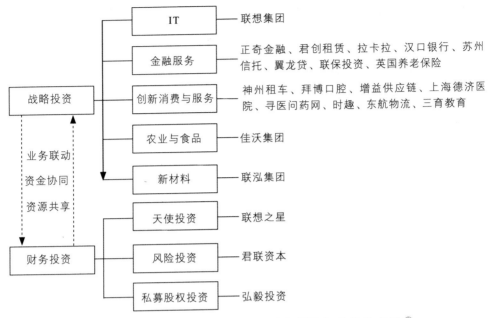

图 7-8　联想控股"战略投资 + 财务投资"的业务布局 ①

财务投资板块的天使投资、风险投资和私募股权投资三大业务，分别由联想之星、君联资本和弘毅投资实施。可以用几个关键词来形容这三支队伍：千亿规模、三军联动、高回报、经验丰富。单独来看，每个队伍都有枝繁叶茂的投资布局。放在一起看，投资标的间又互有交集，这代表着一股合力。

在产融结合的具体运作上，联想控股"独特"的双轮模式，是用金融资本（财务投资）驱动产业布局（战略投资）。联想控股不仅是财务投资三支队伍的普通合伙人，还是出大头资金的有限合伙人，更是接力最后一棒的战略投资者。"联想系"通过"业务联动、资金协同、资源共享"的产融结合手段，合力制造卓越企业。

----

① 资料来源：公司简介 . 联想控股官网 . http://www.legendholdings.com.cn/Pages/Introduction.aspx.

- 业务联动，指的是联想之星、君联资本、弘毅投资和联想控股四者之间协同作战。四个团队，无缝覆盖企业整个生命周期，共同出人、出力、出资打造卓越企业。典型的例子是联想控股和弘毅投资对"独角兽"Wework 的共同投资。

- 资金协同，指的是"双轮"的现金流互补。战略投资专注于做实业，属于慢周期投资。而财务投资是快周期和高周转的投资，现金流动性强。财务投资做得好，可以为战略产业输送源源不断的现金流；战略投资做得好，可以在潜力行业打造龙头企业，带来长期稳定的高额回报。两者相结合，联想控股的"百年老店"就有了稳固的基础。

- 资源共享，指的是投资主体的信息共享。不论是联想控股，还是联想之星、君联资本和弘毅投资，都属于"联想系"。一家企业被"联想系"投资以后，在长期的项目跟踪过程中，"联想系"逐步加深对管理层的认知。如果符合"事为先、人为重"的价值判断，"联想系"会接力投资企业的不同成长周期。深度参与经营之后，联想控股通过收购或者联营，将优秀企业纳入战略投资板块，最后把企业推向资本市场，合力制造卓越企业。神州租车就是这样的精彩案例。

（2）产融结合第二阶段："传统＋新兴"的综合金融平台。

联想控股的"双轮驱动"已经成型，正迈入新阶段，着力打造"传统＋新兴"的综合金融平台，表 7-1 所示为其打造综合金融平台的历程。

表 7-1　联想控股打造综合金融平台的历程 ①

时间	行业	金融机构	入股方式	投资金额（人民币）/元	持股比例 /%
2002 年	保险	民生人寿	发起设立	340 万	0.39
2004 年	证券	高华证券	发起设立	2.68 亿	25
2005 年	保险	国民人寿	发起设立	0.75 亿	15
2007 年	保险	农银人寿（国民人寿）	增资扩股	0.45 亿	15
2008 年	信托	苏州信托	增资扩股	1.19 亿	10
2009 年	银行	汉口银行	增资扩股	11.39 亿	17.99
2010 年	三方支付	拉卡拉	股权收购	未披露	56.13
2012 年	类金融	正奇金融	发起设立	15 亿	100
2012 年	保险经纪	联保投资集团	股权收购	6.83 亿	51
2015 年	P2P	翼龙贷	增资扩股	1 亿	33.33
2015 年	融资租赁	君创租赁	全资设立	15 亿	100
2016 年	消费金融	考拉科技	发起设立	未披露	67
2016 年	保险	PIC 英国养老保险	股权收购	10.45 亿	未披露

联想控股打造综合金融平台的历程可以分为两个阶段：2008 年以前属于摸着石头过河的阶段，2008 年以后则是"传统 + 新兴"金融双线出击，主要手段是发起设立、增资扩股和股权收购。

2008 年以前，联想控股参与设立多家寿险公司和证券。在民生人寿和高华证券中，联想控股持有少数股权，没有话语权。曾一度持股 25% 的国民人寿，最后选择套现退出。在摸着石头过河的阶段，联想控股的初步探索并不顺利。

2008 年以后，联想控股打造金融平台的计划日渐清晰，开始在传统和新兴金融双管齐下。在传统金融领域，联想控股通过入股，持有苏州信托、汉口银行、英国养老保险部分股权。因为入场较晚和金融监管的因素，联想控股只是参股银行、保险、信托，未能实际控股传统金融机构。于是联想控股选择曲线救

---

① 　资料来源：（1）苏龙飞 . 联想系大棋局，柳传志的联想 +. 新财富 . http://www.xcf.cn/tt2/201507/ t20150709_752320.htm.（2）2015 年和 2016 年联想控股年度报告。

国，收购联保投资集团，进军保险经纪行业，弥补传统金融版图的遗憾。

与传统金融牌照失之交臂的联想控股，显然不愿意错过互联网新兴金融的发展机遇。通过收购拉卡拉，联想控股拿到了第三方支付和征信牌照；通过设立正奇金融，进入担保、小贷和典当等类金融行业；通过全资成立君创租赁，进入融资租赁行业；通过投资翼龙贷和考拉科技，进入P2P和消费金融领域。

如图7-9所示，在持续布局后，联想控股的金融版图覆盖银行、证券、保险、三方支付、征信、类金融、融资租赁、P2P、消费金融等，控股正奇金融、君创租赁和考拉科技，拥有拉卡拉支付、汉口银行、联保集团、翼龙贷和苏州信托等联营公司。整体来看，联想控股初步完成"传统＋新兴"金融的双线布局。在金融行业门槛抬高和监管趋严的环境下，联想控股发力新兴金融，上演弯道超车，取得亮眼的业绩表现，这弥补了缺乏传统金融牌照的遗憾。从经营数据来看，综合金融平台的作用正逐步显现。

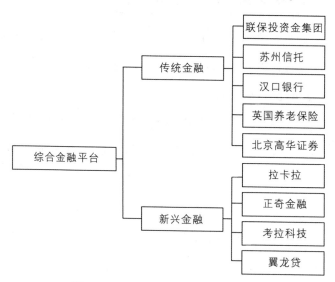

图 7-9　联想控股综合金融平台①

---

①　资料来源：根据 2017 中期报告整理。

如图 7-10 所示，联想控股五年间金融服务板块的净利润逐步提升，净利润占比也从 10% 跃升至 32%。数据是最好的证明，即使仅是初步完成综合金融平台的布局，联想控股的金融服务板块已成为利润贡献的支柱，甚至有取代 IT 板块的趋势。在 5 年前，联想集团净利润贡献为 54.4%，而金融服务板块刚迈过 10%。到 2016 年，联想集团贡献净利润 13.35 亿元，占比下滑至 27%，已不及金融服务板块的 32%。

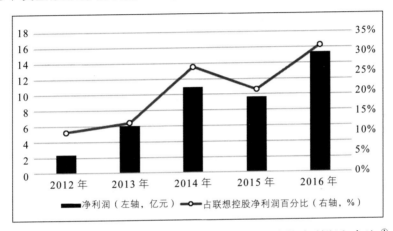

图 7-10　2012—2016 年联想控股金融服务板块的净利润和占比 ①

金融服务板块净利润飞速增长的原因，主要是贷款和租赁业务的爆发，归功于联想控股把握新兴金融的发展趋势，及时布局正奇金融、君创租赁和拉卡拉等业务。亮丽的业绩表现，体现了打造综合金融平台的重要作用，也侧面证明以柳传志为核心的管理层对产融结合的深刻理解和优秀的战略眼光。

展望未来，联想控股在做大综合金融平台的同时，要做强新兴金融业务，发掘传统金融业务的投资机会，寻求实际控股，争取在传统金融行业落地生根。在集团层面，用"战略投资＋财务投资"双轮驱动；在新支柱综合金融平台，用"传统＋新兴金融"双管齐下。

---

① 数据来源：2012—2016 年联想控股年报。

（3）股权安排。

联想控股通过金融资本促进产业发展，并且着力打造综合金融平台，实现产融结合第一阶段到第二阶段的过渡。最终目标是建立以上市公司为平台，以金融控股为核心的多元化布局。通过对其他公司的控股或参股形成产融结合的股权结构，并通过股权进行合理交易和安排，达到事半功倍的目的。

联想控股的多股权投资布局如图 7-11 所示，最上层是联想控股，是核心管控平台。整体的左半部分是产业公司，分别属于 IT、创新消费和服务、农业与食品、新材料行业，一级产业公司的典型代表包括联想集团、佳沃集团和联泓集团；右半部分是综合金融平台，包括金融服务和财务投资两个板块。

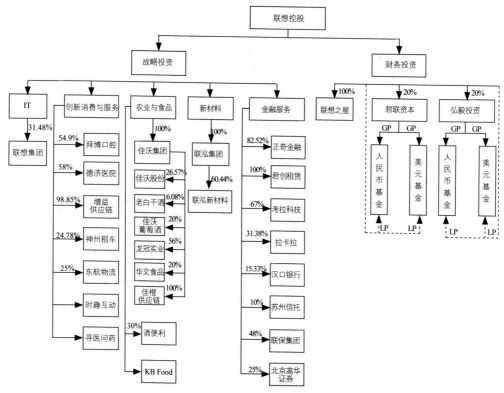

图 7-11　联想控股的多股权投资布局

对于一级产业公司，联想控股采用"附属 + 联营"的模式，或者叫作"控

股 + 参股"模式。对于内部培养的支柱项目，联想控股全资持有，如佳沃集团、联泓集团。对于风险稍大的新兴产业，联想控股以参股为主，先做战略投资者；通过磨合，对于行业前景明朗、管理层优秀的项目，联想控股再追加投资谋求控股，如拜博口腔、德济医院和神州租车等。

对于综合金融平台，联想控股也采用多样化的股权安排。在金融服务板块的一级金融公司中，联想控股全资持有君创租赁，绝对控股最重要的正奇金融和考拉科技，紧紧抓住盈利能力最强的三家新兴金融公司。通过大比例参股拉卡拉和联保投资集团，部分参与公司经营，享受更大的成长回报。在传统金融行业，由于政策限制的因素，联想控股只能拥有少数股权，更多充当财务投资者，享受分红的投资收益。

而在联想之星、君联资本和弘毅投资之间，安排有所差异。联想控股100% 持有联想之星，但不是君联资本和弘毅投资的大股东，只参股 20%。

图 7-12 所示为君联资本的股权结构，北京君诚合众是君联资本的大股东，持股 80%。其特点是采用双层有限合伙形式，最终实际控制人是普通合伙人北京君祺嘉睿，而北京君祺嘉睿又由朱立南等三位自然人控制。根据资料，朱立南等三人是君联前身——联想投资的创始人，是君联资本的管理层。目前朱立南除了担任君联资本董事长，还是联想控股三位执行董事之一，更是柳传志心仪的接班人。虽然从股权上看，联想控股只持有 20%，但剖析股权结构和最终实际控制人以后，可以看出其实君联资本与联想控股密不可分。本质上它是由联想控股管理层实际控制的，弘毅投资也是采用类似的股权结构。

在君联资本和弘毅投资的具体经营中，联想控股扮演双重角色，既是普通合伙人，负责基金的日常管理，又作为有限合伙人出资。综合来看，联想控股通过"控股 + 参股""GP+LP"的方式，实现多股权投资的股权布局。联想控股的这种股权结构设计带来了如下好处。

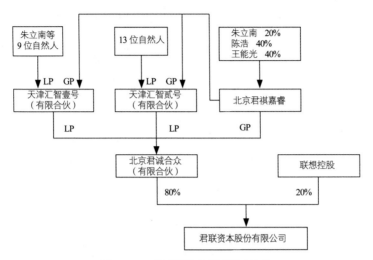

图 7-12　君联资本的股权结构

- 容易形成品牌优势。联想靠 PC 创下品牌，联想控股利用"联想"品牌已建立的品牌优势进入财务投资和多元化产业领域，减少了单独建立品牌信誉的成本。

- 实现高效融资。综合金融平台的建立能有效增强产业板块的融资能力。同时，有限合伙的财务投资板块一方面提供充足的短期现金流，另一方面为集团增强资金调动能力。

- 有助于分散企业的经营风险。把鸡蛋放在不同的篮子里，在集团内部实现一定程度的风险对冲。

- 有利于提升股东的股权收益。在 IT 业务步入成熟期时，金融板块成为新的增长引擎，这得益于对金融行业的股权投资和对核心企业的绝对控股。

- 实现了控制权放大。通过"GP+LP"的股权结构设计，合理利用了股权杠杆。

4. 联想集团和神州数码

联想成长过程中第一次最重要的资本运作是将联想分拆为联想集团和神州数码，图 7-13 所示为联想集团和神州数码的发展历程。

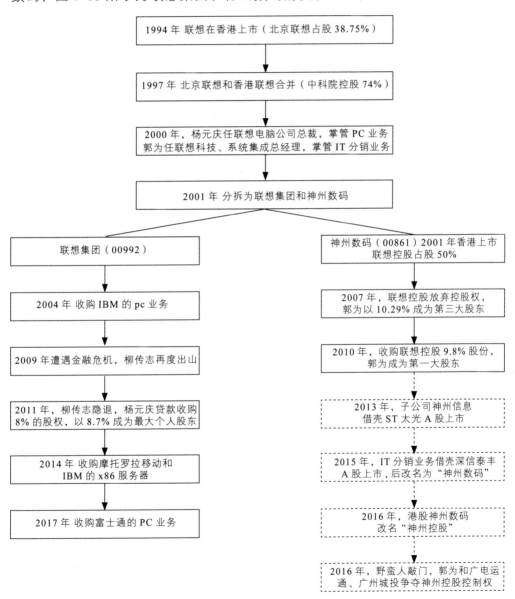

图 7-13 联想集团和神州数码的发展历程

（1）联想集团的分拆。

联想集团是联想控股最核心的产业公司。在联想控股上市时，仅是联想集团一家公司，就贡献了 94.1% 的收入和 69.1% 的利润。作为战略重心和业绩支柱，做好联想集团的控制权的安排至关重要。对此，柳传志在和控制权安排息息相关的三个方面花了不少心思。一是职业经理人，也就是接班人的选择，二是战略方向的确定，三是股权结构的设计。

在 2000 年之前，联想集团和联想控股基本上可以画等号，因为联想控股持有联想集团 75% 的股份，而且柳传志一心扑在联想集团的业务上。2000 年之后，柳传志在风险投资领域有了二次创业的打算。在将工作重心放到联想控股之前，他必须为联想集团铺好路。

此刻杨元庆和郭为已经成长为柳传志的左膀右臂，杨元庆担任联想电脑公司的总裁，郭为则是联想科技和系统集成业务的总经理。在柳传志的设想中，他打算让杨元庆接班，郭为做副手。但是"一山难容二虎"，柳传志也不肯让能力过人的郭为离开，于是要为其另外搭一个舞台。

办法是分家，这是一件非常冒险的事情。此时的联想不再是创业初 20 多人的小团队，而是拥有上万名员工和几十家分公司。柳传志根据杨元庆和郭为的性格特点，巧妙处理内部政治冲突。先晓之以理，让性情温和的朱立南出面从利益角度切分蛋糕；再动之以情，自己出面调和品牌归属问题，劝慰郭为"另找名字，另跑台子"。这一招效果显著，最后联想分拆的方案顺利出炉。

分拆的大概思路是：成立神州数码，将郭为掌管的 IT 分销和系统集成业务装进去，然后进行人员、组织结构、ERP 的分拆，最后进行资本市场分拆。神州数码从联想集团脱离，公开发售和向联想集团原股东配售股份，计划在联交所独立上市。图 7-14 所示为联想集团分拆前后的股权结构。

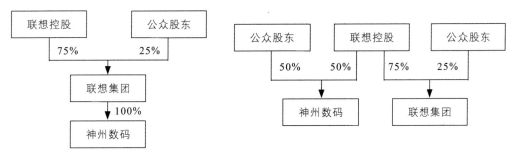

图 7-14　联想集团分拆前后的股权结构

分拆出的神州数码，仅占原联想集团 31% 的营业收入和 15% 的净利润。相对应的，杨元庆接过了核心业务、品牌、资产以及上市公司联想集团（00992.HK）。虽然蛋糕的大部分给了杨元庆，可郭为最在意的不是分到多大的比例。让郭为落寞的是，自己失去了和"联想"品牌的联系，他曾想把新公司叫作"联想科技"，但未能如愿。对于一夜之间就不再是"联想人"，郭为和团队在感情上难以接受，却只能无奈面对现实。此时此刻，除了大股东是联想控股，郭为和神州数码已经和"联想系"渐行渐远。2001 年，神州数码顺利上市后，柳传志、杨元庆和郭为都有了大鹏展翅的新天地。

1997 年，联想集团将战略重心向全球市场转移。外延式并购，是杨元庆选择的主要方式。2004 年收购 IBM 的 PC 业务后，联想集团的初步整合较为顺利。杨元庆让贤，由更富国际化视野的外籍高管出任 CEO，自己担任董事长。但 CEO 的短期行为和文化冲突，让双方的合作并不愉快。

导火索是美国金融危机和业绩变脸，这让联想集团危在旦夕。情急之下，柳传志挑起重任再度出山，免去外籍职业经理人，重新组成"柳杨配"，在三年间将联想集团拉回快速发展的轨道。

2011 年，杨元庆自筹资金从联想控股手中收购了 8% 的股份，加上其以股权激励获得的 0.7% 股份，以 8.7% 的比例成为最大个人股东。对此，柳传志非常支持，他说："杨元庆希望有个舞台能够让他成为联想真正的主人。"①对于大股东联想控股来说，在保证相对控制权的基础上，得到一位并肩作战、利益一致的优秀管理者，是一种双赢。

杨元庆真正当家做主后，柳传志也回归联想控股，筹备联想控股的 IPO。2012 年，联想集团在国际市场高歌猛进，超越惠普登顶全球 PC 销售冠军。这一年是传统互联网和移动互联网的分水岭，联想在智能手机业务上发力，通过"运营商渠道 + 丰富产品线 + 低价"的策略，很快在国内做到了第二。2014 年，联想智能手机业务出海，从谷歌手里收购摩托罗拉移动业务，在海外布局上迈出振奋人心的一步。在传统项目上，联想集团通过收购 IBM 的 x86 服务器和富士通的 PC 业务，继续巩固原有的领先优势。

近两年，在业务整合的过程中，联想集团面临业绩下滑的阵痛。国内移动市场的败退和 PC 市场规模的萎缩，让杨元庆和联想集团饱受转型缓慢与创新不足的质疑。这将是杨元庆独自挑起大梁后迎接的最大挑战。

当年柳传志也面临着严峻的形势，他既要思考联想该怎么发展，又要考虑如何安排好控制权。从"柳倪之争"到两地联想合并，从中科院到联想团队，从分红权到员工持股，柳传志在控制权安排上慧心巧思。在把握人性、处理内部政治、协调政商关系、激励管理团队和优化股权结构上，柳传志具有教科书般的水准。在他回归联想控股的时候，留给杨元庆的联想集团没有任何控制权上的漏洞。联想控股 30% 的相对控股足以抵挡外部野蛮人，杨元庆的最大个人股东无惧内部控制权争夺，中科院的最终实际控制人地位是健康政商关系的象征。在控制权上没有了后顾之忧，相当于稳住了后场，让杨元庆可以放心在海外大展拳脚，先后收购摩托罗拉移动、IBM 的 x86 服务器和富士通 PC 业务。对于杨元庆来说，吸取柳传志在控制权安排上的点滴智慧，有

---

① 李志刚. 改变 Hard Choice（上）. 商业周刊中文版. http://read.bbwc.cn/NC8zOi81MDA6.html.

助于后续的业务整合和稳定发展。

目前联想控股在业绩和战略上，正逐渐降低对联想集团的依赖。这是一件好事，一方面表明联想控股双轮驱动的战略优势和新业务的强劲表现，另一方面也可以放手给杨元庆表现的舞台。联想控股要的是"千帆竞发，百舸争流"，柳传志要做的是"联想系"舰队的最高指挥官。

（2）神州数码的控制权争夺。

2001 年联想分家后，郭为演绎了和杨元庆不同的故事。对于神州数码的新事业，郭为喊出了"五年再造一个新联想"的口号。图 7-15 所示为 2001—2006 年神州数码营业收入和净利润，可以看出独立运作后的五年里略有波折，但整体势头不错。营收上向联想集团靠拢，但由于 IT 分销业务利润率低，在净利润这个指标上落后不少。在失去联想的品牌和资源后，郭为能在短期内干出这样的成绩已实属不易。

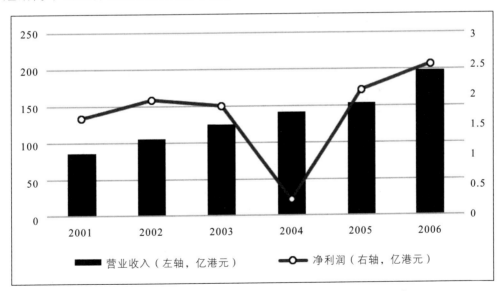

图 7-15 2001—2006 年神州数码营业收入和净利润①

———————

① 数据来源：2001—2006 年神州数码年报。

2001—2006 年，联想控股仍持有神州数码近 50% 的股权，在董事会占有多数席位，柳传志的老搭档李勤代表联想控股出任董事会主席。从这个角度看，郭为只能称得上是被联想控股任命的职业经理人。

2007 年，联想控股决定放弃控股权，让郭为真正地单飞。具体的方案是：郭为全资注册 KIL 公司，收购战略投资者 GA 手中的 10.19% 的股权，而联想控股减持的 29.60% 的股权由 3 家 PE 接手。减持后的联想控股仍拥有 17.83% 的股权，位列第二大股东。

这三家 PE 和郭为是同一阵线。他们都认为，郭为是神州数码团队的灵魂人物，他不仅要做管理者，还要成为公司的股东。所以出于这种考虑，三家 PE 为郭为提供资金支持，包括帮助郭为获得贷款。[1] 三家 PE 都看好神州数码转型 IT 服务的方向，认为市场前景广阔且公司价值提升空间巨大。

对于郭为来讲，这是新征程的开始。有了三家 PE 的支持，神州数码迎来董事会改组。首先，联想控股的代表李勤卸任董事会主席，由郭为出任董事会主席。其次，执行董事席位从 5 个缩减为 2 个，除了郭为，另一个由高管林扬担任。三家 PE 和联想控股各有一个非执行董事席位。这意味着三家 PE 是战略投资者的角色，联想控股的角色也从管理者变为战略投资者。

经过股权转让，郭为持有 10.29% 的股份，成为最大的个人股东。经过董事会改组，郭为团队在董事会拥有了最大的话语权。与之前相比，控制权和话语权的增强，让郭为有更大的空间施展拳脚。

2007 年，郭为推动神州数码战略转型，在金融、制造业和政府领域探索 IT 服务，成为信息服务的领军企业。五年发展之后，信息服务子公司更名

---

[1] 21 世纪经济报道. 联想控股放弃神州数码控股权，转引自 http://tech.163.com/07/0811/10/3LK212QF000915BD.html.

为"神州信息"。2013 年，神州信息被 ST 太光吸收合并，完成在 A 股的借壳上市。

2010 年，神州数码再次转型，在既有的 IT 分销和服务布局外，喊出"智慧城市"的新口号。在业务转向的同时，郭为辞旧迎新，剥离旧业务 IT 分销。2015 年，神州数码控股发布公告，宣布以 50 亿港币向 A 股上市公司深信泰丰出售其传统分销业务，全面转型。深信泰丰改名为"神州数码"，而港股的"神州数码"改名为"神州控股"。神州控股、神州信息和神州数码，这三驾马车组成了"神州系"的新版图，"神州系"的股权结构如图 7-16 所示。

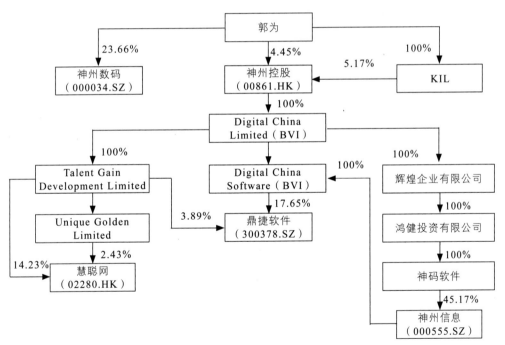

图 7-16　"神州系"的股权结构

在 A 股，"神州系"包括神州数码、神州信息和鼎捷软件。在分拆神州数码后，神州控股和其不再有股权关系，而郭为以 23.66% 的比例成为神州数码的控股股东。此外，郭为通过神州控股等间接控股神州信息，通过神州信息成为鼎捷软件的第一大股东。

在港股，"神州系"包括主体神州控股和慧聪网。神州控股目前是慧聪网的第一大股东。

所以，整个"神州系"的控制权分为两部分，一是由郭为自己控制的神州数码，二是由神州控股控制的神州信息、鼎捷软件和慧聪网。于是，郭为在神州控股的控制权非常关键。掌控住神州控股，就等于控制了"神州系"的大部分资源。

郭为在 2007 年通过全资公司 KIL 收购了神州控股 10.19% 的股权，并且引入 3 家 PE 优化股权结构。在 2008 年和 2010 年，KIL 分别向南洋商业银行和永隆银行贷款，之后收购联想控股 9.8% 的股权，以 18.56% 的持股成为神州控股第一大股东。在之后的 3 年里，KIL 多次减持，偿还了银行贷款，但所持股权在不断下降。截至 2018 年 1 月，KIL 只持有 5.17%。

KIL 持股数量的下降，再加上 PE 的退出和联想控股的减持，让神州控股的股权结构极为分散，前十大股东最高持股不过 7%。同时在 2016 年初，神州控股在港股市场上处于价值严重低估的状态。它持有的 A 股和港股上市公司的股权价值，已经是自身市值的 2 倍。隐含的高回报和极为分散的股权，让野蛮人不请自来。

这场控制权争夺非常精彩，主角是国企广电运通和郭为。从 2016 年初至今，郭为使出各种手段，保住了自己团队的控制权，如图 7-17 所示。

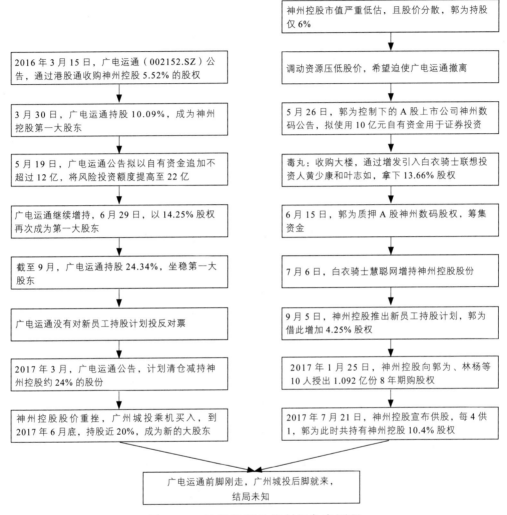

图 7-17　神州数码的控制权争夺历程

广电运通寻求控制权的方式是二级市场增持，从 2016 年 3 月起一路买买买，最多时持有超过 25% 的股权，在 2016 年下半年坐稳第一大股东的位置。

郭为抵抗广电运通的方式有：通过配股引入白衣骑士、调动控股上市公司资金、质押股权筹集资金、推出员工持股计划、推出购股权计划、推出供股计划。主要的防守思路有以下几方面。

- 稀释广电运通股权比例，通过增发、员工持股计划和购股权计划。
- 引入白衣骑士防御，包括引入盟友黄少康和叶志如、慧聪网。
- 提高自己的股权比例，主要方式是调动控股上市公司在二级市场增持、实施员工持股计划、购股权计划和供股计划等。

与同期在 A 股爆发的宝万之争中王石的应对相比，郭为无疑是理性和有成效的。郭为一开始在引入白衣骑士时，采用的是港股版毒丸计划"配股"。根据港交所相关法规，上市公司一般会通过股东周年大会要求股东向董事会作出发行新股的授权。一旦公司获得授权，只要增发股数不超过获得股东大会有关批准当天股本的 20%，就可以在该年度内进行任何次数的配股。①2017 年 6 月 30 日的股东大会上郭为试图谋求再次获得新的"配股"授权，却被广电运通和中小股东一起否决了。于是只能采用通过真金白银在二级市场增持、实施员工持股计划、购股权计划和供股计划进行防守，郭为几乎使出了所有的抵抗手段，最后让广电运通萌生退意。但就在广电运通减持的时候，广州城投又悄悄进入，成为新的大股东。广州城投是敌是友，还没有露出真面目，但这必将让郭为再次行动，为管理层争取更多的话语权。

总的来看，郭为胜在经营之道，却忽视了神州控股的控制权风险。与柳传志主动做好联想集团的控制权安排相比，郭为较为被动，靠着野蛮人的敲门被迫反击，最后手段尽出拿到一场惨胜。两者境界相差巨大，做好控制权安排，可以居高望远，安心于经营发展，而因为控制权安排的疏忽碰上野蛮人敲门，最后难免多方共输。经过一年多的控制权争夺，郭为调动各种资源疲于防守，中小股东权益屡次被摊薄，神州控股 2017 年半年报业绩巨亏，股价和市值徘徊不动。

---

① 曹山石．神州控股五轮缠斗广电运通，转引自腾讯证券．http://stock.qq.com/a/20160708/038322.htm.

在商业舞台上，杨元庆和郭为青出于蓝，联想集团和"神州系"都成绩斐然。但在控制权安排上，杨元庆和郭为仍未出师，尤其是差点失去"神州系"的郭为，在控制权安排和政治智慧方面尚需继续向柳传志学习。

5. 用产业思维做投资的典型案例：神州租车 [①]

与联想集团一样，神州租车也是联想控股的核心资产。神州租车是"双轮驱动"模式下的杰作，是联想用实业思维做投资的成果，从创立、发展到上市，联想控股和神州租车一路并肩作战。

神州租车的创始人是陆正耀，在神州租车之前他创办了联合汽车俱乐部，当时的想法是要做洗车、维修、保养、保险的汽车后服务市场。2005 年，君联资本的董事总经理刘二海接触到这个项目，通过与陆正耀的交流和调研，看中了汽车后服务市场的潜力和陆正耀的能力，决定投资 800 万美元。

但联合汽车俱乐部的进展并不如想象中顺利，在危急关头，作为投资人的君联资本挺身而出。刘二海作为代表，与陆正耀整日复盘和讨论合适的商业模式，最后拍板转型汽车租赁行业。业务转型是非常大胆的决定，其中的风险不言而喻，更何况租车是重资产行业。但联想的投资要义是"事为先，人为重"，看准了行业前景和管理者，用资本、资源和经验帮助他们成事。于是，君联资本选择继续支持陆正耀。

2007 年，神州租车在北京成立，君联资本为神州租车投入了购买第一批汽车的资金。就在神州租车在国内跑马圈地的时候，碰上了金融危机，国内

[①]　资料来源：朱立南：联想控股如何把神州租车推上市 . http://pe.pedaily.cn/201410/20141009371898. shtml.

资本市场瞬间进入了寒冬。在金融危机的阴影下，神州租车经历了高管离职、大量裁员和更换办公地址的危机，最终挺过了最难的三年创业期。这当中君联资本功不可没，在陆正耀最缺资金的时候，又是君联资本拿出了 1 450 万元的救命钱。

2010 年，最艰难的日子已经过去。神州租车在国内租车市场占据了一席之地，但想要一骑绝尘，还得加大资本投入。心急的陆正耀找到了新的投资人，准备以自己 30% 的股权，换取 3 000 万美元的投资。但朱立南和刘二海却阻止了陆正耀，原因很简单，朱立南想要给陆正耀和神州租车更好的融资方案。

朱立南认为，用 30% 的股权换 3 000 万美元的资金，会显著降低创始人陆正耀的股权比例，影响他的利益和积极性，况且在重资产的租车行业，3 000 万美元只是杯水车薪。朱立南给了更好的方案，他把神州租车的项目交给了联想控股，用"股权＋债权"的方案帮助陆正耀融资。相比于拿到更多的股权，联想控股更想要的是让陆正耀做企业主人，让神州租车得到长远的发展。

2010 年 9 月，联想控股战略投资神州租车，通过股权形式入股 2 亿元人民币，通过债务形式为其融资 10 亿元人民币。同时，联想控股为神州租车提供近 40 亿元的贷款担保。在战略上，联想控股更是把神州租车纳入自己的创新消费和服务板块，当作自己的核心资产予以培养。

经过联想控股的战略投资，神州租车成为"联想系"的一员，当时的股权结构如图 7-18 所示。联想控股通过金字塔的股权结构，成为神州租车的绝对控股股东。LC Fund Ⅲ 是联想投资发起的第三期美元基金，联想控股占有 49.41% 的实际权益。

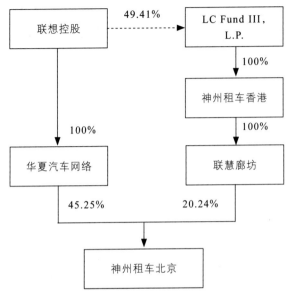

图 7-18　2010 年神州租车北京的股权结构

在 2010 年联想控股制定中期战略以来，神州租车借助联想控股的资金和资源支持，逆转国内的租车市场战局，将一众竞争对手甩在身后，以市场规模的绝对优势成为行业龙头。2012 年，神州租车计划在美上市融资，但遭遇中概股信任危机爆发的寒冬，无奈终止 IPO。此后神州租车通过重组和引入新的战略投资者，转战香港市场重启 IPO。

图 7-19 所示为 2014 年神州租车 IPO 的股权结构。左边部分有限合伙形式的 Grand Union 由联想控股控制，右边部分创始人陆正耀通过配偶和家族信托共持有 15.1% 的股权，两者合计 45.1%。联想控股是第一大股东，创始人也拥有足够的股权，既能起到稳定股权的良好效果，又能保障创始人的利益和积极性，这样的股权结构设计得十分巧妙。

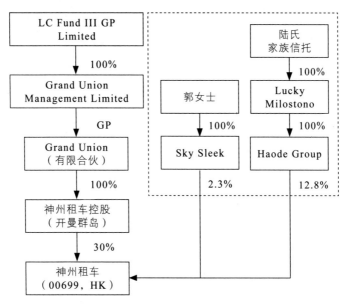

图 7-19　2014 年神州租车 IPO 的股权结构

　　神州租车的董事会由 9 名董事组成，其中执行董事只有陆正耀一位。除此之外，朱立南和刘二海占据两个非执行董事的席位。从董事会来看，"联想系"也握有足够的话语权。

　　自上市以来，借助资本市场的融资和影响力，神州租车在国内租车领域的优势越来越大，同时告别亏损，享受到龙头企业的垄断红利。仅仅 4 年时间，神州租车完成从亏损 2 亿元到盈利 14 亿元的飞跃。而在蓬勃发展的租车市场，未来的业绩前景将会更加明朗。

　　从创立、发展、上市到稳定回报，联想控股十年磨一剑，和创始人做朋友，和被投企业做伙伴。神州租车和陆正耀由君联资本发掘，由联想控股接力，用"财务投资＋战略投资"双轮驱动，用"股权＋债权＋担保"助力市场扩张。在股权安排上联想控股居高望远，在控股核心资产的基础上，保证创始人的股权比例，让企业真正有主人。

　　复盘神州租车的案例，我们认为联想控股的"用产业思维做投资"的特点如下。

- 联想控股在投资时秉承"事为先，人为重"，充分认可新兴行业的潜力和创始人的价值。传承于 IT 的实业经验，让它对创业过程和创业者的理解更加深刻，在财务回报之外，"事"和"人"同样重要。这意味着联想控股更专注于长期价值提升。对神州租车的投资，联想既赚到了丰厚的回报，又收编了新兴行业的龙头企业，还拉拢了能力出众的创始人。"联想系"队伍的壮大，契合了柳传志实业报国的宏愿。

- 联想控股更懂得设计合理的利益分配机制和控制权安排。在神州租车急需资金的关头，联想控股没有选择趁火打劫，拿走创始人的大部分股权，反而冒着赔本风险把自己的钱借给它，冒着财务风险用母公司担保从银行借钱。在资本短期逐利的市场氛围里，还有哪家投资公司会这么做？最典型的做法是在企业困境时尽可能多占创始人股权的便宜，甚至于反客为主，赶走创始人。联想控股的做法截然不同，它是将大家的利益捆绑在一起并控制风险，实现相关各方的共赢博弈。

- 在控制权安排的设计时，联想控股非常注重"企业有真正的主人"。从联想控股、联想集团和神州租车的股东中，都可以看到管理层的大比例持股。在保证相对控股的基础上，让管理层大比例持股，做到风险控制和提高长期发展动力的有机结合。

6. 全产业链投资的天使投资平台：联想之星 [①]

联想的财务投资覆盖了一个企业的全生命周期，包括初创期、快速成长

---

① 资料来源：（1）关于我们 . 联想之星官网 . http://www.legendstar.com.cn/home/about.（2）郑峻 . 乐逗游戏上市背后的助推器：联想之星 . 新浪科技 . http://tech.sina.com.cn/i/2014-08-08/07199542345.shtml.

期、发展期和成熟期。联想打造了"联想之星＋君联资本＋弘毅投资"的全产业链投资平台，在企业不同发展的关键节点，对应的投资主体会在资金、资源、人才和经验上给所投企业帮助，最终目的是实现联想和所投企业的共赢。

风险投资最为关键的三件事是"找便宜的钱、找便宜的项目和控制风险"，联想全产业链投资平台的"三驾马车"在这些关键点做得是比较到位的，我们接下来将关注并分析联想之星、君联资本和弘毅投资是如何做好的。

（1）股权结构。

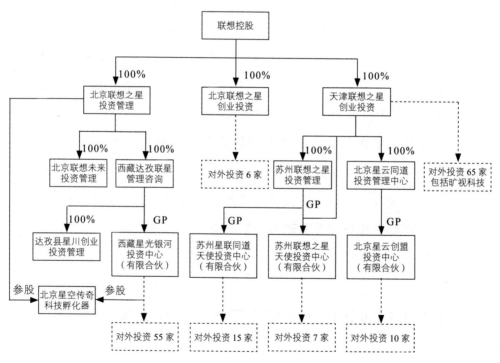

图 7-20　联想之星的股权结构和对外投资情况

图 7-20 所示为联想之星的股权结构和对外投资情况，其主要有两种对外投资的主体，一类是联想控股 100% 直接控股的创业投资公司，包括北京

联想之星创业投资和天津联想之星创业投资。显而易见，这是联想之星用自有资金在做投资。另一类是有限合伙企业，在图中底部有 4 家。联想之星在有限合伙企业中担任普通合伙人，由外部资金充当有限合伙人。在名称中以"星"字开头的有限合伙企业，是由联想和外部企业合作管理，如苏州星联同道由联想系和苏州工业园区创业投资引导基金管理中心等共同负责。通过有限合伙形式，联想之星可以募集到更多的低成本资金进行天使投资。截至 2017 年中，联想之星共管理 4 支基金，总规模约 15 亿元。

（2）投资逻辑和策略。

"自有 + 有限合伙"让联想之星拿到了低成本的资金，接下来就是找好项目了。天使投资的对象是初创期的企业，而大部分初创期的企业，不管是外部的市场环境还是内部的经营管理，都不成熟，投资失败率很高。所以找到好项目和好团队，对于提高联想之星的业绩回报很关键。

联想之星的具体做法是"三大领域 + 深度孵化"。所谓三大领域，就是聚焦人工智能、TMT 和医疗健康这三个未来爆发潜力最高的领域，它们的共同特征是：满足和迎合了人们现实需求和潜在需求。除此之外，联想之星立足于北京中关村、苏州工业园、天津经济技术开发区等科技高地，从一线的创业宝地挖掘潜力项目。不止国内，联想之星还积极"出海"，在硅谷针对人工智能设立投资公司 Comet Labs，在最领先的地方捕捉前沿趋势。新兴战略行业加上国内外一线创业宝地，这是好项目的保障。落实到具体项目上，联想之星遵循联想"事为先、人为重"的方法论，用基金管理团队的项目经验做支撑，作出可靠的投资决策。事实上，成立不足 10 年的联想之星已经交出了不错的成绩单，经典案例包括 Face++、乐逗游戏、Zaker。

在投资风险控制方面，联想之星的独到之处在于"深度孵化"，通过"创业 CEO 特训班"和"创业联盟"两项具体创业服务降低投资风险。"创业 CEO 特训班"是为广大创业者提供专业实战的公益创业培训；"创业联盟"让所投企业在联想之星创业生态圈内共享资源。这种深度孵化是初创企业最需要的，相当于用经验和知识帮助"联想系"的创业企业少走弯路，提高创业成功率，从而降低联想之星的投资风险。

在控制权方面，联想之星会和创始人达成合理的股权安排与利益分配机制，还会帮助创始人安排后续融资计划和投资人，主动做被所投企业的控制权安排。从现有的案例上看，联想之星和被投企业都保持着积极友好的合作关系。

（3）经典案例。

乐逗游戏和旷视科技（Face++）是最能体现联想之星投资智慧的经典案例。乐逗游戏是联想之星投资的第一个 TMT 项目，也是第一个成功上市项目，由现任联想之星总经理的王明耀操刀。2010 年，联想之星首期人民币基金启航，4 亿元资金全部来自联想控股。当年，移动互联网已是星星之火，在国外，苹果的 iPhone4 和谷歌的安卓掀起智能手机浪潮，在国内，再度创业的雷军创办了小米科技。嗅觉敏锐的王明耀意识到移动互联网的巨大潜力，把投资目标对准了手游平台。乐逗游戏就这样进入王明耀的视野中，在与创始人陈湘宇深度沟通之后，联想之星敲定了第一笔 TMT 项目天使投资：800 万元。

除了提供资金之外，联想之星在战略制定、团队建设、运营管理和后续融资上都起到关键性的助推作用。最早的乐逗游戏不仅做手游平台，还做应用外包开发。联想之星多次劝说陈湘宇将业务重心放在游戏平台上，以现在的眼光看，游戏平台显然是分量更大的蛋糕。在团队建设上，联想之星请来联想的人力资源专家，专门从北京飞赴深圳进行人力资源规划、建设和培训。在后续融资上，联想之星更是引荐了自家的君联资本，帮助乐逗游戏顺利完成千万美元的 B 轮融资。

乐逗游戏成长非常迅速，2013 年，乐逗游戏计划引入行业霸主腾讯，毫无疑问，这对乐逗游戏的未来具有战略意义。但是腾讯提出了苛刻的占股要求，这将直接影响到创始团队和 B 轮融资者的利益。联想之星将自己的半数股权给了君联资本，这才打破了僵局，重新平衡了利益格局，让乐逗游戏顺利引入腾讯，成就了上市前的关键一步。对此，王明耀对媒体解释说："谁都不愿意牺牲自己的利益，但引入腾讯投资对乐逗绝对是好事，联想之星也是出于这个考虑才作出让步，牺牲一点眼前利益换取更为长远的考量。"①

2014 年，乐逗游戏成功登陆纳斯达克，为联想之星带来近百倍的财务回报，在接受新浪采访时，创始人陈湘宇感慨道，"感谢联想之星这一路走来的帮助。"

旷视科技（Face++）是联想之星投资的另一个经典案例。目前，旷视科技已跻身人工智能领域的"独角兽"，拥有世界最领先的人脸识别技术，其产品已应用在支付宝、招商银行、小米金融等身份验证功能上。2017 年 10 月，旷视科技完成 4.6 亿美元的 C 轮融资，由蚂蚁金服和富士康领投，创下人工智能领域最高的融资记录，目前估值至少为 10 亿美元。这样一家炙手可热的"独角兽"，联想之星却早在成立初就看中了，并拿出了数百万的天使投资。

"旷视科技成立于 2011 年底，由 3 位清华在读研究生创立。联想之星作为天使投资人，在公司成立前就作出了投资决策，从帮助注册公司开始，到帮助建班子、定战略、带队伍，再到介绍公司迁入融科资讯中心，各种大事小事的努力，'孵化'旷视科技成为国内人工智能和机器视觉领域的领导性企业。"② 这段来自联想之星的介绍，表明了联想之星给旷视科技刚毕业的创业团队在资金、资源、战略、人力上带来的帮助，这也是旷视科技获得成功的后勤保障。目前联想之星持有旷视科技 7.5% 的股权，而引入多轮融资后，3 位

---

① 郑峻 . 乐逗游戏上市背后的助推器：联想之星 . 新浪科技 . http://tech.sina.com.cn/i/2014-08-08/07199542345.shtml.

② 联想之星公众号（ID: Legendstar1）. 新闻联播再次报道联想之星被投企业 Face ++ .

创始人仍合计持有 50% 以上的股权，体现出联想之星对创始人团队的利益保护。这印证了柳传志创办联想之星的初衷：以联想的技术资源力量来回报行业，帮助其他科技创业者实现自己的梦想，就像当年从一间小屋走向世界的联想一样。

7. 全产业链投资的 VC 平台：君联资本 ①

在本章的第 1、3、5 节中，提到君联资本的发展历程、股东结构和投资策略。君联资本前身是创办于 2001 年的联想投资，是柳传志和朱立南探索风险投资的第一步。目前，君联资本是联想控股财务投资的中流砥柱，募资规模和利润贡献位居国内第一梯队。本节仍将遵循前面的思路，从君联资本募集基金及对外投资情况出发，重点分析君联资本如何在"融投管退"中管理好钱、项目和风险。

募集资金及对外投资情况。

图 7-21 所示为君联资本募集资金及对外投资情况。作为联想全产业链投资的 VC 投资平台，君联资本的核心业务是初创期的风险投资和扩展期的成长投资，在企业生命周期中起到承上启下的作用。

---

① 资料来源：(1) 联想控股 2017 半年报.(2) 已投企业.君联资本官网. http://www.legendcapital.com. cn/project/sphere.jsp.(3) 大事记.君联资本官网. http://www.legendcapital.com.cn/about/events.jsp.(4) 富瀚微首次公开发行股票并在创业板上市招股说明书. http://www.cninfo.com.cn/cninfo-new/disclosure/szse_gem/bulletin_detail/true/1203064827?announceTime=2017-02-06.

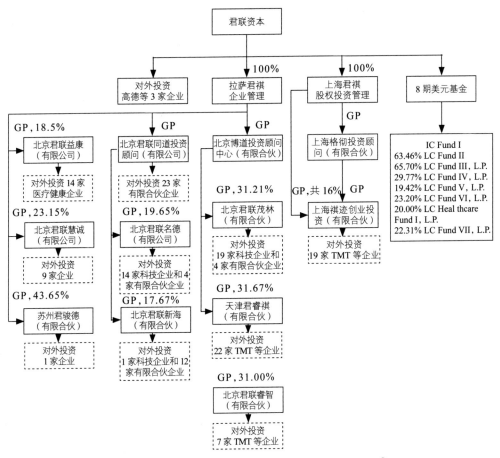

图 7-21　君联资本募集资金及对外投资情况 [①]

与联想之星相比较，君联资本和联想之星在融资上有较大区别。首先是募集资金规模，君联资本目前在管美元及人民币基金总规模超过 350 亿元人民币，现管理 7 支美元综合基金和超过 10 支人民币基金。相比之下，联想之星的 15 亿元和 4 支天使基金规模就小很多。

其次是资金来源不同。君联资本庞大的募集资金规模，必然要有多元化的资金来源做支撑。在 2001 年刚起步的时候，君联资本靠着联想控股给的

---

① 图中 GP 后的百分比为联想控股所占有限合伙份额。

3 500 万美元起家，发起了第一期美元基金。在其后的第二期、第三期美元基金，联想控股仍旧出了大头资金，占了约 63% 和 65% 的份额。这三期美元基金的优秀业绩回报，让君联资本在海外立起金字招牌。此后的 5 期美元基金顺利地完成募集，每期规模从千万美元攀升至 5 亿美元。

除了发起美元基金，君联资本在国内也管理着相当体量的人民币基金，总规模近 180 亿人民币。从图 7-21 可以看出君联资本主要通过拉萨君祺企业管理和上海君祺股权投资管理这两家下属公司进行控制，利用了双层的有限合伙企业结构。如拉萨君祺管理通过普通合伙人身份控制北京君联同道投资顾问，而后者又对外投资了 20 余家有限合伙企业。有限合伙企业是合理合法的资金杠杆形式，普通合伙人以较少出资管理大规模资金，那双层有限合伙就相当于资金杠杆的乘方，这给君联资本带来了更大规模的资金运用空间，用来捕捉中国创新成长的更多机会。

君联资本双管齐下，从海外和国内市场同时募集资金发起设立风险投资基金。海内外强大的募集资金能力，是君联资本发展为国内一线风险投资基金的重要保障。这一方面有联想品牌号召力的因素，另一方面得益于君联资本优秀业绩回报的历史证明。

（2）投资策略。

君联资本在投资策略上也比较有特色。首先，君联资本专注于 TMT、创新消费、医疗健康等重点领域内的创新与成长机会，重点投资初创期和扩展期的企业，承接着联想之星的天使投资。其次，君联资本非常重视投后管理中的增值服务，在其官网的介绍中，君联资本是这样对自己定位的：在建立互利互信的伙伴关系基础上坚持投资者本位，并通过积极主动的增值服务创造价值。具体的举措包括以下几方面。[①]

---

① 增值服务．君联资本官网．http://www.legendcapital.com.cn/strategy/philosophy.jsp.

- 利用大联想的各项资源与品牌影响力为被投企业提供帮助和支持。
- 设立了专门的内部顾问团队，在人力资源管理、财务运营管理、业务流程管理及法务等专业方面为被投企业提供辅导和帮助。
- 合伙人多具有产业和企业的工作经验，将在被投企业的董事会中发挥积极作用。
- 拥有对国内 A 股中小板和创业板、香港联交所、美国纽交所和纳斯达克交易所等多个资本市场的上市经验，将帮助被投企业选择正确的上市策略并成功登陆资本市场。

前两条是运用联想控股的资源优势帮助被投企业，后两条是利用君联资本自身的经验优势。在公司治理上，君联资本的合伙人会进入被投企业的董事会，以董事身份参与到公司的经营管理中，一方面保障自己的投资权益，另一方面完善被投资企业的公司治理结构。此外，君联资本在多国资本市场都有 IPO 经验。

- 2004 年，中讯软件是被投企业中第一个在香港主板上市的公司。
- 2006 年，林洋新能源是被投企业中第一个在纳斯达克上市的公司。
- 2007 年，文思创新是被投企业中第一个在美国纽交所上市的公司。
- 2008 年，科大讯飞是被投企业中第一个在国内中小板上市的公司。
- 2010 年，合康变频是被投企业中第一个在国内创业板上市的公司。
- 2011 年，谱瑞科技是被投企业中第一个在台湾柜买中心上市的公司。[1]

投资机构在资本市场的经验，对于被投企业来讲，是一笔宝贵的财富。优

---

[1]　大事记. 君联资本官网. http://www.legendcapital.com.cn/about/events.jsp.

秀的投资机构利用自己的上市经验，帮助被投企业规划好上市策略。这是投融资双方的共赢，被投企业成功登陆资本市场，投资机构顺利退出，给投资人带来丰厚的业绩回报。

图 7-22 所示为君联资本近年来所投企业中 IPO 和并购退出的主要项目。IPO 项目主要分布在医疗健康、创新消费、先进制造与新能源、TMT 这四大行业，仅在 2017 年就有 6 家被投企业在 A 股和港股上市。

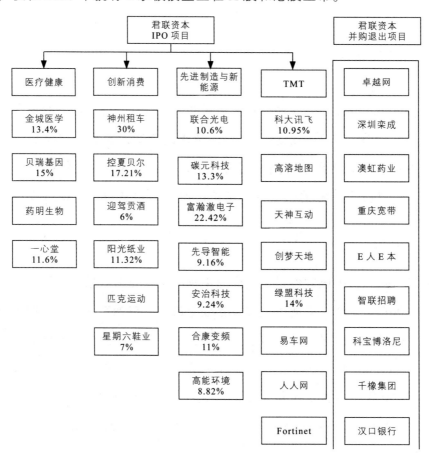

图 7-22　君联资本近年来所投企业中 IPO 和并购退出的主要项目

（3）经典案例。

富瀚微成立于 2004 年，主要业务是视频监控芯片和解决方案，最大的客户是安防行业的龙头企业海康威视。君联资本在 2011 年看中了富瀚微在集成电路领域的发展前景，以旗下的第三期美元基金控制下的杰智控股，对富瀚微进行 435 万人民币的投资。

图 7-23 所示为杰智控股股权结构。第三期美元基金是实际上的投资主体，它的普通合伙人是 LC Fund Ⅲ GP Limited，由朱立南等管理团队持有 80%的股份，另外 20% 由联想控股持有。此外联想控股还作为普通合伙人出资，在第三期美元基金中拥有近半数权益。

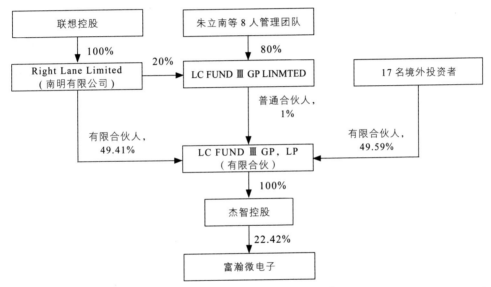

图 7-23　杰智控股股权结构[①]

增资完成后，杰智控股成为富瀚微的第一大股东，持股 33.21%。但君联资本的自身定位是财务投资者，不会主导公司的控制权，而是在公司治理和行业资源上提供支持。在君联资本入股后，富瀚微的公司治理结构开始逐步优化。创始人杨小奇在 2011 年设立有限责任公司性质的员工持股平台上海朗瀚，在

[①]　富瀚微：首次公开发行股票并在创业板上市招股说明书. http://www.cninfo.com.cn/cninfo-new/disclosure/szse_gem/bulletin_detail/true/1203064827?announceTime=2017-02-06.

2014 年设立有限合伙性质的员工持股平台上海腾瀚。通过上海朗瀚和上海腾瀚的间接持股和自然人直接持股，创始人杨小奇成为富瀚微的实际控制人。

同时，杰智控股明确承诺作为财务投资者，不谋求富瀚微的控制权。除了承诺之外，还与创始人杨小奇签署《一致行动协议》，进一步加强杨小奇实际控制人的地位。在董事会层面，由君联资本执行董事沙重九占据富瀚微的一席董事席位，主要目的是保障君联资本的投资权益。

从上面的举措中可以看出君联资本给富瀚微在资本和公司治理上带来的帮助，这是一种双赢。2017 年 2 月富瀚微电子在创业板上市，给君联资本带来了丰厚的财务回报，以发行价 55.64 元/股计算，目前杰智控股持有的 996 万股市值为 5.5 亿元，相比投资时的不到 500 万元，在 6 年时间内实现了百倍有余的投资回报。

除了以 IPO 上市为主的退出方式，君联资本也有并购退出的丰富案例，最为典型的是卓越网被亚马逊并购的案例。2000 年金山和联想投资一拍即合，共同组建卓越网，联想出资 600 万元，占股 30%。雷军领导卓越网 4 年后，碰到了融资、仓储物流和信息系统的难关。经过董事会的讨论，最终决定将卓越网以 7 500 万美元卖给亚马逊。从事后诸葛亮的角度看，雷军和联想投资似乎错过了电商的大蛋糕。但放在互联网泡沫破灭后的资本环境下，联想投资支持并购退出的决定是对投资人负责的行为，何况对于刚进入风险投资行业的联想团队来说，急需一笔成功的投资来振奋人心。通过卓越网项目的并购退出，联想投资团队在 4 年内获得 20 多倍的回报，这成为君联资本发展历程上的里程碑事件。

总的来看，君联资本的优秀之处在于全球投资人的认可、丰富的资本市场经验、积极主动的增值服务和优秀的业绩回报。君联资本始终坚持互信互利的伙伴关系，主动参与被投企业公司治理结构的优化，积极制订上市或者并购计划，实现双方的共赢。

8. 全产业链投资的 PE 平台：弘毅投资 [①]

创始于 2003 年的弘毅投资是国内的老牌 PE，目前管理资金总规模超过 700 亿元人民币。管理人赵令欢是柳传志手下少有的海归派，没有被捶打锻炼就担负起领军的重任，从中可以看出柳传志非常信任赵令欢的为人和能力。

作为财务投资"三驾马车"的压轴，弘毅投资在定位上高瞻远瞩。以价值创造为核心，以国企改革为切入点，这是 2003 年刚成立时就定下的初始发展战略。目前弘毅投资专注于国企改制和跨境并购投资，被誉为"中国专家"。本节沿袭上文的分析思路，抓住弘毅投资的特色，展现老牌 PE 的投资精髓。

（1）股权结构及募集基金情况。

图 7-24 所示为弘毅投资的股权结构、募集资金及对外投资情况。从股权结构看，联想控股持有弘毅投资 20% 的股权，这种设计还是与君联资本一致，与联想控股密切合作的同时，管理人又拥有较大的自主决策权。弘毅投资也通过两层或三层有限合伙企业的股权结构进行杠杆的放大，联想控股除了持有弘毅投资 20% 的股份之外，同时还在各个最终对外投资的有限合伙企业中做 LP。这一点也和君联资本相似，既做 GP、也做 LP。

---

① 资料来源：（1）弘毅观点. 弘毅投资官网. http://www.honycapital.com/index.php?s=/Home/Social/index.（2）曹昌. 联想控股投资中联重科获 40 倍增值. 中国经济周刊，转引自腾讯财经. http://finance.qq.com/a/20110927/000919.htm.（3）中联重科历史公告. 巨潮资讯网. http://www.cninfo.com.cn/information/companyinfo_n.html?fulltext?szmb000157.

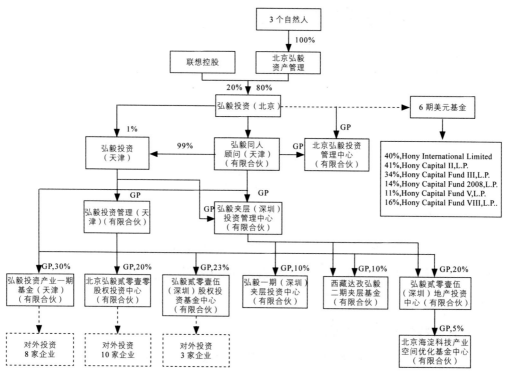

图 7-24 弘毅投资的股权结构、募集资金及对外投资情况 ①

从募集资金来源看，弘毅投资是一家国际化的 PE 基金。首先，管理人赵令欢在海外有多年的学习和资本阅历，铸就了他国际化的投资视野；其次，弘毅投资目前管理 6 期美元基金和多期人民币基金，和君联资本一样拥有海内外的双重募资渠道。不同的是，弘毅投资的出资人更加多元化，包括多个国家的主权财富基金、多个国家的社保基金和养老基金、多个大学的教育基金、产业集团和国际金融机构，如阿布扎比投资局、全国社保基金、新加坡政府投资、斯坦福大学基金、高盛、中国人寿等全球著名投资机构。相比君联资本在海外以自然人为主的出资结构，弘毅投资的出资结构更稳定、募集资金规模更大，这成为弘毅投资募集资金时的绝对优势。全球各著名机构的

---

① 图中 GP 后的百分比为联想控股所占有限合伙份额。

背书，也是投资能力的最佳证明。

在国内，背靠"联想"的弘毅投资，在资金募集能力上毋庸置疑。目前在国内有 3 期人民币股权投资基金、两期夹层基金和两期地产基金，总规模近250 亿元人民币，主要通过有限合伙形式的弘毅同人顾问和弘毅投资（天津）管理旗下的基金。

搞定了资金募集，弘毅投资如何做项目投资，为出资人创造优秀回报？

（2）投资策略和经典案例。

弘毅投资目前有三类业务，分别是 PE 基金、夹层基金和地产基金。PE基金是弘毅投资的立家之本，其中的两大王牌是国企改制和跨境并购。弘毅投资成立初主导的中国玻璃、石药集团和中联重科的国企改制项目，至今仍是 PE 机构参与国企改制的标杆。

中联重科的发展历程与联想类似，同样是来自科研院所的员工创业，同样在早期快速发展。不同的是创始人詹纯新对于"一股独大"的国企体制束手无策，导致中联重科步履艰难。直到 2005 年，中联重科终于迎来了国企改制的良机，迎来了战略投资者联想控股旗下的弘毅投资。

2006 年，改制首先从长沙建设机械研究院开始。湖南产权交易中心将建机院 8% 和 24.1% 的股权挂牌出售，最后由弘毅投资全资持有的智真国际（BVI）竞得 8% 的股权，由詹纯新及管理层控制的两家持股公司共竞得24.1% 的股权。通过建设机械研究院的改制，引入了外部战略投资者弘毅投资，完善了员工持股的公司治理结构。

紧接着是上市公司的股权分置改革。弘毅投资旗下的佳卓集团以 3.41 亿元的净资产价格收购中联重科 15.83% 的股份，成为第二大股东。在接下来的第三届董事会换届中，弘毅投资的董事总经理邱中伟进入中联重科董事会，发挥在公司治理和管理方面的积极作用。弘毅投资的战略入股，成为中联重科发展历程的"分水岭"。

弘毅投资入股两年后，原有的第一大股东长沙建设机械研究院被注销，变更为湖南省国资委和管理层持股公司等新股东，股权结构如图 7-25 所示。湖南省国资委是实际控制人，占股 24.99%。管理层控制的长沙合盛和长沙一方总计持股 12.56%，弘毅投资实际控制的智真国际和佳卓集团合计持股 13.31%。

这种股权结构设计，其实和联想控股后来引入战略投资者中国泛海是一个模式，把湖南省国资委换成国科控股，把两家持股公司换成联恒永信和联持志远，把弘毅投资换成中国泛海，就是联想控股在 2010 年的改革方案。这对中联重科来说是第一次成功的尝试，合理地平衡了国有资本、管理层和战略投资者之间的利益格局。

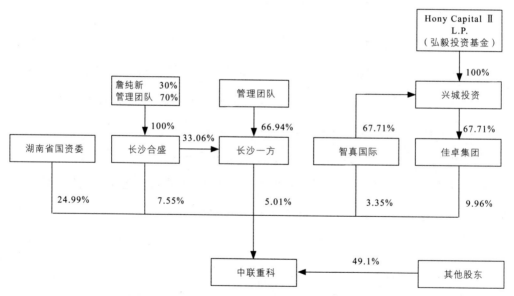

图 7-25　2008 年改制后中联重科的股权结构

除了优化公司治理结构，弘毅投资助推詹纯新和中联重科进行资本运作与外延式扩张。2007 年底，世界第三的混凝土机械制造商意大利 CIFA 寻求出售。在全球竞标中，弘毅投资运用自己的国际资本经验帮助中联重科脱颖而出，以 2.71 亿元的价格完成对 CIFA100% 的收购。图 7-26 所示为中联重科收购 CIFA 交易结构，弘毅投资在整个并购过程中，提供了以下帮助。

为中联重科策划并购方案。在并购 CIFA 的过程中，弘毅投资作为中联重科的战略投资者，运用自身的国际资本经验，为并购双方牵线搭桥，同时协助中联重科策划交易结构，最终获得 CIFA 的认可。

自身出资。弘毅投资不仅出力，还掏钱投资这笔海外并购，出资近 5 000 万欧元持有 CIFA18.04% 的股权，是仅次于中联重科的第二大股东。

拉着高盛、曼达林一块出资，为重组整合保驾护航。这样做的好处是，在减轻并购资金压力的同时，高盛的全球投资管理经验、曼达林基金的意大利本土团队优势，都能帮助中联重科更好地整合 CIFA。

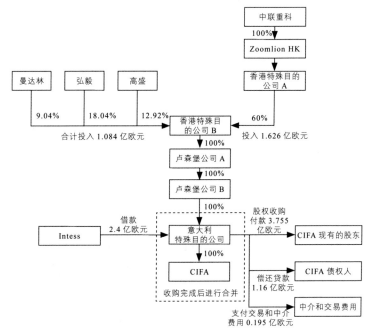

图 7-26　中联重科收购 CIFA 交易结构 [①]

---

① 中联重科重大资产购买暨关联交易报告书（修订稿）. http://www.cninfo.com.cn/cninfo-new/disclosure/szse_main/bulletin_detail/true/43043598?announceTime=2008-09-05%2006:30.

经此一役,中联重科在混凝土机械领域做到了国内第一,在美国金融危机中逆势成长,实现营收和净利润的高速增长。在这份靓丽的成绩单背后,弘毅投资功不可没。

2010年,中联重科准备通过定向增发,募集资金建设大吨位起重机产业化等十个项目。弘毅投资以实际行动加码投资,出资9.84亿元认购5 263万股,是第一大认购股东。

2010年底,弘毅投资推动中联重科在H股上市,募集150亿港元。弘毅投资在台前幕后全程参与H股发行,还介绍新鸿基、高盛、淡马锡等PE投资者认购股份。

中联重科携手弘毅投资的多年间,踏上发展的快车道。如图7-27所示,在短短8年间,中联重科的营收从46亿元增长至480亿元;净利润从4.82亿元增长至73亿元。更为关键的是,抓住发展机遇的中联重科,构筑了工程和农业机械的核心竞争力。坐稳国内龙头后,公司治理结构成熟和资本运作能力优秀的中联重科,打破了在全球市场的天花板。

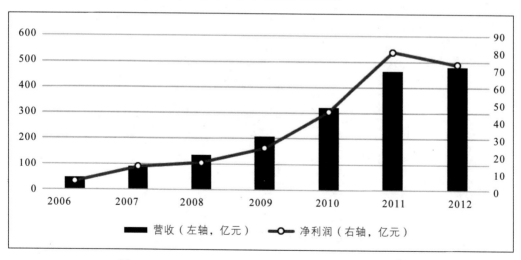

图7-27　2006—2012年中联重科营收和净利润①

———————————

① 数据来源:2006—2012年中联重科年报。

弘毅投资在为中联重科创造价值的过程中，也收获颇丰。最直接的体现是财务回报，从入股到减持和管理层收购，弘毅投资回报高达数十倍，目前弘毅投资仍持有 3% 左右的股权。此外双方的合作友谊也令人瞩目，管理人赵令欢在采访中称：中联重科是一个有独立思想和文化的企业，令我尊敬。我们是中联重科的战略投资者，放得更远。只要詹纯新想干什么、想要怎么样，我们都会支持。①

中联重科成为经典的国企改制和跨境并购案例，弘毅投资在其中发挥了关键性的作用：用资金去支持资本运作，用经验去指导跨境并购，用合作去完善公司治理。正如赵令欢所说，PE 机构不是简单的"投钱，分股权"，要做成人之美和带着资源的资本，要为被投企业创造价值。②也正因此，弘毅投资将最复杂的国企改制项目做成了标杆，在实业报国的基础上赢得海内外投资人的认可，得到"中国专家"的美誉。

9. 柳传志的政治智慧

"联想"的整部发展史，既是中国现代商业扬帆起航的缩影，也是柳传志的个人奋斗史。这位 40 岁创业的企业家，两次创业，一手打造了"联想系"的传奇，直到古稀之年，仍挺立在联想控股的舞台上，坚守着自己实业报国的宏愿。柳传志被誉为中国的商业"教父"和企业家的"老大哥"，不仅是因为"联想系"的商业成就，更是因为他的政治智慧。

———————————

① 曹昌 . 联想控股投资中联重科获 40 倍增值 . 中国经济周刊，转引自腾讯财经 . http://finance.qq.com/a/20110927/000919.htm.

② 赵令欢 . 做"成人之美和带着资源的资本". 弘毅投资官网 . http://www.honycapital.com/index.php?s=/Home/Social/index.

柳传志用 20 多年的管理实践证明了创始人的政治智慧最终决定着控制权安排和争夺的成败。因此，复盘柳传志创业中的政治智慧，对于企业创始人做好控制权安排和防范控制权争夺大有裨益，我们从以下四个方面去进行解读。

（1）内部经营权之争：明智的妥协。

"柳倪之争"是联想集团早期转折性的事件。本章的第 1 小节中回顾了"柳倪之争"的始末：起始于香港联想上市和发展路线的不同意见，在总工程师的偏激行为下，升级为对联想经营权的争夺。

在当年，柳传志三顾茅庐，倪光南卧龙出山，柳传志担任总经理，倪光南是总工程师，在埋头苦干的创业早期双方配合非常默契。柳传志在联想内部厚待倪光南，把他树立为榜样，这让倪光南在联想内部的威望堪比柳传志。凭借着倪光南开发出的汉卡和电脑的热销，联想滚起了大雪球，并且于 1994 年在香港成功上市。

双方的矛盾始于发展路线之争，又经过香港联想上市疑云的催化，最后升级为公司政治冲突。面对内部冲突，柳传志首先做的是主动寻求和解，他给倪光南写了一封信，信中写到两人的互相信任和团结是联想大厦的基石，希望倪光南能够为了联想的前程珍视总裁室的团结。这封信石沉大海，而倪光南的"告状"仍在继续，面对日常经营管理的停滞，柳传志得到中科院领导支持后，作出了自己的取舍。决定了让倪光南离开联想后，柳传志在分手会上边回忆两人情分边流下了泪水，还声明要出钱帮倪光南办企业。

面对冲突的解决，理想状态下的关键过程是"冲突→谈判→妥协→达成一致"，柳传志展现了教科书般标准的做法。柳传志最早的行动是写信，希望大事化小，缓和冲突回到信任团结的轨道上。这是直接跳过谈判、选择主动妥协的做法，柳传志希望用自己的妥协换来联想整体的上下一心。在倪光南无视柳传志的妥协后，双方也就没能达成一致。而倪光南的"告状"让事态上升到经营权的争夺问题，如果柳传志保持妥协，就会失去联想的经营权。更重要的是，陷入内部政治漩涡的联想会元气大伤，错失市场的发展机遇。在柳传志心里，联想的整体利益绝对是放在第一位的，现在管理层的"内耗"影响到集团的整体利益，这是主要矛盾。所以柳传志抓住主要矛盾，敢于作出取舍。

柳传志的智慧不止于妥协和敢于取舍，在"柳倪之争"定局之后，他圆满地修复了冲突的影响。在分手会上，他不仅展现出重感情的一面，还给出了实际的行动，用钱支持倪光南创业。这既是对倪光南的交代，也是对管理层和员工的倾诉。柳传志是在向员工表明：大家都是创业奋斗的兄弟，联想不会忘记大家的付出和心血。这样的收尾既有情有义，又滴水不漏。

"柳倪之争"后，柳传志得到了中科院领导和员工的一致认可，再无人可以撼动他的领导地位。

（2）对待管理团队：恰到好处的利益平衡。

每一个企业创始人都希望自己的企业百年长青，那就意味着要有自己信得过的管理团队，要长期留住管理团队，还要有长效的激励机制和权力制衡机制。

在这些方面，柳传志安排得恰到好处。现在的"联想系"由多位大将坐镇，控股公司由朱立南执掌，联想集团由杨元庆掌舵，君联资本由朱立南兼任，弘毅投资由赵令欢管理。这三位柳传志看中的接班人控制着"联想"最核心的业务。在股权层面，联想控股通过两家持股公司建立起长效激励机制，通过引入战略投资者泛海控股优化结构。在董事会层面，管理层、国科控股和泛海的董事会席位比例为3:2:1，柳传志领导的管理层占据了全部的三个执行董事席位。

在处理接班人、管理团队和核心骨干员工的关系上，柳传志的智慧表现在：搞好利益分配和平衡。

首先是接班人的选择问题，孙宏斌事件表明了柳传志的择人标准：要有事业心、要把联想的整体利益放在首位。此后的杨元庆、郭为、朱立南不仅事业心强，学习能力也是出类拔萃。在联想分家时，柳传志用朱立南作为中间人，巧妙解决敏感的利益分配问题，在保住联想集团业务根基的同时，为郭为另造神州数码的舞台，不至于放虎归山。这也是柳传志因人设岗思想的体现，杨元庆的冲劲、朱立南的温和、郭为的适应能力、赵令欢的海外资本经验，都被柳传志看在眼里并为其打造适合的平台。

其次是如何长期留住管理团队和核心骨干的问题。对此，柳传志认为企业要有真正的主人，所以他非常重视长期股权激励机制的建设。从早期争取分红权、20世纪90年代末启动股份制改造和员工持股，到引入泛海控股和建设有限合伙的员工持股平台，联想经历了步步为营的激励机制演变。管理团队和骨干员工从中逐步获得更多和更稳定的利益蛋糕，从分红权到所有权，从职工持股会到有限合伙。

对于自己的接班人，柳传志更是用心良苦，要把他们紧紧绑在"联想系"的大船上。除了员工持股外，柳传志还让杨元庆借钱收购联想集团的股票，成为联想集团最大的个人股东。而朱立南和赵令欢手下的君联资本和弘毅投资，联想控股实际只拥有20%的权益，其余80%都由管理团队组成的有限合伙持有。用利益去捆绑和激励管理层，这是柳传志的核心思路。

（3）对待中科院：永存感恩之心。

对于自己的控股股东中科院，柳传志在不同场合下多次表示："永远感激中科院，它是高瞻远瞩的开明婆婆。"[①] 这体现了柳传志为代表的管理层和大股东中科院间多年的信任关系。

创业初期的联想，得到中科院计算所的启动资金、固定资产、品牌、技术

---

① 柳传志.做事有小成 感谢命运眷顾.界面.http://www.jiemian.com/article/321341.html.

和人才的多重支持。正是靠着这些资源，联想才顺利起步。走上正轨后的联想和中科院之间最棘手的是股权分配的问题，在这个问题上，柳传志显露出他"妥协式前进"的智慧。柳传志在刚创业的时候并没有把利益分配放在心上，随着联想规模越来越大，他开始意识到员工当家做主的重要性，没有利益激励，联想很难做大。柳传志开始试探性地和院领导沟通，希望得到股权分配上的支持。当时的政治和商业环境还不健全，联想的情况没有先例，柳传志心里也没有底气。但是中科院领导讨论后，开明地同意了柳传志的想法，落实到具体行动上，由于国有资产政策的阻碍，只能在院里悄悄地把 35% 分红权给联想团队。

对于这样的结果，柳传志已经心满意足。就算院里有了结果，柳传志还是决定不动这笔分红钱。因为政策环境还没有明朗，他不敢拿联想冒险，不能因为分红让联想翻船。小心谨慎地适应特殊环境，是柳传志当年领悟到的道理，他见证了很多企业倒在了不讲政治上。从这个意义上来说，柳传志称得上企业家中的"政治家"。

这笔分红钱直到 2000 年左右股份制改造和员工持股计划时才被拿出来，用来给管理团队和员工购买联想的股份。柳传志的这种做法，也充分考虑了员工利益和联想整体利益的平衡，虽然拿不到，但得先把每个人该得的蛋糕分清楚，最后在启动员工持股计划时也就少了利益的纠纷。这也得益于柳传志个人"踏实做事、端正做人"的作风，帮助他赢得了下属的信任和支持。

2000 年后，柳传志通过引入老朋友泛海控股，规避国有股权转让问题，设立了联持志远和联恒永信两个持股平台。有了两个有限合伙形式的股票蓄水池，联想的长效激励机制基本成型。柳传志也借此让管理层掌握了更多的股权，平衡了联想控股的控制权结构。

柳传志和中科院的信任关系还体现在董事会。作为控股股东，国科控股在 9 个董事会席位中只要了 2 个席位，而且都是非执行董事，不参与公司的日常管理与运营。反倒是柳传志为代表的管理层控制了最关键的 3 个执行董事席位，这说明柳传志是深得国科控股信任的。目前，国科控股约占 30% 的股份，保持对联想的相对控股。

联想给中科院带去了丰厚的回报，和最初的 20 万元相比，股权部分退出的回报、现在的市值和分红增值已经难以计量。对于共同创业的计算所老领导，柳传志也不忘感激，用员工持股计划去报答他们的悉心照顾。此外，柳传志每逢重要场合讲话，对中科院的"感激"都是放在首位。这并不是表演，而是经历特殊年代的企业家的真心话。

总的来看，柳传志的控制权安排很精彩。"国有控股 + 战略投资者 + 两个员工持股平台"，让联想控股断绝了被野蛮人敲门的可能，也保障了管理层的控制权，更建立起长短期结合的激励机制。可以预见，联想控股还将继续携手中科院走向百年老店，这是柳传志"讲政治"的体现，也是联想控股基业常青的稳定力量。

（4）健康的政商关系：产业报国的企业家精神。①

在接受采访时，柳传志曾称"企业和政府"的关系最难。柳传志对于政商关系有着自己的深刻看法："企业的主要任务是把企业做好，做强做大，照章纳税，提供更多的就业机会。我们企业的做法和利益有时候会与政府的法律法规有冲突的地方，这时候企业可以缓和地提意见，但还是要按照政府的要求来做，简单说，就是'有理想而不理想化'。"

柳传志还举了联想汉卡定价的例子。当时的物价局认为联想汉卡定价超标，当时的标准是只能在硬件成本上增加 20% 到 30% 的空间，要罚联想 100 万元。

---

① 资料来源：（1）张璐晶. 柳传志：我不跟官员过度交往去捞好处，但我也不想吃亏. 中国经济周刊. http://www.ceweekly.cn/2017/0417/187517.shtml.（2）董事长致辞. 联想控股官网. http://www.legendholdings.com.cn/Pages/Speech.aspx.（3）付涛. 联想收购 IBM 柳传志攻城掠地后回望"产业报国". 解放日报，转引自网易. http://biz.163.com/41215/9/17KQ085N00020QC3.html.

可是联想当时一年才挣 60 万元，何况物价局的标准已经落后，它并没有考虑到技术的价值。有同事建议柳传志召开记者会，把不合理的政策告诉大家，这样这笔罚款可能就不用上交了。但是柳传志没有这样做，而是拜托中科院等部门帮忙向物价局解释这件事，最后罚款降到 40 万元，联想也如期上交了 40 万元的罚款。

对此，柳传志说："那件事我相信我们是对的，因为后来国家政策改了，但并不是所有我们认为对的事都是对的，所以对待政府的某些法律法规可以提出建议，可以申诉，但不能坚决抵制。"柳传志的话印证了健康政商关系的最基本要求：企业和企业家必须遵纪守法，企业的资本运作或各种管理手段必须是合法合规的。

柳传志还补充道："企业有自己的目标，要把企业的事做好，诚信经商，做公益事业等等。"这是在说企业家的责任担当，那就是为股东、为企业和社会创造价值。

对于企业和官员的关系，柳传志认为："我不做亏心事，我不跟某些官员过度交往去捞取什么好处，但是我也不想吃亏。"柳传志这是用行动在告诉企业创始人，和政府官员做朋友要做君子之交，而非权钱交易。

健康政商关系要点是：遵纪守法、低调务实、产业报国、创造价值。其中，做到"遵纪守法、低调务实"只是健康政商关系的基本点，"产业报国、创造价值"是健康政商关系的最终体现。产业报国是柳传志从创业开始就有的远大理想，"联想系"也因此成为中国企业参与市场竞争、国际竞争的鲜明旗帜。

在联想官网的董事长致辞中，柳传志说联想控股有一个愿景：希望能够以自己的努力实现"产业报国"的心愿，希望做一个"值得信赖并受人尊重"的公司，希望在"多个行业拥有领先企业"，还希望能够有"国际影响力"。

以产业报国为己任，是伴随柳传志和"联想人"奋斗的有力支点；同时也给联想带来了和谐的外部政治环境氛围，为企业的发展争取到了最大的政治资源。由于政治上的正确，联想一直处于健康的发展道路上。

2004 年，柳传志下定决心收购 IBM 的 PC 业务，举起民族 IT 产业的大旗。在记者会上，有记者问，整合原 IBM 的员工后联想集团的价值观会不会变？柳传志笑道："不提产业报国，我们为什么干？"而对柳传志这种产业报国最直接的回报就是联想集团获得了大量的政府采购订单。

柳传志希望联想控股在实现产业报国愿景的征程上，能为所有员工搭建出没有天花板的舞台，让大家尽展才华，实现梦想；同时，为中国奉献出一批卓越的企业，为中国和世界经济的发展作出应有的贡献。

联想控股之后的战略调整和布局，都基于以产业报国为己任的愿景，从用实业思维做财务投资，到 2010 年的战略投资调整，再到"战略投资＋财务投资"双轮驱动。至今，联想控股在 IT 产业外，又培养出以神州租车为代表的消费产业、以佳沃集团为核心的新农业产业、以联泓集团为主的化工新材料产业和以正奇金融为主的服务区域经济的金融产业，这些新产业带动中国经济的转型升级，为社会创造了巨大价值。

第8章

京东的投融资底线是控制权

中国互联网的上半场是以 BAT 为主角，如今的下半场京东已成为主角之一并组成 BATJ 新格局。在中国互联网寡头格局已形成的情况下，京东这匹黑马能够跻身其中，实属不易。

京东的迅速壮大并非一路顺风顺水，从 1998 年在假货满天飞的北京中关村成立京东多媒体并坚持卖正品，到 2003 年一场"非典"将京东多媒体逼上了电商之路，再到资金链险些断裂而开启了上市前的九次融资历程，每一次的危机都让京东面临巨大的威胁，但京东也因此而抓住机遇从困境中突围，变得更加强大。京东发展至今已有 20 年，原本以销售 3C 类产品起家的京东电商，如今已成为全国最大的"全品类综合性购物网站"。以电商为核心，京东又开拓发展了物流、金融和 O2O 等领域。京东物流和京东金融如今已成为独树一帜的行业领头羊，分拆上市后都有可能成为下一个炙手可热的独角兽。而京东 O2O 业务也与达达合并，力争打造中国最大的 O2O 电商平台。

京东的崛起离不开中国电商整体成长的推动，也与其商业模式深度吻合了中国网购消费者的心理和习惯密切相关；除此之外，创始人刘强东的个人格局和企业家精神也起着至关重要的作用。

在京东的发展历程中，无论是在上市前的融资还是上市后的投融资，刘强东始终坚持一条底线——掌握控制权。刘强东始终认为，只有掌握控制权，企业才能按照自己坚持的发展理念去运营，员工才能团结一致，齐心将京东做强做大。

1. 京东的创立 ①

京东最初以卖场柜台起家，后来一场"非典"将其逼上了电商之路，却因祸得福，就此迅猛发展，成为电商行业的一匹黑马。

（1）刘强东的创业经验积累。

1974 年，刘强东出生在江苏省宿迁市一个贫穷小镇，1992 年考上中国人民大学，成为小镇骄傲。他从小家境贫寒，自幼吃苦，但这也养成了他独立坚韧的性格。在创立京东之前他参与过校园创业、经历过企业打工，这些失败的教训或成功的经验都成为刘强东创业时宝贵的财富。

1995 年，还在读大四的刘强东以攒下的 24 万元积蓄盘下了校园内的一家餐厅，开启了人生第一次创业。开业不久，刘强东便发现他以 24 万元买下的只是餐厅的名字和设施，而非所有权；同时发现员工懒惰怠工，白吃白拿白喝且记假账；而且"屋漏偏逢连雨夜"，开业半年后餐厅还接到拆迁通知，面临关闭。刘强东的第一次创业出师不利，负债二三十万元。

1996 年，刘强东大学毕业。由于创业导致负债累累，于是他转向一家待遇优厚的中日合资企业——深圳日宝来福磁性健康用品有限公司，这是中国传销界的"始祖"。② 刚毕业的刘强东对于传销一无所知，在日宝来福先后担任电脑管理员、业务代表、物流主管。加上闲余打工，一年后刘强东便还清了此前开餐厅所欠下的所有债务。1997 年国家对传销下达"通杀令"，公司业

---

① 资料来源：（1）孙琳. 刘强东•我的青春不迷茫 [M]. 北京：中国言实出版社，2015.（2）孙光雨. 刘强东：互联网＋风口上的京东传奇 [M]. 北京. 中国商业出版社.（3）许智博. 京东 CEO 刘强东：让员工活得有尊严. 南都周刊. 转引自 http://tech.sina.com.cn/i/2014-07-02/10459472592.shtml.（4）刘强东：我会坚持相对控股. 中国企业家，转引自 http://finance.sina.com.cn/hy/20080626/21535027781.shtml.（5）京东老刘. 腾讯微博. http://t.qq.com/p/t/23545009066841.（6）陈群超. 京东商城市场份额及销售额增长状况. i 美股. http://news.imeigu.com/a/1315461895947.html.（7）京东上市招股说明书. https://www.sec.gov/Archives/edgar/data/1549802/000104746914003773/a2219624zf-1a.htm.

② 孙琳. 刘强东•我的青春不迷茫 [M]. 北京：中国言实出版社，2015: 7.

绩下滑，刘强东果断选择辞职离开。

刘强东决定再次创业。总结第一次创业的失败教训，刘强东认为主要原因在于自己作为"一把手"不尽责，疏于管理。相比之下，日企的经历让他认识到有条不紊管理的重要性，同时也磨炼了刘强东的工作能力，夯实了刘强东的管理经验。

（2）创办京东，柜台起家。

辞职后，怀着"创业"梦想的刘强东将目光瞄向了北京中关村。那时中关村盛行"炒货"，即商家柜台摆满诸如鼠标、键盘等 IT 产品，但商家实际上没有现货，等待顾客出单才去其他柜台拿货。刘强东意识到如果能缩短中间取货的时间，便能抢到商机。刘强东立即拿出仅剩的 1.2 万元，租下 3.2 平方米的小摊位，购置一台二手电脑和一辆二手三轮车，开启了二次创业之旅。

1998 年 6 月 18 日，刘强东创办京东多媒体，即京东前身，注册名为"北京京东世纪贸易有限公司"。最初，刘强东做的是光盘刻录机代理，即从大代理商拿货，再向各柜台商家供货。那时的中关村，山寨货满天飞。刘强东却坚持正品明码标价，承诺："保证正品，2 分钟送达，只贵五毛，如送货超时，赔偿 10 元。"[①]京东初创时只有刘强东一人，时而会出现业务量大而超时的情况，刘强东坚持承诺，履约赔付，秉着诚信与正品的原则，京东打开了市场。

京东多媒体创立当年就实现 30 万元盈利，而且从 1998 年到 2001 年，京东多媒体账面净赚 1 200 万元。然而刘强东认为电子产品更新换代太快，仅靠光盘刻录机无法长久盈利，于是 2002 年开始增加光盘业务。事实证明，刘强东的这次转型策略非常成功，2003 年京东多媒体已成为国内光盘代理的标杆企业。在京东多媒体经营得有声有色的同时，刘强东大胆决定开连锁店。几年内京东多媒体从一个小摊位发展到有 12 家连锁店的中型企业，以诚信和

---

① 孙光雨 . 刘强东：互联网 + 风口上的京东传奇 [M]. 北京 : 中国商业出版社 , 2015: 14.

正品在市场上占据了一席之地。

（3）"非典"把京东逼上电商之路。

正当刘强东准备向国美、苏宁等 3C 零售商看齐时，"非典"的到来阻碍了刘强东继续扩张的步伐。2003 年，"非典"降临。市场冷冷清清，客流下降，库存堆积，价格暴跌，仅仅一个月，刘强东便亏损 800 多万元。[①] 库存商品滞销越久，损失越大，若"非典"继续蔓延，京东多媒体生存希望渺茫。

福兮祸兮，偶然的机会刘强东看到了网上商店，动起了电子商务的心思。尽管一无所知，但是为了生存发展，刘强东只能硬着头皮往前走。刘强东立即召集高管展开行动，全公司在网上做起了"水军"，网上发帖，QQ 推广。让刘强东意料不到的是，这样的营销模式竟然让京东多媒体的库存量逐渐得到下降，"正品、低价、周到服务"的宗旨也赢得了客户量，刘强东的"线上生意"开始走上正轨。

2003 年 6 月，"非典"得到控制。市场恢复繁华，京东实体店也恢复了人气。但刘强东没有放弃"线上生意"，而是采取线上线下相结合的销售模式。这个时期，马云也创建了淘宝网，成为中国最大的个人交易网站；李国庆创建当当网，引入风险投资继续抢占市场占有率；雷军和陈年创办卓越网，eBay 成交量年年数倍增长……一夜间中国电商遍地开花。刘强东也想拥有自己的电商平台，于是他花费 1 000 多元注册二级域名，京东多媒体在线由此诞生。

从 2003 年 6 月到 2004 年底，京东多媒体在线的订单激增，是线下实体店的十几倍。刘强东发现这是一个不容错过的商机，于是不顾高管反对决定"豪赌"一把，一口气关掉线下 12 家连锁实体店。2004 年，京东多媒体在线销售额猛增。从 2004 年的 1 000 万元，到 2005 年的 3 000 万元，再到 2006

---

① 孙光雨.刘强东：互联网＋风口上的京东传奇 [M].北京：中国商业出版社,2015:24.

年的 8 000 万元，2007 年的 3.6 亿元。

在激烈的竞争中，抢占先机和夺取市场份额至关重要。京东一直以"正品、低价、服务周到"获取客户"放心"，然而正品意味着成本劣势，低价则意味以亏损换取份额，且提供服务需要消耗大量人、财力。刘强东意识到，资金或许是京东多媒体发展前行的最大羁绊。

2. IPO 前的融资历程 [①]

如果说"非典"是让京东走上电商之路的一个契机，那么资本的注入则是让京东插上了腾飞的翅膀。京东在上市前经历了十次融资，除了第一次融资以资本方破产而失败告终，其余九次融资则成功给京东注入资本，让京东得以做大规模，迅速占领市场。

（1）安彩解燃眉之急。

京东销售的 3C 产品毛利率本来就很低，再加上京东多媒体上线以来就一直以"低价"的策略攻占市场，表面上销售额呈倍增式增长，但公司一直处于亏损的状态。为了让京东多媒体得以继续发展，刘强东不得不向风险资本寻求帮助。

2006 年，刘强东为了融资到处奔波，却因为当时众多投资者不认可网上商城的经营模式等而遭到拒绝。迫在眉睫之时，一家名为"安彩集团"的企

——————————

① 资料来源：（1）许智博. 京东 CEO 刘强东：让员工活得有尊严. 南都周刊，转引自 http://tech. sina.com.cn/i/2014-07-02/10459472592.shtml.（2）刘强东：我会坚持相对控股. 中国企业家，转引自 http://finance.sina.com.cn/hy/20080626/21535027781.shtml.（3）京东老刘. 腾讯微博. http://t.qq. com/p/t/23545009066841.（4）陈群超. 京东商城市场份额及销售额增长状况. i 美股. http://news. imeigu.com/a/1315461895947.html.（5）京东上市招股说明书. https://www.sec.gov/Archives/edgar/ data/1549802/000104746914003773/a2219624zf-1a.htm.

业拯救了当时面临资金链断裂的京东多媒体。安彩集团是一家 A 股上市公司，主要生产彩色显像管玻璃壳、照明等产品，是当时国内规模最大的彩色玻璃壳生产商。经过了解，刘强东发现安彩集团是一家喜欢扩张的公司，多年来投资了许多项目。于是刘强东找到安彩集团的负责人洽谈融资事宜，清晰的未来发展构想和资金使用规划，让安彩集团欣然答应对京东多媒体投资 500 万元人民币。

安彩的投资更像趁火打劫。在京东与安彩签订的投资协议中，安彩不仅取得京东 30% 的股份，而且要求未来京东如果缺钱，只能向安彩集团一家企业进行融资，不得寻求其他企业的融资帮助，京东相当于是和安彩签订了"卖身契"。[①] 作为刚刚接触资本的刘强东而言，签订这样的协议或许是无奈之举，但如此冒险的行为一不小心就会让京东的控制权落到旁人手里。幸运的是，刘强东逃过了这一劫。

签订投资协议之后，安彩随即将 500 万元投资款中的 200 万元打到京东账上。但随着液晶显示器在中国家庭的普及率越来越高，安彩生产的显像管玻璃壳逐渐遭到淘汰，加上本身管理不善，安彩仅 2006 年便亏损高达 18.5 亿元人民币。在自身难保的情况下，安彩向京东要回了此前给出去的 200 万元投资款，而剩余的 300 万元自然也是打水漂。

对于京东来说，安彩之祸既有利也有弊。利在于暂时脱离了企业落入他人手里的风险，弊则在于企业再次面临资金链断裂的危机。

（2）第一次成功融资，遇到伯乐徐新。

在朋友的牵线搭桥下，刘强东遇到了人生中的伯乐——今日资本的徐新。2006 年 11 月的一个晚上，刘强东与徐新在北京长安街中国大饭店进行了长达

---

① 许智博. 京东 CEO 刘强东：让员工活得有尊严. 南都周刊，转引自 http://tech.sina.com.cn/i/2014-07-02/10459472592.shtml.

4 小时的洽谈。在这次谈话中，徐新对刘强东作为创始人对于商业的洞察力和事必躬亲的处事风格表示欣赏，对于京东的"正品、低价、服务"策略尤为赞赏，对于京东的资金周转率和去库存率更是表示满意。徐新认同京东的商业模式，认定京东是一匹"黑马"，因此在对京东进行尽职调查之后，徐新随即表示今日资本愿意对京东进行投资。

今日资本在对京东进行尽职调查之时，刘强东也对今日资本进行反向尽职调查。在经历了安彩事件之后，刘强东在选择资本方时开始坚持一条底线，就是要牢牢掌握对京东的控制权。在接受《中国企业家》杂志的专访时，刘强东曾经说过这么一句话："对资本，我一开始是懵懂，然后变成充满戒备和芥蒂，对他们提出的各种条款和要求也都慎之又慎。又需要他们，又害怕他们。"[①]可见刘强东面对资本时渴望和恐惧并存。

今日资本成立于 2005 年，从其官网公布的资料看，投资京东之前并没有其他投资案例。从创始人徐新过往的投资经历看，均是以财务投资人的角色进行投资，并没有控制权争夺的前科，这一点正是刘强东所看中的。因此，刘强东与徐新很快促成了这起投资。

在这轮融资之前有一个小插曲。当时徐新问刘强东需要多少资金，刘强东说他只要 200 万美元。此举遭到了徐新的拒绝，徐新认为 200 万美元完全满足不了京东未来的发展需求，并说服刘强东接受今日资本 1 000 万美元的投资额度。当时的京东已经陷入极大的资金困境，如果能够得到 1 000 万美元的融资，不仅能缓解资金压力，还能继续扩展业务。最终，刘强东听取徐新的建议，接受今日资本 1 000 万美元的投资。

当然，今日资本对京东的投资也是有条件的。在双方的投资协议中，有

---

① 刘强东：我会坚持相对控股. 中国企业家，转引自 http://finance.sina.com.cn/hy/20080626/21535027781.shtml.

一条对赌条款：未来5年内，京东的销售额年增长率要高于100%。如果低于100%，刘强东需要拿出一定的股份分给今日资本；如果高于100%，则由今日资本拿出相应比例的股份作为期权奖励团队。

结果是京东赌赢了，京东在得到注资之后发展迅猛，产品种类从原本单一的IT产品逐步扩展到家电、日用百货及图书等领域。2007年，京东的实际交易额约为3.6亿元，远远超过了"对赌协议"中的销售额年增长率超过100%，相比较2006年涨幅高达350%。2008年，京东的年销售额更是高达13亿元，同比2007年增长261%。仅仅两年的时间，京东便超额完成了5年的对赌条件。

本轮融资是京东历史上唯一一次签了对赌条款的融资。根据刘强东2011年4月11日在腾讯微博所言："京东只有第一轮协议中签署了对赌条款，只用了2年就赢得了5年对赌条款，之后再也没有签署！那是因为当时投资人预期太低，也算一种幸运吧！"[①]

（3）第二次成功融资，徐新引荐"旧同事"并再次注资。

2008年，全球爆发金融危机，资本市场寒冬降临。虽然京东的成长势头正如日中天，但同时带来的却是资金方面的再度短缺。产品种类的扩张、物流体系的构建都给京东带来了巨大的资金压力。于是，京东开始了第二次融资。

这一轮融资是刘强东最难熬的日子。在金融危机中，人人自危，即使有实力的资本方，也害怕"一失足成千古恨"。在这个阶段，刘强东一共见了40多家基金公司，有时一天见过5家，均被以各种理由拒之门外。这个时候的京东，资金链的紧张程度已经到了无法给员工发薪水的地步，如果依然无法得到资本注入，将面临倒闭的可能。就在这个时候，徐新再次向京东伸出了援手。

徐新告诉刘强东，可以再次给京东投800万美元，这让愁白了头的刘强东喜出望外。更让刘强东惊喜的是，徐新还引荐了昔日的"旧同事"黄灌球给

---

① 京东老刘. 腾讯微博. http://t.qq.com/p/t/23545009066841.

刘强东认识。黄灌球是雄牛资本的合伙人，和徐新都曾经在巴黎百富勤投资集团工作过。

刘强东与黄灌球的第一次谈话也很投机。黄灌球对京东的物流体系和信息系统表示称赞，对京东商城的未来发展表示看好，对刘强东的管理能力更是青睐有加。更重要的是一点，黄灌球对于京东的估值非常合理，这是双方得以融洽进行谈话的前提。

而刘强东通过徐新的介绍，也了解到黄灌球卓越的投资表现。此前黄灌球在担任百富勤投行部主管期间，曾经参与过华联超市、百盛集团等多个零售业的募资项目，对于零售业的理解可以说是相当到位和专业。而刘强东在对雄牛资本进行反向尽职调查时，发现雄牛资本成立于 2007 年 11 月，在接触京东之前还未进行过一笔投资；而且黄灌球此前个人参与的投资，也没有涉及控制权争夺。这些条件都满足了刘强东对投资人的选择，因此双方很快达成协议，雄牛资本给京东投资 1 200 万美元。

本轮融资还意外获得了 CVC 高级顾问梁伯韬的关注。梁伯韬也曾在百富勤工作，同样是徐新的"旧同事"。经徐新搭桥，梁伯韬和刘强东共进晚宴进行交流。在交流的过程中，梁伯韬表示愿意以"天使投资人"的身份，向京东投资 100 万美元，刘强东对此感到疑惑。而梁伯韬则表达了自己对于京东商城商业模式的看好，认同刘强东的战略观点和执行力，并表示已经通过雄牛资本了解了尽职调查的结果，对于京东的各项数据非常满意，因此才有了投资的意向。梁伯韬真诚和谨慎的态度感动了刘强东，于是欣然接受了梁伯韬的个人投资。

就这样，京东在第二轮融资中总共拿到 2 100 万美元，分别来自今日资本 800 万美元、雄牛资本 1 200 万美元和梁伯韬个人投资 100 万美元。这一轮融资帮助京东度过了金融危机，解决了京东由于扩张带来的资金困局。这轮融资到账之后，京东开始大规模在全国构建物流体系，扩大产品和品牌数量，迅速占领市场。到了 2009 年，京东的销售额已达到 40 亿元人民币，同比增长 208%。[1]

（4）其余 7 次成功融资概况。

除了以上两次融资之外，京东在 IPO 前还有以下 7 次融资，如图 8-1 所示。

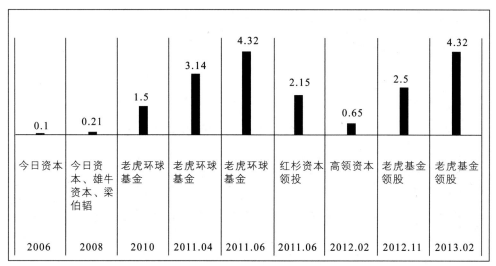

图 8-1　京东上市前九次融资概况 [2]（单位：亿美元）

第三次融资。2010 年，老虎基金为京东投资 1.5 亿美元。本次融资分为两期，分别在 2010 年 1 月 27 日与 2010 年 12 月 3 日到账，金额均为 7 500 万美元。这是金融危机后中国电子商务企业史上获得最大数额的一笔投资。本轮融资到账后，京东将其中的 50% 用于仓储、配送和售后服务能力的提升。

第四次融资。2011 年 4 月，老虎环球基金向京东投资 3.14 亿美元。

第五次融资。2011 年 6 月，老虎环球基金向京东投资 4.32 亿美元。

第六次融资。2011 年 6 月，由红杉资本领投，向京东注资 2.15 亿美元。

---

[1]　陈群超 . 京东商城市场份额及销售额增长状况 . i 美股 . http://news.imeigu.com/a/1315461895947.html.

[2]　资料来源：京东上市招股说明书 . https://www.sec.gov/Archives/edgar/data/1549802/000104746914003773/a2219624zf-1a.htm.

第七次融资。2012 年 2 月，高瓴资本向京东投资 6 500 万美元。

第八次融资。2012 年 11 月，加拿大安大略教师退休基金和老虎环球基金向京东注资 2.5 亿美元。

第九次融资。2013 年 2 月，沙特王子控股的王国控股集团和老虎环球基金向京东注资 4.32 亿美元。

经历了九轮融资之后，京东共获得 18.89 亿美元的注资。得到这些资金后，京东开始自建物流体系和信息体系，这两个体系帮助京东夯实自身基础，京东也因此逐渐爆发，成为行业的佼佼者。

3. 上市前的整合 [①]

和很多互联网企业一样，京东把上市地点选择在美国。在上市前，京东宣布与腾讯达成战略合作关系，极大地提升上市估值，也补足了其支付板块的短板。

（1）选择在美国上市的原因。

经历多轮融资后，无论规模还是业绩都取得飞跃性的增长，京东已迫切需要通过上市融资才能满足其继续发展的步伐。2014 年 5 月 22 日，京东在美国纳斯达克上市。京东为什么不选择 A 股，而是在美国上市呢？

首先，京东连年亏损，难以满足 A 股的 IPO 条件。如果选择登录 A 股中

---

① 资料来源：（1）严韵俊. 京东获腾讯股权投资的战略价值分析 [J]. 产业与科技论坛. 2016（15）. （2）廖丰，祝剑禾. 腾讯 2.14 亿美元收购京东 15% 股份 牵手终成眷属. 京华时报，转引自人民网 .http://media.people.com.cn/n/2014/0311/c40606-24595880.html.（3）2013 年度中国网络零售市场数据检测报告. 中国电子商务研究中心. http://www.100ec.cn/zt/2013ndwlls.（4）京东上市招股说明书. https://www.sec.gov/Archives/edgar/data/1549802/000104746914003773/a2219624zf-1a.htm.（5）腾讯投资京东 电商市场迎寡头时代. 中国电子商务研究中心. http://b2b.toocle.com/detail--6159173.html.（6）腾讯控股上市公告. http://www.hkexnews.hk/listedco/listconews/SEHK/2014/0310/LTN20140310034_C.pdf.

盈利要求最低的创业板，需要满足以下条件中的一个："最近两年连续盈利并且净利润累计不少于 1 000 万元，或者最近一年盈利且营业收入不少于 5 000 万元。"而京东在 IPO 之前，其净利润均为负。从 2009 年到 2012 年，分别亏损 1.03 亿元、4.12 亿元、12.84 亿元和 17.29 亿元。单就这一点而言，足以将京东拒绝在 A 股门外。而美国上市要求中，对于净利润没有绝对的要求。

其次，缩短 IPO 时间。在美国上市的手续相对简单，IPO 时间也比 A 股市场短。一般美国上市需要 6~12 个月，甚至是 3~4 个月。而 A 股上市的审批流程则非常繁琐，有时需要耗费 3~5 年的时间。对于正缺乏资金的京东来讲，在美国上市是最好的选择。

最后，美国市场允许双重股权结构，便于控制权安排。作为一个互联网公司，京东在多轮融资过后，创始人刘强东的股份将被大量稀释，为了牢牢掌握控制权，刘强东需要将公司放在允许"同股不同权"的地方上市，而美国市场刚好接受 AB 股的股权结构。

（2）牵手腾讯，提升估值。

在上市前夕，即 2014 年 3 月 10 日，腾讯与京东共同宣布结成战略联盟，通过股权投资和深度业务合作共同发展电商业务。此次京腾联手被业界认为是"一项改变电子商务业态的合作"[1]。

在此次交易中，腾讯以 2.147 亿美元作为对价，将腾讯电商旗下的 QQ 网购 100% 股权、拍拍网 100% 股权、易迅物流的全部资产和易迅 9.9% 股权转让给京东，从而换取京东上市前在外流通普通股约 15% 的股权。此外，腾讯在京东上市时还追加认购 5% 的股权，成为京东重要股东和战略合作伙伴。[2] 在符合双方

① 严韵俊. 京东获腾讯股权投资的战略价值分析 [J]. 产业与科技论坛. 2016（15）.

② 廖丰，祝剑禾. 腾讯 2.14 亿美元收购京东 15% 股份 牵手终成眷属. 京华时报，转引自人民网. http://media.people.com.cn/n/2014/0311/c40606-24595880.html.

交易协议所载若干条件的前提下，腾讯有权向京东董事会委派一名董事。①

京东和腾讯的交易追求的是合作双赢。对于腾讯而言，入股京东能够更好地布局电商和 O2O 等领域，从而提升与阿里巴巴在电商生态圈的抗衡能力。同时，采用 Pre-IPO 方式进行并购，有助于提高投资回报。对于京东而言，愿意接受腾讯的投资主要是基于以下的考虑。

● 弥补京东在移动支付和移动电商领域的短板。在 2014 年之前，"货到付款"是京东的最大特色，移动支付端一直是京东的短板，阻碍了京东在电商领域的发展壮大。而腾讯的入股，正好弥补了京东在这方面的短板。腾讯拥有全国最大的社交平台 QQ 和微信，可以为京东引入移动端流量。基于微信平台和微信支付，京东可以获取 O2O 领域支付环节的支持，进一步完善京东的电商生态。

● 整合腾讯电商资源，提升竞争力。根据中国电子商务研究中心发布的《2013 年度中国网络零售市场数据监测报告》显示，2013 年中国 B2C 网络购物交易市场中，天猫商城排名第一，市场份额为 50.1%，而京东虽然排名第二，市场份额却不到天猫的一半，仅为 22.4%，腾讯电商排名第四，市场份额仅为 3.1%。京东与腾讯达成战略合作之后，京东获得了腾讯旗下的 QQ 网购和拍拍网全部股权，以及易迅的全部资产和易迅 9.9% 的股份，既减少了双方原本的同业竞争，又增加了京东的市场份额，有助于提升京东的电商实力。

● 防止创始人大权旁落。在经过多轮融资之后，刘强东通过两家在英属维京群岛注册的公司，共持有京东 23.7% 的股份。刘强东在腾讯入股

---

① 腾讯控股上市公告 . http://www.hkexnews.hk/listedco/listconews/SEHK/2014/0310/LTN20140310034_ C.pdf.

之前虽然仍为第一大股东，但是此时第二大股东老虎环球基金的持股比例已经高达 22.1%，和刘强东仅差 1.6%；另外，高瓴资本、DST、今日资本、沙特王子基金和红杉资本的持股比例分别为 15.8%、11.2%、9.5%、5.0% 和 2.0%，与老虎环球基金加起来共计 65.6%。即使京东上市之后发行 AB 股，但上述的股份比例已使得刘强东的控制权遭到削弱。腾讯入股并与刘强东的结盟（腾讯将表决权委托给了刘强东），可以有效地稀释其他股东的股份而增加刘强东的表决权，从而降低刘强东控制权旁落的风险。

- 提高京东 IPO 估值。在腾讯投资京东之前，京东的估值一直备受质疑。虽然京东在 2013 年度首现盈利，但细读其财报，可以发现京东的盈利中，有一个多亿属于政府补贴，还有一个多亿属于资本回报。京东需要更多具有想象力的概念为其上市估值加码，而腾讯的加入，便为京东上市前的故事增添了想象力，有助于提高 IPO 估值。

（3）股权结构演变。

为了满足在美国上市的要求，京东采用了 VIE 股权架构。京东的 VIE 股权结构很早就开始设计，2006 年在英属维尔京群岛收购了星浪投资控股有限公司（Star Wave Investments Holdings Limited）作为离岸控股公司。随后，京东将这个实体改名为京东商城（360buy Jingdong Inc.）。2014 年 1 月，为了赴美上市做准备，360buy Jingdong Inc. 的注册地由英属维尔京群岛改为开曼群岛，并改名为京东（JD.com, Inc.）。

2007 年，北京京东世纪贸易有限公司（简称"京东世纪贸易"）作为中国境内的全资子公司注册成立。刘强东把早期创立的京东其他公司和业务逐渐合并到京东世纪贸易。自此，京东世纪贸易开始在中国建立多种分支机构，从事批发、零售、快递服务、研发、互联网金融等业务。

2007 年 4 月，北京京东叁佰陆拾度电子商务有限公司（简称"京东360"）成立。创始股东为刘强东和孙加明，持股比例分别为 45% 和 55%。通过一系列协议，京东 360 由京东世纪贸易控制。京东 360 持有京东在中国的 ICP（Internet Content Provider）牌照，并运营京东商城网站 www.jd.com。2012 年 10 月，京东 360 通过其全资子公司收购网银在线，为京东提供在线支付和结算业务。2010 年 9 月，江苏圆周电子商务有限公司（简称"江苏圆周"）成立。和京东 360 一样，创始股东也为刘强东和孙加明，持股比例分别为 45% 和 55%。同样，京东世纪贸易通过一系列的协议控制着江苏圆周。江苏圆周主要经营图书和音像制品。通过协议，京东世纪贸易享有对京东 360 和江苏圆周的以下权利。

- 有效控制京东 360 和江苏圆周。
- 充分享有京东 360 和江苏圆周的经济效益，承担其全部损失和义务。
- 在中国法律允许的范围内，有权购买京东 360 和江苏圆周的全部或部分股权。

2011 年 4 月，中国境内全资子公司上海晟达元信息技术有限公司（简称"上海晟达元"）注册成立，主要经营京东在线市场业务。

2012 年 4 月，中国境内全资子公司天津煜东信德物流有限公司（简称"天津煜东信德"）注册成立，主要为京东提供仓储及相关服务。

2012 年 8 月，中国境内全资子公司北京京邦达贸易有限公司（简称"京邦达"）注册成立，主要为京东提供快递服务。

2014 年 1 月，京东香港国际有限公司在香港成立，成为京东（开曼）与京东世纪贸易的中间控股公司，100% 控制京东世纪贸易。此外，京东电子商务（贸易）香港有限公司在香港成立，并 100% 控制上海晟达元。京东科技集团有限公司在开曼群岛成立，并通过其全资子公司 100% 控制天津煜东信德和京邦达。

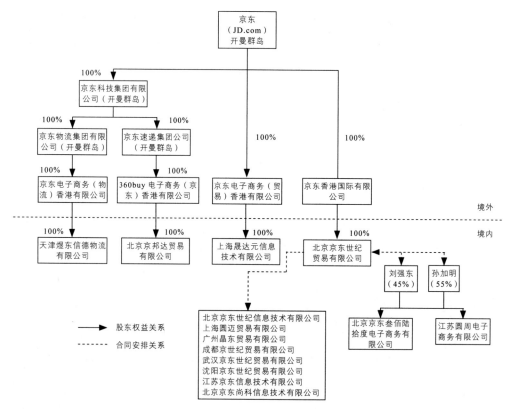

图 8-2　京东最终构建的 VIE 股权结构 ①

图 8-2 所示为京东最终构建的 VIE 股权结构。上市主体为注册在开曼的京东（JD.com, Inc），该主体 100% 控制了三家境外子公司，分别为京东科技集团有限公司、京东电子商务（贸易）香港有限公司和京东香港国际有限公司，再通过这三家境外子公司 100% 控制国内公司。其中，京东世纪贸易是境内主体，通过一系列的协议，控制着京东 360 和江苏圆周，并且享有京东 360 和江苏圆周的所有权益与义务。从图中可以看出，上市后的京东以电子商

---

① 资料来源：京东上市招股说明书 . https://www.sec.gov/Archives/edgar/data/1549802/000104746914003773/a2219624zf-1a.htm.

务和物流两大板块为主。

4. 组合式控制权安排 [①]

在近几年 IPO 上市的中国企业中，刘强东对京东的控制权安排堪称经典。虽然刘强东所持京东股份比例并不多，但通过巧妙的组合式控制权安排，始终牢牢掌握着京东的控制权。

京东的组合式控制权安排在上市前后共采用了六种不同的方式，通过可兑换可赎回优先股、融资＋投票权委托、投资协议、股权激励、AB 类别股和董事会席位安排的组合，得以牢牢掌握控制权。同时，通过对投资人的反向尽职调查，认真筛选投资方，防止企业出现控制权争夺。

（1）刘强东团队的持股比例演变。

京东在 IPO 前经历了九轮融资，使得京东的股权结构出现多元而分散的局面，创始人刘强东的股份也因此遭到巨幅稀释。

2007 年，今日资本向京东注资 1 000 万美元，获得了京东 30% 的股权，此时刘强东团队在京东的占股比例为 70%。

2011 年，京东在经历六次融资后，老虎基金、高瓴资本、俄罗斯 DST 等

---

① 　资料来源：（1）京东上市招股说明书 . https://www.sec.gov/Archives/edgar/data/1549802/000104746914003773/a2219624zf-1a.htm.（2）郝帅斌，李黄珍 . 360 度解密刘强东和他的京东霸业 . 连线英才，转引自百度文库 . https://wenku.baidu.com/view/7d446023376baf1ffc4fada1.html.（3）马永斌 . 公司治理之道：控制权争夺与股权激励 [M]. 北京：清华大学出版社 . 2014:145.（4）京东老刘 . 腾讯微博 . http://t.qq.com/p/t/34071017755586.（5）朱旭冬 . DST 解密投资 Facebook：与扎克伯格理念一致 . 环球企业家，转引自搜狐 IT. http://it.sohu.com/20110224/n279515701.shtml.（6）李彤 . 京东上市十问十答：刘强东如何保住控制权？中国企业家网 . http://www.iceo.com.cn/com2013/2014/0522/289860.shtml.（7）王荣 . 刘强东的集权与分权 . 中国证券报，转引自凤凰财经 . http://finance.ifeng.com/a/20140523/12392299_0.shtml.

PE 纷纷入股，此时京东六轮融资的投资人所持京东股份共计为 **65.6%**（老虎基金 **22.1%**、高瓴资本 **15.8%**、俄罗斯 DST **11.2%**、今日资本 **9.5%**、沙特王国 **5%**、红杉资本 **2%**），刘强东团队的持股比例则被稀释至 **34.4%**。

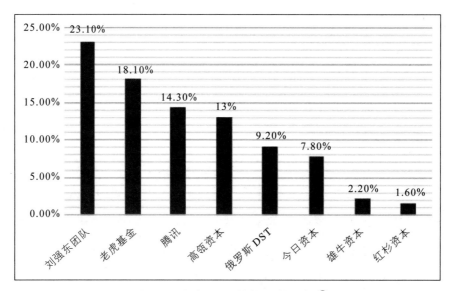

图 8-3　京东 IPO 前的股份比例 [①]

　　2014 年京东上市前夕，腾讯入股京东，使得京东的股权结构发生了巨大的变化，此前参与融资的投资人与刘强东团队的持股比例均被大幅稀释。此前参与融资的投资人所持京东股份共计为 **49.7%**（老虎基金 **18.1%**、高瓴资本 **13%**、俄罗斯 DST **9.2%**、今日资本 **7.8%**、红杉资本 **1.6%**），刘强东团队则最终被稀释至 **23.1%**（稀释至 **18.8%**+ 加上自我发放的股权激励 **4.3%**）；而腾讯则持有京东 **14.3%** 的股份，成为为京东第三大股东。图 8-3 所示为京东 IPO 前的股权比例。

　　2017 年 5 月 1 日，京东向 SEC 递交了 20-F 文件。根据该文件显示，截至 2017 年 2 月 28 日，京东的股权结构较 IPO 上市前出现明显变化。如图

---

① 　资料来源：京东上市招股说明书．https://www.sec.gov/Archives/edgar/data/1549802/000104746914003773/a2219624zf-1a.htm.

8-4 所示，腾讯成为京东第一大股东，持股比例为 18.1%；刘强东团队为第二大股东，持股比例为 17.8%；沃尔玛则成为京东第三大股东，持股比例 10.1%；除了以上三大股东，该文件还公布了第四大股东高瓴资本，持股比例为 6.8%。该文件并没有公布其他股东的持股情况，可以猜测的是，京东在上市之后，资本各方逐渐对京东的股票进行了减持。

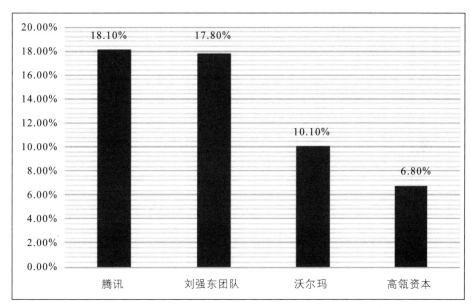

图 8-4　截至 2017 年 2 月 28 日京东的股份比例[①]

（2）通过可兑换可赎回优先股保住早期融资的表决权。

如表 8-1 所示，京东在 2007 年到 2010 年期间，共发行了三次"可兑换可赎回优先股"。京东这三轮融资是"夹层融资"，属于风险和回报方面介于优先债务和股本融资之间的一种融资形式，一般采取次级贷款的形式，但也

---

① 资料来源：京东 2016 年财务报告．https://www.sec.gov/Archives/edgar/data/1549802/000110465917028187/a17-4445_120f.htm#Item1_IdentityofDirectorsSeniorM_045008.

可以采用可转换票据或优先股的形式。①

表 8-1　京东三次发行"可兑换可赎回优先股"详情 ②

融资顺序	投资方	融资金额（单位：美元）	京东控制权配置
第一次融资	今日资本	1000 万	发行 1.55 亿 "A 类可兑换可赎回优先股"、附带 1.31 亿份购股权
第二次融资	今日资本 雄牛资本 梁伯韬	2100 万	发行 2.35 亿 "B 类可兑换可赎回优先股"
第三次融资	高瓴资本	1.38 亿	发行 1.78 亿 "C 类可兑换可赎回优先股"

第一次融资中，今日资本向京东注资 1000 万美元，分为两期到账。其中，2007 年 3 月 27 日，京东发行 1.55 亿 "A 类可兑换可赎回优先股"，附带 1.31 亿份购股权。2007 年 8 月 15 日，1.31 亿购股权被行使。

第二次融资中，今日资本联合雄牛资本和梁伯韬向京东注资 2 100 万美元，2009 年 1 月，京东发行 2.35 亿 "B 类可兑换可赎回优先股"。

第三次融资中，高瓴资本向京东注资 1.38 亿美元，京东在 2010 年 9 月发行了 1.78 亿 "C 类可兑换可赎回优先股"。

在早期的三次融资中，京东共发行 5.68 亿 "可兑换可赎回优先股"。之所以采用发行 "可兑换可赎回优先股" 的形式，是因为京东创业初期资金短缺，但同时对于控制权安排又非常重视和谨慎。"可兑换优先股" 是指允许股东换取一定股数的普通股，投资人可以根据市场前景选择将手中的股份转换为普通股或者保持现状。"可赎回优先股" 是指在发行后一定时间可按特定的赎买

①　百度百科 . https://baike.baidu.com/item/%E5%A4%9%E5%B1%82%E8%9E%8D%E8%B5%84/4019310?fr=aladdin.

②　资料来源：李彤 . 京东上市十问十答：刘强东如何保住控制权？中国企业家网 . http://www.iceo.com.cn/com2013/2014/0522/289860.shtml.

价格由发行公司收回的优先股票，[①] 投资人可以根据情况将优先股转售给发行公司。采用"可兑换可赎回优先股"这种"夹层融资"的方式，可以在投资人不把优先股转股的情况下，赋予投资人"优先权"来换取其投票权，从而保证刘强东在京东创业初期的控制权。

（3）通过"融资＋投票权委托"获得后期融资的表决权。

随着京东在获得资金后的扩张，市场份额和营业额均迅猛上涨，使得投资者对京东的信心也大增，从而也可能将手上的优先股转换为普通股。这样一来，"可兑换可赎回优先股"便失去了股东无投票权的"优势"。于是，京东在 2011 年开始发售普通股融资。

根据招股说明书，从 2011 年 4 月到 2014 年 3 月期间，京东共对外发售约 8.95 亿普通股票，共取得融资 19.22 亿美元。在这一过程中，刘强东的股权被逐渐稀释。虽然上市前刘强东依然是京东的第一大股东，但股权已被稀释至仅剩 18.8%，比第二大股东老虎基金仅高出 0.74%，加上受委托代理的 4.3%，也仅比老虎基金高出 5% 左右，控制权可谓岌岌可危。为此，刘强东采用"融资＋投票权委托"的方式实现对京东的控制。

在后期的融资中，刘强东要求投资者通过签订协议将投票权委托给其在英属维尔京群岛所控制的 Max Smart Limited 或 Fortune Rising Holdings Limited。从招股书上可以看到，俄罗斯 DST 和腾讯都把投票权委托给刘强东所控制的这两家英属维尔京群岛公司。如图 8-5 所示，通过投票权委托协议，刘强东在上市前持有 18.8% 的股份，却拥有 55.9% 的表决权，获得了超过半数的"绝对控制权"。

---

① 百度百科．https://baike.baidu.com/item/%E5%8F%AF%E5%85%8E%E5%9B%9E%E4%BC%98%E5%85%88%E8%82%A1/10278372?fr=aladdin.

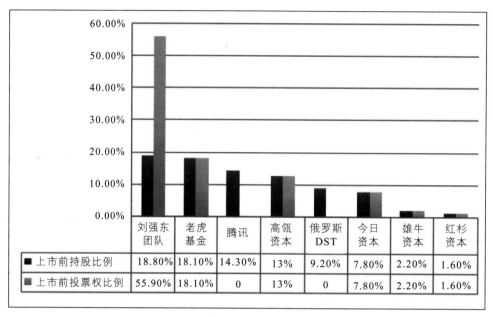

图 8-5　京东上市前各股东持股比例和投票权比例对比 ①

（4）利用投资协议防止腾讯入股对刘强东造成控制权威胁。

京东上市前，腾讯对京东进行"基石投资"，持有京东 14.3% 股份，成为第三大股东。腾讯把拍拍网、QQ 网购、易迅网等作为"嫁妆"送给京东的同时，也拥有上市后 5% 的认购权。这样一来，上市后腾讯就有可能超过刘强东团队成为京东第一大股东。为了防止腾讯的入股对刘强东在京东的控制权造成威胁，京东在双方的投资协议中作出了一些细节的设计。

首先，投资协议要求腾讯将所持 351 678 637 股普通股的投票权全部授予给刘强东所控制的 Max Smart Limited；其次，投资协议规定腾讯只拥有一名董事提名权。

从以上两条投资协议的内容，可以看出京东通过投资协议的约定，在股权

---

① 资料来源：京东上市招股说明书 . https://www.sec.gov/Archives/edgar/data/1549802/000104746 914003773/a2219624zf-1a.htm.

层面和董事会层面对腾讯进行约束。股权层面上，将腾讯的投票权让渡给创始人刘强东，避免腾讯一旦成为第一大股东而对创始人控制权造成威胁；在董事会层面上，腾讯可以委派一名非独立董事，而刘强东团队却占据董事会半数席位，从而避免董事会被腾讯控制。

（5）上市前发放巨额股权激励。

根据招股说明书显示，通过董事会决定，京东于 2014 年 3 月给创始人刘强东发放一次性股票奖励 93 780 970 股限制性股票，由 Max Smart Limited 持有，此次的限制性股票激励导致额外股份补偿费用约 36.7 亿元。

京东 CFO 黄轩德对外采访曾提到，投资人在此之前曾多次要给刘强东股票激励，但都被刘强东婉拒。显然刘强东选择在上市前这个时点实施股权激励是一次精心的设计，是对腾讯入股和即将面临的上市可能带来的股权进一步稀释甚至丢失第一大股东地位的提前应对措施。

这次授予给刘强东的限制性股票相当于整个京东 IPO 发行的 ADS[①] 总量的一半，京东本身在 IPO 中发行 69 007 360ADSs，而包括老虎基金、DST 等在内的限售股东另外发行 24 678 260ADSs，突击发放的激励股权占了京东总股本的 4.3%，也就是说加上刘强东原有的 18.8% 股权后，刘强东持股比例为 23.1%，又稳稳地在前几大股东中占了上风，将自己置于毫无疑问的第一大股东的位置。

（6）AB 类别股权结构。

为了防止上市之后出现控制权失控，刘强东采用美国一些科技企业普遍采用的 AB 类别股权结构对京东的控制权进行安排。

上市后京东将把普通股区分为 A 类股票（1 股 1 票）和 B 类股票（1 股 20 票），其中京东所发行的 B 类股票都由刘强东持有，共计 5.65 亿股。刘强

---

① 美国存托股份，大多数的外国公司股票以这种方式在美国股票交易所交易。

东持有的 B 类股代表了 11 125 917 980 份表决权，加上刘强东受委托代理的
9 212 950A 类股，共计持有 A 类股和 B 类股 565 508 849 股，拥有总表决
权数为 11 135 130 930 份。而京东 IPO 后全部表决权总数为 13 303 793 811
份，计算可得出刘强东在 IPO 后占有 83.7% 的表决权，掌控了公司的"绝
对控制权"。且因为 AB 股的投票权比例为 1∶20，假设按刘强东投票权不低
于 50% 表示其保有京东的控制权，则京东可以在上市的基础上发行不高于
约 890 万股，相当于当前股票的 3 倍之多，使得刘强东持有的股权不低于约
4.87%，就能保证京东"不易主"。

由于 B 类股的存在，持有 A 类股的股东表决权被大大稀释。腾讯虽然持
股 14.3%，却仅占 3.7% 的表决权（而且还委托给了刘强东），除了刘强东以
外的前 5 大股东持股比例合计达到 59.83%，而相应的表决权却仅有 12.2%。
可想而知，AB 股的设置，使得创始人刘强东牢牢握住京东的控制权。

（7）掌控董事会简单多数的席位。

董事会在公司治理的约束机制中发挥着根本性作用，是公司内控体系的核
心所在。[1]董事会通常对公司的日常经营活动起到决定作用，对外是股东和公
司的代表。而掌控了董事会简单多数的席位，基本上就实现了对董事会的控
制。刘强东永远有一条底线：自己在董事会的投票表决权永远要比投资方多
出一票。[2]

根据招股说明书，2014 年 3 月 10 日京东第 13 次重新修订股东协议。股
东协议表明，京东的董事会最多由 11 位董事组成。其中老虎基金有权在其持
有超过 75 000 000 股普通股的情况下任命一名董事；今日资本有权在其持有
超过 75 000 000 股 A 类优先股的情况下任命一名董事；雄牛资本有权在其持

---

① 马永斌. 公司治理之道：控制权争夺与股权激励 [M]. 北京：清华大学出版社 . 2014:145.

② 郝帅斌，李黄珍 . 360 度解密刘强东和他的京东霸业 . 连线英才，转引自百度文库 . https://wenku.
baidu.com/view/7d446023376baf1ffc4fada1.html.

有超过 53 640 484 股 B 类优先股的情况下任命一名董事；高瓴资本有权在其持有超过 75 000 000 股 C 类优先股和普通股的情况下任命一名董事；腾讯如果在 2014 年 3 月完成收购 80% 的股权，有权任命一名董事。而刘强东控制的 Max Smart Limited 则有权任命剩下的所有董事，且在任何情况下不少于 6 人（包含一名董事会主席）。完成上市之后，股东任命董事的权利将自动终止，除了腾讯这一权利将延续至 2017 年 3 月 10 日（持有股份不能少于收购总数的 75%）。

从以上股东协议可以看出，即使是在各大股东都有权任命董事的情况下，刘强东团队都将占有董事会半数以上的席位，并且稳坐董事会主席之位，掌握公司董事会的控制权。

除了腾讯之外的其他投资者都将在京东完成上市后自动终止任命董事的权利。上市后，董事会由刘强东、刘炽平、黄明、李稻葵和谢东萤组成。其中，刘强东和腾讯总裁刘炽平为京东执行董事，其他三名均为独立董事，京东内部管理层没有一位进入董事会。[1] 此外，京东董事会还规定刘强东担任董事一职期间，若本人不出席，将不构成法定最低人数，无法对任何重大事项作出决定。

（8）对投资人进行反向尽职调查。

通常情况下，企业进行融资时，都是投资人对企业进行尽职调查，但京东对每家投资人都进行了"反向尽职调查"。刘强东曾在其个人腾讯微博说："我对京东拥有绝对的控制权，投资人超过 8 家，都是经过精挑细选的，每家股份都不多。关键这些投资人历史上从未有过控制权之争行为！"[2] 从京东上市前的九次融资中，可以发现京东在选择投资人时的一些规律。

---

[1] 王荣. 刘强东的集权与分权. 中国证券报，转引自凤凰财经. http://finance.ifeng.com/a/20140523/12392299_0.shtml.

[2] 京东老刘. 腾讯微博. http://t.qq.com/p/t/34071017755586.

● 选择愿意把投票权委托给创始人的投资人。

在京东上市前的九次融资中，有一家叫 DST Global funds（简称"俄罗斯 DST"）的投资机构，共参与了京东三次融资合计注资 7.78 亿美元，IPO 前共持有京东 9.2% 的股份。这是一家总部位于俄罗斯莫斯科的投资集团，该投资集团在东欧市场拥有众多互联网公司，并占领超过 70% 的互联网市场。

2009 年，俄罗斯 DST 向 Facebook 投资 2 亿美元，获得 1.96% 的股权。值得一提的是，在此之前，著名风险投资机构红杉资本和 KPCB 都没能敲开 Facebook 的大门。为什么俄罗斯 DST 可以做到呢？这主要得益于俄罗斯 DST 与扎克伯格在控制权方面的理念不谋而合。作为科技公司的 Facebook 在经历多轮融资后，创始人的股权遭到稀释，急需通过投票权把握对企业的控制。而俄罗斯 DST 创始人尤里·米尔纳则曾多次公开说道："我们不要董事会席位、不要优先股、不要特别投票权、不要任何能影响公司重大决策的权力。"[①]Facebook 上市时，俄罗斯 DST 一共持有 Facebook5.5% 的投票权，但是通过投票权代理协议将投票权委托扎克伯格代理。在对京东的投资中，俄罗斯 DST 同样也将投票权委托给刘强东。

在京东上市前夕入股的腾讯，与俄罗斯 DST 也有密切的关系。2010 年 4 月，腾讯以 3 亿美元入股俄罗斯 DST 获得该公司 10.26% 股权，并结成战略伙伴关系。2014 年 3 月，腾讯以 2.15 亿美元加上旗下部分资产换取京东 14.3% 的股权和投票权。上市时，腾讯同样通过投票权委托协议将这部分投票权委托给刘强东。

志同道合的人最终才会走到一起，京东在选择投资人时，会选择投资理念相契合的，如那些愿意让渡投票权的投资人。

---

① 朱旭冬 . DST 解密投资 Facebook：与扎克伯格理念一致 . 环球企业家，转引自搜狐 IT. http://it.sohu.com/20110224/n279515701.shtml；

● 选择没有控制权争夺史的投资人。

选择没有控制权争夺历史的 PE，有助于企业长期稳定的发展，保护创始人切实的利益。就如刘强东所言，京东所选择的投资人在历史上都是从未有过控制权之争的，这一点我们可以将参与了京东多轮融资的今日资本和俄罗斯 DST 作为例子进行说明。

从今日资本官网中可以了解到，今日资本的首笔对外投资对象便是京东。今日资本在与京东合作之前还是一张白纸，并没有过控制权之争。而俄罗斯 DST 作为知名的投资机构，虽然参与了众多企业的投资，但其投资理念清晰，不参与企业的管理，只作为财务投资者。这一点从京东 2017 年的财报中得以佐证，今日资本已消失在京东的十大股东名单中，而曾经作为京东第三大股东的俄罗斯 DST 也消失在京东主要股东名单中。可见两者作为财务投资者，都选择在京东股价满足其心理的价位时退出，并不垂涎京东的控制权。

● 选择具有丰富投资经验的 PE 创始人。

在总结京东选择投资人的规律时，我们发现京东的投资方创始人都是具有丰富投资经验的，如今日资本的徐新、高瓴资本的张磊、雄牛资本的黄灌球以及 CVC 的梁伯韬等。

前面提及了今日资本在投资京东时并没有任何对外注资经历，而京东为何选择相信今日资本呢？这是因为徐新是一位投资经验非常丰富和专业的投资人。在投资京东之前，徐新曾主导和参与了对网易、中华英才网、长城汽车、永和大王、京信通讯等多家公司的投资。在没有创办今日资本之前，徐新已被美国《商业周刊》杂志评为"亚洲最具影响力的 25 人之一"和"亚洲之星"。2005 年，徐新又被《投资与合作》杂志评选为"中国最具影响力的十大风险投资家"。

而高瓴资本的张磊不仅是一位 PE 创始人，还是耶鲁大学董事会董事、中国人民大学校董事会副董事长、香港金融发展局委员以及香港金融科技督导小组成员等。抛除这些闪闪发光的履历，张磊在所参与的企业更都是国内外的优秀企业。在投资京东之前,张磊便参与了格力电器、中国铁建、百度和腾讯的投资,可见张磊投资眼光的精准。

具有丰富经验的投资人通常都更愿意集中投资某一个领域的企业,对企业会有独到和专业的见解。接受他们的投资不仅可以得到资金的注入,还能得到他们宝贵的专业意见。

5. "电商 + 一站式"综合购物平台 [①]

以京东多媒体为起点,京东从 2004 年开始正式涉足电商。经过 13 年的深耕,如今京东已成为行业的佼佼者,在业务方面也从原本单一的 3C 品类逐步扩展到多品类。电商是京东集团的主营业务,目前已成长为中国最大的自营式电商企业,整个京东商城致力于打造一站式综合购物平台,以满足不同消费者的购物需求。通过对不同领域的企业进行投资和收购,京东商城逐渐补足自己的短板,稳步提升自己的市场份额。

(1)京东电商的投资逻辑。

纵观京东商城的对外投资情况,可以发现京东上市前的投资多以与自身主业相关的企业为主,如 2010 年收购韩国 SK 电讯旗下的时尚百货电商千寻网、2012 年收购日系精品购物 B2C 商城迷你挑等。而上市后,京东商城对外投资的领域开始多元化,其中不乏生鲜、汽车、旅行、超市等,可以看出京东正在逐步完善自己的生态圈。

---

① 资料来源:(1)王然.京东收购千寻网,再造百货低价.经济观察网.http://www.eeo.com.cn/2010/0311/164890.shtml.(2)陈静.京东商城逆势对外收购.中国证券报·中证网.http://www.cs.com.cn/ssgs/hyfx/201201/t20120111_3204216.html.(3)杨雅茹.确认!京东收购淘汽档口,正式上线汽车后市场 B2B 业务.亿欧.https://www.iyiou.com/p/61143.(4)京东商城简介.https://www.jd.com/intro/about.aspx.

如图 8-6 所示，京东商城的投资逻辑有如下规律。

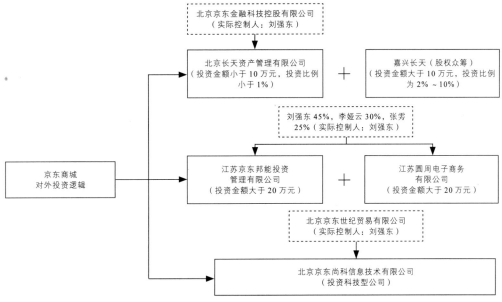

图 8-6 京东商城的投资逻辑 ①

● 现属于北京京东金融科技控股有限公司（简称"京东金融"）的全资子公司北京长天资产管理有限公司（简称"长天资产"）主要参与金额小于 10 万元的投资。在 2017 年 3 月之前，京东金融还隶属于京东商城，因此京东商城的对外投资有部分是通过京东金融进行的。此外，80% 以上被长天资产投资的企业股东名单中，总会同时出现"嘉兴长天（被投资企业名称）××号投资管理合伙企业"（简称"嘉兴长天"）。从投资股份比例看，嘉兴长天大多持有被投资企业 2%~10% 的股份比例，而长天资产则基本控制在 1% 以内。可以总结出，这是以嘉兴长天领投，长天资产跟投的模式。耐人寻味的是，在不同的企业当中，嘉兴长天的股东组成也不一样，且基本都以自然人为主。虽

---

① 资料来源：天眼查。

然无法从天眼查中查到这些自然人与京东之间的关系，也无法证实长天资产与嘉兴长天之间的关系，但从网络上搜索到的种种信息，我们猜测，嘉兴长天是此前京东金融发起的"股权众筹"项目。

- 投资金额超过 20 万元的均通过江苏京东邦能投资管理有限公司和江苏圆周对外投资。这两家公司的股东组成一样：刘强东持股 45%，李娅云和张雾分别持股 30% 和 25%。公开资料显示，李娅云为负责法务的京东副总裁，张雾为刘强东的助理，由此可以判断刘强东是这两家公司的实际控制人。

- 科技企业的投资均由北京京东尚科信息技术有限公司（简称"京东尚科"）进行，京东尚科对外的投资金额主要集中在上百万到上千万不等。京东尚科是北京京东世纪贸易有限公司 100% 持股的子公司，而北京京东世纪贸易有限公司的实际控制人为刘强东。

（2）京东电商的综合布局。

虽然京东电商是以 3C 品类发展起来的，但为了满足不同消费者的需求，抢占市场份额，京东电商走上了扩张之路。"全品类综合型购物网站"是京东电商的发展目标，因此京东电商对外进行的一系列企业并购都是围绕这个发展目标进行的，这其中就包括对日用品、服饰、家具，甚至是游戏和后汽车市场的布局。

- 扩大 B2C 版图，收购千寻网和迷你挑。

在可查的资料中，千寻网是京东商城收购的第一家公司。2010 年初，因母公司韩国 SK 停止对子公司千寻网的注资，导致千寻网的融资渠道受阻，这给了京东一个以合理价位收购千寻网的机会。当时的京东商城正好有进军时尚百货的计划，然而由于一直专注于 3C 品类，所以京东在这方面并没有优势。千寻网是由全球 500 强的韩国 SK 电讯投资的以服装、鞋帽、饰品等时尚品为主的 B2C 电子商务公司，无论是供应商、还是消费者，都积累了一定的资源，收购千寻网可以补足京东商城在这方面的短板。本次收购的交易价格并没有对外公开，不过根据业内传言，本次交易金额在 300 万美元至 400 万美元之间，收购完成后，千寻网原有的管理层和员工将全部保留。[①]

2012 年 1 月，京东商城宣布完成对迷你挑的收购，这是京东商城的第二次收购。本次收购的交易金额依然没有对外公布，迷你挑在收购时已陷入困境。迷你挑是一家日系潮流精品购物 B2C 商城，主要针对中高端时尚人群，在线销售日本流行前沿时尚精品。[②]此次收购是京东商城海外运营的重要举措之一，将以日本为起点，逐渐扩充到其他国家。本次收购完成后，京东全资子公司上海晟达元信息技术有限公司与迷你挑创始人赖丹丹及团队分别出资 800 万元人民币和 200 万元人民币共同注册成立上尚国际贸易有限公司作为迷你挑的运营主体，前者持有新公司 80% 的股份，后者则持有 20%。

这是京东上市前两次重要的收购活动，但最终都以失败告终。2012 年 7 月，千寻网被正式关闭，域名被跳转到后来收购的迷你挑。而迷你挑在京东上市前夕，更是被曝出以 20 元的价格转让给原迷你挑创始人赖丹丹。

虽然这两次收购都以败局结束，但这是京东在早期为了切入多元化电商入口而作出的尝试。通过这两次失败的收购，京东团队从中获得教训和经验，使得后续收购和投资基本都获得了成功。

● 切入新零售，投资收购永辉超市、唯品会和 1 号店。

新零售是马云在 2016 年 10 月的云栖大会上提出来的，即以互联网为依托，把线上零售和线下零售进行深度融合。作为阿里的竞争对手，京东的新零售版图也在逐步扩大。

2015 年 8 月 7 日，京东宣布投资永辉超市。根据永辉超市发布的公告，

---

① 王然 . 京东收购千寻网，再造百货低价 . 经济观察网 . http://www.eeo.com.cn/2010/0311/164890.shtml.
② 陈静 . 京东商城逆势对外收购 . 中国证券报·中证网 . http://www.cs.com.cn/ssgs/hyfx/201201/t20120111_3204216.html.

可以了解到本次交易是通过京东的两个子公司进行投资，分别是江苏京东邦能投资管理有限公司和江苏圆周，持有永辉超市的股份比例都为 5%。京东入股永辉超市的价格为每股 9 元，总价值为 43.1 亿元。交易完成后，京东持有永辉超市共计 10% 的股权，并有权提名两名董事（包括一名独立董事）。永辉超市是国内生鲜供应链领域的龙头，也曾尝试发展线上业务，然而却一直不温不火。上市以后，永辉超市更是以每年 50 家以上的开店速度进行野蛮式扩张。想要保持这种扩张速度，资金成为最大的问题。京东的强项是电商和物流，如果能和永辉超市相结合，将能完美实现"1+1>2"的效果。而京东给永辉超市注入 43.1 亿元的现金，更是对永辉超市强有力的"输血"。

2016 年 6 月 20 日，京东与沃尔玛宣布达成一系列深度战略合作。沃尔玛获得京东发行总股本的 5%，而京东则获得 1 号商城的主要资产，包括"1 号店"的品牌、网站和 APP。此项交易被外界看作是沃尔玛找了京东作为"接盘侠"，因为在此之前，1 号店一直处于亏损状态，拖累了沃尔玛在中国的业绩。其实不然，京东之所以接盘沃尔玛的烂摊子，更主要是看中沃尔玛的供应链资源，希望沃尔玛把中国线上业务押注在京东身上，而收购 1 号店可以说是一个幌子。同时，收购 1 号店，不仅可以获得其原本的用户资源，还可以消灭一个潜在的竞争对手。这其实和前文提到的腾讯入股京东并把麾下的拍拍网、QQ 网购和易迅打包给京东一样，当时腾讯的电商一直处于亏损状态，这一点京东不是不知道的。但京东愿意接纳这部分资产，看中的是腾讯的流量、资金和上市背书，同时还能防止腾讯的电商成为自己的竞争对手。

2017 年 12 月 18 日，京东、腾讯和唯品会宣布将在交易交割时以现金形式向唯品会投资共计约 8.63 亿美元。根据京东在 2018 年 1 月 8 日向美国 SEC 递交的 SC13D 文件中显示，本次交易京东将通过其在英属维尔京群岛注册的"JD. com Global Investment Limited"对唯品会进行现金认购。而唯品会此次一共发行了 10% 的 A 类普通股，京东认购其中的 3%，认购总额为 2.59 亿美元。由于此前京东已持有唯品会 2.5% 的股权，本次交易完成后，京东将持有唯品会 5.5% 的股份。合作完成后，京东将为唯品会在京东 APP 首页和微信朋友圈京东入口首页提供入口，帮助唯品会在京东平台上完成一定 GMV 销售目标。另外，根据唯品会和京东的协议，新增发的股份将有 2 年锁定期，在锁定期内，京东将获得唯品会董事会观察员身份。京东与唯品会有着相似的运营模式，产品种类和客户群体也具有很强的互补性，双方的合作可谓是共赢。本次的交易，被看作是京东、腾讯和唯品会结成电商联盟，一起对抗电商老大阿里巴巴。

- 投资易车商城和淘汽档口，布局汽车后市场。

在京东商城的投资版图中，已经在汽车行业布了一盘大棋。从品牌商、供应商、到维修商，京东逐渐布局汽车的上中下游，意欲从电商为起点，打造一个汽车生态链。

2015 年 2 月 9 日，易车网在美国 SEC 网站发布公告称，已成功完成了与京东和腾讯之间的战略合作交易。从该公告中，我们可以了解到京东在这次交易中共计向易车网投资 11.5 亿美元（包括 4 亿美元现金和约 7.5 亿美元的京东独家资源）。其中现金投资由京东在英属维尔京群岛注册的 JD.com Global Investment Limted 完成交易。所涉及资源包括京东为易车网独家开放各电商平台的新车和二手车频道，以及提供核心电商平台的其他支持。本次交易完成后，京东共计持有易车网总发行股本的 24.8%。

此外，JD.com Global Investment Limted 还额外投资易车网旗下的子公司易鑫资本，投资金额为 1 亿美元，占股比例为 17.7%。根据双方的投资协议，京东还获得易车网一个董事会席位。

2016 年 6 月 6 日，易车网对外公布，京东、腾讯和百度分别对其注资 5000 万美元，注资完成后，京东在易车网的持股比例为 23.5%。同年 8 月，京东、腾讯和百度又与易车网签署最终投资协议，对易车网旗下的易鑫资本总计投资 5.5 亿美元，不过公告中没有透露详细的持股比例。

2017 年 11 月 30 日，京东在上海召开新闻发布会并确认完成对淘汽档口的收购。从公开的资料显示，淘汽档口于 2014 年 1 月成立，定位于汽车配件 B2B 采购平台，通过"地推 + 中心仓 + 平台 + 供应链"布局汽车售后市场。[①]京东的汽车后市场布局始于 2012 年，一直以来都在致力形成汽车业务的 B2B2C 闭环，欲彻底打通汽车后市场品牌商、经销商、维修企业和消费者的链条。此番收购将能实现业务互补和资源整合，京东拥有充足线上流量，而淘汽档口则拥有全方位的汽车供应链，双方结合可以提升交易规模，是对京东汽车 B2B 业务的补充，依托淘汽档口的业务，实现对汽车产业链的打通。此次收购双方均没有透露详细的交易金额，不过根据 AC 汽车报道，京东以总额 3 亿元收购淘汽档口，收购的支付方式采用少量现金加股票，交易完成后淘汽档口的 COO 范清林将入职京东。

6."电商 + 自建物流"的价值提升 [②]

如今提起京东，我们立即想到的是京东物流的优质服务。但是，自建京东物流这个想法在 2007 年被刘强东提出来的时候，几乎遭到所有人的反对。外界基本都认为持续烧钱的京东物流将是"压垮京东的最后一根稻草"，没有想到如今京东物流却成为整个京东集团最有价值的核心资产。京东物流之所以能成功，和刘强东一直掌握公司话语权是密不可分的，否则早就被剥离了。刘强东很早就意识到物流对于电商企业的重要性，认为物流是电商行业必不可少的基础设施，因此执意自建物流。刘强东认为，只有这样做，才能把握

---

① 杨雅茹. 确认！京东收购淘汽档口，正式上线汽车后市场 B2B 业务. 亿欧. https://www.iyiou.com/p/61143.

② 资料来源：（1）京东 2014-2017 年财务报告。（2）京东上市招股说明书. https://www.sec.gov/Archives/edgar/data/1549802/000104746914003773/a2219624zf-1a.htm；

电商流通中的每个环节，迅速得取得供应商、销售商以及最终顾客得第一手信息，牢牢把握整个物流链条的控制权。

（1）从为电商服务到成立子集团。

2007 年，京东在获得第一笔融资之后，便开始建设自有物流体系。在 2017 年 4 月 25 日京东集团宣布物流独立并正式组建物流子集团之前，京东物流一直是京东集团的全资孙公司。京东物流在国内主要由两个主体进行运营，分别是天津煜东信德和北京京邦达。其中，天津煜东信德主要进行对外投资和收购，而北京京邦达则在全国各地设立了多家分公司，截至 2018 年 2 月 25 日，北京京邦达一共在全国各地设立了 51 家分公司。图 8-7 所示为截至 2017 年 4 月 25 日京东物流的股权结构。

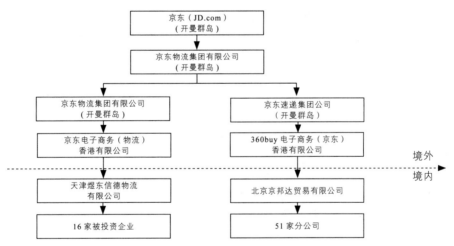

图 8-7　截至 2017 年 4 月 25 日京东物流的股权结构①

2017 年 4 月 25 日，京东物流对外宣布独立。巧妙的是，2017 年 7 月 18 日，北京京邦达更改了法人股东，由原本的 360buy 电子商务（京东）香港有限公司更改为西安京讯递供应链科技有限公司（下称"西安京讯递"）。由天

---

① 资料来源：（1）京东上市招股说明书 . https://www.sec.gov/Archives/edgar/data/1549802/000104746914003773/a2219624zf-1a.htm. （2）天眼查。

眼查可以了解到，西安京讯递的股东为京东电子商务（物流）香港有限公司，即天津煜东信德物流有限公司的母公司，企业性质依旧为外商独资。

2017 年 7 月 27 日，北京京邦达的法人股东再次进行了更改，由西安京讯递变更为西安京东信成信息技术有限公司（下称"西安京东信成"）。同样根据天眼查可以了解到，西安京东信成的股东为刘强东、李娅云和张雯，持股比例分别为 45%、30% 和 25%，可见该持股比例延续了前文提及的京东商城部分对外投资主体的控制权安排方式，刘强东依然牢牢掌握着京东物流的控制权。此次更换法人股东，北京京邦达的企业性质由此前的外商独资企业转变为境内法人独资企业。虽然京东没有对外披露独立出来的京东物流由哪个公司主体进行运营，但根据北京京邦达前后巧妙的法人股东变更安排，我们可以猜测，北京京邦达便是京东物流独立出来的运营主体。图 8-8 所示为京东物流独立后的股权结构示意。

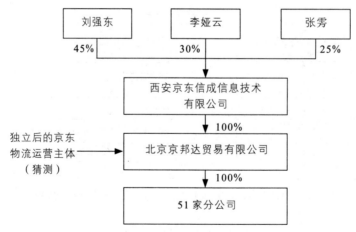

图 8-8　京东物流独立后的股权结构示意 ①

（2）全方位掌控物流运营环节。

物流属于劳动密集型产业，它的发展需要同时具备大量的人力、物力和财

①　资料来源：天眼查。

力作为支撑。马云就曾经公开说过："阿里巴巴永远不会做快递，因为我们没有这个能力。"而刘强东却从拿到第一笔融资开始，就坚定不移地选择自建物流体系。他曾公开说过："无论过去还是现在，物流都是我们最大的挑战，公司能不能继续平稳发展，就在于物流体系的成功与否。"刘强东认为物流是京东的生命根基，应该自控整条配送链，掌握电商物流的主动权。

经过 10 年的发展，京东物流已经成为全球唯一拥有六大物流网络的智慧供应链企业，其中包括中小件网、冷链网、大件网、B2B 网、跨境网和众包网（达达）。除了众包网是通过收购达达完成，其他网络都是通过自建实现，拥有绝对的控制权和主动权。京东物流服务的产品涵盖四大领域，包括供应链服务、云 + 科技服务、快递与快运服务和跨境物流。其中，供应链服务包含了仓储、运输、配送、客服和售后；云 + 科技服务包含了物流云、物流科技（无人机、无人车、无人仓和无人配送站等）和商家数据服务。

仓储布局是京东物流的核心。从 2009 年拿到雄牛资本领投的第二笔融资开始，刘强东便决定要在全国各地建设物流仓储中心。截至 2016 年 12 月 31 日，京东已经在全国建成 7 个一级物流中心、9 个"亚洲一号"仓库、263 个大型仓库、6 906 个配送点（含自提柜），覆盖范围包含了 2 655 个区和县。

2009 年，京东出资 2 100 万元自建上海圆迈快递公司；接着，京东开始在天津、苏州、杭州、南京、深圳、宁波、济南、武汉、厦门等 40 余座城市建立配送站；同时，京东还将北京、上海和广州三地的仓储中心扩容至 9 万平方米。刘强东认为，只要商品存储离买家足够近，时效、服务等问题都会自然而然地迎刃而解。截至 2016 年 12 月 31 日，京东的物流配送站（包含自提柜）已经达到 6 909 个。

2011 年，京东拿到 15 亿美元的融资，这笔钱几乎全部投入到物流和技术研发的建设项目中，其中耗资最大的就包括刘强东至今最引以为傲的"亚洲一号"。首个"亚洲一号"的建设地在上海，这是京东最大的仓库，占地面积比八倍鸟巢还大。"亚洲一号"配有自动化立体仓库、自动化分拣系统等先进自动化设备，所有设备均由京东开发并拥有自主知识产权，"亚洲一号"的建成有助于京东快递实现自动化，极大地提升配送效率。

截至 2016 年 12 月 31 日，京东共在全国拥有 9 个"亚洲一号"仓库，分别分布于上海、武汉（2 个）、广州（2 个）、重庆、贵阳、沈阳和昆山。此外，京东还在全国自建七大物流中心，分别为华北（北京）物流中心、华东（上海）物流中心、华南（广州）物流中心、西南（成都）物流中心、华中（武汉）物流中心、东北（沈阳）物流中心、西北（西安）物流中心，覆盖范围如表 8-2 所示。

表 8-2 覆盖范围 [①]

京东物流七大物流中心	覆盖范围
华北（北京）物流中心	北京、天津、河北、山西、内蒙古、山东
华东（上海）物流中心	江苏、浙江、上海、安徽、钓鱼岛
华南（广州）物流中心	广东、广西、福建、海南
西南（成都）物流中心	四川、重庆、贵州、云南、西藏
华中（武汉）物流中心	湖北、湖南、江西、河南
东北（沈阳）物流中心	辽宁、吉林、黑龙江
西北（西安）物流中心	陕西、甘肃、青海、宁夏、新疆

京东物流之所以有很好的客户体验，和其数量庞大的配送员是分不开的。与大部分电商企业把配送员外包给第三方公司不同的是，京东物流的配送员均属于京东集团的一分子，京东集团为配送员支付薪酬和五险一金。

刘强东曾在 2016 年发布的一封内部邮件中透露："2007 年京东配送正式启动时，只有 10 个配送员，9 年后配送条线的员工总数已达 60 000 名。"图

---

① 资料来源：百度百科 . https://baike.baidu.com/item/%E4%BA%AC%E4%B8%9C%E5%BF%AB%E9%80%92/247176?fr=aladdin.

8-9 所示为 2011 年—2016 年京东配送人员增长情况。

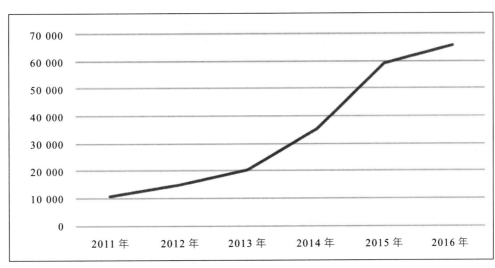

图 8-9　2011—2016 年京东配送人员增长情况 [①]（单位：万人）

自建物流体系还体现在无论是信息系统还是物流配送车队，也都由京东物流自己的团队进行研发和采购。而且为了与国家倡导的"智慧物流"相呼应，京东物流还自主研发无人机、无人车和无人仓。未来，京东物流将逐步实现"智慧化"，结合大数据和高科技，实现整个物流体系的最优化。

对于物流体系的建设，刘强东自始至终都很执着。如今，京东物流成为业界"优质服务"的代言人，是因为自始至终，刘强东都掌握着京东物流的各个环节。

（3）谋求独立上市。

2017 年 1 月 27 日，媒体曝光京东物流将向腾讯出售 15% 的股权。虽然双方均没有对此事予以回应，但可以预测，京东物流上市指日可待。物流属于传统行业，其重资产的属性和难以通过讲故事提高估值的特性，使得京东物流不能从一开始便引入战略投资者，因为这样创始人的股权将会被大量稀

---

① 京东 2014—2016 年年报。

释，这不符合刘强东一贯以控制权为底线的投资逻辑。

因此，一开始通过京东电商对京东物流进行孵化，京东电商发展得好，京东物流也因此受益。在京东物流规模壮大之后，科技含量增加了，作为电商基础设施的价值显现了，估值也就提高了，此时选择拆分出来并引入战略投资者，有助于刘强东在掌握话语权的前提下借力资本。这就是作为传统行业的京东物流与电商行业之间的不同投融资逻辑和控制权安排。

7. "电商 + 金融" 的产融结合平台 ①

京东金融诞生之初属于京东商城的一部分，2017 年 3 月，京东集团宣布出让其全部所持的京东金融股权时，京东金融才仅仅 3 岁。不过，独立后的京东金融依然 "姓刘"，企业的控制权依然掌控在刘强东手中。

（1）从集团孵化到独立拆分。

京东金融成立于 2013 年 10 月，初衷是为了服务京东自营电商。迄今为止，京东金融经历了 4 个年头，如今已不仅仅服务于京东电商，而是一个集供应链金融、消费金融、众筹业务、理财业务、支付业务、保险业务、证券业务、农村金融和金融科技的综合金融科技企业。

2016 年 1 月 15 日，京东金融完成了 A 轮融资，总额为 66.5 亿元人民币。

---

① 资料来源：（1）起步晚，跑得快 . 中信证券研究报告 . http://www.microbell.com/docdetail_2117338. html.（2）米尔 . 京东金融入主第一创业遭秒速辟谣 事情或许并不简单 . 中国基金报，转引自新浪财经 . http://finance.sina.com.cn/money/fund/2017-09-15-doc-ifykyfwq7640978.shtml.（3）聚合数据宣布获 2.18 亿 B 轮融资 京东跟投 . 腾讯科技 . http://tech.qq.com/a/20151106/032892.htm.（4）徐利 . 京东金融与 ZestFinance 成立的合资公司 ZRobot 落地 . 新浪科技 . http://tech.sina.com.cn/i/2016-11-03/doc-ifxxneua3989375.shtml.（5）构建底层生态 京东金融投资数据公司数库 . 亿邦动力网 . http://www.ebrun. com/20160112/162221.shtml.

此轮融资完成后，京东金融的估值达到 466.5 亿元人民币。其中，投资者有红杉资本、嘉实基金和中国太平等知名海内外投资机构。

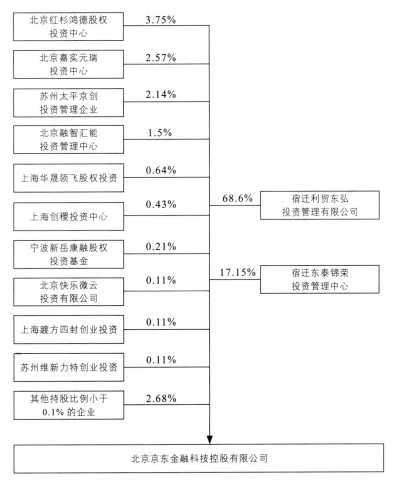

图 8-10　京东金融 A 轮融资之后的股权结构 [①]

图 8-10 所示为京东金融 A 轮融资之后的股权结构，左边的是京东金融A 轮融资的投资者，而右边的宿迁利贸东弘投资管理有限公司（简称"宿迁利贸"）和宿迁东泰锦荣投资管理中心（简称"宿迁东泰锦荣"）则是京东

---

① 资料来源：天眼查。

金融的原始股东。宿迁利贸是京东集团通过 VIE 结构控制的子公司，其股东为刘强东和李娅云，持股比例分别为 62% 和 38%，实际控制人为刘强东。而宿迁东泰锦荣的股东分别为宿迁大荣恒元管理顾问有限公司、宿迁翼好信息技术有限公司、宿迁泰合四方投资有限公司，持股比例分别为 69%、30% 和 1%，实际控制人均为刘强东。综上，经过 A 轮融资，刘强东通过宿迁利贸和宿迁东泰锦荣控制着京东金融 85.7% 的股权，牢牢掌握京东金融的控制权。

2017 年 3 月，京东集团确立了京东金融的拆分方案，依照重组京东金融的协议，京东集团将出让其所持 68.6% 的京东金融股权，作价为 143 亿元人民币。剥离后，京东金融仍可使用京东集团的商标、域名等知识产权。作为交换，京东金融未来实现累计税前盈利后，京东集团可获得其 40% 的税前利润。同时，在国内相关监管法规的许可下，京东集团有权将其利润分成权转换为京东金融 40% 的股权。

交易完成后，京东集团不再拥有京东金融的法律所有权或有效控制权，京东金融的财务数据也将不再合并到京东集团的财务报表。不过，延续了刘强东"控制权就是底线"的原则，通过投票权委托等方式，刘强东依旧取得剥离后京东金融的多数投票权，为京东金融的实际控制人。

（2）业务布局。

对于京东集团来说，京东金融的诞生具有非凡意义。刘强东对金融业务寄予厚望，他曾经在 2014 年公开说："10 年后，京东 70% 的利润将来自金融业务。"京东金融目前已拥有九大业务板块，以京东自营电商平台作为核心和立足点，促进金融业务的发展，最终实现产融结合。

图 8-11 所示为京东金融业务布局，几乎所有京东金融重要的业务都由刘强东掌控。

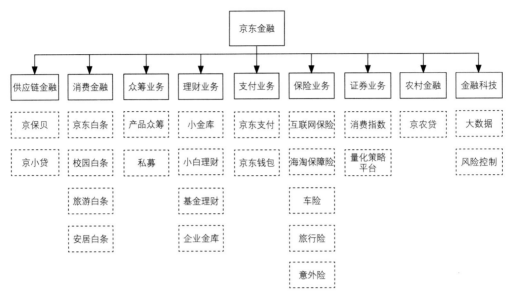

图 8-11 京东金融业务布局 [1]

- 供应链金融。

供应链金融是京东金融业务的根基，这主要得益于京东商城长时间以来积累的上游供应商和下游消费者。京东供应链金融的业务涉及"京保贝"和"京小贷"，是分别针对供应商和第三方商户的融资业务。

目前，上海邦汇商业保理有限公司和上海京汇小额贷款有限公司是京东供应链金融的运营主体。其中，上海邦汇的股东为刘强东的助理张雱，实际控制人为刘强东。而上海京汇小额贷款公司的股东分别为北京京东世纪贸易有限公司、上海晟达元、北京京东尚科信息技术有限公司，持股比例分别为40%、30%和30%，这三个法人股东的实际控制人均为刘强东。

- 消费金融。

消费金融业务是京东金融的创新型业务，其"白条"业务是国内个人互联

---

① 资料来源：百度百科 . https://baike.baidu.com/item/%E4%BA%AC%E4%B8%9C%E9%87%91%E8%9E%8D/17506023?fr=aladdin.

网消费金融产品的鼻祖。京东白条依托京东商城交易大数据对消费者的信用等级进行评估，进而核定信用消费额度。目前，京东消费金融所涉及的业务有：京东白条、校园白条、旅游白条和安居白条。

京东金融的全资子公司北京正东金控信息服务有限公司是京东消费金融的运营主体，此外，重庆两江新区盛际小额贷款有限公司和北京京汇小额贷款有限公司也参与京东消费金融的实际运营。重庆两江新区盛际小额贷款有限公司的实际控制人为北京正东金控信息服务有限公司，而北京京汇小额贷款有限公司的股东为刘强东的助理张雱。

● 众筹业务。

京东众筹成立于 2014 年 7 月，目前占据众筹市场超过 50% 的份额。京东众筹包括类似于产品预售模式的实物类众筹，以及私募股权投资性质的股权类众筹。其实质是，依托互联网开放、长尾的特性，将特定项目的资金需求、股权需求发布至京东网络平台，进而从大量用户那里筹到资金。目前京东众筹所涉及的业务包括产品众筹和私募众筹。

在电商板块中，北京长天资产管理有限公司和嘉兴长天系合伙企业是京东对外的投资主体，他们也是京东众筹的运营主体。同时，北京金泰卓能咨询有限公司和上海金顺东投资管理有限公司也是京东众筹业务的运营主体，这两家公司都是京东金融的全资子公司。

● 理财业务。

京东金融的理财业务主要通过丰富的产品线和差异化的产品定位来打造核心竞争力，基本以代销为主。依托京东金融的平台优势，2016 年京东金融理财业务的 AUM 和利润位于国内综合理财行业前三名。目前，理财业务涉及的范围有小金库、小白理财、基金理财和企业金库。

北京京奥卓元资产管理有限公司简称"北京京奥卓元"和北京肯特瑞财富投资管理有限公司简称"北京肯特瑞"是京东理财业务的运营主体。其中，北京京奥卓元为京东金融的全资子公司，北京肯特瑞是上海邦汇商业保理有限公司简称"上海邦汇"的全资子公司，上海邦汇又是京东金融的全资子公司。

● 支付业务。

支付业务一直是京东的短板。早期的京东商城是通过接入支付宝作为在线支付的方式，此后，由于双方合作出现了不愉快，于 2011 年终止与支付宝之间的合作。为了补足在支付方面的不足，京东商城于 2012 年 10 月收购了第三方支付公司网银在线。网银在线拥有支付牌照，这次的收购意味着京东正式布局支付行业。目前，京东的支付业务由网银在线进行运营。

根据天眼查可得知，网银在线的全称是网银在线（北京）科技有限公司，其股东是网银在线（北京）商务服务有限公司，该公司是京东金融的全资子公司。

● 保险业务。

2013 年，京东开始全面布局保险业务。不同于其他传统保险业务，京东保险业务的发展方向选择以场景为先导，从而打造创新产品。例如，京东海淘保障险就是以客户海淘作为场景，从而打造出保障客户海淘交易安全的保险产品。除了海淘保障险，京东金融的保险业务还包含互联网保险、车险、旅行险和意外险。

京东金融的保险业务通过天津津投保险经纪有限公司进行运营，该公司持有保险牌照，该公司的单一股东是刘强东的助理张雱，实际控制人为刘强东。

● 证券业务。

由于京东金融一直未能获取券商牌照，因此目前京东金融证券业务以服务为主，主要通过自建的两个平台：一是京东金融大数据消费指数及京东天灏投资数据平台，二是京东金融量化策略开发平台。以科技为定位，挖掘数据价值。

此前媒体曾爆出京东金融将作价约 15 亿美元收购第一创业 24% 的股份，虽然事后京东金融对此表示暂不评论，第一创业也第一时间辟谣否认。但从第一创业的股权结构看，京东金融收购第一创业部分股权也并非不可能。截至 2018 年 2 月 10 日,第一创业并没有实际控制人。公司前三大股东分别为华熙昕宇投资有限公司、北京首都创业集团有限公司和兴能控股集团有限公司,投资比例分别为 15.41%、13.27% 和 8.49%。公司主要股东之间也没有一致行动人的关系,股权相对分散。如果京东收购第一创业 24% 股份的传闻变成现实,京东则可以成为第一创业的大股东,补足其缺乏券商牌照的短板。

● 京农贷。

京东金融在 2015 年为农户和涉农企业提供的农产品信贷服务,目的是扶持农业发展,助力农村致富。主要服务种植、养殖、农产品加工、农产品流通领域,特点是低息、产品周期限长、无抵押、审批快速。拥有世界银行、杜邦先锋、永辉超市、金正大、买卖宝等作为合作方。[①]

● 金融科技。

相比较京东金融的其他业务板块,金融科技板块是京东金融最大的短板,但也是京东金融未来最重要的布局。因为京东金融最初的定位就是依靠大数据驱动的金融科技公司,大数据挖掘成为对内业务支撑和对外价值输出的重要工具。在无法依靠自身发展的情况下,京东金融在金融科技板块选择了对外展开合作和收购,主要集中在大数据方面的收购。

作为一家电商企业,京东在大数据的获取和风控方面没有任何优势。因此在 2015 年 11 月,京东金融宣布与聚合数据达成战略合作。聚合数据是一家在线数据交易平台,模式为向用户提供在线数据 API 服务,主要收入来自向开发者和企业收取开放 API 的收益。京东金融参与了聚合数据 A 轮与 B 轮的融资,共计投资 746.4 万元,持股比例为 16.5855%,成为该公司的第二大股东。该项交易并没有对外公开过多细节,但交易完成后,聚合数据给京东提供便捷的大数据服务,加强京东金融在大数据方面的发展。此外,聚合数据

---

① http://baike.baidu.com/item/ 京农贷 /18656237.

未来将可能独立上市，京东还将享受到资本溢价。

金融企业最应该注重的便是做好风险控制，而京东金融在这方面的起步较晚，因此一直在补齐这方面的短板。2016年1月，京东金融宣布以1 000万美元投资数库。数库是Fintech（Financaial Technology）的行业领头羊，这是一家基于机器学习算法的大数据量化分析公司，为个人金融投资、企业决策、产业升级提供精准化的服务。双方达成交易之后，数库将为京东金融生态体系提供底层支持。此次交易并没有对外公布相关投资比例和控制权安排，但此次投资，有助于京东金融加强底层的风控能力，加速其打造大数据产业闭环的速度。

由于中国消费者通常没有完备信用记录，个人信用难以预估，因此我国的消费贷发展情况与发达国家存在一定的差距，而京东金融想要在这方面发力，就必须寻找一家能精准对个人信用进行判断的公司进行合作。2015年6月，京东金融斥资1.5亿美元投资美国大数据征信公司ZestFinance。ZestFinance的核心竞争力在于数据挖掘能力和模型开发能力，通过模型可以对不同的信用风险进行评估。在该次交易完成后，京东金融还与ZestFinance共同成立了一家独立的数据技术公司——ZRobot。从天眼查可以了解到，ZRobot的公司名称为北京至上泽思信息技术有限公司，股东为盛誉光年信息科技有限公司，为外商独资企业。其中法人代表为张雾，而京东金融的CEO陈生强则出任该公司的董事。ZRobot成立后，将为京东金融提供数据建模、信用评分、资产定价、欺诈识别、精准营销等数据增值与技术应用服务。

（3）投融资逻辑。

随着金融业务的基本布局完成，京东集团于2017年3月正式确立京东金融拆分的方案，这意味着京东金融将完全剥离出京东集团并独立生长。根据京东集团公布的2017年上半年财务报告，京东金融已于2017年6月30日之前完成重组交割。

互联网企业天然带有金融属性，发展到一定程度时必然会进入产融结合的第二阶段，实现产融的真正互动。此时就需要一个独立的金控平台以实现产融结合，将京东金融分拆出去就是为了打造这样一个产融结合的金控平台。

如果在创建之初就独立运作，引入战略投资人，股权必然会被大量稀释，创始人的控制权将不好安排。而先通过京东商城的孵化，发展壮大后的京东金融估值已得到大大提升，创始人刘强东对其拥有足够的话语权，可以在融资时顺利地进行控制权安排。

在金融领域的投资方面，重要且有能力自建的业务，京东金融均通过自建子公司和平台牢牢把握控制权。无法自建的业务，便通过参股、收购或共同成立新的公司补足短板，依旧掌握控制权。正是这种清晰的控制权安排，使京东金融在短短不到 5 年的时间内，发展成一个将有可能追赶蚂蚁金服的金融科技公司。

8. "电商 +O2O" 的业务整合 [①]

长期以来，京东一直都在加强电商领域的发展，导致其他板块的发展出现滞后，如线下零售。为了补齐这方面的不足，依托自身电商和物流的优势和资源，京东在 2015 年裂变出了 O2O 业务板块。

---

① 资料来源：（1）欧文. 重磅：京东整合拍到家，将成立 O2O 公司. 亿欧. https://www.iyiou.com/p/16766/.（2）方园婧. 为了扩张 O2O 业务 京东吞并了一家众包物流公司. 界面. http://www.jiemian.com/article/611413.html.（3）吴倩男. 天天果园创始人：京东入股后仍由创始团队掌握控制权. 凤凰科技. http://tech.ifeng.com/a/20150819/41432578_0.shtml.（4）1111 家京东便利店同日开张，与京东新通路共庆双十一. 楚北网（随州），转引自网易新闻. http://news.163.com/17/1105/11/D2FNVD6200018AOP.html.（5）宁咏薇. 外卖 O2O 这么做靠谱？到家美食会自建物流学"京东". 黑马网. http://www.fromgeek.com/fintech/61018.html.（6）刘照慧. 深度分析：京东入股途牛，旅游 O2O 军备竞赛开始. 钛媒体. http://www.tmtpost.com/1002714.html.（7）京东自营扩张到医药："京东大药房"曝光. 亿邦动力网. http://www.ebrun.com/20160531/178043.shtml.

（1）发展历程。

京东 O2O 业务的面世不仅仅是为了补齐本身业务板块的不足，更是为了在 IPO 上市前给予投资者更多的想象空间。

相比于其他几大电商，京东的 O2O 业务起步较晚。2014 年初，京东才决定将 O2O 业务作为京东的五大发展战略之一。

2014 年京东与腾讯达成战略合作，并于当年 5 月 27 日开启公众号"京东快点"，这是京东在 O2O 业务的又一次试水，主要针对诸如蔬果、肉类、牛奶、零食和酒水等社区外送。2015 年，刘强东宣布将亲自率领团队发展 O2O业务。

- 在当年 3 月 16 日，京东上线了一款 O2O 产品 APP"拍到家"。
- 3 月 31 日，京东宣布拆分 O2O 业务，成立 O2O 业务独立全资子公司BG，并将 O2O 业务包括"拍到家"的全部相关部门和人员全部并入该独立的全资子公司 BG。而拆分出来的京东 O2O 业务子公司与京东商城、京东金融、拍拍、海外事业部、京东智能构成了当时京东集团的六大板块。
- 4 月 16 日，京东又把"拍到家"正式改名为"京东到家"，主打 3 公里内给用户提供 2 小时生鲜日杂"万种商品"到家。

从京东对外公开的资料中，只能查到京东 O2O 业务新成立的子公司叫BG，却无法得知其全称，因此猜测该公司可能注册于境外。不过，通过在天眼查进行搜索，我们发现"京东快点""拍到家"和"京东到家"的商标权都属于京东 360。该公司的股份组成情况为：刘强东 45%，李娅云 30%，张雯25%。由此可以推断，早期京东 O2O 业务的实际运营主体为京东 360 度，实际控制人则为刘强东，图 8-12 所示为推测的京东 O2O 股权结构示意。

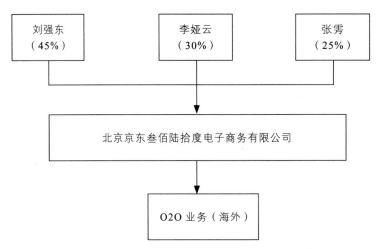

图 8-12　推测的京东 O2O 股权结构示意 [1]

　　京东进入 O2O 的时间已经较晚，市场上 O2O 项目已经遍地开花，从餐饮、家政、送药、美容美甲等已经覆盖生活的方方面面，但始摆脱不掉 O2O 业务自身靠"烧钱补贴"的怪圈，京东 O2O 业务也不例外。从 2015 年开始，市场便出现了 O2O 倒闭潮。许多 O2O 项目持续陷入烧钱补贴的怪圈不可自拔却迟迟未见盈利，当投资人不愿再追加资本时，项目便不能得到继续。O2O 业务结合了线上线下，这意味着企业需要具备高效完善的业务能力，线上需具备足够的流量，线下则必须能够负荷线上迅速增长的订单量。为了生存下去，许多企业选择了抱团取暖度过"寒冬"，京东 O2O 业务也选择了与做众包物流的达达进行合并。

　　京东 O2O 业务包含传统的 O2O 业务，以及由 O2O 业务衍生出来的众包物流。其中 O2O 业务一直处于烧钱亏损的状态，仅 2015 年便亏损 4 亿元。为了保证配送服务的质量，京东 O2O 招募了 50 万名众包物流，而众包物流只是为了服务于京东 O2O 业务，从订单量看还不到达达的十分之一。参考各

①　资料来源：天眼查。

物流公司的同城配送费标准，众包物流的固定人工成本在 5 元至 8 元之间，如果订单量不够密集，将导致这么庞大的众包物流团队的成本过高。达达是全国最大的众包物流平台，服务于数十万商家，拥有足够的订单规模，覆盖面广。2016 年，达达意欲转型为 O2O 电商企业，但由于缺乏电商经验未能成功转型。京东拥有多年的电商经验，达达拥有大规模的订单，两者的结合可谓最大程度上补齐了彼此的不足。

2016 年 4 月 15 日，京东宣布其 O2O 业务平台"京东到家"与达达进行合并。交易完成后，京东到家与达达成立一个新公司"新达达"，其中京东集团拥有该公司 47% 的股份，成为单一最大股东。新达达包含两块业务：一是物流平台，该平台整合了京东到家的众包物流和原达达的众包物流，并继续使用"达达"的品牌；二是超市生鲜 O2O 平台，该平台继续使用"京东到家"作为业务平台。而在公司管理架构方面，由原达达 CEO 蒯佳祺出任新达达 CEO，原京东到家总裁王志军出任新达达总裁，刘强东则出任该公司董事。图 8-13 所示为京东到家与达达合并示意。

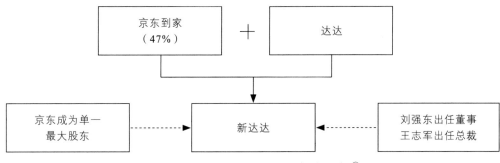

图 8-13 京东到家与达达合并示意①

（2）投资逻辑和控制权安排。

在京东发力 O2O 业务之前，阿里巴巴早已开始通过快速收购的方式布局

---

① 资料来源：欧文.重磅：京东整合拍到家，将成立 O2O 公司.亿欧.https://www.iyiou.com/p/16766/.

O2O 领域。为了迅速夯实该领域的根基，京东 O2O 业务更多的是以与业内龙头联合展开战略合作和渠道下沉的方式进行。具体投资逻辑是，少量参股龙头企业和自建线下便利店，依托京东庞大的物流体系在商超、生鲜、医疗等方面扩展 O2O 业务体系。

- 生鲜：参股天天果园 + 自建线下生鲜超市。

在品类众多的生鲜电商领域中，当属水果电商最难做。受限于物流配送速度、冷链保鲜技术和仓储环节，令很多水果电商在做大的路上遇到不小的难题。生鲜是京东一直想尝试进入的领域，但由于缺乏这方面的供应链，京东一直在寻找适宜的合作对象来拓展业务品类。天天果园成立于 2009 年，其前身是主营高端水果的传统线下水果商，此后在 2014 年开始试水 O2O 领域，依托其强大的供应链资源，成为当时国内最大的水果生鲜电商。2015 年 5 月，由京东领投，天天果园完成了总金额 7 000 万美元的 C 轮融资。该轮融资由江苏京东邦能投资管理有限公司进行，双方并没有对外公布详细的交易金额。不过从天眼查可以了解到，目前京东共持有天天果园 17.81% 的股份，成为天天果园第二大股东。双方也没有对外公布交易后的控制权安排，但天天果园的创始人王伟曾经在接受凤凰科技的采访时表示，京东入股后仍由天天果园创始团队掌握控制权。[①] 在接受京东的注资后，天天果园进驻京东到家，为京东扩充水果生鲜品类，完善供应链建设。而京东则为天天果园提供物流支持，帮助其开拓全国市场。

如果说参股天天果园是京东在生鲜 O2O 领域的试水行为，那么自建线下生鲜超市"7 FRESH"则是京东在生鲜 O2O 领域展示实力的一种体现。2017 年 1 月 4 日，"7 FRESH"在北京亦庄开业，这家京东旗下的生鲜超市，由北京四季优选信息技术有限公司运营。该公司由北京京东世纪贸易有限公司全

---

① 吴倩男. 天天果园创始人：京东入股后仍由创始团队掌握控制权. 凤凰科技. http://tech.ifeng.com/a/20150819/41432578_0.shtml.

资控股，实际控制人为刘强东。"7 FRESH"不仅为消费者提供生鲜即买即食的服务，还依托京东物流本身的优势，为消费者提供门店 3 公里内半小时送达的外卖服务。这是京东生鲜从线上到线下的转变，也是京东生鲜 O2O 领域的重要布局。7 FRESH 的诞生被看作是京东将与阿里巴巴旗下的盒马鲜生相抗衡，京东曾对外表示未来 3 年将在全国开设超过 1 000 家线下门店。如此重要的布局，控制权自然是掌握在刘强东手中。

● 商超：与龙头企业合作＋自建线下便利店。

在 O2O 领域里，商超（新零售）是最接地气的业务。小到油盐酱醋，大到洗衣机电视机，都是消费者日常所需。京东在新零售领域通过牵手永辉超市和沃尔玛抢占线上业务，又通过在三四线城市建立京东便利店，抢夺农村市场。

2017 年 4 月 10 日，刘强东对外公开的一则消息引起了业界一片哗然，做电商起家的京东竟然宣布，5 年内要在全国范围内开设超过 100 万家便利店，并且有一半将开在农村，这并不是京东就便利店在 O2O 领域的首次计划。早在 2014 年，京东便进行了万家便利店计划，只是当时是与众多第三方便利店进行 O2O 合作，然而由于未能亲自参与管理，导致成效甚微，因此京东决定自建便利店，亲自参与到每个环节的管理中去。目前京东便利店店主通过京东掌柜宝下单，并由京东物流进行配送到店。而消费者除了可以到便利店进行商品的购买之外，也可以网站和 APP 下单，由京东物流进行配送。这是京东通过"农村包围城市"以完善商超 O2O 领域的一大重要举措。目前京东便利店由京东 360 进行主要管理，实际控制人为刘强东。

● 其他领域：参股为主＋小部分自营。

京东在 O2O 领域主要侧重在生鲜和商超的布局，投资逻辑表现为参股部分龙头企业和完全控制自建线下项目。为了完善 O2O 生态圈，提升市场份额，也对其他领域的 O2O 项目进行了投资布局。对于大部分未来经营风险较大的 O2O 领域选择少量参股，如餐饮、旅行等；而在未来获利空间大，经营风险较小的 O2O 领域则选择自营。在这些投资中，有成功也有失败。

2013 年，中国开始兴起在线外卖；随后的 2014 年，各类餐饮外卖平台如雨后春笋般冒出来。有雄厚资金背景的几大外卖平台开始瓜分餐饮 O2O 市场这块大蛋糕。每个人都离不开一日三餐，可以说餐饮是 O2O 生态圈不可缺少的一部分。但是要吃到餐饮 O2O 这块蛋糕，需要同时具备充足的线上流量和线下物流配送速度，还要尽可能节省扩张成本。

- "到家美食会"成立于 2010 年，是一家集餐厅下单、取餐、送餐和售后服务为一体的网络外卖平台。由于最后一公里的配送成本太高，导致业务扩展速度缓慢。而京东当时正面临淘宝大力发展餐饮 O2O 的压力，迫切需要在 O2O 生态圈增加餐饮这块业务。京东以自营起家，充分认同到家美食会掌握产业上中下游的经营理念，并且京东拥有最后一公里物流的优势，因此投资到家美食会对于双方来说看起来是共赢的。
- 2013 年 8 月，京东与晨兴资本对到家美食会进行 C 轮注资，金额为 1 500 万美元。
- 2014 年 9 月，由京东领投，麦格理参投，共对到家美食会进行 5 000 万美元的 D 轮注资。不过随着饿了么、美团外卖等餐饮 O2O 平台对市场的垄断，到家美食会开始走向没落。
- 2017 年 5 月，百胜中国宣布收购到家美食会的控股权，收购金额并未对外公布。

随着人们生活水平的提高，消费者对"食宿行游购娱"的追求也越来越高，而能贯穿这六大领域的便是旅游产业。O2O 作为融合了消费者从线上到线下的新兴生活方式，旅行产业毫无疑问是最好的切入口之一。

- 面临着其他电商在 O2O 领域不断发力和围剿，京东需要不停完善其 O2O 生态圈，做到生态链的闭环。旅游产业的想象空间巨大，如果能切入旅游 O2O，将能完善京东在文化娱乐方面的生态圈。而途牛由于面临着携程、去哪儿、同程等在线旅游公司的市场竞争和瓜分，虽然上市但却长期亏损，没有稳定旅游批发商是途牛的痛点，这是途牛迫切需要寻找合作伙伴的主要原因。

- 2015 年 5 月 8 日，京东与途牛宣布合作，京东向途牛投资 2.5 亿美元现金并向途牛提供 1 亿美元资源及运营支持，交易完成后，京东成为途牛第一大股东，占途牛 27.5% 的股权比例，并获得途牛董事会一席席位。不过，后来海航集团入股并一跃成为途牛第一大股东，因此京东退而成为途牛第二大股东，截至 2017 年 3 月 31 日，京东共持有途牛 20.6% 股权。京东与途牛交易之后，途牛可以通过京东商城的平台在线销售机票和酒店等业务，而京东则可以通过途牛提升 O2O 生活服务品类，双方均可以提升市场地位。

随着国家对互联网医药交易牌照发放的严格限制，以及《关于推进家庭医生签约服务的指导意见》的出台，医药 O2O 也迎来了风口。由于医药流通行业本来就存在巨大的利润空间，再加上国家的相关政策扶持，京东决定自主发力医药 O2O。

- 2014 年 12 月 23 日，京东集团全资控股子公司京东 360 获得了由国家食品药品监督管理局审批通过的互联网交易服务 A 证，这意味着京东可以做药品生产企业、药品经营企业和医疗机构之间的平台服务商。

- 2015 年 11 月，京东集团旗下药品零售企业"青岛安吉堂大药房"获得了由省级行政单位审批通过的 C 证，这意味着京东可以向个人消费者合法销售非处方药品。从企业工商查册中可以了解到，青岛安吉堂大药房属于京东大药房（青岛）连锁有限公司，该公司唯一法人股东为京东善元（青岛）电子商务有限公司，江苏圆周是其全资母公司，实控人为刘强东。

● 此外，京东还上线医药城，以 O2O 的模式，在线上为商户进行展示和交易，并通过京东物流进行配送。

综上，京东在 O2O 业务的起步相对较晚，在发展的过程中也出现了亏损的情况。因此京东对于经营风险较大的项目，选择让渡部分控制权以规避风险，比如与达达的合并；但在一些未来利润可期，经营风险较低的项目上仍然以自营的方式保证足够的控制权，如自建生鲜超市、便利店和医药 O2O 等。

9. 刘强东的格局 [①]

刘强东曾说过："一个人的视野和格局，基本来源于小时候。"刘强东自幼生长于贫困的农村家庭，朴实的父母对其最基本的教育便是做人要诚信。刘强东铭记于心，在做企业时坚持卖正品。父母含辛茹苦将其养育成人，让刘强东学会了感恩，经常回报社会、家乡和员工。刘强东这样的个人格局，为京东的发展带来了极大的助力。

---

① 资料来源：（1）粥左罗. 刘强东：有这 7 种特质的人，我一定重用. 搜狐财经. http://www.sohu.com/a/216373117_715388.（2）刘强东当村长之精准扶贫——助村民五年收入提高十倍. 搜狐新闻. http://www.sohu.com/a/208514807_455997.（3）无人不识刘强东：霸道总裁变身村长 与阿里上演功守道. 中国经济周刊. 转引自新浪科技. http://tech.sina.com.cn/i/2018-01-03/doc-ifyqefvx4955683.shtml.（4）孙琳. 刘强东·我的青春不迷茫 [M]. 北京：中国言实出版社，2015.

（1）回报社会，精准扶贫。

早在 1998 年创立京东之初，公司的员工只有 30 来个，当时的刘强东就承包了一个国家级贫困村。过去的数十载岁月里，由京东帮扶脱离贫困的贫困村数量高达几万个，这一切一直都是默默进行，从未主动公开。

刘强东自 2017 年 11 月 28 日起，又多了一个职务，他将出任一个村委会的"名誉村主任"。该村就坐落在河北省阜平县，名叫平石头村。"小时候我最想当的就是村长，当时我就发誓，如果将来有一天我当了村长，一定会让全村都吃上猪肉！""扶贫要讲究方式方法，不仅要授人以鱼更要授人以渔，我们通过产业来扶贫、通过用工来扶贫，才能切实帮助村民朋友们真正脱贫致富。"他是这么说的，也是这么做的。京东把村里面滞销的一些菌菇、果仁、水果等产品，都摆上京东的品类货架，利用京东自建的物流，将这些产品源源不断地销往世界各地，极大地带动了当地农副产品的销量，让乡亲们实实在在感受到了收入的增加。

跟别的公司挂着扶贫的口号赚国家的钱不同，京东采用电商加投资的方式进行精准扶贫，是一条脱贫的新路子。京东以资金入股，而农民则以集体土地入股，然后京东帮助提升附加值并负责销售。像之前推出的跑步鸡项目，京东提供鸡苗，给这些鸡仔们配上传感器，然后放到山里面去散养，实现同步监测。这样一来，平均每只鸡的利润是原来的五六倍，父老乡亲们终于富起来了。这种扶贫方式能够成功，原因在于公司承担了所有的风险，同时提供资本，而老百姓只需要提供土地和劳动力，双方真正实现了双赢。

自 2016 年 1 月以来，全国 832 个国家级贫困县都与京东签订了精准扶贫的合作协议，涉及商家 6 000 多家。上线商品的品类有 100 多个，种类高达 30 000 多种。销售额更是冲破了 200 亿元大关，每户贫困家庭的人均年收入提高了两三千元，受惠的群体人数高达 20 万以上，家庭数冲破 10 万户。

（2）不忘初心，回报家乡。

刘强东对于农民和贫困地区的人们，有着极大的共同情感，因为他自己就是穷孩子出身，一路苦出来的。近些年来，他积极投身于家乡的建设和发展中，尽着自己的一分力量。

- 2009 年，京东在宿迁建立呼叫中心，一下提供了几千个就业岗位。
- 2012 年开始，京东又在宿迁建立了特困救助基金，每年投资 200 多万元。
- 2015 年春节时，刘强东更是带着几百万的红包回了家乡，给家乡每位 60 岁以上的老人每人都发了一万块的大红包。
- 2017 年 2 月，京东在家乡又建了学校，这一次是南京外国语学校仙林分校。刘强东深情地对乡亲们说："公司投资数亿，就为了给大家引入一个好学校，让我们宿迁的孩子们在家门口就能上名校！"
- 2017 年 6 月，刘强东夫妇又向自己的母校中国人民大学捐赠了 3 亿元，设立了中国人民大学京东基金。

（3）同甘共苦，待员工如亲人。

京东从只有 30 来人的小公司一步步发展成如今拥有十几万员工的大集团，足见刘强东有着极强的号召力、影响力和凝聚力。而一个公司最重要的是人才，如何才能吸引更多的有志之士加入京东这个大家庭？刘强东的做法是待员工如亲人，同甘共苦，具体做法如下。

- 京东的员工大部分都来自农村，每个员工都享受足额的五险一金。
- 在京东工作满 5 年的员工，基本上都可以在当地小城市买个房子，这就很切实地解决了员工最关心的住房问题。没买房的员工，如果住京东宿舍的话，只要工作满 3 年，住的起码是两人间或单间。

● 京东专门开了一家幼儿园。员工生了孩子之后，在 0—3 岁之间，不用担心没有人看管孩子，只要把孩子送到这个京东内部设置的"幼儿园"即可受到免费照顾。不仅所有学杂费全免，其他的生活用品都不花一分钱，全由公司承担。而且员工所需要的母婴用品，公司也全部免费提供。

● 最近，京东宣布已经将人大幼儿园、人大附小和人大附中集体落户亦庄开发区，为京东的员工们来了巨大的惊喜。对此，刘强东并不满足，他说接下来还要建立国际学校和医院，让京东的员工都能家家有房住，孩子有学上，生病不花钱，吃药买得起。

第 9 章

阿里巴巴的投资逻辑与控制权安排

"这是最好的时代，这是最坏的时代，这是智慧的时代，这是愚蠢的时代；这是信仰的时期，这是怀疑的时期；这是光明的季节，这是黑暗的季节；这是希望之春，这是失望之冬；人们面前有着各样事物，人们面前一无所有；人们正在直登天堂，人们正在直下地狱。"这是狄更斯《双城记》中的第一段，这基本就是中国互联网时代的真实写照。

中国的互联网自 1994 年接入至今，已经从各个不同的层面改变与影响了所有人的生活，从最早的三大门户网站——搜狐、网易、新浪三分天下，到百度、阿里、腾讯分别凭借搜索、电商、社交鼎足而居，演变至今天阿里与腾讯成为中国乃至世界互联网产业毋庸置疑的巨头，人们的衣食住行、布帛菽粟无一例外刻上了网络新浪潮深深的烙印。

阿里巴巴毫无疑问是这个时代中最受瞩目的弄潮儿之一，今天的阿里巴巴已经不是一家普通的公司，而是全球市值排名第六的经济体。马云在阿里巴巴 18 周年的年会上讲到阿里现阶段的对手不是别人，而是自己。作为互联网公司中罕见的完全不懂技术的创始人，"门外汉"马云是如何领导一个身处技术密集型产业的公司逐步壮大直至成为行业顶尖的？所谓打江山易，守江山难，问鼎之后马云又是如何凭借不足 10% 的股份控制这个庞然大物的呢？一切的答案都在其控制权安排之中。

1. 控制权争夺史 [①]

细数国内外顶尖互联网企业的创始人，无论是腾讯的马化腾、百度的李彦宏、搜狐的张朝阳，还是 facebook 的扎克伯格、google 的佩奇、amazon 的贝佐斯，都无一例外有着理工科的背景，甚至可以说本身就是做技术出身。而有一个人却和他们格格不入，那就是阿里巴巴的创始人马云。一个完全不懂技术的大学英语教师创办了全球顶尖的互联网企业，听起来有点疯狂；如果说其他互联网企业的创始人可以凭借过硬的技术实力在企业中树立威望，"门外汉"马云的成功就只能归结于其高超的制度设计与强大的个人魅力。仅凭 7% 的股份比例控制了阿里巴巴集团这个庞然大物，这无疑是控制权安排到极致的体现。从天方夜谭到商业神话，时光倒退回 20 年前，故事才刚刚开始。[②]

（1）第一轮融资：识于微时蔡崇信。

1999 年 2 月，马云带领 18 位创始人在杭州的湖畔花园创立了 B2B 平台阿里巴巴。彼时的互联网产业可谓是忽如一夜春风来，电子商务遍地开；得益于网上银行的开通，以及亚马逊珠玉在前的鼓舞，几乎所有的互联网企业都在琢磨如何将商店开到网上去。

截止到 1999 年 12 月 31 日，我国的 www 站点有 15 000 个之多，而网民数量却仅有 890 万名 [③]；与如今一篇公众微信号文章动辄 10 万＋的阅读量相比，这意味着很多网站在还没有获得流量带来的规模效应之前就已经胎死腹

① 资料来源：邓肯·克拉克. 阿里巴巴：马云和他的 102 年梦想 [M]. 北京：中信出版集团，2016.

② 阿里巴巴十八周年纪录片. 马云和他永远的"少年阿里"[EB/OL]. http://v.youku.com/v_show/id_XMTYxOTMwMzM4OA==.html.

③ 数据来源：CNNIC 中国互联网络信息中心. http://www.cnnic.cn/hlwfzyj/hlwxzbg/200905/P020120709345371437524.pdf.

中了。全线亏损已经是不争的事实，所有人心里都清楚中国的互联网市场是怎样的一片蓝海，通过融资和上市活下去，成为等待互联网产业柳暗花明之前唯一的出路。

马云的阿里巴巴也不例外，东拼西凑来的 50 万元创业资金在当时热火朝天的互联网行业的确显得有点捉襟见肘；虽然马云没有搜狐张朝阳麻省理工出身的背景，也不像新浪张志东是一个技术型天才，但他却拥有着创办中国黄页网站与帮助外经贸成立国际电子商务中心的经历，1999 年 3 月上线的阿里巴巴英文网站，成功获得了《福布斯》《新闻周刊》等权威媒体的关注。也许注定是英雄惜英雄，马云首先吸引来的不是融资，而是阿里巴巴的第一个贵人——蔡崇信。

蔡崇信有着全球顶尖高校耶鲁大学经济学和法学的双重背景，博士毕业后进入风险投资行业工作，1999 年作为 Investor AB 的亚洲区负责人去阿里巴巴考察投资项目，未曾想首次见面他就被马云所打动，决然离职放弃年薪 300 万港币的工作加入阿里巴巴。蔡崇信的加入的确使这个"三无团队"走上了规范化的道路，并凭借自己资深风险投资人的身份为阿里巴巴日后的融资作出了强有力的背书。

第一轮融资来得很不容易，当时马云和蔡崇信在硅谷四处拜访投资机构却一无所获，直到蔡崇信联系上了在高盛工作的旧友林夏如。在详细的尽职调查后，林夏如认为阿里是一个有前景的投资项目，决定用 500 万美元拿下阿里大部分股权。首轮投资能吸引来高盛这样国际顶尖的投行对于阿里未来的发展无疑是大有裨益的。作为资本市场上"打喷嚏的人"，高盛给阿里所带来的价值远远不只是 500 万美元的融资。

马云很心动，但是他也深知一旦答应，自己就丧失了对阿里的控制权了。阿里成立之际已经将部分股份与 18 位合伙人共享，此时再让渡给高盛大部分，马云自己的股份就所剩无几了。但是当时的他也别无选择，前途未卜的阿里巴巴在强势的国际金融资本高盛面前没有什么谈判的空间。合作敲定的最终结果是林夏如答应以 500 万美元换取阿里 50% 的股份，在重大事件上高盛有一票否决权。

谈判后期出现了一点小插曲，高盛的投资委员会不同意独立全额投资，认为风险太大，于是林夏如只好将高盛的比例降为 33%，剩下的 17% 找来了富达投资（Fidelity Capical）、新加坡政府科技发展基金以及蔡崇信的老东家 Investor AB 补上。值得一提的是，高盛后来一度成为阿里巴巴的第二大股东，却因为阿里迟迟不肯上市而在 2004 年以 2 200 万美元的价格撤资，错过了超高额的投资回报，被戏称为高盛史上最大的败笔。①

（2）第二轮融资：结识贵人孙正义。②

如果说蔡崇信是马云创立阿里巴巴过程中遇上的第一个贵人，那么孙正义无疑可以称得上为第二个。他与马云初识的故事后来被演绎成"6 分钟融资 2 000 万美元"的神话，大家都津津乐道于孙正义的独到眼光和一掷千金，事实上这次融资中最精彩的是马云对控制权的正确认识而主动调低估值。

1999 年软银集团在中国组织了一场"速配"式的互联网项目投资洽谈会，试图重造当年在美国投资雅虎的传奇，这场见面会几乎囊括了当时中国所有互联网界的新秀，马云的阿里巴巴也在邀请之列。正式见面之前，软银已经对这些企业进行了尽职调查，负责阿里巴巴尽职调查的是软银中国的合伙人薛村禾，他也是前 UT 斯达康的创始人，拥有成功的创业经验和敏锐的投资嗅觉，从 UT 斯达康出来之后，他投身于孙正义创立的软银投资公司，在他的力挺之下才有了后来故事。对于孙正义来说几分钟决定一场投资并不是什么

---

① 资料来源：邓肯·克拉克.阿里巴巴：马云和他的 102 年梦想 [M].北京：中信出版集团,2016: 128-136.
② （1）资料来源：九哥.《揭秘：孙正义和马云的 6 分钟并没那么传奇》.九个头条. http://www.topnews9.com/article_20150128_43308.html.（2）邓肯·克拉克著.阿里巴巴：马云和他的 102 年梦想 [M].北京：中信出版社,2016.

稀罕事，2008年千橡互动的陈一舟用10分钟拿到4.3亿美元的投资，2011年PPlive的陶闯也只用了7分钟就获得了2.5亿美元。以上的故事之所以没有被广为流传，是因为这些企业后来没有一家能比得上阿里巴巴今天的成就；而孙正义看似豪赌的背后，其实有着专业投资团队做了大量前期工作的支撑。

高盛等几家投行之前以500万美元的价格换取了一半股份，相当于给出了1000万美元的估值。据蔡崇信后来透露的投资细节，孙正义一开始打算投2000万美元，拿走40%的股份，投后估值上升为5000万美元，相当于几个星期里高盛的投资收益就翻了一番。马云和蔡崇信不想出让这么高比例的股权，于是孙正义继续加码，将价格提升到4000万美元换取40%的股份，此时投后估值高达1亿美元。

这笔突如其来的巨款简直像天上掉下来的馅饼，但是马云静下来思考，自己现阶段要那么多钱干什么呢？如果答应孙正义的要求，会影响后续融资，在控制权方面肯定会出问题的，所以马云最终将条件修改为2000万美元交换30%的股份，主动调低了估值。孙正义接受了马云的条件，并在公布这笔投资时表示，希望阿里巴巴能成为中国的雅虎。于是阿里巴巴第二轮融资额为软银投资2000万美元，富达投资、汇亚资本、日本亚洲投资、瑞典投资、TDF5家跟投500万美元。[①]

（3）第三轮融资：eBay兵临城下。[②]

在前两轮融资之后，阿里巴巴进入了快速发展期，在国外设立了众多办事处，招聘海量的新员工，跑马圈地试图一跃成为国际性企业。但是千禧年伊始，互联网狂热泡沫也开始破裂了，行业热度迅速冷却下来，据阿里官方纪

---

① 资料来源：邓肯·克拉克.阿里巴巴：马云和他的102年梦想[M].北京：中信出版集团，2016：141-147.

② 资料来源：（1）唐一.马云是"阿里爸爸"，他就是"阿里妈妈"，让阿里巴巴免于"饿死"，成就3600亿美元传奇！创业智库，转引自http://www.sohu.com/a/150750958_465413.（2）邓肯·克拉克.阿里巴巴：马云和他的102年梦想[M].北京：中信出版集团，2016：169-207.

录片报道,2001 年 1 月阿里巴巴账上只剩下 700 万美元,按照当时阿里巴巴扩展的速度,这笔钱只够支撑半年;而大股东们也明确表示前期的投资花完了之后,没有意向再追加第二笔,阿里亟需找到盈利的渠道。

挽救阿里巴巴于一线的人叫作关明生,在此之前他在国际企业管理领域有 25 年的经验,在美国通用电气工作达 15 年。关明生提出了开源和节流两个方案,分别是推出向会员收费的"中国供应商"产品,以及收缩战线裁员的"杀人放火"方案。前者"开源"帮助阿里找到了早期的盈利模式,后者"截流"给阿里提供了喘气的机会。

在互联网泡沫破灭的那段寒冬里,阿里巴巴依靠自身力量终于在 2002 年扭亏为盈,完全可以被称之为整个行业的奇迹。但这还远远不够,马云深知 B2B 模式虽然帮阿里活下来了,却不足以支撑起阿里的百年计划,他将目光着眼在国外成功的电子商务商业模式上,发现 eBay 的 C2C 运营十分值得学习。

对于马云来讲,开展 C2C 业务,既是进攻也是防守。进攻是为了帮助阿里巴巴寻找新的盈利点;而防守则是因为,eBay 虽然以 C2C 作为主营业务,但是其平台设计同样适合企业卖家,事实上 eBay 在美国的很多收入都来自小公司,这正是阿里巴巴最重要的一部分客户,兵临城下只是时间问题。这个想法与阿里的大股东孙正义不谋而合,1996 年软银投资了雅虎一亿美元,并出资与其共同成立了日本雅虎,迅速占领了日本的互联网市场,并成功抵御了 eBay 的入侵。他曾说希望马云能成为中国的雅虎,当时 eBay 在亚洲已经占领了韩国与中国台湾市场,日本市场的失败使得剩下的中国大陆市场对其显得尤为重要。

马云果断地成立了 C2C 项目组,秘密安排了 7 名员工开始了淘宝交易平台的研发,新项目得到了孙正义的大力支持,2003 年 5 月淘宝网上线后,软银联合富达投资、寰慧投资和 TDF 向阿里巴巴注资 8 200 万美元,其中软银的 6 000 万美元是单独投资给淘宝网的。

几乎是在同时，eBay 宣布全资收购中国易趣，以此为媒介全面进入中国市场。易趣是 1999 年邵亦波从哈佛毕业回国后，在自己的家乡上海创立的，2003 年被收购前后其市场占有率一度达到了 80%，但到了 2005 年时就已经被淘宝挤得只剩 23% 了。后起之秀淘宝能战胜 eBay（易趣）的原因，有淘宝在商业模式方面的创新，同时也有 eBay 收购易趣后整合的失败，主要原因如下。

● 淘宝收费模式的创新。淘宝自出生开始就贯彻免费策略，而 eBay 认为 C2C 商城的盈利模式就是靠收中介费，并坚信淘宝撑不了多久。除此之外淘宝还推出了支付宝这个颠覆性的第三方支付工具，以担保的方式消除了客户对网上交易的疑虑。

● 精准的定位使得用户拓展非常顺利。2003 年正是非典全国性爆发的一年，网上购物给商家和顾客都带来了一个新选择，电子商务用户数量大幅增长。eBay 进入中国时是照搬海外模式，忽略了中国根本不存在美国二手交易买卖的传统，坚持由个人用户发起拍卖的形式进行交易；而新生代淘宝则接地气得多，将狭义的 C2C 变通为 small B2C，让之前做阿里巴巴积累起来的小企业用户也能参与进来，客户数量迅速提升。

● eBay 收购易趣后，错误进行平台迁移。收购完成后，eBay 决定按照统一的标准管理，将中国易趣的用户迁移到美国平台上去，直接导致了网页打开速度过慢。除此之外，全球账户体系的统一，使得 eBay 无法像淘宝一样针对中国市场开发出独有功能。

（4）第四轮融资：雅虎入局。①

淘宝战胜 eBay 十分关键的一个因素是免费策略，每天烧着大量的钱但却提供着免费的服务，这背后需要大量的资金来支持。双方的烧钱大战僵持到 2005 年时，阿里巴巴的账面余额又开始告急了。eBay 方面似乎也意识到这么缠斗下去不是办法，向孙正义开出 10 亿美元的价格收购软银持有的阿里巴巴股份。在商言商，马云找不到任何理由要求孙正义不将股份卖给 eBay；更糟糕的是，腾讯也推出了在线购物平台——拍拍，前后夹击的状态让淘宝进退维谷，马云亟需一笔雄厚的投资来支撑这场持久战。

救马云于水火之中的人是雅虎的创始人杨致远。雅虎自 1998 年开始进入中国市场，但是由于环境等多方面因素的影响，发展趋势不如本土的互联网企业，先后与方正、百度、新浪合作都没有取得进展；收购周鸿祎的 3721 不但未能助其在中国打开局面，反而使公司业务陷入僵局。

雅虎亟需在中国找到新的代言人，杨致远想到了老朋友马云。早在 1997 年时他们就已经认识了，那时马云还在外经贸推广他的中国黄页，陪着初次来中国的杨致远游览了长城。两者有着共同的股东软银，加之阿里巴巴私营企业的性质，使得这笔交易很快被敲定下来。

究竟是雅虎收购阿里巴巴，还是阿里巴巴鲸吞雅虎，媒体报道一直众说纷纭，足以显出这笔交易结构之复杂。马云对交易细节闪烁其词，托称阿里为非上市公司，没有对公众披露的义务；谜底一直到雅虎向美国证监会提交了 8—K 文件后才被揭开，该文件属于上市公司的备案报告，发生触发事件（triggering event）时需要提交。

---

① （1）毛学麟. 雅虎、阿里巴巴并购真相. 新财富 [J]. 2006 (1)：80-91，转引自 http://www.huaxia.com/sw/szjy/2006/00412657.html.（2）雅虎 8-K 文件 .https://www.sec.gov/Archives/edgar/data/1011006/000119312517259177/d442127d8k.htm.（3）邓肯·克拉克. 阿里巴巴：马云和他的 102 年梦想 [M]. 北京：中信出版集团, 2016: 169-207.

图 9-1 所示为雅虎和阿里巴巴的股权交易，主要交易结构包括股权收购和换股协议（SPCA）、淘宝股权收购协议（TBSPA）、二级股票收购协议（SSPA）、股东协议（SA）四个部分。[1]

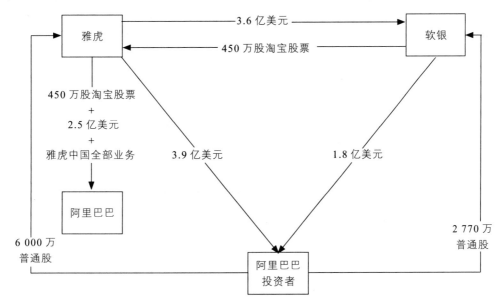

图 9-1 雅虎和阿里巴巴的股权交易[2]

- 股权收购和换股协议（SPCA）是整个交易的最关键部分，在 8-K 文件披露之前被许多人误以为是交易的全部。主要内容如下：雅虎以"2.5 亿美元现金 +TBSPA 协议中购买的淘宝股权 + 雅虎中国全部业务"从阿里巴巴公司换取 201 617 750 股阿里巴巴股票。如此一来，在全部交易完成后，雅虎持有阿里巴巴 261 641 354（60 023 604+201 617 750）股，占阿里巴巴全部已发行股份（包括根

① 毛学鳞. 雅虎、阿里巴巴并购真相. 新财富 [J]. 2006 (1)：80-91. http://www.huaxia.com/sw/szjy/2006/00412657.html.

② 资料来源：(1) 雅虎 8-K 文件. https://www.sec.gov/Archives/edgar/data/1011006/000119312517259177/d442127d8k.htm.（2) 毛学鳞. 雅虎、阿里巴巴并购真相. 新财富 [J]. 2006 (1)：80-91. http://www.huaxia.com/sw/szjy/2006/00412657.html.

据阿里巴巴员工认股权计划发行股份）654 103 386 股的 40%。

- 虽然 SPCA 协议顺序在前，淘宝股权收购协议也是交易最主要的部分，但它是以 TBSPA 和 SSPA 为先决条件的。TBSPA 协议中约定，雅虎支付 3.6 亿美元，向软银及软银全资子公司 SB TB Holding Limited 以每股 80 美元的价格，购入其持有的 450 万股面值 0.01 美元的淘宝股票。此处可以印证，第三轮融资中，软银的 6 000 万美元的确是单独注入给了淘宝，即淘宝为阿里巴巴旗下的非全资子公司。

- 根据二级股票收购协议，雅虎和软银以每股 6.4 974 美元的价格分别从阿里巴巴的特定投资者手中购买 60 023 604 和 27 703 202 股阿里巴巴的普通股。也就是说，雅虎出资 3.9 亿美元，软银出资 1.8 亿美元，使阿里巴巴的部分投资者和阿里巴巴管理层套现。通过 SSPA 协议，前几轮中想套现的投资者成功退出，阿里巴巴管理层也兑现了一部分股票，马云一夜登上胡润"百富榜"。与部分媒体报道不同的是，该轮中软银并没有减持阿里股份，而是坚定持有。

- 股东协议由阿里巴巴、雅虎、软银、部分管理层和部分其他股东共同签订，对股东、董事的权利、义务和公司的治理结构进行了详细规定；该协议是马云控制权保障的背书。SA 协议主要条款有以下几项。

  ○ 2010 年 10 月前，雅虎 40% 的股份只拥有 35% 的投票权，其余投票权归马云团队。

  ○ 2010 年 10 月前，在任何情况下，董事会不得解除马云阿里巴巴 CEO 的职务。

  ○ 阿里巴巴、软银和雅虎每个季度都要进行三方会议，阿里巴巴每个季度都要向股东汇报经营业绩。

○ 如果软银减持交易完成日所持阿里巴巴股票的50%，将没有权利在董事会中任命董事，由雅虎增加一名董事顶替空缺；公司管理层总共持股25%以上才能在董事会中保持两名董事。软银和管理层不减持，2010年10月之后，雅虎追加一个董事会席位，变成阿里2席、雅虎2席和软银1席。

○ 除非有雅虎的书面同意，任何协议方不得将股份转让给雅虎的竞争者，雅虎将提供竞争者的名单，名单雅虎每隔6个月更新一次。

○ 没有马云的书面同意，在阿里巴巴IPO两周年、本协议签订五周年、马云不再担任CEO、马云持有阿里巴巴不足1%的股份四者中任一事件发生之前，任何协议方及其附属机构总共持有阿里巴巴股份不能超过50%。

○ 只要马云还有一股阿里巴巴的股票，就始终在公司的董事会占有一席之地。

交易完成后，雅虎、软银及马云团队分别持有公司40%、29%及31%的股份。从SA协议中看出，马云成功地"绑架"了资本，实现了以小搏大的高效融资。而且在本次交易交割完成之后，马云宣布向淘宝网再追加10亿元，支持其继续免费3年。一年之后的2006年12月，eBay管理团队全面退出中国，eBay的中国子公司eBay易趣与TOM在线组成合资企业"TOM易趣"。淘宝与eBay易趣的四年大战结束了，阿里不仅免受被收购的风险，而且反败为胜，一跃成为国内最大的电子商务企业。

2. 两段上市路

阿里巴巴经历了"香港 IPO →私有化退市→美国 IPO"的上市历程，中间穿插了支付宝风波，在美国上市时创造性地设计了"合伙人制度"。

（1）香港上市。[①]

打赢了 eBay 这场硬仗之后，阿里巴巴在中国电子商务领域的霸主地位已经初现端倪。一年之后，阿里巴巴着手在香港将集团旗下的 B2B 业务进行 IPO。

在香港的 IPO 中，阿里巴巴共发行 8.59 亿股，其中 6.315 亿为旧股，其余为新股，招股价为 13.5 港币 / 股。2007 年 11 月 6 日上午，阿里巴巴网络有限公司（1688 HK）在香港联交所挂牌上市，开盘价 30 港元，比发行价高出 122.2%。以此计算，阿里巴巴市值达到 1 515.7 亿港元，仅次于日本雅虎成为当时的亚洲市值第二。

图 9-2 所示为 2007 年阿里巴巴集团的股权结构。阿里巴巴在香港上市的主体为在英属维尔京群岛设立的海外公司，马云及高管层持股 2.08%，阿里巴巴开曼公司持股 73.21%，剩下的 24.71% 为公众流通股。软银、雅虎为阿里巴巴开曼公司的股东，这家公司与国内运营实体为协议控制的关系。这种境外上市公司与境内运营实体分离的模式被称为 VIE 架构，好处是可以绕开监管，使境外投资者可以间接投资被限制或禁止的领域；风险是上市公司对境内运营实体不具备完全的控制权，这一点在日后的支付宝股权转移事件中显现了出来。

---

① 资料来源：阿里巴巴登陆香港联合交易所．网易科技．http://tech.163.com/special/000915RB/hkalibaba.htm.

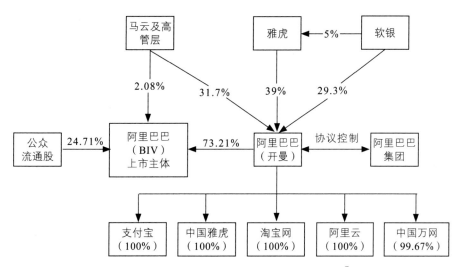

图 9-2　2007 年阿里巴巴集团股权结构 ①

阿里巴巴上市吸引来了包括老东家互联网公司巨头雅虎、跨国保险及金融服务集团 AIG（美国国际集团）、富士康的母公司鸿海精密工业集团、香港地产巨头九龙仓集团及中国工商银行（亚洲）等投资者，创下 2 万亿港币的香港 IPO 历史认购之最。需要注意的是，香港上市的禁售期通常为 6 个月，而阿里巴巴给上述基础投资者设置的禁售期却长达 24 个月，这无疑从侧面印证出阿里巴巴在这场 IPO 融资博弈中的强势地位。

股价轰轰烈烈的高开未能抵挡住后来持续低走，2008 年受席卷全球的金融风暴影响，主营 B2B 业务的阿里巴巴股价一度下跌到 3.46 港币；幸好随着金融风暴的逐渐平息，2009 年中旬股价回复至 15 港币左右，该价格一直持续到 2011 年，这年发生了两件负面新闻使阿里的股价应声下跌。

一是 2 月爆发的"欺诈门"事件，阿里巴巴主动披露了公司对此事的调查结果，承认 2009 年与 2010 年期间分别有逾千名"中国供应商"客户涉嫌欺诈，近百名阿里员工为挣取提成参与了此次事件。阿里宣称已经清理了涉事

---

① 资料来源：阿里巴巴股权结构图 . 金融界 . http://hk.jrj.com.cn/focus/01688/.

客户，并承诺对全球范围内的受害者进行赔偿，CEO 卫哲、COO 李旭晖引咎辞职。此次欺诈门事件虽然引起了小幅度的股价下跌，但是在公关方面却堪称教科书般的经典，阿里勇于承担责任的勇气赢来了业内的一片叫好声。

然而该年度发生的第二件负面新闻，强大如阿里公关团队也未能扭转舆论的风向，被认为是马云创业史上所遇到最严重的诚信危机，这件事便是支付宝的股权之争。

（2）支付宝之争。[①]

雅虎在投资入股时，曾在股东协议内承诺 2010 年 10 月以前董事会不得以任何理由解除马云阿里巴巴 CEO 的职务，并将 5% 的投票权出让给马云及高管团队。随着时间的流逝，双方约定的日期逐渐临近，马云也开始坐立难安起来。在投票权上，马云及其团队拥有 36%，雅虎拥有 35%，软银拥有 29%；三方处于一种微妙的平衡状态，阿里巴巴还是马云说了算。而 2010 年 10 月的期限一到，雅虎的投票权就会恢复 40%，马云的 CEO 职位就没有了绝对的保障。马云的老朋友杨致远更是在 2009 年初突然从雅虎离职，女强人巴茨接替了他 CEO 的职务，马云嗅到了风雨欲来的味道。

巴茨认为马云没有经营好中国雅虎，而阿里方面则认为雅虎在力挺谷歌退出中国一事上没有考虑到阿里的处境。双方的关系不断交恶，阿里数次在公开场合表达了回购雅虎股份的意向。

冲突爆发于 2011 年 5 月 11 日，雅虎在提交给美国证监会的一份公告中指出，阿里巴巴旗下子公司支付宝的所有权被转移至了马云控股的浙江阿里巴巴，并称此次重组行为并没有通知集团股东雅虎和软银。

公告一出引起国内外舆论的哗然，著名新闻评论家胡舒立发表文章《马云为什么错了？》指出，私自转移支付宝是践踏契约原则，伤害了市场之本。

---

① 资料来源：王姗姗，于宁，谷永强. 支付宝 3.3 亿转手 [J]. 新世纪，2011(19)：22-23.

马云在 2011 年 6 月的媒体沟通会上作出回应，支付宝争取第三方支付牌照的问题由来已久，早在 2009 年 6 月，阿里巴巴董事会就已经口头同意了转移支付宝股权一事，并在 7 月 24 日的会议纪要中书面记录了下来。双方分歧的争议点在于，雅虎和软银希望保持支付宝 VIE 协议控制的模式，绕开监管层获得第三方支付牌照；而马云则坚持认为央行明确规定外资的第三方支付需要报批国务院审核，支付宝很可能因为 VIE 模式耽误甚至拿不到第三方支付牌照。

支付宝股权的转移过程分为两个部分进行。[①]

- 2009 年 6 月 1 日，Alipay 将支付宝 70% 的股权以 2 240 万美元的价格转让给浙江阿里巴巴，支付宝由一家外资独资企业变为一家由内资企业绝对控股的中外合资企业。
- 2010 年 8 月 6 日，支付宝召开董事会，决定以 2010 年 5 月 31 日为估价转让基准日，按照当日的股价评估价，以 1.648 9 亿元的价格将其持有的支付宝剩余 30% 的股份转让给浙江阿里巴巴，交易完成后，浙江阿里巴巴获得支付宝全部股份。

两次转让交易属于集团内资产划转，作价合计仅 3.3 亿元，很明显远远低于市场对于支付宝的估值。支付宝股权转移事件的影响不断发酵，引起阿里巴巴的股价大幅下跌。

阿里巴巴集团、雅虎和软银三方坐下来谈判，于 2011 年 7 月就此次转让事件签署正式的协议：支付宝的控股公司承诺在上市时予以阿里巴巴集团一次性的现金回报，回报额为支付宝在上市时总市值的 37.5%（以 IPO 价为

---

① 以下内容引自：王姗姗，于宁，谷永强 . 支付宝 3.3 亿转手 [J]. 新世纪，2011(19): 22-23.

准），回报额将不低于 20 亿美元且不超过 60 亿美元。[①]

市场对阿里此次私自转移支付宝普遍持批判的态度，认为在第三方支付牌照的获取上有更好的解决方案。马云后来评价该做法是不完美但唯一正确的，支付宝股权转让事件至此告一段落。

阿里与雅虎在支付宝转让一事上公开闹僵后，回购雅虎所持的阿里巴巴股份似乎也成了马云摆在明面上的抉择。

2011 年 9 月，阿里实施了名为"黎明"的员工股权购买计划，引进包括银湖、DST、淡马锡、马云及虞锋创立的云锋基金等投资者，按照 350 亿美元的估值回购了 5.7% 的股份，大约花费 20 亿美元。"黎明"是"长征"的序曲，意在为随后回购雅虎所持股份做铺垫。

2012 年 2 月，阿里巴巴集团向旗下港股上市公司阿里巴巴网络有限公司董事会提出私有化要约，回购价格为每股 13.5 港元，该价格较最后交易日收盘价 9.25 港元溢价约 45.9%，但相比阿里巴巴上市首日收盘 35 港元价格，私有化价格仍然跌去了 60% 以上。消息一出，受欺诈门及支付宝事件影响后萎靡不振的股价在复牌日大涨 42%。外界普遍认为阿里巴巴此次私有化香港上市业务可能与回购雅虎股份，以及未来筹划集团的整体上市有关。

2012 年 5 月，回购雅虎股份的"长征"计划正式启动。阿里巴巴宣布将动用 63 亿美元现金和不超过 8 亿美元的集团新增优先股，回购雅虎手中所持该集团股份的一半，即相当于阿里巴巴 20% 的股权，这部分股权将被阿里注销。此外还约定，未来阿里巴巴 IPO 之时，有权以 IPO 价格回购雅虎所持该集团剩余的 50% 股份。[②]

---

① 阿里雅虎软银关于支付宝股权框架协议. 阿里云资讯. https://www.aliyun.com/zixun/content/2_6_175192.htm.

② 阿里巴巴集团公告. 阿里巴巴集团与雅虎达成回购协议. 阿里巴巴官网. http://www.alibabagroup.com/cn/news/press_pdf/p120918.pdf.

在控制权方面，回购协议规定，雅虎将放弃原本拥有的委任第二名董事会成员的权力，以及与阿里巴巴战略和经营决策相关的否决权。阿里巴巴董事会则维持阿里巴巴、雅虎、软银 2：1：1 的比例。

如图 9-3 所示，为了完成这桩庞大的股权回购，阿里巴巴总计对外募资 59 亿美元：其中，银行贷款 20 亿美元，一半来自国开行，一半来自国外银团。股权融资 39 亿美元，只有 9.5 亿美元现金来自集团自有资金，剩下的来自公司发行的可转换优先股及普通股，共计总股本的 10% 左右，阿里巴巴并未披露普通股与优先股的认购比例，仅透露参与普通股认购的机构包括中国投资有限责任公司、国开行旗下负责股权投资的子公司国开金融有限责任公司，以及两家中国 PE 博裕资本和中信资本；而可转换优先股则配售给了在"黎明"计划中进入阿里巴巴的三大机构老股东——淡马锡控股、DST 全球及银湖。值得一提的是，除了软银和雅虎，所有股东均放弃了在重大事项上的决策权。

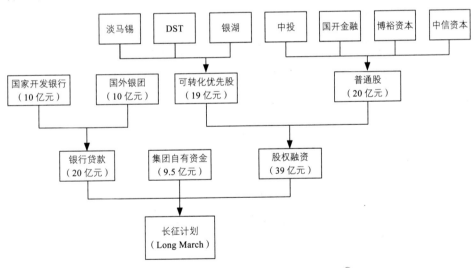

图 9-3　"长征"计划资金来源 ①

2012 年 6 月 20 日，阿里巴巴旗下的 B2B 业务正式从香港联交所退市。

---

① 资料来源：王姗姗，于宁. 马云的新长征 [J]. 新世纪，2012，(38): 66-68.

虽然付出了高额的"赎金"以及名誉受损，马云最终还是从雅虎手上拿回了阿里巴巴的控制权。

（3）美国上市。[①]

2011 年 6 月，阿里将淘宝一拆为三，变成淘宝网、一淘网和天猫。从香港私有化退市 B2B 业务后，2012 年 7 月阿里巴巴将集团调整为七大事业群，分别是淘宝、一淘、天猫、聚划算、阿里国际业务、阿里小企业业务和阿里云。马云希望能借此推进 CBBS（consumer 消费者、business 渠道商和零售商、business 生产商、service partner 服务供应商）协同发展。2013 年 1 月又将七大事业群调整为二十五大事业部，分别由 9 个负责人管理，分拆得更为细化。

无论是 7 个部门还是 25 个部门都未涉及支付宝及阿里其他的金融业务，可见早在支付宝正式从阿里集团独立出来时，其视野就不仅局限于电商服务了，而是有着更大的野心。

阿里数次调整组织架构，是在为集团整体上市做准备：将现阶段没有盈利，但是未来具有发展空间的业务打包，以获取市场的高估值。

阿里整体上市的地点引起过诸多猜测。中国内地作为阿里巴巴的主要市场，却未能入选考虑名单，主要原因是阿里巴巴出于避税及规避风险等考虑，将注册地选在了开曼群岛，且软银、雅虎等外资股东持股比例超过 50%，阿里巴巴作为外资企业不具备在 A 股上市的条件。

香港是阿里巴巴首次上市地点，对于阿里巴巴第二次整体上市也是持欢迎态度的，但是马云提出的"合伙人制度"，违背了香港"同股同权"的基本原则，被联交所认为有可能侵害中小股东的权益。几番拉锯之后，联交所遗憾地拒绝了阿里巴巴抛来的绣球。

---

① 资料来源：阿里巴巴公告 . http://www.alibabagroup.com/cn/ir/secfilings.

由于具有充分的信息披露与完善的集体诉讼规则作为保障，美国对于金融创新具有较高的包容度，是少数几个采用"双层股权"架构且接受他国企业上市的国家，所以接纳了阿里巴巴提出的"合伙人制度"。

那么阿里巴巴合伙人制度究竟是怎么一回事呢？简而言之就是在该制度下，创始人对公司的控制权与持股比例脱钩了。阿里的合伙人制度并不是传统公司法意义上的合伙制度，而是一种通过公司章程进行创始人控制权保护条款的设计。其基本设计逻辑是，先将公司的控制权赋予持有少量股份的合伙人，再将合伙人手里的权力集中在合伙人委员会，从而将控制权掌控在马云手里，最终实现"无论何时何地、无论发生什么情况，马云总得控制董事会席位的简单多数"[①]。

截至 2017 年底，合伙人共计 36 名，除了阿里巴巴集团的高管外，还有来自蚂蚁金服、阿里云、菜鸟网络等重要板块的负责人。合伙人并无固定人数限制，除马云和蔡崇信为永久合伙人外，其余合伙人的地位与其任职有关，一旦离职则退出合伙人关系。

阿里合伙人被赋予董事提名和分配奖金的权利。合伙人可以提名的董事人数占董事会人数一半以上，因任何原因董事会成员中由合伙人提名或任命的董事不足半数时，合伙人有权任命额外的董事以确保其半数以上董事控制权。阿里董事会共有 9 名成员，阿里合伙人有权提名 5 人；如软银持有阿里15% 及以上的股份，软银有权提名 1 名董事，其余的 3 名董事由董事会提名委员会提名，招股结束后，合伙人可以再提名 2 人，届时董事会将有共 11 名董事。如果股东不同意合伙人提名的董事的，合伙人可以任命新的临时董事，直至下一年度股东大会；倘若董事因任何原因离职，合伙人有权任命临时董

---

① 以下合伙人制度的内容引自：陶旭东，应煌. 阿里巴巴合伙人制度简析. 君合法评. http://www.junhe.com/law-reviews/265.

事以填补空缺，直至下一年度股东大会。

在传统的治理结构下，董事会一般由股东大会进行选举；而阿里的合伙人制度中，虽然股东大会有权否决合伙人委员会推选的董事，但是阿里合伙人仍然可以另外重新任命临时董事，这意味着股东大会的否决权并没有实际效力。

不仅如此，阿里合伙人还与大股东软银、雅虎达成表决权拘束协议，约定三方将在股东大会上以投票互相支持的方式，使投票结果处于可控的范围之内。软银承诺在股东大会上投票支持阿里合伙人提名的董事当选，未经马云及蔡崇信同意，软银不会投票反对阿里合伙人的董事提名。不仅如此，软银还将其持有的不低于阿里30%的普通股投票权置于投票信托管理之下，受马云和蔡崇信支配。鉴于软银有1名董事的提名权，因此马云和蔡崇信将在股东大会上用其所拥有和支配的投票权支持软银提名的董事当选。同时，雅虎承诺将动用其投票权支持阿里合伙人和软银提名的董事当选。

既然控制权都集中于合伙人手中，那么如何才有资格入选呢？成为合伙人需要满足如下要求：在阿里供职超过5年；合伙人任职期间必须持有公司股份，且有限售要求；候选人由在任合伙人向合伙人委员会推荐，并由合伙人委员会审核同意其参加选举；在一人一票的基础上，超过75%的合伙人投票同意后方可加入；合伙人对公司的发展有积极贡献，并且高度认同公司文化，愿意为公司使命、愿景、价值观竭尽全力。上述条件综合来看，阿里的合伙人只有可能在认可马云和阿里巴巴价值观的高管中产生。

合伙人的选举与罢免都无须股东大会审议或通过，而是将权力集中在了以马云为核心的合伙人委员会。合伙人委员会由5人组成，任期3年，可连选连任。如果说合伙人是阿里控制权的上层建筑的话，那么合伙人委员会就是金字塔的顶端了。该委员会主要负责3件事：其一审核新合伙人的提名并安排选举事宜；其二推荐并提名阿里巴巴董事；其三将薪酬委员会分配给合伙人的年度现金红利分配给非执行职务的合伙人。简而言之，数十位合伙人的权力又被高度集中于该决策小组手中，而马云和蔡崇信从该制度成立至今一直是小组成员，所以层层权力最终归于马云手里。

通过合伙人制度和表决权拘束协议，马云牢牢掌握住了阿里巴巴的董事会和股东大会。但是这里有个风险，当上市之后雅虎和软银减持阿里巴巴股票，如果有恶意并购者通过二级市场获得第一大股东的位置，通过修改公司章程就可能废除合伙人制度。

那么合伙人制度能被轻易改变吗？答案是否定的。合伙人制度的变更需要通过董事批注和股东表决双重批准：从董事层面来看，关于合伙人关系的宗旨及合伙人董事提名权的修订必须经过多数独立董事的批注，而有关提名董事程序的修改则需要取得独立董事的一致同意；从股东层面来看，根据上市后修订的公司章程，修改阿里合伙人的提名权和公司章程中的相关条款，必须获得出席股东大会的股东所持表决票数 95% 以上同意方可通过。

根据 2017 年 6 月阿里巴巴披露的官方财务数据显示，马云、蔡崇信分别持有阿里 7%、2.5% 的股份，作为阿里的永久合伙人，只要这两人的股份比例合计不低于 5%，该制度便坚如磐石，难以打破。

"我们不在乎在哪里上市，但我们在乎我们上市的地方，必须支持这种开放、创新、承担责任和推崇长期发展的文化。" 2013 年 9 月，马云的一份内部邮件被视作关于阿里上市地点的公开表态。

时隔 1 年后的 2014 年 9 月 19 日，阿里巴巴集团在纽约证券交易所正式挂牌，IPO 定价为 68 美元 / 股，首日收盘价为 93.89 美元，市值高达 2 314 亿美元，成为仅次于谷歌的全球第二大互联网公司。

在美国上市后，阿里巴巴集团这个庞然大物的股权结构第一次完整地显现在世人面前，如图 9-4 所示。阿里巴巴此次 IPO 共计提供给投资者 3.68 亿股 ADS，其中发行新股 1.23 亿股，股东出售 1.97 亿股，超额配售 4 800 万股。每股发行价 68 美元，阿里巴巴共计募资 250.3 亿美元。

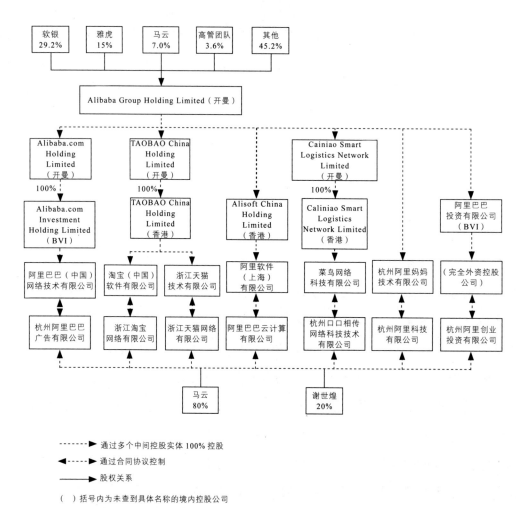

图9-4　阿里巴巴集团股权结构（截至美国上市时）

　　如图9-5所示，根据之前与与雅虎签订的回购协议，此次IPO中雅虎出售占阿里巴巴集团4.9%的股份，套现82.8亿美元，股份被稀释到15.56%。而另外一个大股东软银却未进行套现，股份比例仅从34.4%被摊薄至32.4%。

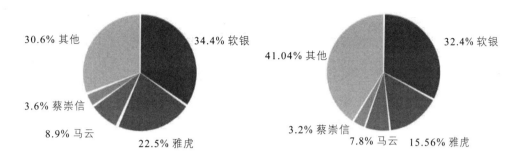

图 9-5　阿里巴巴 IPO 前后持股比例 ①

3.　三种投资主体

让我们来看一下普通上班族平凡的一天，早上起床打开墨迹天气 APP 来判断一下今天出门该穿什么衣服；在小区门口扫码骑一辆 ofo 单车去公司上班；中午打开饿了么点一份外卖；午休之前用微博刷新看看又出了那些热门话题；下班后使用滴滴出行去电影院；使用淘票票软件优惠购买电影票；开场时发现电影是阿里影业、博纳影业、华谊兄弟联合出品的；看完电影回到家在丰巢快递柜中取出菜鸟物流送来的快递；晚上睡觉前在优酷上看了自媒体人创作的影评，用 UC 浏览器浏览该电影票房相关新闻；戴上耳机在虾米音乐的陪伴下入睡。

构建上述生活情境的公司有一个共同的特点，就是都接受了阿里巴巴的投资或收购。在不知不觉中，阿里巴巴的触角已经伸到了人们日常生活的方方面面。那么阿里巴巴近些年的投资逻辑是什么？在投资中控制权方面又是如

---

① 资料来源：阿里巴巴招股说明书 . http://otp.investis.com/clients/us/alibaba/SEC/sec-outline.aspx?FilingId
=9968139&Cik=0001577552&PaperOnly=0&HasOriginal=1.

何安排的呢?

阿里巴巴近些年的投资数量与规模早已超越一线投资机构,其与投资机构最大的不同在于——投资机构看重的是中短期的财务价值,而阿里更在意对整个集团未来体系的战略布局,基于互联网构建一个巨大的生态圈。史玉柱对阿里的投资逻辑作出了总结:"阿里巴巴基本上不搞财务投资,一定是战略布局需要他投资那个公司。你要单独看他某一个投资,可能并不合算,比如说他买的时候可能那本来是个上市公司,他控股了之后,股价反而跌了,这种情况肯定是有的。从这个角度看,他投资不合算,但是你要看整个阿里巴巴的一个生态圈,其实他还是非常有价值的。"[①]

阿里近些年来不停地对外投资和收购,几乎染指了中国互联网行业的半壁江山,但这些投资并不是都以阿里巴巴集团的名义进行,马云旗下还有数个不同派系的投资军团相互联动,一起建立了庞大的阿里系帝国。马云和阿里巴巴对外的投资主体主要有三种。

(1)主营业务公司。

阿里巴巴发展到今天,俨然成为一个规模庞大实力雄厚的商业帝国,按照主营业务不同,这个帝国又被划分为不同的板块,各个板块的对外投资收购业务有一定的自主性。

电商板块的对外投资主体是淘宝(中国)软件有限公司(下称"淘宝"),淘宝直接参与了对苏宁易购的投资,苏宁易购辐射全国多家线下网点和售后网络,能补足阿里在线下的短板,促进新零售的转型;再者电商界的老大和老三合作,对排名第二的京东形成前后夹击之势,此举包含着阿里对整个行业控制权方面的考量。除此之外淘宝还参与了对石基信息和易果生鲜的投资,前者致力于提供酒店、餐饮、零售行业信息,对飞猪旅行和淘点点外卖大有

---

① 史玉柱,冯仑,等. 近观马云 [M]. 北京:北京时代华文书局,2014:4-10.

裨益；后者反攻线下，有"生鲜版阿里"之称。

金融板块的对外投资主体主要是浙江蚂蚁小微金融服务集团股份有限公司（下称"蚂蚁金服"），蚂蚁金服投资收购的企业涉及贷款业务、保险业务、理财业务、基础服务等等，打造出了一个庞大的金融帝国；这些业务都是以主业为中心，向关联领域拓展，属于进攻型的多元化战略。蚂蚁金服也进行了不少防守型的投资，如新闻媒体行业的 36kr、外卖服务的饿了么、出行平台滴滴、零售业百胜中国等，这些布局一方面可以对冲行业性风险；另外一方面也给支付宝带来了线下支付场景的拓展。

物流板块的对外投资主体是菜鸟网络科技有限公司（以下简称"菜鸟网络"），菜鸟网络并不是阿里巴巴 100% 控股，其最大的股东是阿里系的天猫，除此之外阿里还邀请银泰、复星、富春、顺丰以及三通一达等入股，共同构造起一个完整的物流上下游生态链。菜鸟投资了多家物流企业，其中包括百世上市前的战略投资；仓库运营领域的心怡科技、北领科技物流、快仓等；提供落地配服务的万象物流、晟邦物流等；智能快递柜企业速易递；跨境物流配送企业递四方以及干支线运输平台卡行天下。这些资本运作都是在细化物流产业的分工，除了菜鸟物流积极布局以外，阿里巴巴还通过集团、蚂蚁金服、云锋基金的投资进行完善补充。

（2）管理层持股平台。

阿里巴巴设立了一些合伙企业，作为阿里巴巴和蚂蚁金服高管层的投资主体进行股权投资和收购。其中，最典型的代表是杭州君澳、君瀚、君济、君洁股权投资合伙企业，这几家合伙企业将股份的收益权分配给阿里巴巴和蚂蚁金服的 LP，但是将控制权集中在了唯一的 GP 杭州云铂投资咨询有限公司，这家公司是马云个人的独资企业。

新零售布局中杭州瀚云新领股权投资基金合伙企业（以下简称"瀚云新领"）与杭州阿里巴巴泽泰信息技术有限公司（以下简称"阿里泽泰"）也扮

演着类似的角色，这层链接阿里巴巴集团和被收购公司之间的结构，可以帮助更好地调动资金、平衡股权配比、与被投资公司展开业务合作等。

（3）马云个人主导的投资平台。①

云锋系目前分为两大板块：一是马云和虞锋联合圈内一众大佬共同创立发起的云锋基金；二是在港股上市的云锋金融集团有限公司。云锋是马云个人主导的金融主体，自诞生起就受到了外界紧密的关注，近年来在资本市场上动作不断。

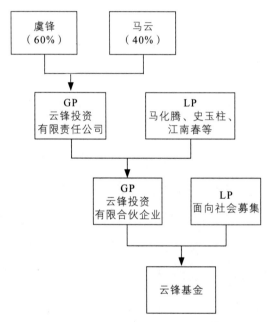

图 9-6　云锋基金股权结构②

云锋基金成立于 2010 年初，股权结构如图 9-6 所示。其架构采取了双层

---

①　资料来源：（1）云锋金融公告．http://www.yff.com/cn/announcement/.（2）陶娟．重估虞锋：马云的神队友和云锋基金的运作．新财富．http://www.xcf.cn/tt2/201706/t20170608_781020.htm.（3）买下万通保险，阿里体系外马云还投资了哪些公司？晨哨集团，转引自 http://www.sohu.com/a/166561042_618572.

②　资料来源：陶娟．重估虞锋：马云的神队友和云锋基金的运作．新财富．http://www.xcf.cn/tt2/201706/t20170608_781020.htm.

GP 模式，第一层 GP 为马云和虞锋二人设立的投资主体云锋投资有限责任公司，其中马云占有 40% 的份额，虞锋占有 60% 的份数。该有限责任公司作为 GP，引入腾讯马化腾、巨人网络史玉柱、银泰沈国军、分众传媒江南春、华谊兄弟王忠军、新希望集团刘永好等人作为 LP，成立第二层投资主体云锋投资有限合伙企业；云锋投资有限合伙企业作为云锋基金的 GP，面向社会引入外部 LP 继续募资，以此放大募集资金的能力。

云锋基金一期参与了阿里巴巴港股退市的私有化，并且在其 2014 年美国上市之前，联合银湖资本、红杉资本收购了 5% 的阿里巴巴集团员工股；但马云似乎有意撇开自己和云锋基金过密的联系，阿里巴巴在递交给纽交所的上市文件中，专门标出虞锋对于云锋基金所持阿里巴巴股权具有唯一的处置权和表决权。

第二期云锋新创也有不少投资项目与阿里合作，其中包括联手控股中信 21 世纪并改名阿里健康；收购优酷土豆并私有化；投资陌陌和圆通速递。除了这些上市公司之外，还布局了阿里体育、心怡科技与沃天下等非上市企业。

第三期云锋新呈参与了对蚂蚁金服的投资，还与阿里巴巴一同设立了瀚云新领布局新零售领域。

马云主导的云锋系的第二个金融主体是云锋金融，股权结构如图 9-7 所示。云锋金融的前身是香港券商公司瑞东集团，于 2015 年 5 月被云锋基金及史玉柱、黄鑫、黄有龙等人收购，这家香港老牌证券公司持有香港证监会发出的证券交易（1 号）、就证券提供意见（4 号）、就机构融资提供意见（6 号）、提供资产管理（9 号）四个牌照，被称为"海外版的蚂蚁金服"，业内猜测此举是阿里意图打造一个海外投资平台。2017 年 8 月，云锋金融发布公告称联合了蚂蚁金服全资子公司 API（Hong Kong）、史玉柱的巨人投资、新浪等数家机构以 131 亿港元的价格收购了美国万通保险亚洲有限公司，正式涉足海外保险业务。

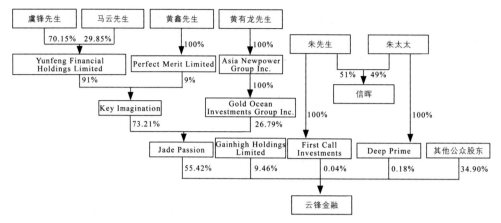

图 9-7　云锋金融股权结构 [①]

阿里巴巴在交给证监会的文件中数次强调与云锋基金和云峰金融的安全距离，但是在舆论层面却从不避嫌，放任市场遐想两者之间的联系。事实证明该手法果然奏效，云锋金融入主瑞东集团时，股价暴涨近 2 倍；圆通借壳 A 股上市，云锋新呈也从中获得了不菲的收益。马云的光环给了云锋相当的市场关注度，相当于一个金字招牌；而云锋也增强了阿里巴巴调动资金的能力，帮马云实现了个人财富的增长。

除了云锋基金和云锋金融之外，马云个人也入股了多家上市公司，如他曾是高德地图和华谊兄弟的个人股东。

不仅如此，马云还会自己做 GP，通过设立有限合伙企业募集资金对外投资。如阿里系收购华数传媒时成立了杭州云溪投资合伙企业（下称"杭州云溪"），马云控股的杭州云煌投资管理有限公司和史玉柱作为其 GP 掌握实际控制权，谢世煌作为 LP 几乎承担了所有收购款，而这笔钱全部来自浙江天猫科技有限公司对其的贷款；也就是说华数传媒的收购款由浙江天猫提供，而控制权则掌握在马云手中。

———————————————

① 　资料来源：云锋金融公告 . http://www.yff.com/cn/announcement/.

仔细梳理阿里巴巴投资并购名单，不难发现这些看似毫无关联的公司都是对阿里主营业务的拓展和延伸，目的就是构建一个庞大的生态圈。

- 电商落地成就本地生活类服务，往前一步升级成为新零售。
- 第三方支付平台和物流连接买家和卖家。
- 社交娱乐工具应用为电商引流。
- 阿里云提供技术支撑和数据收集。

接下来我们将逐块进行剖析其投资逻辑和控制权安排。

4. 电商升级：阿里的新零售版图 [①]

阿里巴巴是以电商平台起家，它从一个把中小企业商品信息和联系方式登记上网的站点，一直发展成今天全球最大的电子商务帝国。我国网购客户规模基本上等于阿里的用户数量，可以说已经站上了电子商务的巅峰。但是巅峰也意味着阿里巴巴已经触碰到了这个行业的天花板，马云在 2016 年的杭州云栖大会上说道："'电子商务'这个词可能很快就被淘汰，阿里巴巴从明年开始将不再提'电子商务'这一说法，因为这只是一个'摆渡的船'，未来有五个全新发展将深刻地影响中国、世界和所有人。这五个"新"，指的是新零售、新制造、新金融、新技术和新能源，这是决定未来成败的关键。"[②] 其中新零售是指借助大数据与人

[①]　资料来源：（1）云阳子. 阿里 28.8 亿美元入股高鑫零售，可为什么只做二股东？. 虎嗅网. https://www.huxiu.com/article/224461.html.（2）嘎嘣脆脆. 阿里巴巴花 21.5 亿入股三江购物但无意控股，来看看这用心良苦的入股方案. 虎嗅网. https://www.huxiu.com/article/171497.html.

[②]　资料来源：2016 年杭州云栖大会马云演讲，转引自 http://industry.caijing.com.cn/20161013/4186118.shtml.

工智能的力量，将线上服务、线下体验和现代物流深度融合在一起。

有淘宝天猫的珠玉在前，线上服务阿里已经做得相当完善了；菜鸟物流平台的建立让阿里拥有了一张覆盖全国各线城市的物流网络；对于阿里来说，新零售的痛点在于线下体验，这是阿里以前的商业模式中所不具备或者刻意回避的。自己另起炉灶是一种方式，但是需要的时间过长而且效率不高，拥有雄厚资金的阿里选择了另外一条道路，与传统的线下实体巨头展开深度合作，共同打开新零售的局面。图 9-8 所示为阿里巴巴在新零售板块布局的股权结构。

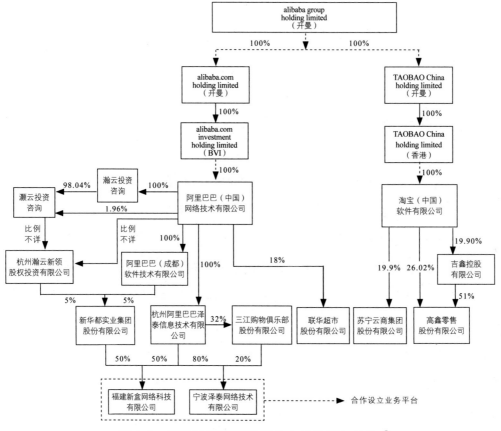

图 9-8　阿里巴巴新零售板块布局的股权结构 [1]

———————————

[1]　资料来源：许荣聪、邹恒超.新零售深度报告——"新零售"一周年，阿里的求索与梦想.招商证券.http://www.newone.com.cn/research/read/2246229.

（1）私有化银泰，初次试水新零售。[①]

早在 2014 年，阿里巴巴就已经开始了对新零售板块的布局，第一个合作对象是管理着众多线下百货店及购物中心的银泰商业集团。银泰的掌门人沈国军与马云私交甚笃，2006 年马云投资建造了私人会所——江南会，同为浙商的沈国军就是发起人之一，此后阿里系的云锋基金、浙江网商银行、菜鸟物流、湖畔大学等项目都能看见他的影子。

阿里巴巴拿下银泰商业控制权的过程可以分为三部曲。2014 年 3 月 31 日，双方联合公布阿里巴巴将以每股 7.533 5 港元的价格收购银泰商业 220 541 892 股新股，约 16.6 亿港元，占股 9.9%；同时，阿里巴巴集团还认购银泰商业约 37.1 亿港元的可转换债券，双方约定未来 3 年内，阿里可将持有的可转换债券转换为银泰商业普通股，从而使阿里巴巴集团最终在银泰商业的持股比例不低于 25%。

2016 年 6 月 30 日，银泰方面发出公告称，阿里已按照每股 7.130 9 港元的价格完成可换股债券的转换，此次转换的股份总数为 535 185 846 股，换股完成后阿里对银泰商业的持股比例增至 27.9%，成为单一最大股东。与此同时，银泰商业董事局主席沈国军持股比例由之前的 12.06% 降至 9.69%，沈国军及其近亲合计持股比例由之前的 21.87% 降低至 17.56%。

2016 年 12 月 28 日，银泰商业宣布停牌，原因是将刊发一则香港收购及合并守则的公告。2017 年 1 月 10 日，银泰商业公告称大股东阿里巴巴提出私有化要求，将与创始人沈国军以每股 10 港元的价格进行全面收购。2017 年 5 月 19 日，银泰商业正式从香港联交所退市，此次私有化金额合计约人民币 176.9 亿元。根据公告，私有化后阿里巴巴将成为银泰的控股股东，持股

---

① 资料来源：银泰商业公告．http://www.intime.com.cn/intime/front/invest/notice.html.

比例增至 74% 左右。[①]

十分耐人寻味的是，阿里巴巴首次入股银泰时，对外都以二股东的身份自居，直到双方磨合两年有余时机成熟时，才完成换股摇身一变成大股东，不久之后便私有化退市一举拿下银泰。这种资本运作手法在阿里新零售布局上屡见不鲜。

（2）规模化复制二股东策略。[②]

2015 年 8 月，阿里巴巴宣布以 283 亿元人民币战略投资苏宁云商，占发行后总股本的 19.99%，成为第二大股东。[③]

2016 年 11 月，杭州阿里巴巴泽泰信息技术有限公司（下称"阿里泽泰"）斥资 21.5 亿元收购三江购物 32% 的股份，成为第二大股东。

2017 年 5 月，阿里巴巴集团向易果生鲜收购联华超市 18% 的内资股股权（易果生鲜数轮融资中投资方均包括阿里巴巴／天猫），成为联华超市第二大股东。不仅如此，由于联华超市占股 45.61%，是百联股份第一大股东。此次转让后，阿里巴巴间接持有百联 8.21% 股份，同时成为百联股份第二大股东。

2017 年 9 月，阿里集团利用旗下阿里（成都）软件技术有限公司及瀚云新领两家公司，以 5.4 亿元入股新华都，股份占比 10%，成为第二大股东。

2017 年 11 月 20 日，阿里以 224 亿港元收购高鑫零售 36.16% 的股份，成为第二大股东。12 月 8 日，高鑫零售发布公告称，淘宝中国将以现金作出强制性无条件全面要约，以收购高鑫零售全部已发行股份。[④]

---

① 银泰商业公告. http://www.intime.com.cn/intime/front/invest/notice.html.

② 资料来源：许荣聪、邹恒超. 新零售深度报告——"新零售"一周年，阿里的求索与梦想. 招商证券. http://www.newone.com.cn/research/read/2246229.

③ 阿里巴巴集团公告. 阿里巴巴集团与苏宁云商开启全面战略合作. 阿里巴巴官网. http://www.alibabagroup.com/cn/news/article?news=p150810.

④ 阿里巴巴集团公告. 阿里巴巴集团、欧尚零售及润泰集团达成新零售战略合作联盟. 阿里巴巴官网. http://www.alibabagroup.com/cn/news/article?news=p171120.

阿里巴巴在投资收购中这种先做二股东，再做大股东的策略实际上就是"投资 + 收购"组合模式，是投资收购中一种成熟的风险管理策略，其好处有以下几个方面。

- 先获得董事提名权，将整合做到并购前。第二大股东一般拥有提名董事候选人的权利。如在苏宁、三江的投资案例中，阿里系均可提名两位董事候选人，这有助于阿里参与目标公司的重大事项决策，熟悉目标公司。待时机成熟后，再增持成为大股东，这是将整合做到了并购的前面，增加了并购整合的成功率。

- 与目标公司合作设立业务平台，放大并购协同效应。阿里巴巴与三江购物合作设立了宁波泽泰网络技术服务有限公司，具体负责生鲜店的实体建设与线上运营业务，其中阿里巴巴出资 4 000 万元占 80% 股份，三江购物出资 1 000 万元占 20% 股份。新华都与阿里泽泰拟出资两亿元设立福建新盒网络科技有限公司，推进双方在电商、供应链等方面的合作，在福建省内开设和经营创新门店。新华都与阿里泽泰各出资 1 亿元，平分新公司股权。

- 避开监管红线。二股东作为进可攻退可守的关键位置，在具体实践中留出了一定的操作空间。阿里巴巴与三江购物的《股份转让协议》便将该优势发挥到了极致。阿里泽泰通过协议受让 9.33% 的股份，剩下部分通过非公开的方式（认购定向增发股票及可转换债券，合作设立子公司）发行。若阿里泽泰将可转换债券全部换股，其股份比例将会达到 35%，创始人股东陈念慈直接或间接持有的股份比例将下降为 37%，两者的股份比例仅相差 2%；控制权对于阿里唾手可得。转换债券全部转换后，阿里泽泰与陈念慈合计共持股 72%，公众持股约占 28%，成功避免因公众持股比例不足 25% 而可能导致的退市风险。

（3）投资平台。[①]

阿里巴巴在新零售布局上主要有两个投资平台。阿里泽泰是 2016 年 11 月设立来用于收购三江购物 32% 股份的子公司，此后该公司频繁出现于阿里巴巴新零售的布局之中。阿里泽泰先是与三江购物一同设立子公司宁波泽泰负责生鲜板块的运营；随后又与新华都签订协议，拟设立福建新盒网络科技有限公司，该项目被称为闽版的盒马鲜生。

除此之外，阿里还在 2017 年 8 月设立了瀚云新领，与阿里（成都）软件有限公司作为一致行动人入股新华都，瀚云新领的合伙人除了阿里巴巴与旗下壳公司灏云投资外，还包括阿里嫡系云锋新呈，新零售板块的重要合作伙伴苏宁电器，以及民生资本、红树林创投、新华联等机构投资者。瀚云新领计划总投资达 150 亿元全面布局新零售，新华都项目的投资额仅为 5.55 亿元，不难预料接下来瀚云新领还将会有其他大动作。

近两年来，阿里高速启动了新零售产业的变革，作为集大成的产业整合者，阿里致力于将新零售的产业模式赋能给上下游产业链的合作伙伴。其在新零售方面的投资布局可以总结为"投资＋收购"的分阶段组合模式，投资收购周期相对较长，除了 2017 年底高鑫零售被阿里快速拿下以外，银泰商业的磨合期就长达两年，其他的合作企业如苏宁云商、三江购物、联华超市及新华都等都仍在融合与协同阶段。结合目前的趋势看来，线下消费进一步回暖，新零售将会成为阿里电商未来发展的主要方向。

---

① 资料来源：（1）杭州阿里巴巴泽泰信息技术有限公司工商信息. 企查查. http://www.qichacha.com/firm_3adac8c0b3859baebd6be029f7a69a67.html.（2）杭州瀚云新领股权投资基金合伙企业工商信息. 企查查. http://www.qichacha.com/firm_ff8173c87ab3b0359c6910c4e36c68cc.html.

5."电商 +O2O"的线下生态布局

新兴电子商务的出现一度让传统零售业受到严重的打击,但是随着行业天花板的一步步临近,作为线上电商领域的佼佼者,阿里很快就意识到线上和线下不是相互对抗,而应该是共融共生的关系。

阿里巴巴 O2O 事业群应运而生,回顾这短短几年的发展历程,不难发现阿里的 O2O 可以分为两条线:一是以银泰商业和盒马鲜生为代表的新零售商超;二是以外卖、网约车、共享单车为代表的本地生活服务。阿里很早就开始在本地生活服务领域进行布局,然而无论是自有业务还是收购的企业,都未取得行业领先地位,这对于阿里来说无疑是不成功的。阿里在意的不是单个企业的控制权,而是在整个行业的话语权,只有成为行业规则的制定者,才能产生更强的协同效应。阿里巴巴 O2O 业务布局如图 9-9 所示。

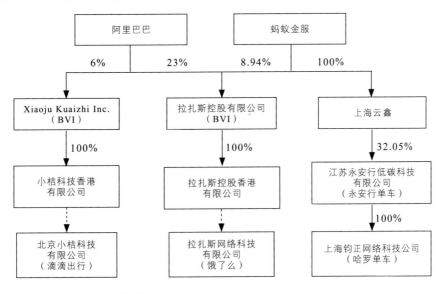

图 9-9　阿里巴巴 O2O 业务布局 [①]

---

① 资料来源:IT 桔子 . https://www.itjuzi.com/.

（1）争夺外卖业务。

阿里巴巴对外卖一直比较重视，先后投资了口碑、美团和饿了么 3 家公司，目的就是在本地生活服务的竞争中占据先机，但是结果却是喜忧参半。

● 口碑网能起死回生吗？[①]

作为阿里 O2O 产业的排头兵，口碑的命运却一直不如人愿。2004 年阿里的离职员工李治国创办了口碑网，从房产信息切入，很快成为国内首批本地生活服务类网站。2006 年，口碑网获得了阿里 1 500 万元的战略投资，占股比例不详；2008 年，阿里全资收购口碑网，并将其与雅虎中国整合成雅虎口碑，希望能将搜索资源与本地生活服务对接；二者的合并没能产生化学反应，反倒让业绩持续下滑；2009 年，口碑网又从雅虎口碑中被分拆出来，并入淘宝旗下，业务上仍旧没有起色；2011 年口碑网正式停止运营，淡出公众视线。

2015 年成立的口碑只是借用了原来的品牌名称，实际上是另外一家全新的公司，新"口碑"的全名是口碑（上海）网络技术有限公司，由蚂蚁金服和阿里巴巴各投资 30 亿元人民币组建而成，蚂蚁金服支付事业群产品运营部总经理范驰出任口碑 CEO，从阵容上看阿里将其视为嫡子来培养。

2015 年 11 月海底捞、外婆家和西贝莜面村三家宣布将联合投资口碑平台，消息还没落地，事情却发生了戏剧性的转折，1 个月后这三家企业都选择了放弃投资口碑网。中间究竟发生了什么让三家企业突然反悔无从得知，根据西贝董事长贾国龙对外的说法，西贝将会把对外投资的钱用于自身门店拓展。

对外谋求融资与合作伙伴无望，阿里决定自己发力。2017 年初，口碑完

---

① 资料来源：（1）弓长颖 . 新口碑回来了，阿里的 O2O 平台终于出现了 . 36kr，转引自 http://chuansong.me/n/1477759.（2）陈杰、郭诗卉 . 西贝创始人承认弃投口碑网 [H]. 北京商报 . http://www.bbtnews.com.cn/2015/1216/132935.shtml.（3）阿里巴巴 2017 财年第三季度财报 . http://www.alibabagroup.com/en/ir/presentations/presentation170124.pdf.（4）阿里巴巴 20-F 年报 . http://otp.investis.com/clients/us/alibaba/SEC/sec-outline.aspx?FilingId=12129538&Cik=0001577552&PaperOnly=0&HasOriginal=1.

成了新一轮 11 亿美元的融资，投资方包括银湖投资、鼎晖投资、云锋基金、春华资本和中投公司。这五家私募都是阿里系的老朋友了，银湖投资曾参与了阿里港股上市前的员工股权购买与回购雅虎股权所进行的融资计划；鼎晖投资参与了阿里影业的投资；云锋基金是马云与其圈内好友共同设立的私募机构；春华资本连续参与了蚂蚁金服的前两轮投资，同时也是菜鸟网络的首轮投资者之一；中投公司在阿里 2014 年美国上市之前参与了投资。

2017 年 6 月，根据阿里巴巴向美国证监会提交的 20-F 年报文件显示，阿里巴巴持有口碑 38% 的股权；如果此时蚂蚁金服占比也是 38% 的话，那剩下的 24% 股份比例为上一轮进入的投资者所有，据此计算口碑的投后估值应为 45.83 亿元。

● 美团转身投奔腾讯。[1]

图 9-10 所示为美团与大众点评融资轮次的比较。2011 年 7 月，美团完成 B 轮 5 000 万美元的融资，阿里巴巴领投，红杉资本中国、北极光创投、华登国际投资跟投，各方占股比例不详；2014 年 5 月，美团完成 C 轮 3 亿美元的投资，泛大西洋资本领投，上一轮的投资者中阿里巴巴和红杉资本中国行使了跟投权，各方占股比例亦未对外公布，美团的创始人王兴透露此时阿里巴巴拥有美团网 10%　~15% 的股份。阿里在美团发展的前期的确起到了非常强的助力作用，这笔资金帮助美团从团购网的"百团大战"中脱颖而出。

团购业务很快触及了行业天花板，美团想要拓展业务范围开辟外卖服务、酒店预定、电影票购买和自有支付平台；然而涉足这些领域就意味着与阿里都有着不同程度的竞争，彼时阿里旗下外卖有口碑、酒店旅游有阿里旅行、电影票有淘票票、支付平台则有支付宝。阿里作为股东向来十分强势，美团想要掌握控制权，就不得不摆脱阿里的控制。

---

① 资料来源：（1）庄怡 . 美团怼阿里转身和腾讯好了，咋回事？ 观察者网 . http://www.guancha. cn/economy/2017_06_21_414431.shtml.（2）美团融资记录 .IT 桔子 . https://www.itjuzi.com/ investevents/37659.

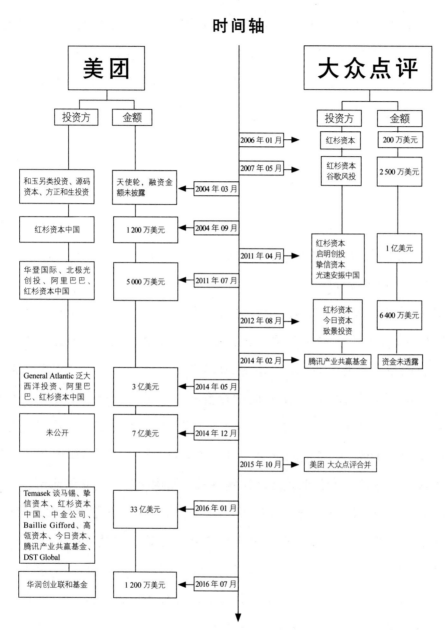

图 9-10　美团与大众点评融资轮次的比较 [1]

① 资料来源：IT 桔子 . https://www.itjuzi.com/.

阿里想要追加投资拿到更大的话语权，美团却想引入新的投资方削弱阿里的影响力，双方之间的怨怼逐渐加深。矛盾的爆发点在于 2015 年 10 月美团和大众点评合并为新美大，外界将其解读为阿里与腾讯联手共同支持新美大的方案；而据王兴透露，事实并非如此，阿里拒绝与腾讯共同投资，称十分后悔当初让滴滴和快的合并，不会让同样的事再发生一遍，并且要求美团在阿里与腾讯中二选一。

王兴心中的答案一开始就不是阿里，如果站定阿里，美团完全可以和口碑网进行合并，而不是选择与微信一直走得很近的大众点评。

此次新美大事件可以视作分道扬镳的信号。2015 年 11 月，有新闻爆料称阿里正在考虑出售所持有的 7% 新美大股份；美团最终选择了在业务上没有直接竞争的腾讯。见图 9-10，2016 年 1 月，美团完成了 33 亿美元的 E 轮融资，由腾讯领投、DST、红杉资本、今日资本、高瓴资本等跟投，此次投后估值约 183 亿美元，本轮投资者约持有美团 18% 的股份。

- 掌控饿了么。[1]

美团和大众点评的合并给饿了么也带来了不小的影响。如表 9-1 所示，大众点评作为饿了么的股东，曾在 D 轮融资时投资了 8 000 万美元；E 轮继续增资，与中信产业基金、腾讯、京东等共同投资 3.5 亿美元。

---

[1] 资料来源：（1）张金梁. 饿了么收购百度外卖，阿里和腾讯的 O2O 新较量. 中关村在线. http://news.zol.com.cn/653/6530190.html.（2）阿里巴巴 2017 财年年报. http://otp.investis.com/clients/us/alibaba/SEC/sec-outline.aspx?FilingId=12129538&Cik=0001577552&PaperOnly=0&HasOriginal=1.

表 9-1 饿了么融资情况一览 ①

时间	轮次	金额	投资方
2011 年 3 月	A 轮	数百万美元	金沙江创投
2013 年 1 月	B 轮	数百万美元	经纬中国 金沙江创投
2013 年 11 月	C 轮	2 500 万美元	红杉资本 经纬中国 金沙江创投
2014 年 5 月	D 轮	8 000 万美元	大众点评
2015 年 1 月	E 轮	3.5 亿美元	中信产业基金 腾讯 京东 大众点评
2015 年 8 月	F 轮—上市前	6.3 亿美元	中信产业基金 华联股份 腾讯 京东
2015 年 11 月	战略投资	不详	滴滴出行
2016 年 3 月	F 轮—上市前	12.5 亿美元	阿里巴巴 蚂蚁金服
2017 年 4 月	战略投资	10 亿美元	阿里巴巴 蚂蚁金服

新美大结成联盟后，饿了么的 CEO 张旭豪发表内部信《他们变，我们不变》称，大众点评将放弃在饿了么的董事席位及投票权，饿了么也不会参与此次合并。而曾经在 E 轮和 F 轮都大力支持饿了么的腾讯，此时也似乎有意转投一直扶持的大众点评组成的新美大。

前有合并后实力更强的新美大，后有暗暗发力的百度外卖，饿了么如果不想从外卖三国杀中淘汰出局，似乎只剩下了与阿里合作这一条道路，敌人的敌人就是朋友这条规律颠扑不破；而且与美团多元化的发展理念不同，饿了么立志成为一家专业化的外卖服务企业，对于阿里来说似乎更好把控。

从表 9-1 中可以看到，2016 年 4 月，饿了么获得阿里系 12.5 亿美元投资，其中，阿里巴巴投资 9 亿美元，蚂蚁金服投资 3.5 亿美元。根据阿里巴巴 5 月公布的年报显示，在全面摊薄的基础上，此次投资后，阿里巴巴集团在饿了么的实际占股约为 22%，成为饿了么单一最大股东。由此计算，饿了么的整

---

① 资料来源：IT 桔子 . https://www.itjuzi.com/investevents/33242.

体估值约为 41 亿美元，阿里系持有的股份比例约为 30% 左右。此次投资之后，阿里将旗下口碑外卖交由饿了么提供运营支撑。

2017 年 4 月，阿里巴巴和蚂蚁金服再次向饿了么投资 4 亿美元，其中，阿里巴巴投资了 2.88 亿美元，剩下的 1.12 亿美元由蚂蚁金服出资。截至 2017 年年报的公布日，阿里巴巴持有的饿了么股权约为 23%，此次阿里巴巴进一步投资后，持股比例只是略有增长，这说明其他股东在这一年的时间内也进行了增持。由此算出蚂蚁金服持有的饿了么股权约为 8.94%，阿里系总计持有的饿了么股权达到了 32.94%。这笔众多股东都参与的融资，后来被证实极有可能是为收购百度外卖提供弹药；2017 年 8 月，饿了么宣布将以 5 亿美元的价格收购百度外卖。阿里的投资款不好拿基本上已经成为业内共识，虽然饿了么的 CEO 张旭豪数次强调只要自己强大就不怕被控制，但是在越来越少的股份比例面前，怕是很多选择已身不由己。

2018 年 2 月 26 日，在饿了么的股东大会上，阿里作为单一最大股东，向全体股东表达了收购意向。关于交易价格，媒体上有 90 亿美元与 95 亿美元两种说法，出现差异的原因可能是阿里对饿了么有近 5 亿美元的债权，对价方案可能是"90 亿美元（现金 + 阿里巴巴股票）+5 亿美元债权"；对前期投资者将支付现金，这意味着他们可以迅速套现离场；为了留住饿了么核心团队，阿里可能会考虑将其手中持有的饿了么期权转换为阿里的股票。[1]

2018 年 4 月 2 日，阿里巴巴集团、蚂蚁金服集团与饿了么联合宣布，阿里巴巴已经签订收购协议，将联合蚂蚁金服以 95 亿美元对饿了么完成全资收购。饿了么创始人张旭豪将出任饿了么董事长，阿里巴巴集团副总裁王磊将出任饿了么 CEO。

---

[1] 张珺. 阿里拟收购饿了么：90 亿美元估值，5 亿美元债务，美团曾洽购. https://m.21jingji.com/article/20180228/herald/1b93692e2871aeb1728f92bf5f23e38c.html.

饿了么被收购后，可以在多方面与阿里产生协同效应；更为重要的是在口碑专注到店点评的情况下，阿里也需要饿了么到家外卖的服务来抵御腾讯系的新美大。至此，外卖市场正式进入两强时代。在美团和饿了么的争霸中，阿里和腾讯的阵营发生了彻底的置换，双方都在寻找更合适的战略伙伴，其目的都是争夺整个行业的话语权，零和博弈的困境使得代理人战争愈演愈烈，这个现象在其他领域也正在发生。

（2）败走网约车。①

2012年8月快智科技有限公司在杭州推出"快的打车"，仅仅1个月后，小桔科技在北京推出了"嘀嘀打车"，彼时网约车还是小范围内流行的新鲜事物。

局势发生质变始于资本的入场，2013年4月两家公司分别获得了阿里和腾讯的支持，代理人战争开始在这两个互联网巨头之间打响了。

战火升级的重要原因是微信支付的粉墨登场，在2013年9月之前，中国移动支付市场一直被阿里牢牢雄踞占领；然而自带社交基因的微信支付一出生就有着非常好的用户基础，让在这方面一直是短板的支付宝感到了危机，打车服务用户群体与移动支付用户天然重合，线下支付场景之争一触即发。

2014年春节，微信红包的诞生被形容成珍珠港战役，微信支付的用户人数实现爆炸性增长，打了支付宝一个措手不及。正是在这个时间节点，滴滴方面在腾讯的支持下开始进行补贴，试图进一步巩固微信支付的用户留存率。阿里自然不甘落后，也花费重金砸入快的打车。据不完全统计，截至2014年5月，这场补贴大战共烧掉近20多亿元，马化腾在香港大学的演讲中提到，两家公司就像打仗，最高一天亏4 000万元，但谁也不敢收手，因为一收手就前功尽弃了。

---

① 资料来源：尹天琦.快的vs滴滴：大战、死磕全记录.品途网.http://www.pintu360.com/a6160.html.

　　截止到 2015 年 2 月 14 日鼎鼎有名的"情人节合并案"发生前，快的和滴滴分别获得了第五轮融资和第四轮融资。

　　快的方面，分别为 2012 年 12 月，获得天使投资人李治国 16 万美元的天使投资；2013 年 4 月阿里巴巴、经纬创投共 1 000 万美元的 A 轮融资；2014 年初，由阿里、新天域等 4 家机构投资约 1.2 亿美元的 B 轮融资；2014 年 10 月，获得由老虎基金领投、阿里跟投，超过 2 亿美元的 C 轮融资；2015 年 1 月再次获得由软银集团领投，阿里巴巴集团以及老虎环球基金跟投的 6 亿美元 D 轮融资。

　　而滴滴方面，则是 2012 年 9 月，获得金沙江创投投资的 200 万美元的 A 轮融资；2013 年 4 月，获得腾讯 1 500 万美元的 B 轮融资；2014 年 1 月 2 日，获得中信和腾讯 1 亿美元的 C 轮融资；2014 年 12 月，获得中投公司、淡马锡、腾讯 7 亿美元的 D 轮融资。①

　　资本的转盘一旦启动就难以停止，垒上去的筹码越多，离心力就会越强，到最后所有的局中人可能都身不由己。经过多次的巨额融资之后，无论是腾讯还是阿里，抑或是滴滴和快的的管理层团队，在这场战争中都失去了足够的话语权，逐利的资本推动了这两家公司的合并。

　　战争最终以滴滴与快的 100% 换股合并的方式结束，虽然未对外公布合并的具体细节，但是不难发现，腾讯支持的滴滴在新公司中占领了优势的地位。美团创始人王兴在接受《财经》杂志访谈时曾表示，自己曾经去拜访阿里巴巴董事局主席马云和阿里巴巴 CEO 张勇，说美团非常希望可以同时得到腾讯和阿里的支持；但他们却说"你完全搞错了，我们认为滴滴合并快的对阿里来说是一个失败的例子，我们不会让这种错误再次发生。"②

---

① 滴滴打车/滴滴快的融资记录. 新芽 NewSeed. http://www.newseed.cn/invest/28774.

② 宋玮. 对话王兴：多数人对商战的理解是错误的. 钛媒体. http://www.tmtpost.com/2644096.html.

根据财报显示，截至 2017 年 6 月 9 日，阿里持有滴滴约 6% 股权，阿里共对滴滴出行总投入为 6.45 亿美元。马云和张勇是否真的后悔无从考证，但是阿里在这场网约车之争中肯定算不上赢家，没有掌握最终控股权就拿不到核心数据，在线下支付场景上也无法有效狙击微信支付；阿里充其量只能算财务投资者，但在寡头效应下，即便明知耗时耗力，这也是不得不打的一场战争。

不甘心失败的阿里巴巴在等待一个新的契机。2018 年 3 月 27 日，在腾讯阵营的滴滴和美团开始重燃网约车战火之际，阿里巴巴的全资子公司高德地图宣布推出顺风车业务，成都、武汉两地率先上线，同时开启北京、上海、广州、深圳、杭州等城市的车主招募，之后将逐步扩展到全国更多城市。高德方面称乘客花多少钱，车主就能拿多少钱。[①]随着阿里巴巴全面掌控饿了么，是否也会仿照美团推出网约车，从而和高德地图的免费顺风车一块重新改写网约车的市场格局？目前看起来这是大概率事件！

（3）开辟共享单车新战场。[②]

历史总是不断地重复着自己，网约车之争刚刚告一段落，另一场代理人之争就在共享单车领域重演。

2016 年国庆前后，"共享单车"这一名词首次出现在大众视野之中，就迅速蹿红成为出行新宠，资本闻风而来，市场瞬间爆发，共享单车领域成为继千团大战、打车大战之后新的资本斗争修罗场。

阿里巴巴自然不会缺席这一场资本盛宴。2017 年 4 月，蚂蚁金服作为战略投资方领投了 ofo 的 D+ 轮融资，具体融资金额和持股比例未对外公布；7

---

① 网约车之战，阿里巴巴"不赚钱"的买卖有何用意？[N] 新京报 . http://www.eefocus.com/automobile-electronics/406655.

② 资料来源：（1）国仁 . 风暴眼中的 ofo：站着死，还是跪着生？. 虎嗅网 . https://www.huxiu.com/article/230142.html.（2）徐志成 . 哈罗单车再获 10 亿元融资，阿里系"共享单车第三极"呼之欲出 . 华尔街见闻 . https://wallstreetcn.com/articles/3051915.

月，阿里巴巴领投，弘毅投资、中信产业基金、滴滴出行、DST 跟投，完成了 ofo 总额超 7 亿美元的 E 轮融资。

截止到 2017 年年底，滴滴出行参与了 ofo 四轮融资，持有约 25% 的股权，仅次于创始人戴维的 36%，是 ofo 最大的机构股东。在今年 7 月的 E 轮融资之后，滴滴向 ofo 派驻了 3 名高管付强、南山、Leslie liu，分别担任执行总裁、市场负责人、CFO；董事会席位方面，创始人团队的 5 人均为董事，资本方占据剩下 4 个董事席位，滴滴拥有其中两个，经纬中国和金沙江创投各一个。经纬、金沙江及自然人股东王刚等，本质上都属于滴滴系，资本方的股权加起来远超创始人团队，控制权岌岌可危。

老大和老二合并的例子并不少见，在热潮退去的共享单车战争下半场，ofo 和摩拜也遭到了投资人的"逼婚"。与 ofo 的情况不同，摩拜的创始人胡玮炜虽然是第一大股东持有 36% 的股份比例，但在控制权上已经受制于人，天使投资人李斌在 A 轮引入愉悦资本后，请来了 Uber 的上海总经理王晓峰作为公司的 CEO，二人的股份比例加起来已经有 49%。

胡玮炜已经丧失了在合并一事上的发言权，极力反对合并的就只剩下 ofo 的创始人戴威一行。面对 ofo 的不配合，滴滴以退出作为威胁，收购了在 2017 年 11 月破产解散的小蓝单车。[①]ofo 亟须找到人来制衡以及接盘滴滴所掌握的股权，能出得起这笔钱的投资方没有几个，阿里就是其中之一。2018 年 3 月，有媒体报道称 ofo 通过债权融资的方式，先后两次以小黄车为抵押物，从阿里巴巴获取了共计 17.7 亿元人民币的融资。ofo 可以暂时松下一口气，因为和背靠腾讯的滴滴不同，阿里并不乐意看到 ofo 和腾讯系的摩拜合并，让网约车之争的历史重演；但 ofo 或许该考虑另外一个严峻的问题——现在

---

① 在本书即将交稿之际，2018 年 4 月 3 日，美团以"16 亿美元现金 + 价值 11 亿美元的"美团点评"股票 + 承担摩拜高达 10 亿美元的债务"完成对摩拜的全资收购。收购完成后，摩拜 A、B 轮的投资人及创始团队，以 7.5 亿美元退出。那么接下来阿里全盘拿下 ofo 也是大概率事件！

的白衣骑士会不会在未来变成敲门的野蛮人，如果不能如约履行债务，阿里可以选择将债权转换为股权，争夺控制权；抑或是将抵押物共享单车并入哈罗单车，以此来对抗腾讯撑腰的摩拜。

除了投资 ofo，在共享单车的第一梯队中牵制摩拜以外，阿里还投资了身处第二梯队的哈罗单车。和 ofo 定位一、二线城市及国际化的策略不同，哈罗单车从一开始瞄准的就是三、四线城市市场。

2017 年 9 月，常州永安公共自行车系统股份有限公司（下称"永安行"）发布公告称，全资子公司江苏永安行低碳科技有限公司（下称"低碳科技"）拟向上海云鑫、深创投、上海龄穄等 8 名新投资者融资 8.1 亿元。上海云鑫是蚂蚁金服的全资子公司，此次增资完成后虽未对外公布上海云鑫的持股比例，但是永安行对低碳科技的持股比例由 100% 下降到 38.17%，低碳科技不再纳入其合并报表的范围之中。

10 月 26 日，低碳科技受让上海钧正网络科技有限公司 100% 股权，钧正科技正是哈罗单车的运营公司，此次合并之后，由哈罗单车创始人杨磊出任新公司的 CEO。[①]

12 月 4 日，蚂蚁金服领投，威马汽车、成为资本、富士达等跟投了哈罗单车的 D1 轮融资，投资额总计 3.5 亿美元。永安行就此次增资发布公告称，若上市公司放弃增资权，其持有低碳科技的比例将从 38.17% 进一步下降至 11.93%，蚂蚁金服旗下的上海云鑫所持股权比例将会上升至 32.05%，成为低碳科技的第一大股东，拥有哈罗单车和永安行单车的控制权。

阿里在共享单车方面的布局力求避免出现网约车和外卖服务的尴尬情况，因为入局 ofo 较晚，所以并不如腾讯在摩拜方面有优势；如果摩拜背后的资

---

① 永安行关于子公司江苏永安行低碳科技有限公司增资入股并引入投资者暨关联交易的公告．永安行官网．http://www.ibike668.com/uploadfile/files/1315026261660016000ZqQZ.pdf.

本方强行想要合并，阿里可以将手中的股权卖出套现离场，着力培养哈罗单车成为新的第二极；如果摩拜和 ofo 放弃合并，阿里可以进一步谋求 ofo 更多的控制权，在一、二线城市中牵制腾讯系的摩拜发展，哈罗单车配合主攻三、四线城市，弥补市场空白。

外卖、网约车、共享单车这些以模式为主的消费互联网项目，行业容量有限且基本不存在技术壁垒，风口过后满目疮痍，往往只剩下个别头部玩家在比拼融资速度。所以阿里在 O2O 领域的布局与其他领域不同，强调的更多是整个行业的控制权而非某个企业，常与另一大互联网巨头腾讯展开激烈的军备竞赛，无论共享单车竞争最后的结果如何，可以预料的是，这样的故事还将不断上演。

6. "电商 + 金融" 的价值链延伸 [①]

淘宝网能取得成功，支付宝功不可没，这个第三方交易平台的出现打消了用户对在线支付安全性的顾虑，使得淘宝成功抵御住 eBay 网的入侵，赢得了中国市场。时过境迁，如今的支付宝已经发展成为集贷款、保险、理财、基础服务为一体的蚂蚁金服，是国内估值最高的超级独角兽。历经股权转让事件后，支付宝与阿里巴巴在公司结构上并无直接联系，但是根据双方 2011 年签订的协议，支付宝每年需缴纳 49.9% 的税前利润作为知识产权及技术服务费给阿里巴巴集团，该比例在 2014 年业务扩展至蚂蚁金服后调整为 37.5%。2018 年 2 月 1 日，阿里巴巴宣布根据之前的约定，其子公司将入股并获得蚂

[①]　资料来源：徐君宜 . 阿里巴巴入股蚂蚁金服 33% 股权 . 阿里巴巴官网 . http://www.alibabagroup.com/cn/news/article?news=p180201a.

蚁金服 33% 的股权，上述利润分配协议同步终止。

电商与金融的协同作用毋需多言，更值得关注的是在从阿里脱离出来又重新并入的轮回，马云不仅拿回了雅虎在阿里巴巴的控制权，还成功将蚂蚁金服打造成为一个拥有全牌照的金融平台。

（1）股权结构演变。[①]

蚂蚁金服的前身是浙江阿里巴巴，成立于 2000 年，最早的注册资本为 50 万元人民币，其中马云占股 10% ，伟业（杭州）网络信息技术有限公司（下称"杭州伟业"）占股 90%。

2005 年杭州伟业撤出浙江阿里巴巴，股份转让后马云持股 80%，谢世煌持股 20%。2009 年至 2010 年，支付宝股权从阿里巴巴集团被转让至浙江阿里巴巴名下。

2014 年 6 月，马云和谢世煌签署赠予协议，分别赠予 46.2886% 和 11.5721% 的股份给杭州君瀚股权投资合伙企业（下称"杭州君瀚"），同时将公司名称修改为浙江蚂蚁小微金融服务集团有限公司，股权结构变为杭州君澳持股 42.139 3%、杭州君瀚持股 57.860 7%。

根据工商资料显示，杭州君澳股权投资合伙企业（下称"杭州君澳"）的 LP 为阿里集团的高管和杭州君济，这些高管同时也是阿里巴巴的合伙人，GP 为杭州云铂投资咨询有限企业（下称"杭州云铂"）。杭州君济持有杭州君澳 90.8263% 的资产份额，杭州君济的 LP 是阿里集团的高管，GP 是杭州云铂。

杭州君瀚成立于 2014 年 1 月，注册资本 3 000 万元，其中马云出资 2 000 万元，谢世煌出资 500 万元，杭州云铂出资 500 万元。2016 年引入杭州君洁股权投资合伙企业（下称"杭州君洁"），截至 2017 年年底股权结构

---

① 资料来源：（1）格隆 . 阿里巴巴的故事才刚刚、刚刚拉开序幕 . 格隆汇 . http://www.gelonghui.com/ p/672.html.（2）陶娟 . 这是一个技术帖！逐笔拆解蚂蚁金服控股权，详算彭蕾到底有没有 400 亿 . 新财富 plus，转引自 http://www.anyv.net/index.php/article-1650187.

为杭州君洁持有资产份额97.1864%，马云持有资产份额1.8758%，谢世煌与杭州云铂各持资产份额0.4689%，其中杭州云铂为其GP。杭州君洁的LP是蚂蚁金服的高管，如曾松柏为负责人力资源的副总裁，韩歆毅为负责投融资的副总裁，阳振坤则是阿里从百度挖来擅长云计算的技术人员，GP是杭州云铂。

　　总结一下不难发现，蚂蚁金服在利益分配和控制权安排上把握的可谓是非常精准，杭州君澳和杭州君济为阿里巴巴集团高管层的持股平台，而杭州君瀚和杭州君洁则是蚂蚁金服自己高管层的持股平台。

　　图9-11是截至2018年2月蚂蚁金服股权结构示意。最终形成了双层有限合伙四层金字塔的股权结构，放大了控制权，而且比之前的合伙人制度更加符合国际资本市场的惯例。杭州君瀚持有蚂蚁金服42.2794%的股份，杭州君澳持有蚂蚁金服34.15%的股份。

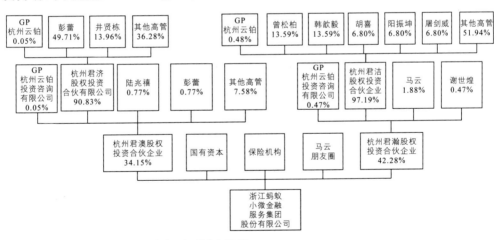

注：国有资本、保险机构、马云朋友圈仅为示意，股份比例不详。

图9-11　蚂蚁金服股权结构示意（截至2018年2月）[1]

　　除了两大高管持股平台以外，蚂蚁金服还引入了一些外部股东，大致可

_____

[1]　资料来源：企查查 . http://www.qichacha.com/firm_ff3aac2898ef5e5f12f3d31032898c7c.html.

以分为三类：一是国有资本，如全国社会保障基金理事会持有 4.6598% 的股份，为第三大股东。二是保险机构，如中国人寿保险公司、中国太平洋人寿保险股份有限公司、人保资本投资管理有限公司、新华人寿保险股份有限公司。截止到 2017 年年底蚂蚁金服手握国泰财险、众安在保险、信美相互险三张保险牌照，已经成为国内第一大保险平台，与超过 80 家的保险公司展开合作，产品类型多达 2 000 余款。引入大型保险机构作为股东，有助于蚂蚁金服与其在互联网保险领域展开深入合作。三是以云锋基金为代表的马云私人朋友圈。云锋基金是马云同好友虞锋共同发起设立的私募股权基金，蚂蚁金服的股东名单中上海麒鸿投资中心、上海祺展投资中心、上海众付股权投资管理中心、上海云锋新呈投资中心、上海经颐投资中心等，均为云锋基金所募集管理的基金，马云的众多好友通过这些基金间接持有了一部分蚂蚁金服的股份。

无论是君澳君济，还是君瀚君洁，它们都有一个共同的 GP 是杭州云铂投资咨询有限公司，杭州云铂是马云的个人独资企业。这两个高管持股平台合计持有股份 76.4294%，也就是意味着马云通过"有限合伙"企业的形式掌握着所有高管平台持有股份的控制权，不仅如此，以云锋基金为代表的私募股权基金也可以视作马云的一致行动人。马云在打造蚂蚁金服的时候，避开了当初创办阿里巴巴在控制权安排上的不成熟之处，将合伙人制度的理念巧妙地融合进了有限合伙和金字塔股权结构的框架之中；未来随着更广阔的布局，蚂蚁金服无疑将成为另一个马云牢牢掌控的超级帝国。

（2）对外投资的控制权安排。

蚂蚁金服发展至今，已经俨然是一个超级独角兽公司了。2017 年 6 月美银美林在 6 月发表的报告给出了 880 亿美元的超高估值，除了自营业务支付宝和芝麻信用撑起天价估值外，近些年蚂蚁军团收编的外来援军也功不可没。蚂蚁金服旗下业务大致可以分为贷款、保险、理财、基础服务四个板块，如

图 9-12 所示。

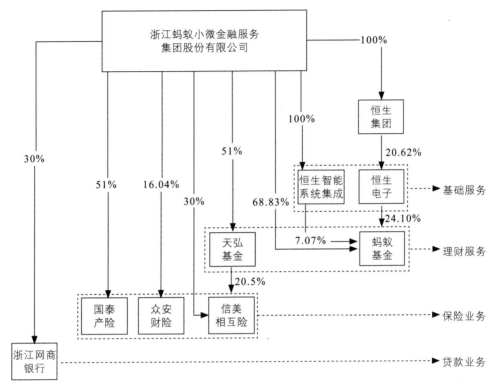

图 9-12　蚂蚁金服对外股权投资示意 [1]

● 贷款业务的布局。 [2]

蚂蚁金服旗下的贷款业务主要由蚂蚁花呗、蚂蚁借呗和网商银行构成，其中浙江网商银行属于首批试点的五家民营银行之一。民营银行的获批打破了我国金融行业的国有垄断状态，阿里和腾讯作为国内互联网巨头成功入选首批发起人的名单。按照国家规定，单一发起人的股比不能超过 30%，所以无论是阿里的浙江网商银行还是腾讯的前海微众银行都引入了两个或两个以上

---

① 资料来源：企查查 . http://www.qichacha.com/firm_ff3aac2898ef5e5f12f3d31032898c7c.html.

② 资料来源：娄雪慈，唐鹏军，吴泽权 . 民营银行如何设计股权结构和治理结构 [J]. 清华金融评论 . 2015, (05): 83-86.

的主要发起人。

　　如图 9-13 所示，浙江网商银行的持股比例为，蚂蚁金服 30%，上海复星工业技术发展有限公司（下称"复星工业"）持股 25%，万向三农集团有限公司持股 18%，宁波市金润资产经营有限公司 16%。上述几家公司的实际控制人分别为郭广昌、鲁冠球、沈国军，均与马云有着不浅的渊源。复星工业起初是上海华瑞银行的主发起人之一，但是与另外一家发起人均瑶集团乳业股份有限公司在方案理念上有所不同，最后遗憾分手，转投阿里发起的浙江网商银行。这四个主发起人的持股比例高达 89%，已经超过 2/3，第一第二大股东联合起来股比达到 55%，超过 1/2，小股东联合起来也无法抗衡。第二、第三、第四任意两个股东联合起来足以制衡第一大股东，但仍未超过半数。

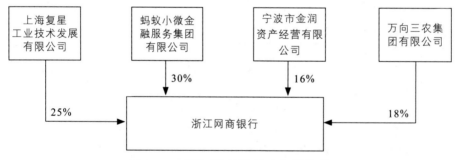

图 9-13　浙江网商银行股权结构①

　　对比腾讯发起的前海微众银行，如图 9-14 所示，马化腾控制的深圳市腾讯网域计算机网络有限公司持股 30%，深圳市立业集团有限公司与深圳市百业源投资有限公司分别持股 20%，其余七家股东持股比例均在 10% 以下，前三大股东任意组合均可制衡其他股东。

---

① 资料来源：企查查 . http://www.qichacha.com/firm_ec5c94fa15aa5c231186223809d68ac1.html.

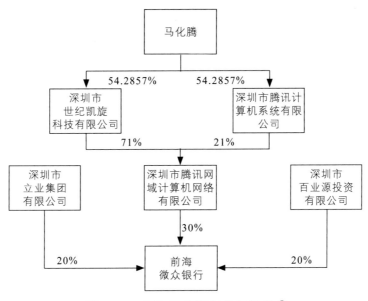

图 9-14　前海微众银行股权结构 [1]

民营银行试点与其他行业不同，在股权结构与治理结构上的把控需要尤为谨慎，既不能"一家独大"，也不能股权过于分散形成经理层"内部控制"的局面。浙江网商银行的股权比例设计已经是阿里在制度允许的范围内，可以做到的最大程度上的控制。

● 理财业务的布局。[2]

蚂蚁金服在理财业务板块主要有四个产品，余额宝和蚂蚁聚宝为自有业务，天弘基金和数米基金则是持有半数以上股份。

2013 年 6 月，阿里巴巴联合天弘基金推出余额宝，开创互联网金融理财产品的先河。这家成立于 2004 年的基金，在与阿里合作之前常年亏损，搭上了蚂蚁快车后从一群杂牌军中脱颖而出，发展势头迅猛。2013 年 10 月天

① 资料来源：企查查 . http://www.qichacha.com/firm_40283ac0a7052f9bc6e9dae9cb0fc9be.html.
② 资料来源：（1）王超 . 内蒙古君正与天弘基金纠纷源于何方？ . 创事记 . http://tech.sina.com.cn/zl/post/detail/i/2015-01-06/pid_8468310.htm.（2）关健 . 蚂蚁金服斥资 2 亿控股数米基金，发力基金销售业务 . 第一财经网 . http://www.yicai.com/news/4610534.html.

弘基金的另一大股东内蒙古君正能源化工集团股份有限公司（下称"内蒙君正"）发布公告称阿里巴巴拟以每 4.50 元认购天弘基金 1 元注册资本出资额的价格，认购天弘基金 2.6 亿元的注册资本出资额，出资额高达 11.8 亿元，认购后将持有天弘基金 51% 的股份，如图 9-15 所示。[①]

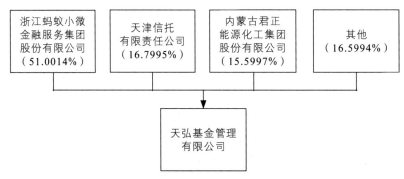

图 9-15　天弘基金股权结构 [②]

单从财务投资的角度上来看，花高价买下这样一家业绩平平的基金并不划算，但是对于当时正在谋求美国上市的阿里巴巴来说，天弘所持有的公募基金牌照可以使资本市场发挥更大的想象力。

增资扩股前，天津信托有限责任公司（下称"天津信托"）持股 48%，内蒙君正持股 36%。该次增资扩股天津信托没有参与，比例降至 16.7995%；内蒙君正少量参与，比例降至 15.5997%。

2014 年 5 月，证监会批准了此次股东变更申请，但是作为增资方之一的内蒙君正却迟迟不完成相关手续，导致蚂蚁金服控股天弘基金的营业执照手续无法通过。其中涉及的控制权争夺引来了市场的多方猜测，内蒙君正对自己不完成增资给出的理由有二：一为阿里要求新老股东共享未分配利润，违

---

① 　内蒙君正重要事项提示性公告.内蒙君正集团官网. http://static.sse.com.cn/disclosure/listedinfo/announcement/c/2013-10-09/601216_20131010_1.pdf.

② 　资料来源：企查查. http://www.qichacha.com/firm_e1d8f4dde60d8112c77e3f66cb776dc0.html.

背了之前的协定；二为天津信托隶属国有企业，正考虑对此次交易是否涉嫌国有资产流失进行重新评估。该状况一直僵持到 2015 年 2 月，蚂蚁金服向天弘基金施压表示有转投德邦基金的意向，双方才各退一步，内蒙君正完成增资，阿里终于正式控股天弘基金。

　　除了天弘基金以外，阿里还拥有蚂蚁基金销售有限公司 68.83% 的控股权，如图 9-16 所示。这家公司原名为杭州数米基金销售有限公司，隶属于恒生电子股份有限公司（下称"恒生电子"）旗下。2015 年 4 月，恒生电子发布公告称，旗下数米基金销售公司拟实施增资扩股，新增注册资本由蚂蚁金服认购。蚂蚁金服共计支出 1.99 亿元人民币，认购完成后持有数米公司过半数股份，成为控股股东。[1]2014 年马云成为恒生电子的实控人，故该交易属于内部关联交易。

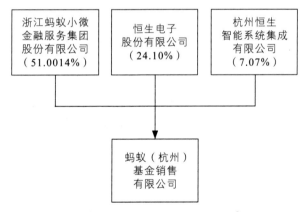

图 9-16　数米基金股权结构 [2]

---

① 恒生电子公告. 转引自 http://jrzb.zjol.com.cn/html/2015-04/26/content_3028523.htm?div=-1.

② 资料来源：企查查. http://www.qichacha.com/firm_8b03c16ccbd62d4aa371d714beb9493e.html.

● 保险业务布局。①

阿里在保险业的布局主要以打造平台为主，目前蚂蚁金服已经与国内 70 余家保险公司展开合作。除此之外，阿里还手握众安保险、国泰财险、信美相互保险三张保险牌照，阿里健康险正在等待审批。

众安在线财产保险股份有限公司（下称"众安财险"），是国内首家互联网保险公司，其股东名单可谓是星光熠熠，其中包含蚂蚁金服、腾讯、中国平安等国内知名企业，于 2013 年 9 月 29 日获中国保监会同意开业批复，众安财险成立之初股权结构如图 9-17 所示。

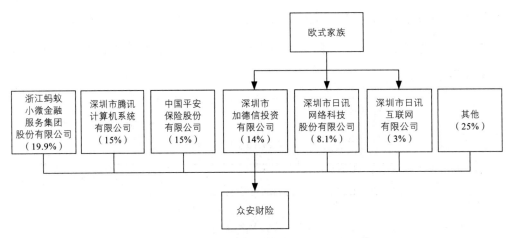

图 9-17　众安财险成立之初股权结构②

众安财险创始之初蚂蚁金服、腾讯、中国平安分别持股 19.9%、15%、15%，紧接着深圳加德信投资有限公司持股 14%、深圳市日讯互联网公司持股 8.1%，耐人寻味的是这两家公司的实际控制人是欧亚非、欧亚平兄弟，也

① 资料来源：（1）董云锋. 谁的众安保险. 零壹财经. http://www.01caijing.com/blog/229341.htm.
（2）陈婷婷. 国泰产险变身阿里系 [N]. 北京商报. http://www.bbtnews.com.cn/2016/0726/155917.shtml.
（3）胡秋实. 信美相互开业，阿里系保险再下一城 [N]. 时代周报. http://www.time-weekly.com/html/20170613/37832_1.html.
② 资料来源：企查查. http://www.qichacha.com/firm_f8fc1bad000772d3d3cc056073226495.html.

就是说众安财险的大股东并不是明面上的蚂蚁金服，背后另有其人。同属阿里旗下的淘宝与天猫将"退货运费险"的资源入口开放给了众安财险，2014年，该品类的保费规模达到 6.13 亿元，占当年总保费规模的 77.2%，至今为止仍是众安在线收入最高的业务品种。

虽然蚂蚁金服在对众安保险的投资上，做足了捧场的姿态。但是对于阿里来说，保险业这样的关键领域，一定还是要布局一个"自家的"企业。2016年蚂蚁金服以 51% 的比例控股国泰产险，国泰产险为台湾国泰金融控股股份有限公司（下称"台湾国泰金控"）的全资子公司，收购完成后，台湾国泰金控间接持股国泰产险 49% 的股份，并作为战略股东与蚂蚁金服达成合作关系。

除此之外，蚂蚁金服还联合天弘基金、国金鼎兴、成都佳辰、汤臣倍健、腾邦国际、新国都、北京远望、创联教育 8 家企业共同发起成立了信美人寿相互保险社；其注册资本为 10 亿元，蚂蚁金服和天弘基金分别出资 3 亿元和 2.05 亿元，折算下来蚂蚁金服直接与间接持股比例合计约 40%。

● 金融基础服务布局。[1]

恒生电子是一家金融软件和网络服务供应商，1995 年成立于杭州，2003年在上海证券交易所主板上市，作为国内唯一一家全领域的金融 IT 服务商，恒生电子的市场占有率一直遥遥领先，在多个细分领域中卡位优势明显。

2013 年年底阿里推出金融云服务，正式进军金融 IT 服务业，拿下恒生电子无疑能帮助金融云事半功倍。不仅如此，上文提到的数米基金（现改名为"蚂蚁基金销售有限公司"）也隶属于恒生电子旗下，在天弘基金树大招风的情形下，布局一个全国排名前列的基金销售机构不失为明智之举。

---

[1]　资料来源：（1）恒生电子公告 . http://www.hundsun.com/investor.aspx. （2）彭娟娟 . 颠覆者恒生电子阿里金融云的关键棋？ [J]. 新财富 , 2015(10): 96-109.

恒生电子的控股权一直牢牢掌握在以黄大成为首的创始人团队手中，根据工商资料显示恒生电子的控股股东为杭州恒生电子集团有限公司（下称"恒生集团"），持有恒生电子 20.62% 股权。恒生集团是恒生电子为了上市做出来的一层创始人持股结构，与香港的恒生银行虽然同名但并无任何联系，其17 名自然人股东正是恒生电子的创始人团队；除了这层持股结构之外，创始人团队还直接持有恒生电子 9.26% 的股份。

此次交易的收购主体是浙江融信网络技术有限公司（下称"浙江融信"），收购时该公司的股权结构为马云和谢世煌分别持有 99.136 5% 与 0.863 5% 股份。收购以现金方式受让恒生集团 100% 的股份，交易完成后浙江融信间接持有恒生电子 20.62% 的股份；合计交易总金额约为 32.99 亿元人民币，相当于每股作价 25.8 元，恒生电子当时的停牌价约为每股 20 元，有近 30% 的收购溢价。

创始人团队直接持有的 9.26% 则没有发生改变，即便浙江融信将这部分股份收入囊中，其持股比例也只有 29.88%，没有超过 30% 的全面要约收购红线。马云选择以类似股权激励的模式，将这 9.26% 恒生电子股份留给了原有管理层；这样一来不仅保证了恒生电子的稳定运营，还大大方便了收购后的业务整合。2015 年浙江融信将全部股份平价转让给蚂蚁金服，经上述变动后，马云仍为公司的实际控制人。恒生电子作为 A 股上市公司被纳入蚂蚁金服体系，不仅有利于双方更好地协同，也能够完善蚂蚁金服的上下游金融产业链。

综上，阿里巴巴在蚂蚁金服的控制权上可谓是做到了"收放自如"。2009年为了在与雅虎的博弈中占据更有利的地位，马云将支付宝分两次转入个人控股的浙江阿里巴巴，并在 8 年的时间内将其打造成为一个全金融产业链的庞大帝国。2018 年在蚂蚁金服上市之际，马云又通过协议使其回归阿里巴巴名下，同时终止了利润分配协议，有效改善其账面现金流的同时，也厘清了蚂蚁金服的股权结构关系。

蚂蚁金服对外收购的安排中，与主营业务相关的企业都是以控股为目标，属于进攻型投资。除此之外，作为下一个 BAT 级别的巨头，蚂蚁金服还作出了防御型布局，据不完全统计，自成立以来其对外投资超过 30 起，遍布出行、餐饮、影视等领域。

属于蚂蚁金服的故事才刚刚开始！

7."电商＋物流"的协同模式完善

物流一直被视作连接线上线下的关键渠道，阿里巴巴作为首屈一指的电子商务巨头，在物流方面的布局自然不能落下。与京东坚持自建物流不同，阿里巴巴一直试图打造出开放的物流平台，在控制权安排方面双方体现出截然不同的特征，阿里巴巴开放部分股权与合作伙伴共享，而京东一开始则是百分百控股旗下物流子公司，即使如今开始融资也强调绝对控制权。

（1）股权结构演变。

阿里巴巴的物流压力在创始之初就一直存在，但是马云认为物流属于重资产行业，与阿里的发展理念不符，故一直采用第三方配送的方式。2008 年天猫商城创立之后，在淘宝巨额用户量引流的影响下，天猫很快取得了不错的市场份额，但是由于没有自己的物流体系，天猫的配送服务一直颇受顾客诟病。2009 年马云开始着手解决物流难题，投资了星晨急便，彼时"四通一达"已经占领了快递业的半壁江山，后来者想要获取市场份额并不容易；再加上星晨急便仓促收购鑫鸿飞，双方整合不顺影响到公司的运营管理，最终于 2012 年宣告停业。阿里此次投资失败使整个物流战略布局延缓了 3 年，也因此给了京东物流千载难逢的发展机遇。

卷土重来的阿里调整了思路，对外公布"大物流计划"，提出以"天网"数据配合"地网"仓库联动，并启动了物流信息管理系统"物流宝"。由于阿里的销售体量已经十分可观，想要完全依靠自身力量建设起配套的物流体系难度很大，所以阿里选择了与电商物流各个环节上的代表企业合作，共同建设起规模化的平台——这便是菜鸟网络科技公司。

细数菜鸟网络的股东名单，不难发现其中的股份比例十分讲究。如图9-18 所示，浙江天猫技术有限公司作为最大单一股东持有 43% 的股权，天猫商城是阿里旗下 B2C 的主力军，之前采用的是第三方物流的配送服务模式，因为合作方良莠不齐颇受诟病，继而影响到客户对天猫商城的评价。所以此次菜鸟平台的搭建正是由天猫牵头，旨在改善配送服务质量。

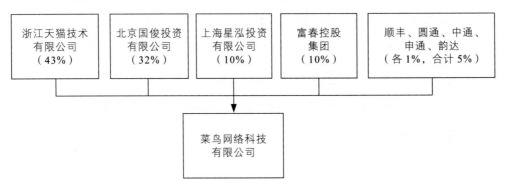

图 9-18　菜鸟网络成立之初股权结构 [①]

北京国俊投资有限公司作为银泰商业最主要的控股平台持有 32% 的股权，银泰商业作为中国领先的百货零售集团，在供应链管理方面对菜鸟网络大有裨益，其掌门人沈国军是马云的至交好友，2016 年底阿里更是成功私有化银泰，将其正式纳入自己麾下。

上海星泓投资有限公司是浙江复星商业发展有限公司的全资子公司，持有菜鸟网络 10% 的股权，复星在地产方面实力不俗，可以帮助菜鸟网络购地、

① 资料来源：企查查 . http://www.qichacha.com/firm_5d3398ae069b4e2560278a17807705a7.html.

建仓库及物业管理。

富春集团同样持有菜鸟网络 10% 的股权，旗下富春物流主要负责配送环节中的区域间的干线物流。

顺丰、圆通、中通、申通、韵达各持有菜鸟网络 1% 的股权，合计 5%。5 家快递公司的任务是负责区域内部的支线物流配送。其占股比例不高，却需要将数据上传到菜鸟网络的云端；随着云计算、物联网、信息技术科技的不断完善与发展，数据在智能物流中的重要性日益凸显出来，这样的安排为日后顺丰与阿里决裂埋下了伏笔。

该股权结构一直持续到了 2016 年 3 月菜鸟物流首次融资，投资方包括新加坡政府投资公司、淡马锡控股公司、马来西亚国库控股公司、春华资本等多家国内外著名投资机构；首轮融资额超百亿元，估值近 500 亿元人民币，根据阿里财报披露，此时约持有菜鸟网络 47% 的股权，但并未对外公布股权结构变动细节。

2017 年 9 月，阿里巴巴宣布增持菜鸟网络股份，投入金额为 53 亿元，增持后股份比例由 49% 上升至 51%；并且增加 1 个董事会席位，占据 7 个席位中的 4 席；如此一来，阿里实现了对菜鸟网络的绝对控股。

从阿里逐步增强对菜鸟物流的控制权中，我们不难看出，随着电商一起成长起来的快递公司如今纷纷上市，他们逐渐意识到过度依赖单一电商平台的风险性，阿里对这些企业的话语权也不如从前；在电商升级新零售的浪潮席卷而来之际，把握住物流这一命脉是十分有必要的。

（2）对外投资布局。[①]

与蚂蚁金服的投资策略不同，菜鸟物流的对外投资聚焦于补齐自身上下游

---

① 资料来源：小周伯通. 细数菜鸟物流曾投资的那些企业. 物流沙龙，转引自 https://www.iyiou.com/p/58469.

产业链的短板，如第三方配送企业、居家大件物流、仓储运营、智能快递柜等，如图 9-19 所示。

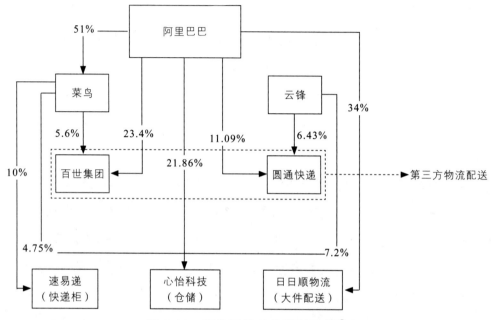

图 9-19　菜鸟网络对外投资示意[①]

● 投资百世集团，布局第三方配送。

百世汇通的创始人周韶宁曾担任过 UT 斯达康与谷歌的中国区总裁，2006 年底自立门户创立了百世汇通，如表 9-2 所示，运营仅一周年后就获得了阿里巴巴和富士康的青睐，获得了 1 500 万美元的投资额。

此后，阿里巴巴的身影屡次出现在投资方名单中，2017 年 9 月上市前百世集团共计完成了 7 轮融资，其中阿里参与的有 4 轮，见表 9-2。

---

① 资料来源：企查查 . http://www.qichacha.com/firm_5d3398ae069b4e2560278a17807705a7.html.

表 9-2　百世集团融资一览 [①]

轮次	时间	投资金额	投资方
天使轮	2008/1/1	1 500 万元人民币	阿里巴巴、富士康
A 轮	2008/6/18	1 500 万美元	阿里巴巴、鸿海集团
B 轮	2009/7/25	数千万美元	IDG 资本
C 轮	2010/11/25	数千万美元	鼎晖投资、阿里巴巴、汉能投资
D 轮	2012/12/31	数千万美元	华登国际投资、崇德投资
E 轮	2014/1/25	上亿美元	高盛
F 轮	2015/1/25	5.5 亿美元	阿里巴巴
战略投资	2016/9/8	7.6 亿美元	光大、中信、菜鸟、复星、鼎晖、高盛

　　2017 年 6 月，百世集团正式向美国证券交易委员会提交 IPO 招股书，对外披露了股权结构：阿里巴巴为最大单一股东，持股比例 23.4%；第二大股东为创始人周韶宁，持股比例为 14.7%；第三、第四大股东为 CR Entities 及 IDG 资本，分别持股 11.3% 与 6.2%；菜鸟网络紧随其后，为第五大股东，持股 5.6%。[②]

　　值得一提的是百世集团将股权分成了 A、B、C 三类，其中 A 类股东为董事长周韶宁，投票权为 1∶30；B 类股东为"阿里巴巴 + 菜鸟网络"，投票权为 1∶15；C 类股东投票权为 1∶1。经过计算可以得出，周韶宁最后的投票权为 47.3%，阿里巴巴与菜鸟网络合计拥有投票权为 46.66%，其他股东共计持有 6.04%。

　　类别股份的制度安排使得创始人可以凭借较少的资本来获取较大的控股

---

① 资料来源：IT 桔子 . https://www.itjuzi.com/investevents/36251.

② 百世集团招股说明书 . http://app.quotemedia.com/data/downloadFiling?webmasterId=101533&ref=11668850&type=HTML&symbol=BSTI&companyName=BSTI&formType=F-1&dateFiled=2017-06-26&cik=0001709505.

权，在百世汇通的案例中，保证创始人股东获得最大投票权的情况下，阿里也争取到了 15 倍的投票权，与创始人相差不到 1%，未来还有很大的操作空间！

- 投资圆通快递，跻身物流第一梯队。[①]

一直希望控制更多物流企业的阿里，除了投资了百世汇通外，也在谋求与物流第一梯队的顺丰及三通一达（圆通、中通、申通、韵达）展开深入合作。2015 年 5 月，阿里巴巴联手上海云锋新创股权投资中心向圆通速递投资了 25.2 亿元，分别持有 12% 和 8% 的股权。2016 年 10 月，圆通完成借壳上市后，上海圆通蛟龙投资发展（集团）有限公司成为第一大股东，持股 51.18%；阿里创投、云锋新创的持股比例虽然被稀释，但仍分别持有 11.09% 和 6.43% 的股权，位列第二和第三大股东；创始人喻会蛟个人持有 4.73% 的股权。[②]

菜鸟网络在初创时期再三强调，不会参与到快递业务的具体运营。然而此次入股圆通，无疑是打破了与顺丰及三达一通之间的微妙平衡。接受投资后的圆通，是否会在信息获取及其他业务方面获得优先权，其他 4 家公司难免会心存怀疑。阿里作为菜鸟网络平台规则的制定者，又亲自下场竞争，有既当裁判又做选手之嫌。

从顺丰和阿里短暂的相互封杀可以看出些许端倪。2017 年 6 月 1 日菜鸟网络发公告称顺丰截断了数据，导致其无法追踪到包裹信息，所以只能要求商家暂停使用顺丰；顺丰方面却宣称是菜鸟在 6 月 1 日凌晨暂停了丰巢的数据接口。双方各执一词，导致用顺丰发货的商品在淘宝上看不到物流信息。这样的状况僵持了两天，最终在中国邮政的调解下"握手言和"；在此期间各

---

① 资料来源：（1）陆肖肖. 阿里顺丰杠上之后：EMS 圆通站队阿里，京东腾讯抱团顺丰. 中新经纬. http://www.chinanews.com//jingwei/06-02/44808.shtml.（2）陈姗姗. 阿里参股的圆通速递登陆 A 股，民营快递上市竞跑. 第一财经. http://www.yicai.com/news/5139124.html.

② 圆通速递股份有限公司关于前十名股东持股情况的公告. 圆通速递官网. http://pic.yto.net.cn/uploads/InvestorFile/ 圆通速递关于前十名股东持股情况的公告 .pdf.

方势力迅速站队，腾讯京东力挺顺丰，而阿里投资的圆通则站到了菜鸟这边，两大阵营格局初现。

这次冲突看似是因数据之争而起，背后的深层原因是以顺丰为代表的独立物流公司对阿里系的一次反抗。可以预见，未来类似的事件或许会以其他方式升级；而对于阿里来说，有多少第三方物流肯成为尚未成熟的菜鸟网络的队友，无疑是会影响全局的关键问题。

● 成为日日顺物流二股东，布局大件物流。[①]

在居家大件物流方面，阿里选择了海尔旗下的日日顺物流。2013 年年底，阿里巴巴集团投资了日日顺物流 18.57 亿港元，其中 5.4 亿港元以现金的方式获得 9.9% 的股权，剩下的 13.16 亿港元通过可换股及可转换债券认购；同时以认购新股的方式对其母公司海尔电器投资 9.65 亿港元，获得 2% 的股权。

关于可换股及可转换债券，海尔电器给了阿里三条路选择：第一，不行权，海尔电器按照 1.5% 的利息归还本利；第二，以每股 19.33 港元价格转换成海尔电器股份；第三，转换成日日顺物流 24.1% 的股权。[②]

阿里选择了第三个方案，2017 年 1 月，对日日顺物流行使转换权，共计间接持有 34% 股权。这个选择十分明智，如果转换成海尔电器集团的股份，阿里只能增持到 4.59%，属于财务投资者，无法参与旗下日日顺物流的决策；而转换成日日顺物流的股份，阿里则会一跃成为日日顺除了海尔集团以外的第二大股东，可以补齐菜鸟物流在大件配送方面的短板。

根据公告，在阿里对日日顺物流实现债转股的同时，日日顺物流与菜鸟、阿里巴巴签署了一系列合作协议，包括：日日顺物流将在大件领域以非独家方式向菜鸟集团提供物流服务，菜鸟集团将向日日顺提供一般物流服务，阿

---

① 资料来源：马丹梅 . 阿里对日日顺物流持股达 34%，而这仅仅是开始 . 万联网 . http://info.10000link.com/newsdetail.aspx?doc=2017010590001.

② 海尔电器集团公告 . http://www.haier.hk/cn/pdf/20131209010611415.pdf.

里巴巴服务提供商将向海尔电器提供平台服务及营销推广和软件服务。[①]

- 成为心怡科技二股东，卡位仓储运营。[②]

心怡科技是天猫超市的仓储管理服务提供商，天猫国际的跨境运营主体，这家第三方电商物流供应链企业成立于2004年，2017年底已经正式接受券商辅导，准备冲刺上市。

心怡科技此前一共完成了3轮融资：2014年6月完成A轮融资，阿里巴巴投入数千万人民币；B轮融资发生于2016年11月，由云锋基金、菜鸟网络、博睿资本投资亿元及以上人民币；2017年4月完成C轮融资，由汇勤资本领投，易凯资本、博睿资本跟投，但并未对外公布具体融资金额。

截止到2017年年底，公司的创始人邢玮为第一大股东，持股34.26%；第五大股东为杭州怡诺投资管理有限公司，持股6.34%，其实际控制人也是邢玮；所以邢玮直接与间接拥有心怡科技40.6%的股权。

阿里系在心怡科技合计持股33.81%：阿里巴巴（中国）网络技术有限公司是第二大股东，持股21.86%；上海云锋新创股权投资中心位列第四大股东，持股7.2%；浙江菜鸟供应链管理有限公司是第六大股东，持股4.75%。

阿里系目前与邢玮的持股比例相差不大，未来心怡科技上市时阿里会不会有下一步行动，十分值得期待。

- 投资速递易，对抗丰巢e栈。[③]

智能快递柜被业界称为是解决快递"最后一公里"问题行之有效的方案之一，虽然其运营属于重资产模式，前期投入较大，但是在国家政策鼓励与补

[①] 海尔电器集团有限公司公告. http://www.haier.hk/cn/pdf/20170103232236328.pdf.

[②] 资料来源：夜叶. 天猫超市背后的物流企业"心怡科技"：阿里是上半身，我们是下半身，菜鸟是中腰. 36kr. http://36kr.com/p/5103842.html.

[③] 资料来源：Grace 姐姐. 菜鸟、顺丰对撕的最大受益者是速易递，后者被菜鸟入股. 虎嗅网. https://www.huxiu.com/article/198986.html.

贴的情况下，这两年仍然取得了较快发展。

成都我来啦网格信息技术有限公司旗下的速递易快递柜，是首批进入智能快递柜的企业之一，市场占有率约 32% 位居榜首。该公司成立于 2012 年 12 月，是上市公司成都三泰控股集团股份有限公司（下称"三泰控股"）的全资子公司，曾帮助三泰控股的股价实现 10 倍的增长；然而由于网点规模过大，盈利模式不清以及竞争对手增多等问题，三泰控股 2015 年、2016 年连续两年亏损。

2017 年 7 月，三泰控股发布公告称将对该子公司进行重组，经过股权转让及增资之后，三泰控股的持股比例下降至 34%；中邮资本管理有限公司将 50% 的股权，浙江驿宝网络科技有限公司（浙江菜鸟供应链管理有限公司的全资子公司）持有 10% 的股权，亚东北辰投资管理有限公司（上海复星产业投资公司的全资子公司）持有 6% 的股权。[①]

前有盈利模式难题，后有合并了的丰巢 e 栈紧紧相逼，重组能否使速递易跨过难关还未可知。而作为投资方的阿里选择与"国家队"中邮及"菜鸟盟友"复星一同入场实属意料之中，丰巢的母公司顺丰 2017 年 6 月才与阿里公开闹翻，7 月阿里入股其最大的竞争对手只能算是商场中屡见不鲜的牵制手段。

综上，马云近些年来意识到物流仓储对电商的重要性，曾经放话不做快递的阿里如今频频跑马圈地进行投资布局。而当初因为自建物流导致长期亏损的京东，若干年后反被称赞眼光独到。由于已经错失像京东那样自己布局物流的先机，因此阿里只能和有经营能力的企业合作，一开始就开放股份，共同分享利润，如菜鸟网络的创办；或者投资收购细分行业的龙头企业，成为

---

① 重大资产重组停牌进展公告. 成都三泰控股集团股份有限公司官网. http://www.cninfo.com.cn/ finalpage/2017-07-06/1203684208.PDF.

其二股东，从长谋划。由此看来，物流作为阿里在电商转型新零售的重要布局，未来还有一段路要走。

8. "电商 +"的流量引入

阿里巴巴是以电商服务起家，后来又加入了以蚂蚁金服为主的金融发力点，电商和金融业务都有着极强的变现能力，与其他的互联网企业缺乏变现渠道不同。

但是，在阿里的商业生态布局中，数字内容产品一直有所欠缺，如何更高效的引流是长期困扰着阿里的问题。因此，投资收购并控股社交平台企业、文娱产业制作企业和电商上游企业，从而拓展客户、制作 IP、最终带来流量，成为阿里生态圈战略中不得不考虑的选择。

（1）对社交平台企业的投资布局。

社交一直是马云的心病，阿里在此方面曾做过各种尝试，先后推出了旺旺、来往、钉钉等多款聊天软件，一直未能取得好的成效。眼看着微信"跨界"推出支付功能迅速被用户所接受，支付宝打造的社交圈子却受到了"群嘲"，阿里着实咽不下这口气，除了自有业务以外，也投资了微博、陌陌等社交软件试图借力形成合围之势。

● 投资微博，抗衡微信。[①]

2010 年是微博元年，这个只能发 140 个字的社交方式迅速在网络蹿红，而后几年发展势头迅猛，但苦于找不到合适的盈利模式，存在将流量变现的

---

① 资料来源：mrpuppybunny. 新浪遭海外大股东逼宫，曹会计的算盘怎么打？. 虎嗅网. https://www.huxiu.com/article/217858.html.

难题。

2013 年 4 月，阿里巴巴旗下的全资子公司 Ali WB Investment Holding Limited 以约 35.6 亿人民币（5.86 亿美元）现金收购了新浪微博公司发行的 480 万股普通股和 3 000 万股优先股，占稀释摊薄后总股份的 18%，成为仅次于新浪的第二大股东。并且新浪微博允许阿里巴巴在未来按事先约定的定价方式，将其在新浪微博的全稀释摊薄后的股份比例提高至 30%。

480 万股普通股中 130 万股向员工直接购买、350 万股由新浪向阿里发行。但是在此次交易完成后，新浪要向员工回购 350 万股"已到手期权"，也就是说，购买普通股的 8 000 多万美元全部用于员工套现。那么这批幸运的员工是哪些人呢？根据财报披露，恰好是以 CEO 曹国伟为首的新浪微博的高管层和董事。

这一环节被视作招安的成本。据媒体报道，阿里有意全资收购新浪微博，未能谈妥的原因是新浪微博坚持要独立上市。即便未能遂愿，这笔买卖仍然可以称得上宾主尽欢，阿里的注资大大缓解了新浪微博商业化的压力，而微博也能给阿里电商带来流量引入以及提供大数据来源。

2014 年 4 月，微博在美国纳斯达克上市。根据约定，阿里以 15% 的折扣总计花费 4.49 亿美元，将其在新浪微博的全稀释摊薄后的股份比例提高至 30%；不过由于 AB 股的结构，新浪仍拥有 79.9% 的投票权。上市之后，阿里巴巴集团 CEO 张勇成为新浪微博 5 位董事之一。

2014 年 11 月，阿里和腾讯的封杀大战一触即发，继微信封杀了快的红包分享之后，阿里也很快作出了回击，新浪微博宣布禁止用户推广微信公众账号，违者将予以封号处理，两军对垒的阵势隐约可见。

截止到 2017 年 3 月底，阿里巴巴共计持有新浪微博 31% 的股权，15.6% 的投票权。新浪持有的股权由 54.5% 降至 49.8%，拥有 74.9% 的投票权，仍是微博的最大股东和实际控制者。

● 不听话的陌陌。[①]

2011 年 3 月，网易的前总编唐岩创办陌陌；上线一周年，陌陌用户突破 1 000 万，日活跃用户 220 多万，周活跃用户接近 500 万，每天发送的信息量超过 4 000 万条。

这份骄人的成绩是当时唯一有潜力与微信一拼的社交软件，很快它就吸引到了阿里的注意。阿里巴巴接盘了陌陌 A 轮投资方手里的股权，并于 2012 年 7 月参与陌陌的 B 轮融资，领投 1 500 万美元，经纬创投和 DST 各跟投 150 万美元。此轮融资中，陌陌公司让出了 20% 的股权给 B 轮投资人，其中阿里约持有 16.67%。

2013 年 10 月，陌陌进行 C 轮融资，总额达 4 500 万美元，让出了 11.57% 的股权。阿里在此轮中跟投了 1 000 万美元，此时总计约持有陌陌 22.12% 的股权。

2014 年 5 月，陌陌进行 D 轮融资，总额超 2 亿美元，这次阿里并未跟投，参与投资的是阿里系的云锋基金，云锋投资了 9 000 万美元，获取陌陌约 5.6% 的股份。该轮融资后，所有股东签署了一份协议，约定了陌陌的董事会架构，董事会共计 9 席，其中阿里占 2 席，云锋占 1 席；创始人唐岩指定包括自己在内的 3 名董事，并且约定唐岩在董事会有 5 票投票权，这样一来，创始人可以拿到 13 张投票权中的 7 张，确保其对公司的控制权。

2014 年 12 月，陌陌完成了上市前的 IPO 融资，定向增发了 6 000 万美元的新股，阿里巴巴投资了其中的 5 000 万美元。根据其 IPO 的招股说明书显示，截止到上市前，创始人唐岩的持股比例从最开始的 65% 被稀释到 26% 左右；而阿里巴巴通过 Alibaba Investment Limited 参与了数轮投资，总占股比

---

① 资料来源：杜国栋．陌陌：上市路中的股权变迁．创思社．https://zhuanlan.zhihu.com/duguodong/20021488?utm_campaign=rss&utm_medium=rss&utm_source=rss&utm_content=title.

例为 20.7%；阿里系的云锋基金也有参股，持股比例为 5.6%；二者合计持有 26.3% 的股份。①

陌陌也采用了 AB 股的双层股权结构，A 类股每股拥有 1 票投票权，B 类股每股拥有 10 票投票权。创始人唐岩持有 B 类股并获得其他几位联合创始人所拥有股份的投票权委托，总投票权为 77.82%。其他股东均持有 A 类股，一共才 22.18% 的投票权。所以即使在持股比例上阿里系略多于唐岩，控制权仍牢牢把握在唐岩手中。

陌陌上市可谓是阿里一路扶持走来，外界纷纷猜测阿里会将陌陌收入囊中。2015 年 6 月，陌陌公告宣布收到创始人唐岩以及经纬中国、红杉、华泰瑞联基金的非约束性私有化要约。2016 年 2 月，蔡崇信取代阿里资本 CEO 张鸿平进入到陌陌董事会，蔡崇信曾主导完成过阿里巴巴在香港的私有化退市，并且还帮阿里回购了雅虎的股权，4 月阿里对外宣布正式加入陌陌的私有化财团。上述行为被解读为阿里在帮陌陌的私有化开道，有意将其纳入自己的社交生态圈。

令人意想不到的是，陌陌并没有按照阿里规划的那样，在社交道路上继续发展，反而盯上了风口上的直播业务，借助自己在社交领域累积下来的优势，推出了数款以动态视频、直播为内容的新产品，新颖的定位受到市场的好评，财务数据也从 2016 年起扭亏为盈。

陌陌凭借着视频和直播逐渐转型成为泛娱乐化平台，这和阿里所需要的社交领域布局背道而驰。业绩大幅好转也使得陌陌的管理层心思活泛起来，2016 年 8 月，陌陌撤销了私有化的邀约。

双方在经营理念上产生了严重冲突，阿里向来对财务投资的兴趣不大，所

---

① 陌陌上市招股说明书 . http://ir.immomo.com/phoenix.zhtml?c=253834&p=IROL-secToc&TOC=aHR0cDovL2FwaS50ZW5rd2l6YXJkLmNvbS9vdXRsaW5lLmhtbD9yZXBvPXRlbmsmaXBhZ2U9OTg4Nzk5OCCzdWJzaWQ9NTc%3d&ListAll=1.

以自 2016 年下半年起，便开始对处于上升期的陌陌高位减持。2017 年 3 月，阿里巴巴的持股比例已从 20% 抛售到 4.29%，低于 5% 的持股比例将不再对外公开披露；11 月，阿里巴巴的蔡崇信和云锋基金的虞锋宣布离开陌陌的董事会，标志着合作双方彻底分道扬镳。

（2）文化娱乐企业。

文娱产业是流量引入的重要手段，近些年来国内 IP 隐隐有爆发的趋势，阿里巴巴对于该板块的布局也十分重视。

● 收购文化中国，掌控阿里影业。[①]

2014 年 6 月，阿里巴巴完成对香港上市公司文化中国的收购，Alibaba Investment Limited 斥资 62.44 亿港元投资获得 59.32% 股权，成为文化中国第一大股东。

与阿里之前的收购手法一样，此次投资全部以现金的方式进行，保证之前股东权益最大化。文化中国向阿里配发及发行的新股比例达到增发前的 150%，使得阿里在入股后持股比例接近 60%。不仅如此，阿里巴巴还与文化中国持股最高的两名个人股东达成一致行动人协议，最终拥有 70.8% 的投票权。完成收购后，文化中国更名为阿里巴巴影业集团有限公司，开始进行阿里在影视方面的布局。

有时候持股比例不是越高越好，对于母公司来说，只要能把握住控制权便已足够。对于短期很难盈利的影业布局，阿里巴巴自有妙计。2015 年阿里影业进行了一次配股计划，以每股 2.9 港币的价格配售 41.99 亿股，共集资 121.78 亿港币，从中回流了一部分收购资金。并且在此次配股完成后，阿里集团的持股比例从 60% 下降到 49.49%，不足 50% 的持股比例可以使注定亏

---

① 资料来源：史提芬·曹.阿里饱暖思影业，叫声股民提防！提防！.港股那点事.转引自 http://www.cs.com.cn/tzjj/201708/t20170831_5450471.html.

损的阿里影业不用并入美股上市的阿里集团财报。这样一来，既不影响集团的整体利润与估值，又可以大胆烧钱快速攻占市场。

阿里影业自 2015 年以来对外投资不断，先后以 8.3 亿元人民币收购粤科软件、5.2 亿美元收购淘宝电影和娱乐宝，并投资 8 600 万美元参与博纳影业私有化，投资 10 亿元人民币认购大地影院可转债，46.8 亿元入股万达电影称为第二大股东。

- 通过私有化，彻底掌控优酷土豆。[①]

合一信息技术有限公司的前身是优酷土豆股份有限公司，由中国排名第一和第二的视频网站优酷和土豆通过 100% 换股的方式合并而来。如今这家国内顶尖的视频网站已被阿里巴巴招入麾下，成为阿里影视生态链中的重要一环。

阿里收购合一集团可以分为两个步骤。第一步，2014 年 4 月，阿里巴巴连同云锋基金共同出资，以 12.2 亿美元收购优酷土豆 A 类普通股 7.21 亿股，共计收购 18.5% 的股权，其中阿里巴巴持有 16.5% 的股权，成为优酷土豆的第二大股东。

第二步，2015 年 10 月，阿里巴巴集团宣布将以每 ADS（美国存托凭证）26.60 美元的价格，私有化收购优酷土豆市面上所有的流通股份；2016 年 4 月，优酷土豆正式从美国退市，成为阿里旗下的全资子公司。排除阿里巴巴已持有的优酷土豆股份，该交易为优酷土豆剩余股份估值 47.7 亿美元。由于优酷土豆账上仍有 11 亿美元现金，因此相当于阿里巴巴以 36.7 亿美元收购优酷土豆剩余股份。

这种二股东策略在阿里布局新零售产业上也十分常见。

---

① 资料来源：王杨．阿里巴巴 56 亿美元现金买下优酷土豆，创中国互联网"第一并购"．观察者网．http://www.guancha.cn/economy/2015_10_16_337830.shtml.

● 成为华数传媒的二股东。①

华数传媒是一家从事数字电视网络与新传媒发展运营的企业，是华数系主力上市平台之一。

2014 年 4 月，华数传媒发布定增方案，向杭州云溪投资合伙企业非公开发行 28 667.10 万股，募资总额 65.36 亿元。此次定增完成后，云溪投资将拥有华数传媒 20% 的股份。②

云溪投资有三位合伙人，其中普通合伙人史玉柱与杭州云煌投资管理有限公司分别持股 0.9943%、0.0002%；有限合伙人谢世煌持股 99.0055%。云煌投资的实际控制人为马云，持股比例高达 99%，另外一位股东为谢世煌，持股 1%。

在此次入股华数传媒的安排中，普通合伙人投资资金均为自有资金，有限合伙人谢世煌的资金则来自浙江天猫科技有限公司向其提供的借款。贷款协议约定本金不超过 65.37 亿元，贷款期限为自提款之日起 10 年，贷款复合年利率 8%。这样一来自有资金可以忽略不计，所有收购资金几乎全部来自浙江天猫，杠杆之高十分罕见。2015 年 5 月，云溪投资将手中持有的 20% 华数传媒股权悉数质押给了工银瑞信投资管理有限公司，使一部分投资资金回流。

这起融资的收购款悉数来自浙江天猫，控制权却掌握在史玉柱与马云手中，是在投融资中十分经典的所有权与控制权分离的设计。

● 参股华谊兄弟。③

和互联网相关的企业融资时，一直流传这么一句话："要么选阿里，要么

---

① 资料来源：信海光 1sina.65 亿入股华数传媒，马云为何"撇开"阿里？. 虎嗅网 . https://www.huxiu.com/article/31509/1.html.

② 非公开发行 A 股股票预案 . 华数传媒公告 . http://disclosure.szse.cn/finalpage/2014-04-09/63807007.PDF.

③ 资料来源：雷建平 . 华谊兄弟完成 36 亿元定增，腾讯阿里平安参与 . 腾讯科技 . http://tech.qq.com/a/20150818/043990.htm.

选腾讯，要么死"。这种选择除了说明阿里与腾讯在目前在业界的影响力以外，还点出了巨头之间不可避免的竞争与摩擦。很多企业面临着在阿里与腾讯之间站队的问题，要把握平衡可不是件容易事，华谊兄弟是为数不多在这方面做得不错的企业。

2014 年 11 月，华谊兄弟公布定向增发方案，向阿里创业投资、腾讯、平安资管、中信建投证券发行股份，募集资金 36 亿元。马云及腾讯较早前均持有华谊兄弟逾 4% 的股份，增发完成后，马云和阿里创投合计持股 8.08%，腾讯持股 8.08%，成为仅次于董事长王中军、总裁王中磊兄弟的并列第二大股东。并且华谊与阿里、腾讯分别签署了战略合作协议，将在电影、游戏方面展开合作。

（3）上游流量引入。

除去社交和文娱这两类直接引入流量的产业外，上游的互联网基础设施服务在一定程度上也会间接带来流量，其中浏览器推送和地图排名就是典型的代表，后者对于电商转型新零售还有着十分重要的意义。

● 全资收购 UC。[①]

UC 优视科技有限公司成立于 2004 年，是中国领先的移动互联网软件技术及应用服务提供商，2014 年并入阿里巴巴，成为阿里巴巴集团旗下的全资子公司。阿里巴巴可谓是陪伴了 UC 的大半个发展历程，UC 数次融资中都能看见阿里的身影。

2009 年 6 月，阿里、晨兴创设、联创策源 3 家机构对 UC 进行约 1 200 万美元战略投资。

2013 年 3 月，阿里斥资 31.3 亿人民币对 UC 进行战略投资，马云加入

---

① 资料来源：yangjie. 阿里收购 UC：互联网史上最大的并购？UC 值钱在哪里？. 创业邦. http://www. cyzone.cn/a/20140611/258927.html.

UC 董事会。12 月，阿里追加 11 亿元进一步增持，累计获得 UC 浏览器 66% 的股权。

2014 年 6 月，阿里全资收购 UC。此次收购交易是通过"换股 + 部分现金"的方式进行，当时并没有对公众透露具体的交易金额，也未公开换股的数量。俞永福接受媒体采访时称，由于市场对阿里巴巴的股票估值不一，所以无法准确计算交易金额。谜底直至阿里上市时才揭开，当年的收购价高达 43.5 亿美元，大大刷新了 1 年前百度收购 91 助手时创下的 19 亿美元记录。

出身联想投资机构的 UC 掌门人俞永福十分清楚控制权的重要性，他曾屡次在公开场合将 UC 比作非卖品，缘何最终被阿里巴巴全资收购了呢？

令人满意的收购价格是首当其冲的原因，43.5 亿美元可以称得上是当年中国互联网史上的最大并购案。

除此之外更重要的原因是马云承诺 UC 将成为阿里旗下的三大事业群之一，原有的业务架构和管理团队不变，并且给了俞永福阿里巴巴合伙人的身份。这样一来，无论是对于 UC 这家公司还是俞永福个人，都会有更多的资源助其登上新台阶。相比起以往的现金收购，阿里此次给出的股权置换方案可谓是诚意十足了。

● 私有化高德地图。[1]

高德地图成立于 2002 年，2010 年在美股纳斯达克上市。其优质的电子地图数据库对于物流的重要性不言而喻。2013 年 5 月，阿里斥资 2.94 亿美元收购了高德软件有限公司 28% 的股权，成为其第一大股东；2014 年 4 月，阿里以 10.45 亿美元现金收购高德软件余下 72% 的股份。7 月，阿里宣布完成高德软件私有化的进程，正式从纳斯达克退市。

---

① 资料来源：吴澍，和阳．高德地图被阿里全资收购：为什么选择阿里？.i 黑马．http://www.iheima.com/news/2014/0210/58500.shtml.

阿里在第一次投资时已经成为了高德地图的最大股东，为什么一定要全资收购呢？主要的原因有两点：一是由于地图业务对于阿里来说不仅是导航功能这么简单，更是为了能形成 O2O 的生态链闭环，其战略意义之重要，必须私有化控股才万无一失；二是由于和百度地图的业务竞争，高德财报已经出现亏损，私有化可以避免对公众披露的压力，未来业绩好转后，还有重新估值分拆上市的可能。

综上，阿里巴巴投资和收购上述流量引入企业时追求的是绝对的控制权。除了已经和不听话的陌陌分道扬镳外，只有微博的创始人团队还掌握控制权，其他公司的控制权都已经被阿里巴巴牢牢掌握。例如，布局影视业全产业链的阿里影业虽然还保持上市公司的身份，但其控制权被阿里牢牢掌握；而优酷土豆、UC 浏览器、高德地图则直接私有化退市，并入阿里集团内部进行深度整合。

9. 102 年的阿里帝国

翻看阿里巴巴的集团简介，首先映入眼帘的就是其醒目的企业愿景：“我们旨在构建未来的商务生态系统。我们的愿景是让客户相会、工作和生活在阿里巴巴，并持续发展最少 102 年。”[①]

许多企业都希望自己能成为一家百年老店，为什么阿里巴巴制订的目标是 102 年呢？马云是这么解释的：“中国所有的企业都说是百年企业，这等于瞎说，不严肃。阿里巴巴是 1999 年诞生，上世纪活了一年，这个世纪一百年，

---

① 阿里巴巴官网 . http://www.alibabagroup.com/cn/global/home.

下世纪活一年，我认为，我们把基础架构好，我们就能做到 102 年。"[1]

马云在这段话中强调了基础架构对企业寿命的影响，所谓的"基础架构"是指什么？其实就是一个企业的商业生态布局和控制权安排，这是最基础也是最重要的环节，两者相辅相成，缺一不可！

对于阿里巴巴来说，在前期控制权安排和争夺上并不容易，经历了和高盛、软银、雅虎的合作，每一个都是资本市场上不容小觑的巨鳄。支付宝股权转让事件一度让马云和阿里巴巴的声誉跌到低谷，虎口夺食让马云意识到控制权的重要性。一路走来，阿里巴巴在制度上的安排也逐步走上成熟化规范化的道路。

阿里巴巴合伙人制度的建立是将公司章程应用到极致，巧妙地实现了企业创始人控制权保护条款的设计。首先通过合伙人控制阿里巴巴的董事会和股东大会，再将合伙人的权力集中于合伙人委员会，最终将控制权集中于马云手里。合伙人制度近些年来一直受到外界热议，然而该制度能成功推行，是由于阿里巴巴独特的融资历史和行业地位，并不具有普适性。

蚂蚁金服的控制权安排就体现着阿里巴巴在资本市场的日益成熟和强势，采用的是双层有限合伙的四层金字塔股权架构，君澳和君瀚两大高管持股平台拥有其大部分股份。君澳和君瀚的主要出资人是君济和君洁两个高管持股平台，这四家合伙企业的执行事务合伙人都是杭州云铂投资咨询有限公司，而该公司唯一的股东正是马云，这也就意味着马云牢牢掌握着蚂蚁金服的实际控制权，实现了以小博大的控制权安排。这种股权结构设计是资本市场上较为常见的操作手法，具有一定的参考和借鉴意义。

在对外收购上阿里多采用分阶段的组合式投资收购模式，先成为被投企业

的第二大股东，相互磨合一段时间后，再选择全资收购或是撤资抛售。这种二股东策略在资本江湖上声名鹊起源于中植系的成功，阿里虽然与其操作手法类似，目的却不尽相同。如果说中植系是通过二股东的位置提升公司治理、倒逼被投资方重组，最后转让股权从中攫取利益的话。阿里则是为了更好地进行产业整合，最终谋求的是大股东的位置。在企业的融资并购中，"买买买"并不是一件难事，关键在于如何成功地消化这些并购的对象；二股东策略就成功地降低了排异反应，对于阿里来说是一种稳扎稳打的投资收购模式。

在进行板块扩张时，阿里常常找来该领域中的佼佼者，一起合作打造辐射整个产业的开放性平台。如物流板块的菜鸟网络，就联合了供应链、仓储地产、干线物流、第三方配送等多家实力企业，试图向客户提供专业、高效、协同的一体化服务。在掌握控股权的情况下，阿里也愿意分享一部分股份给合作伙伴，实现互利共赢、共同发展的新局面。

除了自主设立新公司外，阿里系也采用了买壳的方法，如收购香港上市公司文化中国改名为阿里影业，收购老牌证券公司瑞东集团改名为云锋金融。阿里将资产注入这些壳资源后，不仅利用这些上市平台进行投资布局，更通过整合提升了整个集团的估值。

阿里巴巴作为国内乃至世界上首屈一指的经济实体，在资金调动方面的能力自然不容小觑。蚂蚁金服和云锋资本相互呼应，成为阿里集团在投资上的左膀右臂。阿里不仅财大气粗，还有着令人惊叹的"财技"：收购华数传媒就是一个典型案例。资金全数出自天猫，而控制权则掌握在马云和史玉柱手中，并且在收购完成之后，立即将华数的股权抵押出去获得资金回流。强大的实力加上成熟的运作给阿里的收购提供了囊括寰宇的底气。

阿里巴巴在 2014 年美国上市之后，企业创始人在内部的控制权争夺战中基本取得了胜利。在对外投资的控制权安排上，阿里俨然已经具备了成熟投资公司的所有特质，收购手法老练而娴熟，但是与一般投资公司不同的是，阿里聚焦的不仅仅是财务回报抑或是单个公司的投资收购，更多时候是在争取整个行业层面的话语权。

这也是为什么阿里作为一家电商公司，腾讯作为一家游戏公司，二者却在许多领域里产生了摩擦和冲突：从外卖、打车、共享出行到零售、生鲜、泛娱乐产业，无一不是在争夺线下流量的入口。2014 年的网约车补贴大战日耗千金，最终谁也没获胜，反倒是培养出了新巨头滴滴。同样的故事重复上演，双方陷入了零和博弈的囚徒困境之中，同时也为互联网新巨头的产生提供了强大的助推力，而随着这些缝隙中野蛮生长起来的新贵的加入，江湖格局将会产生更多不确定的因素。102 年的阿里帝国究竟是言之凿凿还是痴人说梦，恐怕只有时间才能给我们答案。

这是最好的时代，也是最坏的时代，人们面前有着各样事物，人们面前一无所有。这是中国的互联网时代！

参 考 文 献

［1］ 马永斌 . 公司治理之道：控制权争夺与股权激励 [M]. 北京：清华大学出版社，2013.

［2］ 马永斌 . 市值管理与资本实践 [M]. 北京：清华大学出版社，2018.

［3］ 桂曙光 . 创业之初你不可不知的融资知识 [M]. 北京：机械工业出版社，2015.

［4］ 布拉德·菲尔德，杰森·门德尔松 . 风险投资交易条款清单全揭秘 [M]. 桂曙光，译 . 北京：机械工业出版社，2015.

［5］ 苏龙飞 . 股权战争 [M]. 北京：北京大学出版社，2013.

［6］ 罗伯特·F. 布鲁纳 . 应用兼并与收购（上下册）[M]. 北京：中国人民大学出版社，2011.

［7］ 帕特里克·A. 高根 . 兼并、收购和公司重组 [M]. 北京：中国人民大学出版社，2010.

后　记

本书是"资本之道系列丛书"的第三本，同时也是《公司治理之道：控制权争夺与股权激励》的姊妹篇，可以作为企业创始人面向资本市场的控制权安排与争夺的操作手册。

《公司治理之道》用通俗的语言阐述了资本市场上大股东、小股东和职业经理人之间防黑体系的构建，自出版以来成为很多拟上市公司股改和上市公司构建治理结构的工具书。但是局限性在于依然只是从学科的角度解决了构建完整公司治理结构的问题，不能完全解决企业面向资本市场时的控制权争夺和利益平衡的问题。

本书为了弥补此不足，融合公司治理、投融资、并购中有关控制权的各种方法，以解决问题为导向，提供了企业从引入风险投资到IPO再到并购重组全过程的资本市场防黑体系建设的方法论和逻辑框架。而且选取的案例都是中国公司的案例，目的就是让中国的企业家在风起云涌的资本市场上面对控制权争夺和风险控制的时候能够游刃有余。

系列丛书的下一本《公司并购与重组》将秉承编者的一贯写作风格，以解决实际问题为导向，写一本企业家能读懂并使用的专业书籍，预计将在2020

年出版。

　　随着研究和服务实践的拓展，编者在公司金融领域的研究做到了闭环：从上市前的产融结合第一阶段的商业模式创新、融资、股改（股权结构与股权激励），到上市后产融结合第二阶段的市值管理、并购重组、公司治理。

　　编者给金融硕士、EMBA 和 EDP 学生开设的课程也从"公司治理"拓展到"股权激励与股改设计""公司金融与商业模式创新""公司并购与重组""产融结合与市值管理"。但是在一个项目上一般只讲一门课，很多学生听完其中一门课后都纷纷问可以通过什么渠道听到其他课程。但是老师只是教学内容的提供者，平台掌握在各个大学和培训机构手里，按常规做法难以满足众多学生的愿望。

　　通过近两年的调研和谋划，编者决定借助互联网的力量进行破局，在 2019 和 2020 年推出线上和线下相结合的资本课程。2019 年将通过微信公众号"马永斌资本频道"和编者的微信朋友圈针对企业家和金融从业人士推出线下深度学习课程"马永斌资本私塾"，为期 10 天，课程内容涵盖产融结合第一和第二阶段的所有关键点，将"培训＋顾问＋咨询"融为一体；2020 年将借助得到和喜马拉雅等平台面向对资本和金融感兴趣的大众推出线上音频课程"马永斌资本课程"。这个计划对编者是一个挑战，但是非常有意思，编者会全力以赴做好！

　　本书从 2015 年开始酝酿，2016 年开始正式写作，进展还算顺利。这主要得益于大家的帮助、激励、关爱和支持，对此编者一直心存感激，并在此表达编者真心的谢意。

　　首先要感谢妻子丁惠玲女士。多年来一直默默在身后支持，为了让编者有更多的时间和精力投入到教学研究中，她承担了家中的大小事务，让编者没有后顾之忧。尤其是编者到深圳研究生院工作后，她在高质量完成公务员工作的同时，还很好地解决了进入青春期的儿子的教育和成长中的问题，实属不易！

　　其次要感谢已是翩翩少年的儿子马博韬，他对经济学和金融的兴趣以及对相关知识的储备已经让编者感到后生可畏。在交流中，他的那些不受传统束缚的、脑洞大开的新奇想法，经常给编者带来写作的灵感。

　　衷心感谢康飞宇教授、王晓浩教授为编者创造的良好工作环境，使得编者可以静下心来，专注地聚焦教学研究实践。感谢康飞宇教授、严继昌教授、王孙禺教授多年来的关爱和提携！

　　感谢编者所任教的各个大学的 EMBA 项目和金融投资 EDP 项目的领导和老师。正是你们提供的平台使得编者有机会将公司治理、控制权安排、公司并购、公司金融、市值管理的研究成果与企业家分享，帮助企业家寻找适合自己企业的资本之道。

　　感谢编者的团队，正是大家的共同努力使得本书可以高效面世。研究助理徐稼宇、陈佳妮和刘昱珩收集了大量的资料并完成初步分析工作，极大地提高了研究和写作效率。其中，徐稼宇收集并整理了上海家化、宝万之争和联想的资料，完成了初步的分析；陈佳妮收集并整理了山水集团和京东的资料，完成了初步的分析；刘昱珩收集并整理了俏江南、ST 生化和阿里巴巴的资料，完成了初步的分析；刘昱珩还完成了对书稿的第一遍校对。

　　读者对本书如有任何疑问或想对公司金融相关问题进行探讨，请搜索微信公众号"马永斌资本频道"联系我们！

马永斌

2017 年 5 月 10 日于深圳西丽大学城